Tilly Miller

Systemtheorie und
Soziale Arbeit   2. A.

Dimensionen Sozialer Arbeit und der Pflege Band 2

Herausgegeben von der Katholischen Stiftungsfachhochschule München

Abteilungen Benediktbeuern und München

Tilly Miller

Systemtheorie und Soziale Arbeit

Entwurf einer Handlungstheorie

2. überarbeite und erweiterte Auflage

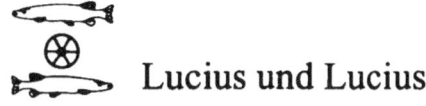
Lucius und Lucius

Anschrift der Autorin:

Professor Dr. Tilly Miller
Kath. Stiftungsfachhochschule München
Preysingstr. 83
81667 München

Die Deutsche Bibliothek – CIP-Einheitsaufnahme

Miller, Tilly:
Systemtheorie und Soziale Arbeit : Entwurf einer Handlungstheorie / Tilly Miller.
– Stuttgart : Lucius und Lucius, 2001

    (Dimensionen sozialer Arbeit und der Pflege ; Bd. 2)
    ISBN 3-8282-0168-7

© Lucius & Lucius Verlagsgesellschaft mbH, Stuttgart 2001
   Gerokstr. 51, D-70184 Stuttgart

Das Werk einschließlich aller seiner Teile ist urheberrechtlich geschützt. Jede Verwertung außerhalb der engen Grenzen des Urheberrechtsgesetzes ist ohne Zustimmung des Verlages unzulässig und strafbar. Das gilt insbesondere für Vervielfältigung, Übersetzungen, Mikroverfilmungen und die Einspeicherung, Verarbeitung und Übermittlung in elektronischen Systemen.

Druck und Einband: Druckhaus Thomas Müntzer, Bad Langensalza

Printed in Germany

Vorwort der ersten Auflage

Begonnen habe ich dieses Buch als Projektvorhaben im Rahmen meines letzten Praxis- und Forschungssemesters; fertiggestellt wurde es neben der regulären Hochschultätigkeit, was nicht immer einfach war.
Die Motivation für dieses Buch und dem Vorhaben, Systemtheorie und Soziale Arbeit zu verbinden, entsprang nicht nur einem theoretischen Erkenntnisinteresse und der Überzeugung, dass hier ein inhaltlicher Bedarf besteht, sondern wurde auch durch den Austausch mit KollegInnen an der Katholischen Stiftungsfachhochschule München gestärkt, die das systemische Paradigma in Lehre und Praxis vertreten. Inspiriert hat mich die kritische Beschäftigung mit dem prozessual-systemischen Ansatz von Silvia Staub-Bernasconi, wodurch ich zentrale Anstöße für die Struktur meines Buches bekommen habe. Motiviert hat mich schließlich die Aufgeschlossenheit von StudentInnen gegenüber systemtheoretischen Fragestellungen. Ihnen allen gebührt mein Dank.

Namentlich bedanken möchte ich mich bei Brigitte Irmler, versierte Paar- und Familientherapeutin und Sozialarbeiterin, nicht nur für ihre wertvollen Anregungen zu meinem Text, sondern auch für den Entwurf der Grafik für die Umschlagabbildung dieses Buches. Danken möchte ich Prof. Dr. Carmen Tatschmurat, die sich ebenfalls Zeit für eine kritische Textdurchsicht genommen und mir wichtige Anregungen gegeben hat. Das ermutigende Feedback von beiden gab mir Kraft für den Endspurt. Ebenso danke ich Prof. Walter Schild für seine kritischen und hilfreichen Anregungen nach Durchsicht des Manuskripts.

Von Herzen danke ich Prof. Dr. Werner Goebel, der mir, obwohl fachfremd, in Phasen der schöpferischen Krise beistand und zur richtigen Zeit die richtigen Fragen stellte und mir immer wieder konstruktive Gedanken und Ideen schenkte.
Ich danke Petra Kunze für die hilfreichen Anregungen hinsichtlich der sprachlichen Textgestaltung. Sie lektorierte die Erstfassung des Manuskripts. Für stilistische und fachliche Anregungen danke ich Frau Dr. Marlis Kuhlmann. Schließlich danke ich Frau Hemmert für ihre freundliche Unterstützung bei der Literaturrecherche.

München, im Februar 1999

Tilly Miller

Vorwort der zweiten Auflage

Die erste Auflage dieses Buch erfolgte mit der Intention, die Systemtheorie als Ressource für die Soziale Arbeit zu nutzen. Obwohl das Systemische in der Sozialen Arbeit ein gängiges Paradigma geworden ist, blieb dessen systemtheoretische Rückbindung im Rahmen systemischer Sozialarbeitstheorien zum Teil wenig konsequent herausgearbeitet. Sei es, weil die Materie zu kompliziert erscheint oder weil der Systemtheorie aufgrund ihres funktionalistischen Verständnisses Skepsis entgegengebracht wird. Die Systemtheorie - insbesondere die Luhmanns - steht unter dem Ruch der „Seelenlosigkeit". Der Mensch, nichts weiter als eine Marginalie? Gerade im Umgang mit der Luhmannschen Systemtheorie zeigt sich, wie die akademische Welt geneigt ist zu spalten und zu polarisieren. Anstatt danach zu fragen, was eine Theorie an Erklärungsinhalten anbieten kann, werden die Grenzen und Schwächen einer Theorie dazu benutzt, sie gänzlich in Frage zu stellen. Nicht zuletzt wird nach ideologischen Vorgaben ein- oder aussortiert. Dem gegenüber fühle ich mich einer akademischen Kultur verpflichtet, die Forschungsergebnisse und theoretische Ansätze danach bewertet, welche Potentiale sie haben, wo sie an Grenzen stoßen und wie sie mit anderen Ansätzen verknüpft werden können.

Von diesem Anliegen getragen erfuhr die Einführung der Systemtheorie in der ersten Ausgabe ihre besondere Ausrichtung. Die zweite Auflage hat mich inspiriert, die Weiterentwicklung der systemtheoretisch fundierten Handlungstheorie Sozialer Arbeit fortzusetzen. Neben dem System ist vor allem das Individuum wieder stärker ins Rampenlicht gerückt, ebenso Fragen von Macht und Kommunikation. Die Inklusions-/Exklusionsthematik wurde weitergedacht, das Querschnittsthema Migration wurde aufgenommen, und das Kapitel Wertewissen wurde weiter ausgearbeitet.

Dass dieser Prozess vorangehen konnte, hat mit vielen Menschen zu tun, die mich auf diesem Weg begleitet haben. Ich denke hier vor allem an die Studentinnen und Studenten der Katholischen Stiftungsfachhochschule München, die sich in mehr oder weniger mühevoller Arbeit mit dem Text der ersten Ausgabe auseinandergesetzt haben, die viele (Verständnis-)Fragen stellten und mir ein Spiegel waren, an welchen Stellen noch Nacharbeit angesagt war. Durch eine intensive Auseinandersetzung im Rahmen von Studienschwerpunkten, Prüfungen und Diplomarbeiten haben sie den vorgelegten Entwurf feld- und adressatInnenspezifisch umgesetzt. Ich habe dadurch nicht nur sehr viele Anregungen bekommen, ich habe auch sehr viel gelernt. Ihnen allen sei herzlich gedankt. Namentlich bedanke ich mich vor allem bei Isabella Riedling, die sich in ihrer engagierten Offenheit kritisch-konstruktiv mit meinem Ansatz auseinandergesetzt hat.

Meinen Kollegen, Prof. Dr. Hans-Günther Gruber, der mir beim Kapitel Wertewissen hilfreich zur Seite stand, und Prof. Dr. Michael Pieper, der sich mit ausgewählten soziologischen Teilen beschäftigte, bin ich besonderen Dank schuldig. In freundschaftlicher Weise haben sie mir nicht nur einen Teil ihrer Urlaubsfreizeit geschenkt, um die Texte zu lesen, sondern haben mir wichtige fachliche Anregungen gegeben.

Ein lieber Dank geht an Brigitte Irmler und Susanne Graf-Nieborg, die mich beide unterstützten, die eine durch kritisches Textlesen, die andere, dass sie zur rechten Zeit mit dem rechten Blick in ihre Schatzkiste griff und mich mit hilfreichen Materialien versorgte.

Mein Dank geht auch an Simone-S. Kastner für die zuverlässige Endformatierung des Textes.

Februar 2001

Tilly Miller

Inhalt

	Einleitung	1

**Erster Teil
Einführung in die Thematik** 7

1. Braucht die Soziale Arbeit Handlungstheorien? 7
2. Was ist eine Handlungstheorie Sozialer Arbeit? 10
3. Welche Bedeutung hat eine Handlungstheorie Sozialer Arbeit für die Sozialarbeitspraxis? 21
4. Modell einer systemtheoretisch fundierten Handlungstheorie Sozialer Arbeit 23
5. Zusammenfassung 25

**Zweiter Teil
Erklärungswissen** 26

1. Das systemtheoretische Paradigma 26
2. Begriffe und theoretische Aussagen 35
2.1 Das System 37
2.2 System und Umwelt 39
2.3 Elemente 45
2.4 Komplexität und Kontingenz 46
2.5 Sinn als Kriterium der Komplexitätsreduktion 49
2.6 Zweck, Struktur, Prozess 52
2.7 Kommunikation 56
2.8 Selbstreferentialität und Autopoiesis 60
2.9 Konstruktivismus 63
2.10 Interpenetration 69
2.11 Macht 70

3.	**Systemtypen**	**76**
3.1	Psychische Systeme	76
3.2	Interaktionssysteme	81
3.3	Formal organisierte Systeme	84
3.4	Gesellschaftssysteme	88
4.	**Gesellschaftliche Funktion, Gegenstand und Aufgaben Sozialer Arbeit**	**101**
4.1	Soziale Arbeit als professionelle Unterstützung bei Inklusions- und Exklusionsproblemen	101
4.2	Soziale Arbeit und Selbstorganisation	115
4.3	Interkulturelle Sozialarbeit aus systemischer Sicht	117
5.	**Diskussion**	**128**
5.1	Systemtheoretische Reichweite	128
5.2	Systemtheorie und Soziale Arbeit	133
6.	**Zusammenfassung**	**147**

	Dritter Teil	**150**
	Wertewissen	
1.	**Begriffsklärungen**	**152**
2.	**Sozialarbeitsethik als praktische Ethik und Sozialethik**	**154**
3.	**Personalität**	**155**
4.	**Solidarität**	**165**
5.	**Subsidiarität**	**167**
6.	**Gerechtigkeit**	**171**
7.	**Verantwortung gegenüber der Schöpfung**	**177**
8.	**Funktion von Werten für die Soziale Arbeit**	**178**
9.	**Zusammenfassung**	**180**

Vierter Teil
Verfahrenswissen
                                                                          182

1.	**Die Arbeit mit AdressatInnen**	183
1.1	Das Unterstützungssystem konfigurieren	183
1.2	Eine tragfähige und entwicklungsfördernde Kommunikation herstellen	186
1.3	Die Beziehung zwischen SozialarbeiterInnen und AdressatInnen	192
1.4	Komplexität aufbauen und Komplexität reduzieren	195
1.5	Probleme definieren und Hypothesen bilden	196
1.6	Ressourcen, Muster und Symptom erfassen und bearbeiten	200
1.7	Beobachtung stärken und Perspektiven erweitern	202
1.8	Ansatzmöglichkeiten finden	206
2.	**Politische Soziale Arbeit**	208
3.	**Management und Organisationsentwicklung**	210
4.	**Netzwerkarbeit**	213
5.	**Zusammenfassung**	217

Fünfter Teil
Evaluationswissen
                                                                          219

1.	**Systemische Evaluation**	219
2.	**Evaluation auf der Ebene des Unterstützungsprozesses**	221
3.	**Evaluation auf der politischen Ebene Sozialer Arbeit**	225
4.	**Evaluation auf der Organisationsebene**	227
5.	**Zusammenfassung**	231

Zusammenfassung und abschließende Diskussion	232
Glossar	241
Literatur	244
Autorin	261

Einleitung

Soziale Arbeit zwischen Verändern und Bewahren

Soziale Arbeit bewegt sich in der Regel zwischen den Polen „Verändern" und „Bewahren". SozialarbeiterInnen beschäftigen sich mit Menschen, deren Lebensbewältigungsstrategien nicht recht tauglich sind, Menschen, die Reifungs- und Entwicklungsprozesse sowie Krisen zu bewältigen haben. Dabei gilt es Denk-, Gefühls-, Beziehungs- und Handlungsmuster, die Entwicklungen und Beziehungen hemmen, zu verändern. Gleichzeitig gilt es, diejenigen zu bewahren und zu pflegen, die im konstruktiven Sinne identitätsstabilisierend sind und soziales Eingebundensein ermöglichen. Verändern und Bewahren sind die zwei grundlegenden Pole, innerhalb denen Soziale Arbeit agiert, wobei das Verändern der Aspekt ist, der Soziale in Theorie und Praxis nachhaltig beschäftigt.

SozialarbeiterInnen sollen Lebenssituationen verbessern, und sie sollen Probleme lösen helfen. Diese Erwartung ist so selbstverständlich, dass darüber scheinbar gar nicht mehr diskutiert werden braucht. Wie schwer Veränderungsarbeit häufig ist, wie mühsam der Weg dorthin zu beschreiten ist, welche unvorhergesehenen Entwicklungen und Verwicklungen sich ergeben können, das wissen die PraktikerInnen.

Es ist leichter, ein Computerprogramm zu schreiben als die Denk- und Verhaltensgewohnheiten von Menschen zu verändern.

Was müssen SozialarbeiterInnen wissen und können, um Veränderungen zu initiieren und zu begleiten. Worauf müssen sie sich einstellen? Was ist zu beachten?

Die Praxis der Sozialen Arbeit hält Wechselbäder bereit. Manchmal ergeben sich Veränderungsschübe, die geradezu Quantensprüngen gleichen. Häufig müssen sich SozialarbeiterInnen jedoch mit kleinen Schritten zufrieden geben, – kleine Schritte, die neue Qualitäten ermöglichen, wenn auch nicht im großen Stil. Veränderungen gelingen, gelingen teilweise oder gar nicht. Manchmal gelingen sie nachhaltig, manchmal nur vorübergehend. Spielt hier der Zufall eine Rolle? Höhere Gewalt? (Un-)Professionalität oder einfach die Schwere der Problematiken, die es zu bewältigen gilt?

Auf alle diese Fragen gibt es keine rezepthaften Antworten, sondern deren Spanne bewegt sich zwischen Glauben und Wissen. In Bezug auf Wissen haben wir Wissenskonstrukte, die helfen, Antworten zu finden. Selbstverständlich können diese nicht erschöpfend sein, denn Praxis ist immer komplexer, als sie die Wissenschaften je zu fassen vermögen.

Soziale Arbeit braucht Navigationssysteme, sprich: Handlungstheorien

Die Aufgabe Sozialer Arbeit als Wissenschaft ist es, Navigationssysteme in Form von Handlungstheorien anzubieten, um Antworten auf all die gestellten Fragen zu finden, um damit die Professionalisierung Sozialer Arbeit voranzutreiben und die SozialarbeiterInnen in der Praxis in ihrem Tun zu unterstützen.

Helfen wollen allein genügt nicht! Es bedarf theoretischer und methodischer Aussagesysteme im Sinne von Erklärungs-, Werte-, Verfahrens- und Reflexionswissen. In dieser Dimensionierung hat sich Theoriebildung Sozialer Arbeit zu bewegen, eine Theoriebildung, die auf Praxis und auf Handeln bezogen ist.

Einem Kapitän wird es nicht gelingen, lediglich mit seiner Liebe zur See zu navigieren. Er braucht Steuerinstrumente und Navigationssysteme, eine fachliche Ausbildung, um diese anzuwenden und eine gute Portion Erfahrung, um Wetterlagen einzuschätzen und die Stürme und Unwägbarkeiten auf hoher See zu bewältigen.

Handlungstheorien sind die Navigationsinstrumente für die Soziale Arbeit. Sie bieten Wissen und Blickwinkel an, wie sich Praxisphänomene und Praxisfragen einordnen lassen. Die Angebote hierzu sind durchaus unterschiedlich.

Die vorliegende Schrift wird ein systemisches Angebot unterbreiten.
Die systemische Arbeitsweise ist seit den 80er Jahren zum Leitparadigma in der Sozialen Arbeit geworden. Der vorgelegte Entwurf einer Handlungstheorie ordnet sich diesem Leitparadigma zu, wenngleich Wert darauf gelegt wird, dessen *systemtheoretische Prämissen* herauszuarbeiten. Die Begriffe systemtheoretisch und systemisch werden voneinander abgegrenzt wie auch aufeinander bezogen.

Kern des vorgelegten Entwurfs ist ein Rahmen, der sich aus Erklärungswissen, Wertewissen, Verfahrenswissen und Evaluationswissen zusammensetzt. Dieser Rahmen ist systemtheoretisch fundiert und ist gleichzeitig offen für bezugswissenschaftliches Wissen, also Wissensbestände, die aus anderen Disziplinen kommen. Jedoch ist die systemtheoretische Zugangsweise eine Plattform, von der aus wahrgenommen, gehandelt und reflektiert wird und von der aus der Blick geweitet wird für weitere Perspektiven und Ansätze.

Die vorliegende Arbeit zielt darauf, einen Beitrag für die theoretische Fortentwicklung Sozialer Arbeit zu leisten. Sie hat Entwurfscharakter und soll sich von daher stetig weiterentwickeln: in fachlichen Diskursen, in der praktischen Arbeit und im Studium.

Systemtheoretischer Zugang

Die systemtheoretische Erkenntnisbasis rührt aus unterschiedlichen Konzepten her, so z.B. der Allgemeinen Systemtheorie, spezifischer soziologischer Systemtheorien (Parsons, Luhmann), Kommunikations- und Kognitionstheorien, Spiel- und Chaostheorien. *Die* Systemtheorie gibt es nicht! Das systemtheoretische Basiskonzept, das ich den folgenden Ausführungen zugrundelege, stützt sich auf die Theorie von Niklas Luhmann. Als Universaltheorie hat die Luhmannsche Systemtheorie bereits zahlreiche bereichsspezifische Applikationen erfahren. Hier soll sie explizit auf die Soziale Arbeit transferiert werden.

Anliegen dieser Arbeit ist es, das theoretische Konstrukt Luhmanns, das in seinen Ausführungen zum Teil sehr abstrakt wirkt, in einer Art und Weise zu präsentieren, die durch Verständlichkeit geprägt ist – soweit dies hinsichtlich des vorliegenden Materials eben möglich ist. Die Vereinfachung komplexer theoretischer Aussagen oder, um mit Luhmann zu sprechen: deren „Reduktion", ist der Preis, der hierfür zu zahlen ist. Doch der Preis der Vereinfachung lohnt, wenn es gelingt, ein abstraktes Theoriemodell der Soziologie nicht lediglich in ein abstraktes Theoriemodell der Sozialen Arbeit überzuführen, sondern letzteres praxisbezogen zugänglich zu machen. Überhaupt: Was machen sozialwissenschaftliche Theorien für einen Sinn, wenn sie nicht auf Praxis bezogen werden?

Auf das umfassende Werk Luhmanns kann nur partiell eingegangen werden, im Sinne des Extrahierens von grundlegenden Essenzen. Der Verzicht auf einzelne theoretische Bausteine ist mit Blick auf das vorgegebene Erkenntnisinteresse notwendig und meines Erachtens auch vertretbar.

Ich möchte aufzeigen, was dieses Konstrukt für die Soziale Arbeit anbieten kann, was es erklären kann und wo Handlungsansätze ableitbar sind. Gleichzeitig möchte ich die Grenzen und Schwächen dieses Konstruktes aufzeigen und deutlich machen, wo andere theoretische Konstrukte notwendig, ja unverzichtbar sind.

Wissenschaftsverständnis

Zum Wissenschaftsverständnis in Bezug auf Soziale Arbeit sei folgendes gesagt: Die hier vorgenommene Konzeptualisierung einer Handlungstheorie Sozialer Arbeit sieht nicht vor, dass Soziale Arbeit aus sich heraus ein eigenes

Paradigma erzeugt. Vielmehr wird ein anerkanntes sozialwissenschaftliches Paradigma zugrundegelegt und für die Soziale Arbeit, die den Sozialwissenschaften zuzuordnen ist, nutzbar gemacht. Eine Handlungstheorie in dem hier konzipierten Rahmen hat auch nicht den Anspruch, die Vielschichtigkeit der Fragen, die für den Bereich Soziale Arbeit auftreten, mit systemtheoretischen Zugängen allein beantworten zu wollen. Die Integration von Bezugswissenschaften hat daher einen zentralen Stellenwert, wenngleich in vorliegender Arbeit die jeweiligen Schnittpunkte nicht dezidiert, sondern nur partiell herausgearbeitet werden können. Die interdisziplinäre Zusammenarbeit ist theoretisch angelegt. Kristallisationspunkt ist der systemtheoretisch entwickelte Bezugsrahmen.

Standpunkt der Autorin

Seit Jahren beschäftige ich mich mit Luhmanns Systemtheorie. Aus der anfänglichen „Ergriffenheit" in Bezug auf ihre Erklärungsdimensionen ist eine Nutzerperspektive geworden mit durchaus kritischer Distanz. Insgesamt bietet meines Erachtens die Luhmannsche Systemtheorie genug, um ihr im Kontext Sozialer Arbeit einen Stellenwert einzuräumen, wie es in diesem Buch getan wird.

Luhmanns Theorie ist allgemeiner als andere sozialwissenschaftliche Theorien und ist eine umfassende Theorie des Sozialen; sie lässt makrosoziologische und mikrosoziologische Betrachtungen aufeinander beziehen. Von ihren erklärenden Aussagen lassen sich Ableitungen für den Handlungsbereich vornehmen. Sie operiert mit System-Umwelt-Kategorien und erschließt damit individuelles Eingebundensein in soziale Systeme, vor allem deren Einflusskraft. Sie gibt Antworten auf die Bedingungen von individuellen und sozialen Entwicklungen und Veränderungen.

Vorgehensweise:

Teil 1 dient als Hinführung zum Thema und beschäftigt sich mit folgenden Fragen:

- Braucht Soziale Arbeit überhaupt Handlungstheorien?
- Was ist eine Handlungstheorie Sozialer Arbeit?
- Welche Bedeutung hat eine Handlungstheorie für die Sozialarbeitspraxis?

Schließlich erfolgt eine modellhafte Konzipierung einer Handlungstheorie Sozialer Arbeit. Die Grundsäulen des Modells stellen vier Wissensebenen dar: Erklärungswissen, Wertewissen, Verfahrenswissen und Evaluationswissen.

Diese Wissensebenen kennzeichnen gleichzeitig die Struktur des vorliegenden Buches.

Teil 2 legt systemtheoretisches „Erklärungswissen" dar. Zunächst erfolgt eine kurze Einführung in das systemtheoretische Paradigma. Daran anschließend werden anhand des selbstreferentiellen Konzepts von Niklas Luhmann zentrale Begriffe und theoretische Aussagen vorgestellt und immer wieder mit Beispielen aus der Sozialarbeitspraxis veranschaulicht.

Die Ausführungen münden in eine gesellschaftliche Funktionsbestimmung Sozialer Arbeit, deren Aufgaben- und Gegenstandsbeschreibung.

Das Kapitel schließt mit einer kritischen Auseinandersetzung. Dieses Kapitel ist das umfangreichste, weil es die theoretische Grundlage für die weiteren Kapitel darstellt.

In *Teil 3* „Wertewissen" soll nicht nur aufgezeigt werden, wie ein erklärender Ansatz, wie der systemtheoretische, mit normativen Fragestellungen, die ja gerade für die Handlungsebene von zentraler Bedeutung sind, verfährt. Das Kapitel gibt darüber hinaus grundlegende Orientierungen in Bezug auf die normativen Fragestellungen Sozialer Arbeit, wenngleich es keine ausgearbeitete Sozialarbeitsethik darstellt.

In *Teil 4* „Verfahrenswissen" werden Handlungsweisen, Vorgehensweisen und Werkzeuge für die Sozialarbeitspraxis vorgestellt. Das Augenmerk ist darauf gerichtet, systemtheoretisches/systemisches Wissen für das praktische Handeln nutzbar zu machen.

Kapitel 5 „Evaluationswissen" bezieht sich auf Fragen der Evaluation, speziell der Selbst-Evaluation. Auch hier dominiert der systemtheoretische/systemische Blickwinkel.

Für wen das Buch geschrieben ist

Die Schrift wendet sich primär an StudentInnen und PraktikerInnen aus dem Bereich Soziale Arbeit; selbstverständlich soll sie auch Diskussions- und Arbeitsgrundlage für Lehrende sein.

Das Angebotene lässt sich auf drei Ebenen lesen:

- Auf einer sozialarbeitstheoretischen Ebene, indem die Ebenen einer systemtheoretisch fundierten Handlungstheorie entworfen werden;
- auf einer systemtheoretischen Ebene, indem Basiswissen in Form von Merkmalen und Eigenschaften von Systemen vermittelt wird, Systemtypen unterschieden werden, und über das Verhältnis Individuum-System reflektiert wird;

- auf einer praktischen Ebene, indem Hinweise für systemische Handlungs- und Vorgehensweisen in der Praxis gegeben werden, wenngleich dieses Buch kein Methodenbuch ist.

Erster Teil
Einführung in die Thematik

1. Braucht die Soziale Arbeit Handlungstheorien?

Die Theorieentwicklung Sozialer Arbeit hat sich gemausert und schickt sich an, von einem kümmerlichen Entlein zu einem stolzen Schwan heranzuwachsen.
Dass Soziale Arbeit an den Fachhochschulen lediglich als Methodenfach für Soziale Einzelfallhilfe, Gruppen- und Gemeinwesenarbeit wahrgenommen wird, ist obsolet geworden. Längst ist sie dabei, sich einen Platz unter den etablierten Wissenschaftsdisziplinen zu erobern. Eine Etappe auf diesem Weg war die Distanzierung der Sozialen Arbeit von der Pädagogik und damit verbunden von der Sozialpädagogik. Das pädagogische Element Sozialer Arbeit wird zwar nach wie vor gesehen, aber ihre Begründungsbasis erhält die Soziale Arbeit zunehmend aus den Sozialwissenschaften. Die Schrägstrichversion „Sozialarbeit/Sozialpädagogik" ist schließlich aufgelöst und durch den Begriff der „Sozialen Arbeit" ersetzt worden.

Will sich nun Soziale Arbeit zu einer eigenen Disziplin[1] entwickeln, dann hat sie theoretisch zu begründen, mit welchem *Gegenstand* sie sich beschäftigt, für welche *Aufgabenstellungen* sie sich zuständig erklärt und welches *handlungsleitende Instrumentarium* sie ihr Eigen nennt.
In der Fachliteratur lässt sich seit den letzten Jahren eine breite Auseinandersetzung darüber verfolgen, ob sich Soziale Arbeit zu einer eigenen Disziplin entwickeln soll, was dafür beziehungsweise was dagegen spricht. Ich möchte diese Diskussion an dieser Stelle nicht aufgreifen,[2] sondern folgendes dazu bemerken: Der Weg zur eigenen Disziplinwerdung setzt eine Sozialarbeits-

---

[1] Stichweh definiert Disziplin folgendermaßen: „Seit dem frühen 19. Jahrhundert ist eine Disziplin als eine Forschungsgemeinschaft und ein Kommunikationszusammenhang von Wissenschaftlern und Gelehrten, der durch gemeinsame Problemstellungen und Forschungsmethoden und nicht zuletzt durch die Entstehung effektiver Mechanismen disziplinärer Kommunikation zusammengehalten wird" (zit. nach Salustowicz 1995, 70).

[2] Einzelne Positionen dazu siehe in dem Sammelband von Merten / Sommerfeld / Koditek 1996.

wissenschaft³ voraus, eine Sozialarbeitswissenschaft, die sich mit Theoriebildung und Praxisforschung beschäftigt, die also Soziale Arbeit und Soziale Probleme wissenschaftlich reflektiert und Lösungen zu deren Bewältigung anbietet.
Diese Aussage könnte leicht den Eindruck erwecken, als wäre Soziale Arbeit erst jetzt, um die Jahrtausendwende, auf das Problem ihrer wissenschaftstheoretischen Begründung gestoßen. Dem ist nicht so. Die Frage der Theorieentwicklung hat Soziale Arbeit seit ihren Anfängen begleitet. Es hat immer Versuche gegeben, soziale Problemlagen von ihren individuellen und gesellschaftlichen Entstehungszusammenhängen her zu beleuchten, zu deuten und in theoretische Entwürfe und Konzepte zu fassen. Das heißt also, Sozialarbeitswissenschaft ist nicht etwas gänzlich Neues, das sich erst seit den letzten Jahren entwickelt hat, sondern gehört zur geschichtlichen Entwicklung des Faches.
Sicherlich hat die Akademisierung Sozialer Arbeit durch das Fachhochschul-Studium einen konsequenten Anspruch hinsichtlich einer Sozialarbeitswissenschaft zur Folge gehabt. Hinzu kommt die Diskussion und Theorieentwicklung im Bereich Soziale Arbeit im anglo-amerikanischen Raum, wo Soziale Arbeit durch die Anbindung an die Universitäten einen selbstverständlicheren akademischen Stand und theoretischen Output entwickeln konnte.
Auch die Anforderungen aus der Praxis sind als Motor für das Bemühen um eine theoretische Weiterentwicklung Sozialer Arbeit zu sehen. PraktikerInnen reklamieren den Bedarf von Handlungstheorien, um die Praxis Sozialer Arbeit konzeptionell und verfahrensmäßig zu professionalisieren und um ihr Selbstverständnis als SozialarbeiterInnen gegenüber AdressatInnen, Trägern und anderen Professionen darzulegen.

Solche Feststellungen sollen keinesfalls unterstellen, dass praktisches Sozialarbeitshandeln bislang nicht zureichend begründet und reflektiert worden wäre. Vielmehr sollen sie auf die Tatsache hinweisen, dass die Reflexion, Begründung und Konzeptualisierung praktischer Sozialer Arbeit häufig durch die grundlegende Anlehnung an Nachbardisziplinen, insbesondere die Psychologie und Pädagogik, erfolgte, weil die bislang von der Sozialarbeit entwickelte Theoriebasis möglicherweise noch zu fragmentarisch oder schwer auf das jeweilige Feld zu transponieren war. Für die Profession Sozialer Arbeit hat es eine nachteilige Wirkung, wenn sie sich nicht auf ihre eigene Basis beziehen kann, wenn sie nicht darlegen kann, was ihr genuiner Blickwinkel gegenüber anderen Professionen ist, wie er sich herleiten, erklären und in die Praxis umsetzen lässt?

---

[3] Zur Sozialen Arbeit als Wissenschaft siehe auch Engelke 1992, Mühlum 1995, Wendt 1994 und 1995.

Darüber hinaus fordern aktuelle Diskussionen in Bezug auf Qualitätssicherung und Evaluation die Entwicklung sozialarbeitstheoretischer Konzepte und Modelle geradezu heraus. Die Qualität und der Erfolg geleisteter Sozialer Arbeit sind vor allem auch daran festzumachen, welche Zielrichtung und Aufgabenstellung Soziale Arbeit anstrebt, wie sie diese begründet und umsetzt.

Neben der Professionalisierung von Lehre und Praxis birgt die Entwicklung Sozialer Arbeit als Disziplin eine weitere Chance: sie erlaubt fundierte Kooperationen zwischen Fachhochschulen und Universitäten, ermöglicht gemeinsame Projekte in Forschung, Lehre, bei Publikationen und Promotionen (siehe dazu auch Salustowicz 1995, 75f.).

Die Veränderung der Rahmenstudienordnung für Fachhochschulen im Bereich Sozialwesen hat in Bayern eine Neuorientierung ermöglicht. Soziale Arbeit ist nun als Zentralfach verankert worden. Engagierte KollegInnen haben in jahrelanger mühsamer Arbeit darauf hingewirkt, Soziale Arbeit und deren Bezugswissenschaften in eine andere Passung zu bringen. So wurden auf die Soziale Arbeit bezogen entsprechende Studieninhalte formuliert, denen sich Disziplinen wie Psychologie, Soziologie, Pädagogik etc. zuzuordnen haben. So sind VertreterInnen soziologischer, psychologischer und anderer Disziplinen gefordert, Konzepte und wissenschaftliche Denkweisen für die Soziale Arbeit fruchtbar zu machen. Damit wurde eine Umkehrung vollzogen: die Einzeldisziplinen sind nun gefordert, sich an die Belange der Sozialen Arbeit anzupassen. Doch wie kann dies gelingen, wenn Soziale Arbeit nicht selbst ihren Gegenstand bestimmt, wenn sie nicht ein theoretisches Setting über ihren Blickwinkel, ihre Zielsetzungen, Aufgabenbestimmungen und Vorgehensweisen bereithält, mit dem sich die anderen Disziplinen dezidiert auseinandersetzen können?! Auch diese Aussage soll keinesfalls so verstanden werden, dass es solche theoretischen Settings vor dem systemischen Paradigma noch nicht gegeben hat.[4] Sie haben sich lediglich nicht als Metatheorien verstanden, die Aspekte der Gesellschaft und ihrer Teilbereiche Ökonomie, Kultur, Politik und Soziales miteinbeziehen, die mit Hilfe von erklärenden wie auch normativen Theorien die Soziale Arbeit in ein umfassendes Bezugssystem zu stellen versuchen und damit feldübergreifende Gültigkeit anstreben.

---

[4] Die Spannbreite von Theorien Sozialer Arbeit siehe bei Engelke 1992; 1998.

2. Was ist eine Handlungstheorie Sozialer Arbeit?

Die aktuelle theoretische Diskussion um Sozialarbeitstheorien kreist um den Begriff der „*Handlungstheorien*", Theorien also, die auf das Handeln in der Sozialen Praxis bezogen sind. Doch was ist eine Handlungstheorie Sozialer Arbeit, was sind ihre Strukturelemente?

Wendt und andere Autoren haben bereits darauf hingewiesen, dass sich Soziale Arbeit als Wissenschaft den Sozialwissenschaften zuzuordnen habe (Wendt 1994; Haupert 1995).[5] Diese Auffassung wurzelt in einer langen Tradition des Faches. Bereits auf der ersten Konferenz Sozialer Frauenschulen Deutschlands wurde einstimmig beschlossen, dass die theoretische Ausbildung eine „allgemein sozial-wissenschaftliche" sein solle (Salomon 1927, 62). Die Begründung dafür liegt auf der Hand. Die Sozialwissenschaften konzentrieren sich auf das Erklären der Bedingungen und Zusammenhänge sozialer Praxis, auf das Handeln von Personen, Gruppen, Institutionen und Organisationen und generell auf die Bedingungen und die Bewältigung des Lebensalltags.

Das Soziale resultiert aus Kommunikation und Handlungsvollzügen, die sich im Wechselspiel zwischen Personen sowie deren sozialer Umwelt, sprich Gesellschaft, Familie, Milieu, Gruppen, Institutionen etc. vollziehen.

Soziale Arbeit, darauf verweist schon der Begriff, befasst sich mit dem „Sozialen". Mit welchen Aspekten und Ausschnitten sie sich dabei explizit beschäftigt, ist zu präzisieren. Allgemein lässt sich in einem ersten Zugriff sagen: *Soziale Arbeit zielt auf die soziale Praxis; Sozialarbeitspraxis ist ein Tätigsein im Sinne eines theoretisch begründeten und reflektierten Handelns hinsichtlich des Gegenstandbereichs Sozialer Arbeit.*

Individualismus – Holismus

Die Verortung einer Theorie Sozialer Arbeit in den Sozialwissenschaften muss aufgrund des Gesagten notwendigerweise eine Verortung im Sinne einer *Handlungstheorie* sein, einer Theorie also, die als Bezugspunkt die konkrete Praxis hat und damit verbunden das *praktische Handeln*. Spätestens an diesem Punkt kommen wir an eine theoretische Schnittstelle und damit zu der Frage: Was hat eine *Handlungstheorie Sozialer Arbeit* zu tun mit *Theorien des Handelns*? Wo liegen deren Verknüpfungen?

---

[5] Zur Frage der wissenschaftlichen Leitdisziplin siehe auch Dewe u.a. 1996, 40f.

Zu Theorien des Handelns: Ein zentrales Anliegen der Sozialwissenschaften, vornehmlich der Soziologie, ist es, Antworten darauf zu geben, wie sich soziales Handeln verstehen und erklären lässt. Antworten darauf liefern uns *Theorien des Handelns*. Deren Grundfrage lautet: Sind die von Menschen gesetzten Regeln und Normen diejenigen Momente, die das Handeln bestimmen, oder wird menschliches Handeln durch äußere Gesetzmäßigkeiten und Mechanismen bestimmt, denen es unterworfen ist? Anders formuliert: Vollzieht sich Handeln selbstbestimmt oder vollzieht es sich fremdbestimmt? Oder verläuft Handeln selbst- *und* fremdbestimmt? Ist der Mensch in seinem Handeln gesellschaftlichen Zwängen unterworfen? Wenn ja, wie ausschließlich? Oder sind gesellschaftliche Zwänge lediglich das Resultat handelnder Individuen? Gibt es darüber hinaus gar eigenmächtige und eigendynamische Strukturgesetze und -merkmale, die mehr sind als die Summe der handelnden Individuen? Diese Fragen werden durch die entsprechenden Theorien des Handelns unterschiedlich beantwortet.

Denken wir an Marx und an eine seiner berühmtesten Aussagen, die sein ganzes Werk durchzieht: „Das Bewusstsein kann nie etwas andres sein als das bewusste Sein, und das Sein der Menschen ist ihr wirklicher Lebensprozess".[6]. In dieser Logik weitergedacht, bestimmt somit das Sein das Handeln und nicht das Handeln das Sein. Das Sein, damit gemeint sind die gesellschaftlichen Strukturen und Bedingungen, bestimmt nach dieser Auffassung also Bewusstsein und Handeln. Marxens Denken kennzeichnet zwei Richtungen: zum einen zielt es darauf, menschliche Entfremdung als Ursache gesellschaftlicher Bedingungen offenzulegen, zum anderen versucht Marx Wege zur Überwindung dieser Entfremdung aufzuzeigen. Er entlarvt die bürgerliche Gesellschaft, die den Arbeiter zur elendsten Ware verkommen lässt.

Auch die Struktur-funktionale Theorie Talcott Parsons (1973), die Theorie des symbolischen Interaktionismus, die Rollentheorien[7] und andere Ansätze nehmen gesellschaftliche Zusammenhänge als Bezugspunkt, um soziales Handeln zu erklären.

Ein gegenläufiges Konzept finden wir bei John Stuart Mill,[8] der die Dominanz von Strukturen nicht gelten lässt. Sein Ausgangspunkt sind Individuen, deren Leidenschaften und Handlungen. Auch eine Gruppe von Individuen ist nach seiner Auffassung letztlich nicht mehr als die Summe ihrer Leidenschaften und Handlungen. Nach Mill gibt es darüber hinaus keine Mechanismen und eigendynamischen Kräfte.

---

[6] In „Die deutsche Ideologie" siehe in Gesamtwerk Marx 1960, 71.
[7] Der Rollenbegriff wurde von Linton (1973) eingeführt und von Parsons wie Merton (1973) in ihre strukturalistischen Ansätze integriert.
[8] Siehe dessen Aufsatz „Über die Freiheit" von 1859 (Mill 1988).

Einen subjektivistischen Zugang vertritt ebenso Alfred Schütz.[9] Seine phänomenologische Theorie des Handelns geht davon aus, dass die Interpretation sozialen Handelns subjektorientiert zu erfolgen und am individuellen Bewusstsein des Aktors anzusetzen hat.

Damit haben wir zwei grundlegende Pole[10] umschrieben, die die Sozialwissenschaften durchziehen. Die Annahme A, dass Handeln von Strukturen bestimmt wird, die eine Eigengesetzlichkeit bergen und denen die Menschen unterworfen sind, und die Annahme B, dass es solche Eigengesetzlichkeiten nicht gibt, sondern dass der Mensch frei ist in seinem Handeln. Bei der hier aufgeworfenen Polarität geht es somit um die Gegensätze der Willensfreiheit und des Determinismus. Andere Begriffe für diese Polarität lauten: *Individualismus* und *Holismus*.[11]

> Selbstverständlich bleibt die Soziologie nicht in Polaritäten stecken. Beispielsweise versteht die „Münchner Schule" um Karl Martin Bolte ihren Subjektorientierten Ansatz als integrativen. In dieser Forschungsperspektive werden gesellschaftliche Strukturen daraufhin analysiert, wie sie menschliches Denken und Handeln prägen, wie Individuen mit ihrer (milieu-)spezifischen Ausprägung innerhalb solcher Strukturen agieren, wie sie zu ihrer Verfestigung oder Veränderung beitragen und wie überhaupt gesellschaftliche Strukturen aus menschlichen Interessen, Denk- und Verhaltensweisen resultieren (Bolte 1983, 12ff.).

Der Holismus nimmt seinen Ausgang darin, dass individuelle Handlungen in ein größeres Ganzes eingebettet gesehen werden und sich darin spiegeln. Der Individualismus dagegen nimmt Ausgang von den Einzelindividuen, die in der Summe Strukturen und damit soziale Ganzheiten schaffen, die aber keine Eigendynamik aufweisen.

Holismus:	Strukturierte Ganzheiten bestimmen individuelle Handlungsakte.
Individualismus:	Individuelle Handlungsakte bestimmen Ganzheiten.

Wenn wir nun Handeln in seinem Zustandekommen und in seinen Vollzügen erklären und verstehen wollen, dann ist der Dreh- und Angelpunkt, welchem Konzept wir uns verschreiben und wo wir ansetzen.

---

[9] Vgl. Schütz/Luckmann 1979.
[10] Einen Überblick über soziologische Handlungstheorien gibt Miebach 1991.
[11] Ausführungen dazu siehe auch bei Hollis 1995.

Menschenbild

Die Frage, welches Konzept im Rahmen einer zu formulierenden Handlungstheorie Sozialer Arbeit zum Tragen kommt, ob eher ein holistisches oder individualistisches, ist eng mit dem Menschenbild verknüpft, das an ein Konzept herangetragen wird.

Das Menschenbild im Rahmen dieser Arbeit geht von folgenden Prämissen aus:
Der Mensch ist von seiner Grunddisposition her ein vernunftbegabtes, soziales, kulturelles und religiöses[12] Wesen, das alle Potentiale in sich trägt, um freiheitlich und autonom zu leben und Welt zu gestalten. Dies drückt sich aus durch seine Reflexionsfähigkeit, durch seine Kommunikationsfähigkeit und Handlungsfähigkeit.

Durch seine Reflexionsfähigkeit besitzt er grundlegende Voraussetzungen des begrifflichen Denkens, das ihn in die Lage versetzt, über sich selbst nachzudenken, seine soziale Wirklichkeit zu reflektieren und sich zu ihr in Bezug zu setzen. Reflexivität beinhaltet ebenso, dass Fühlen, Aspekte der Hoffnung, Freude, Furcht in den Reflexionsprozess miteinfließen. Über Handeln verfügt er über die Möglichkeit, seine soziale Wirklichkeit zu gestalten.[13] (Vgl. Zdarzil/Olechowski 1976, 45ff.).

Reflexivität verweist nun nicht nur auf genuine Möglichkeiten des Menschen in bezug auf das „Nach-Sich-Fragen" und die Reflexion von Wirklichkeit, sondern bedingt gleichzeitig die Möglichkeit, ein *„normatives Bewusstsein"* zu entwickeln. Der Mensch erwirbt ein Bewusstsein über gültige Normen im Kontext seines sozialen Eingebundenseins, über Richtig und Falsch und über Sein und Sollen. Dies alles fließt in sein Handeln ein und versetzt ihn in die Lage, allgemeine Normen und Werte kritisch zu prüfen. Ebenso ist dem Mensch die Fähigkeit eigen, *über Gegenwart hinausdenken*, d.h. Zukünftiges zu antizipieren und zu prognistizieren. Er verfügt über ein Zeit-Bewusstsein, d.h. er kann frühere Erfahrungen vergegenwärtigen und sie in aktuelles Tun

---

[12] Die metaphysische Rückbindung des Menschen nimmt kulturgeschichtlich einen zentralen Stellenwert ein, so dass gefolgert werden kann, dass der Mensch auf Religion (religio – Rückbezug) hin angelegt ist, unabhängig davon, ob das einzelne Individuum tatsächlich religiös empfindet. Es geht um den Rückbezug in den geistigen Ursprung, in die Einheit. Dies spricht die Dimension des Glaubens an – im Unterschied zum rationalen Erkennen.

[13] Vgl. Zdarzil: „Der Mensch weiß um sich selbst, von seinen Eigenschaften, Fähigkeiten, Möglichkeiten, von den zwischenmenschlichen und sozialen Bezügen, in denen er steht, und von den Aufgaben und Pflichten, die ihm gestellt sind, von seinen Erwartungen und von den Erwartungen, die andere an ihn richten" (Zdarzil/Olechowski 1976, 48).

einfließen lassen. Dies ermöglicht ihm, sein Handeln zu planen und Folgewirkungen vorwegzunehmen. Der Mensch ist damit genuin darauf angelegt, seine Lebenswirklichkeit bewusst, selbstbestimmt und sinnhaft zu gestalten und zwar über *Handeln*. Reflexivität kann somit als Bedingung der Möglichkeit menschlicher Freiheit und damit für Selbstbestimmung und selbstbestimmtes Handeln angesehen werden. Der Mensch ist darauf angelegt, gestaltend, herstellend, verändernd in die soziale Welt einzugreifen. Im Handeln kommen drei wesentliche Momente zum Tragen: ein interaktives, ein inhaltliches und ein normatives (vgl. Kaiser 1989a, 93 ff.). Mit Handeln einher geht die Fähigkeit, in Beziehung zu treten und damit verbunden das Fremdverstehen, im Sinne von Einfühlungsvermögen.

Auf Autonomie hin angelegt braucht der Mensch seine soziale und kulturelle Umwelt, um seine Potentiale zu entfalten, sich zu entwickeln, um sich auszudrücken, sich sinnhaft zu betätigen und um (Lebens-)Welt zu gestalten. Aus dieser Perspektive ist der Mensch frei und abhängig zugleich. Die äußeren sozialen Bedingungen bestimmen auch die inneren mentalen und psychischen wie auch die körperlichen Bedingungen. Das Individuum handelt und entwickelt sich im Kontext sozialer Werte und Normen, sozusagen im Kontext kultur- und milieuspezifischer Vorgaben und im Kontext seiner anlagespezifischen Dispositionen.
Der Mensch verfügt über das Potential, sich von sozialen Vorgaben zu distanzieren bzw. diese zu interpretieren, und das Soziale verfügt über das Potential, Menschen zu prägen.

Vor dem Hintergrund dieses Menschenbildes ist der Blickwinkel der vorliegenden Arbeit auf das Individuum *und* auf dessen soziale Einbettung gerichtet. Es wird von Wechselwirkungen in der gegenseitigen Einflussnahme ausgegangen. Die Frage, die sich stellt und die im Folgenden zu klären ist, lautet, welche Einflusskraft von beiden Seiten ausgehen kann. Ist das Individuelle die entscheidende Größe oder das Soziale? Wieviel Freiheit hat der Mensch, um sich über das Soziale zu erheben oder: wieviel Kraft hat das Soziale, um den Menschen anzupassen?

Dimensionierung einer Handlungstheorie Sozialer Arbeit

Spannen wir nun den Bogen zur Handlungstheorie. Aufgrund des bisher Gesagten fokussieren wir einen Ansatz, der eine Doppelperspektive aufweist: die Einflusskraft des Sozialen wie auch die Einflusskraft des Individuellen. Diese Doppelperspektive durchzieht notwendigerweise auch eine Handlungstheorie Sozialer Arbeit. Im Folgenden geht es um die Frage der *Dimensionierung* einer Handlungstheorie. Hierzu muss zunächst der Begriff des *sozialen Handelns* näher beleuchtet werden.

Soziales Handeln ist ein mehr oder weniger bewusstes Tun und hebt sich ab vom bloßen routinierten Verhalten, z.B. bei Rot an der Ampel anzuhalten oder die eingefahrenen Abfolgen beim Kochen. Die klassische Definition des Begriffs des sozialen Handelns finden wir bei Max Weber (1976, 1):

> „'Soziales Handeln' aber soll ein solches Handeln heißen, welches seinem von dem oder den Handelnden gemeinten Sinn nach auf das Verhalten a n d e r e r bezogen wird und daran in seinem Ablauf orientiert ist."

Handeln hat also mit *Absichten* zu tun, es ist auf den *Willen* anderer bezogen. Dem Willen zugrunde liegt ein *Sinn*, der wiederum aus größeren Sinnnzusammenhängen und Sinnsystemen abgeleitet ist. So macht es für eine Person möglicherweise Sinn, sich auffällig zu benehmen, um dadurch Aufmerksamkeit ihres Gegenübers zu erhalten. Das Resultat der Handlungen der Interagierenden wird immer davon abhängig sein, welche Sinnsysteme bei den Handelnden jeweils vorliegen, wie sie interpretiert, akzeptiert oder verworfen werden.

| Die Interaktion von SozialarbeiterIn und AdressatIn zeichnet sich nach diesem Konzept dadurch aus, dass beide Personen mit ihren Anliegen und Sinnsystemen auf den Willen ihres Gegenübers einzuwirken versuchen. Im Kontext Sozialer Arbeit wird häufig davon ausgegangen, dass die SozialarbeiterIn helfend und unterstützend auf die hilfebedürftige Person einwirken möchte. Das ist aber nur eine Seite der Medaille. Problematisch wird der Hilfeprozess dann, wenn verschiedene Sinnsysteme aufeinanderprallen, die nicht kompatibel erscheinen. Beispielsweise nach dem Motto: „*Sozialarbeiter hilf mir, damit ich mich weiter durchwursteln kann*" beziehungsweise „*Klientin, trenne dich von deinem Partner, weil ich deine bedrohliche Situation als unerträglich empfinde*". |

Neben den Merkmalen *Absicht, Willen, Sinn* bestimmt sich soziales Handeln durch weitere Merkmale.[14] Ein basales Element von Handeln ist *Kommunikation* und *Interaktion*. Handeln bedarf eines Vorrats an sprachlich-symbolischen Bedeutungssystemen, die den Handlungsbeteiligten zugänglich sind. Gemeint ist das Verfügen über eine gemeinsame Sprache, über gemeinsame nonverbale Ausdrucksweisen und gemeinsame Deutungshorizonte (z.B. bezüglich Gewalt). Ist keine Verständigungsbasis vorhanden, erfolgen Störungen in den Handlungsakten.

Handeln erfolgt darüber hinaus in *situativen Kontexten*, das heißt, Handeln ist in Rahmenbedingungen eingebettet, z.B. politisches Handeln in den Rahmen der Parteizugehörigkeit, familiales Handeln in den Rahmen familialer Ausgangslagen usf. Der situative Kontext verweist in der Regel auf Rollen und Systeme, aus denen heraus gehandelt wird.

---

[14] Vgl. Kaiser 1985, 14ff.

> Für SozialarbeiterInnen ist es wichtig, den situativen Handlungskontext von AdressatInnen zu verstehen beziehungsweise zu überblicken, um Handlungsmöglichkeiten und -folgen abschätzen zu können. SozialarbeiterInnen bedürfen, um schlüssig handeln zu können, eines situations- und feldspezifischen Wissens. Dazu gehört das Wissen über Problembereiche und Lebenslagen der AdressatInnen, über mögliche und vorhandene Hilfsangebote, über die Struktur der Anbieter sozialer Dienstleistungen; insbesondere benötigen sie auch Wissen über die Organisation, in der sie tätig sind, und deren Umwelt.

Schließlich ist Handeln *wertgebunden*, das heißt, die Absichten, die eine Person verfolgt, die aufgewandten Mittel und Vorgehensweisen entspringen individuellen wie auch sozialen und kulturellen Wertüberzeugungen. Das *normative Moment* von Handeln verweist auf Dimensionen der Legalität (rechtliche Ordnung) und der Legitimität (was ist richtig, gerecht, gerechtfertigt?). Fragen der Legitimität und der mit ihr einhergehenden Moralität hängen jedoch wiederum von den verschiedenen Kulturgemeinschaften, Milieus und deren Wertkodizes ab. Interaktions- und Kommunikationsprobleme treten im Alltag vor allem dann auf, wenn bei den Akteuren unvereinbare Wertpositionen vorliegen.

> In der Sozialen Arbeit treffen wir sowohl auf sozialisations- und milieubedingte, kultur- und geschlechtsspezifische Wertüberzeugungen von AdressatInnen als auch auf sozialisations-, milieu- und berufsbedingte Wertüberzeugungen von SozialarbeiterInnen (Sozialarbeiterin: *„Melde ich eine Regelwidrigkeit eines Klienten oder melde ich sie nicht?"*; Klient: *„Deale ich während der Bewährungszeit weiter oder tue ich es nicht?"*)
>
> Kommunikation und Handeln der Professionellen wie der Betroffenen sind grundsätzlich von den jeweiligen Wertüberzeugungen geprägt, die mehr oder weniger miteinander in Einklang stehen (Klientin: *„Gestehe ich mir zu, meinen alkoholabhängigen Mann zu verlassen oder gestehe ich es mir nicht zu?"* Sozialarbeiterin: *„Unterstütze ich die Klientin dabei, ihren alkoholabhängigen Mann zu verlassen, oder bin ich der Meinung, dass sie bei ihm bleiben soll?"*).

Der traditionelle Handlungsbegriff ist individualistisch angelegt, intentional und akteurgebunden. Dieser Handlungsbegriff galt lange Zeit als Grundmodell in der Soziologie. Zwar werden Handlungsbedingungen wie beispielsweise Milieu miteingebunden, doch letztlich bleibt das Handeln an das Individuum gebunden. Auch wenn von gemeinsamen Deutungshorizonten gesprochen wird, weist der intentionale Handlungsbegriff das Soziale nicht explizit als eigene Kraft mit eigenen Gesetzmäßigkeiten aus. Das Handlungspotential liegt bei den Akteuren, verbunden mit der Annahme, dass Handelnde Handlungsfolgen kontrollieren könnten.

Im Kontext eines holistischen Denkens und eines systemtheoretischen Verständnisses wird von zirkulären Handlungsketten in Verbindung mit „kreisförmigen Kommunikationsabläufen" (Watzlawick u.a. 2000, 47) ausgegangen. Handeln ist demzufolge in Rückkopplungsprozesse eingebunden und ist nicht linear zu sehen. Es gibt keinen Anfang und kein Ende. Ob ein Kind unartig ist, weil es wenig Aufmerksamkeit bekommt oder ob es wenig Aufmerksamkeit bekommt, weil es unartig ist, ist nicht mehr genau zu bestimmen. Damit bleiben Ursache und Zweck von Handlungen häufig kontingent (unbestimmt). Darüber hinaus werden Handlungen an sozialstrukturelle Bedingungen gekoppelt, die das individuelle Handeln beeinflussen, – Bedingungen, die eigene Gesetzmäßigkeiten und Mechanismen aufweisen.

Im Vorgriff auf systemtheoretische Ausführungen ist an dieser Stelle zu bemerken:
Handeln vollzieht sich nicht nur nach subjekiven Sinnkriterien des Akteurs im Rahmen seiner kulturellen, insbesondere milieuspezifischen Einbettungen, sondern Handeln koppelt sich auch an funktionale Sinnkonzepte von Systemen, in die Akteure eingebunden sind. Funktionales Handeln bündelt sich in der Rolle.

> Die Geschäftsführerin eines Verbandes wird ihr Handeln sehr stark nach ihren Aufgabenstellungen und Verantwortungen ausrichten. Sie wird auf Marktbedingungen, Finanz- und Personalbedingungen reagieren. Ihre Rolle wird Handlungsspielräume und gleichzeitig Handlungsgrenzen haben.

Damit wird der intentionale, akteurorientierte Handlungsbegriff um das systemstrukturelle Element erweitert.

Worüber eine Handlungstheorie Sozialer Arbeit Aussagen machen soll

Für die Dimensionierung einer Handlungstheorie Sozialer Arbeit lassen sich aus dem bisher Skizzierten entsprechende Postulate formulieren:

Eine Handlungstheorie Sozialer Arbeit hat *Erklärungswissen* anzubieten, das darlegt,

- wie sich das Verhältnis von Person–Umwelt gestaltet,
- wie Handlungsakte erfolgen, d.h. wie sich menschliches Handeln im Kontext sozialer Systeme und Systemstrukturen vollzieht und welche Mechanismen und Einflusskräfte wirken,
- wie Individuen und Systeme die Aspekte „Bewahren" und „Verändern" verarbeiten.

Darüber hinaus hat eine Handlungstheorie Sozialer Arbeit Aussagen über den Gegenstand, die Aufgaben und die gesellschaftliche Funktion Sozialer Arbeit zu machen.

Auf der Ebene des *Wertewissens* hat eine Handlungstheorie Sozialer Arbeit die Handlungsziele und Werte für die Soziale Arbeit zu benennen, wie überhaupt Kriterien zur Beurteilung von Handeln, sozialen Strukturen und Prozessen anzubieten.

Auf der Ebene des *Verfahrenswissens* hat sie Vorgehensweisen in Bezug auf den Unterstützungsprozess anzubieten.

Auf der *Evaluationsebene* hat sie Kriterien anzubieten, um Sozialarbeitshandeln hinsichtlich seiner Ergebnisse, Wirkungen und Folgen zu prüfen und zu bewerten.

Eine Handlungstheorie Sozialer Arbeit umfasst
• Erklärungswissen,
• Wertewissen,
• Verfahrenswissen und
• Evaluationswissen.[15]

Handlungstheorie als theoretischer Balanceakt

Die hier vorgenommene Dimensionierung stellt hohe Anforderungen an die Entwicklung einer Handlungstheorie Sozialer Arbeit. Vor einem Höhenflug sei gewarnt. Eine Handlungstheorie Sozialer Arbeit sollte nicht den Anspruch erheben, omnipotent sein zu wollen, indem sämtliche Facetten des Sozialen und des sozialen Handelns erfasst werden. Realistischerweise muss sie darauf angelegt sein, *interdisziplinäre Wissensbestände* in ihre Aussagesysteme zu *integrieren* und diese auf ihren Gegenstand hin zu adaptieren und weiterzuentwickeln. Eine Handlungstheorie Sozialer Arbeit ist demzufolge mehrdimensional ausgerichtet und weiß unterschiedliche Einzeldisziplinen zu integrieren.[16]

Die Tatsache, dass verschiedene Theoriekonzepte einzubinden und zu verknüpfen sind, erschwert eine Theorieentwicklung. Auf Grund der verschiedenen methodischen Zugangsweisen (systemtheoretisch, empirisch-analytisch, hermeneutisch etc.) tritt das Problem der Kompatibilität verschiedener Konzepte auf, insbesondere die Kompatibilität systemtheoretischer und normati-

---

[15] Vgl. hierzu auch Staub-Bernasconi (1986, 7–9), die fünf Ebenen für eine Handlungstheorie setzt: Gegenstandsbereich, Erklärungswissen, Wertwissen, Verfahrenswissen sowie Funktionswissen.

[16] Eine kurze Diskussion dazu siehe bei Pfaffenberger 1993. Ebenso Staub-Bernasconi 1986.

ver Konzepte. Systemtheoretische Zugänge stellen erklärende Aussagesysteme dar. Sie bieten keine ethische Orientierung.

Ein weiteres Problem wird dadurch aufgeworfen, dass das interdisziplinäre Sammeln, Ordnen und Neuordnen, soll es effektiv und machbar sein, sich nicht in breite innerfachliche Diskussionen verlieren darf, was gleichzeitig aber zur Folge haben kann, dass sich Ergebnisse dann relativ grobrastig und verkürzt darstellen. Eklektizistische[17] und dilettantische Fallen in Bezug auf das Verknüpfen von Theorien sind durch einen solchen Zugang gegebenenfalls vorprogrammiert. Mir erscheint es wichtig, dieses Problem an dieser Stelle zu benennen. Trotzdem: die klassische, einzelwissenschaftlich orientierte Theorie-Entwicklung stellt hier keine Alternative dar, um für die Soziale Arbeit, die sich mit komplexen Wirklichkeiten und Problemfeldern auseinanderzusetzen hat, eine theoretische Begründungsbasis zu entwickeln.

Schnittstellenkompetenz ist verlangt

Ein interdisziplinärer Zugriff ist ein theoretischer Balanceakt. Er erfordert *theoretische Schnittstellenkompetenz*, die sich vor allem in der begründeten Auswahl einzelner Ansätze zeigt, in deren logisch-struktureller Verknüpfung wie im Aufzeigen und Benennen von Verknüpfungsproblematiken und in der Explikation methodischer Verfahrensweisen zu deren Lösung.
Diese theoretische Schnittstellenkompetenz zähle ich zum genuin sozialwissenschaftlichen Denken und Vorgehen. Sie besteht nicht daraus, sich in deutlich abgrenzbaren theoretischen Schulen zu bewegen oder klar umrissene empirische Untersuchungen vorzunehmen, sondern sie ist das Zusammenfügen verschiedener Erkenntnisse auf einen Gegenstandsbereich hin (vgl. Mills 1963).

Der Unterschied zwischen systemtheoretisch und systemisch

Wenn eine Sozialarbeitstheorie mit einem systemtheoretischen Bezugsrahmen weitere Konzepte einzubinden hat, lässt sich nicht mehr einfach von einer systemtheoretischen Handlungstheorie Sozialer Arbeit reden, sondern bestenfalls von einer *systemtheoretisch fundierten*. An dieser Stelle möchte ich einen

---

[17] Eklektizismus im wissenschaftlichen Tun bedeutet eine Art Jagen und Sammeln von Aussagefragmenten verschiedener Theorien; man bastelt einen Theoriemix zusammen, ohne darauf zu achten, ob die einzelnen Fragmente zusammenpassen und eine innere Konsistenz ergeben.

Begriffs- und Bedeutungswechsel vornehmen, nämlich den Begriffswechsel von „systemtheoretisch" zu „systemisch".

Systemtheoretisch fundierte Sozialarbeitstheorien bezeichne ich als systemisch, wenn ihr Erklärungs-, Werte-, Verfahrens- und Evaluationswissen systemtheoretisch fundiert und auf Praxis bezogen ist und wenn diese systemtheoretische Fundierung mit weiteren Wissenselementen aus anschlussfähigen Teiltheorien ergänzt wird. Systemisch verweist demzufolge auf Interdisziplinarität und Praxis.

Den Unterschied zwischen einem systemtheoretischen und einem systemischen Zugang möchte ich anhand von zwei Kriterien deutlich machen:[18]

Kriterium 1

Systemtheoretisches Vorgehen bezieht sich auf das Beschreiben und Erklären der Eigenschaften, Funktionsweisen und Mechanismen von Systemen und deren Umwelt. Wir erhalten so Kriterien und Kategorien, um Systeme und Systemmitglieder in ihrem Verhalten und Handeln zu verstehen. Systemtheorien sind Modelle, um Wirklichkeit zu erklären.

Systemisches Vorgehen zielt auf die Praxis, und ihm liegt die Annahme zugrunde, dass Systemmodelle in der Praxis konkret beobachtbar sind. Auf der Basis systemtheoretischer Modelle werden *konkrete Systemanalysen* vorgenommen, um spezifische Interventionsmöglichkeiten ausfindig zu machen. Systemisches Vorgehen setzt handelnde Personen und deren Systeme in den Mittelpunkt der Betrachtung und versucht Handlungsmuster und Systemmuster, Regeln und Strukturbildungen zu erkennen, offenzulegen und zusammen mit den Betroffenen zu verändern. Dazu sind geeignete Interventionsmöglichkeiten zu entwickeln. Der Schwerpunkt liegt also neben der Analyse auf dem *Handeln*. Systemisches Vorgehen bezieht weitere Einzeltheorien ein, die Aussagen über das Verhältnis Person–Umwelt machen.

Kriterium 2

Systemtheoretisches Operieren ist zunächst einmal wertfrei, systemisches Operieren ist dagegen *wertbezogen*. Es ist auf Handeln, Bewahren, Verändern, Optimieren angelegt. Dazu sind Wertkriterien notwendig, um beispielsweise Aussagen machen zu können:

- Was auf individueller und sozialer Ebene wie verändert werden soll?
- Was Sinn macht?

---

[18] Zur Begriffsbestimmung vgl. auch Böse/Schiepek 1994, 221 sowie Ludewig 1997, 57f.

- Was anzustreben und was zu vermeiden ist?
- Was den Betroffenen zumutbar ist und
- wie systemische Interventionen in ihrer Durchführung und ihren möglichen Folgewirkungen zu bewerten sind.

3. Welche Bedeutung hat eine Handlungstheorie Sozialer Arbeit für die Sozialarbeitspraxis?

Eine Theorie Sozialer Arbeit in dem hier dargelegten Verständnis ist von ihrer Intention her grundsätzlich auf Praxis hin angelegt: sowohl in der Benennung ihres Gegenstandbereiches, ihrer Aufgaben und Handlungsziele, im Beschreiben und Erklären praktischer Handlungskontexte, als auch im Anbieten geeigneter methodischer Verfahren, Strategien und Evaluationskriterien für das praktische Handeln.

Somit hat eine Theorie Sozialer Arbeit neben einer erkenntnistheoretischen gleichzeitig auch eine instrumentelle und normative Funktion. Zwar werden keine konkreten Handlungsempfehlungen gegeben, jedoch wird dargelegt, was professionelles Handeln umfasst, welcher Blickwinkel auf Phänomene in der Praxis gelegt wird, und in welcher Schrittfolge instrumentelles Handeln erfolgen kann. Die Grenze zwischen beschreibenden, erklärenden und normativen Aussagen ist dabei fließend.[19]

Die praktische Reichweite einer Handlungstheorie bleibt notwendigerweise begrenzt und stellt schon gar nicht eine Art Rezeptbuch dar. Vielmehr dient sie als Reflexions- und Begründungsbasis und kommt einer Art „Hintergrundfolie" gleich, „um theoretisch reflektiertes, differenziertes und damit professionelles Handeln zu ermöglichen" (Haupert 1995, 36f.).

In Bezug auf die konkrete praktische Soziale Arbeit kann eine Handlungstheorie folgende Funktionen erfüllen:

1. Sie stellt theoretisches Wissen und Begrifflichkeiten bereit, um im Rahmen der Sozialarbeitspraxis Kernfragen und -probleme herauszuarbeiten, sie zu dimensionieren und zu erklären, um Lösungsmöglichkeiten und Vorgehensweisen zu entwickeln und zu begründen.

---

[19] So stellt sich der lang andauernde Streit zum Werturteilsproblem in den Sozialwissenschaften wieder neu, kann aber hier nicht eigens aufgegriffen werden. Siehe dazu Topitsch 1984.

2. *Sie stellt Leitlinien für die Reflexion und Beurteilung des praktischen Tuns bereit, insbesondere in Bezug auf den Aufbau von Wahrnehmungs-, Unterscheidungs-, Deutungs-, Erklärungs-, Analyse-, Urteils- und Evaluationskompetenz.*
3. *Sie liefert Beiträge, um neue praktische Handlungsansätze in der Praxis zu erproben.*
4. *Sie stellt spezifisches, professionelles Handlungswissen bereit, das direkt zur Anwendung kommen kann (Vorgehensweisen, Instrumentarien, Leitfäden). (Vgl. dazu auch Haupert 1995, 37, 49.)*
5. *Sie hat identitätsstiftende Funktion für die Professionellen.*

Praktische Schnittstellenkompetenz ist gefragt

Die Orientierung an einer Handlungstheorie Sozialer Arbeit sowie deren konkrete Nutzbarmachung bedarf wiederum einer *praktischen Schnittstellenkompetenz* der SozialarbeiterInnen. Diese umfasst die Fähigkeit, den Bedeutungsgehalt allgemein formulierter theoretischer Konzepte und Aussagen in situative Bedeutungshorizonte zu übertragen, oder anders formuliert: sie setzt die Fähigkeit voraus, das Allgemeine (Theorien) auf das Besondere (Fall, Situation) zu transponieren, und zwar dergestalt, dass das Besondere nicht verlorengeht. Umgekehrt: das Besondere ist wiederum auf dem Hintergrund des Allgemeinen zu betrachten.

In konkreten Situationen sind Zusammenhänge, Wechselwirkungen und Bedingungsfaktoren zu erkennen, die die Situation besonders kennzeichnen. Für die (Er-)Kenntnis des Besonderen sind wiederum nicht nur spezialisierte einzelwissenschaftliche Erkenntnisse und deren Zusammenführung notwendig, sondern ebenso berufliches Feld- und Erfahrungswissen.

In der praktischen Schnittstellenkompetenz, die mit der Fähigkeit des „Theorie-Praxis-Transfers" einher geht, liegt die eigentliche Kunst der Professionellen.

Diese Kunst setzt *Theorie- und Handlungskompetenz* voraus, im einzelnen

- *Erklärungskompetenz* (durch interdisziplinäres Wissen),
- *Methoden- und Verfahrenskompetenz* (im Sinne der zielgerichteten Umsetzung fachlichen Wissens),
- *Sozialkompetenz* (Wahrnehmungs-, Kommunikations- und Interaktionsfähigkeit, Kooperations- und Konfliktfähigkeit) sowie

- *Selbstkompetenz* (Fähigkeit der Selbstreflexion, der Urteilsbildung und der Selbstorganisation).[20]

4. Modell einer systemtheoretisch fundierten Handlungstheorie Sozialer Arbeit

Eine Handlungstheorie Sozialer Arbeit bezieht sich auf vier Wissensebenen:

- Erklärungswissen,
- Wertewissen,
- Verfahrenswissen,
- Evaluationswissen.

Eine systemtheoretisch fundierte Handlungstheorie Sozialer Arbeit macht systemtheoretische Aussagen zu den verschiedenen Wissensebenen. Die Systemtheorie stellt den grundlegenden Denk- und Handlungsrahmen Sozialer Arbeit bereit, jedoch wird dieser Rahmen nicht mit dem Anspruch gesetzt, allumfassende Aussagen tätigen zu können. Im Gegenteil, die weiteren Ausführungen werden zeigen, dass die systemtheoretische Aussagekraft zu den einzelnen Wissensebenen von unterschiedlicher Reichweite ist. Der Rahmen ist offen, um bezugswissenschaftliche Theorien zu integrieren und zeigt dazu Schnittstellen auf. Aufgabe der Bezugswissenschaften ist es, sich zu dem systemtheoretisch fundierten Rahmen und den jeweiligen Wissensebenen in Bezug zu setzen und ihren besonderen Stellenwert für die Soziale Arbeit zu begründen. Ein systemtheoretisch fundierter Rahmen stellt somit auch für die Bezugswissenschaften einen Orientierungsrahmen dar, um sich der Sozialen Arbeit zuzuordnen. Selbstverständlich sind dem systemtheoretischen Rahmen auch die sozialarbeitswissenschaftlichen Teiltheorien zuzuordnen.

Das Fehlen eines gemeinsamen Bezugsrahmens würde nicht nur einer interdisziplinären Beliebigkeit bezüglich Auswahl der Inhalte Vorschub leisten, sondern würde auch verhindern, Soziale Arbeit als Disziplin und Zentralfach ins Zentrum zu rücken.

---

[20] Zu Schlüsselqualifikationen im Kontext Sozialer Arbeit siehe auch Richter 1995.

Durch den interdisziplinären Zugang und durch die Praxisorientierung ist eine systemtheoretisch fundierte Handlungstheorie Sozialer Arbeit systemisch angelegt.

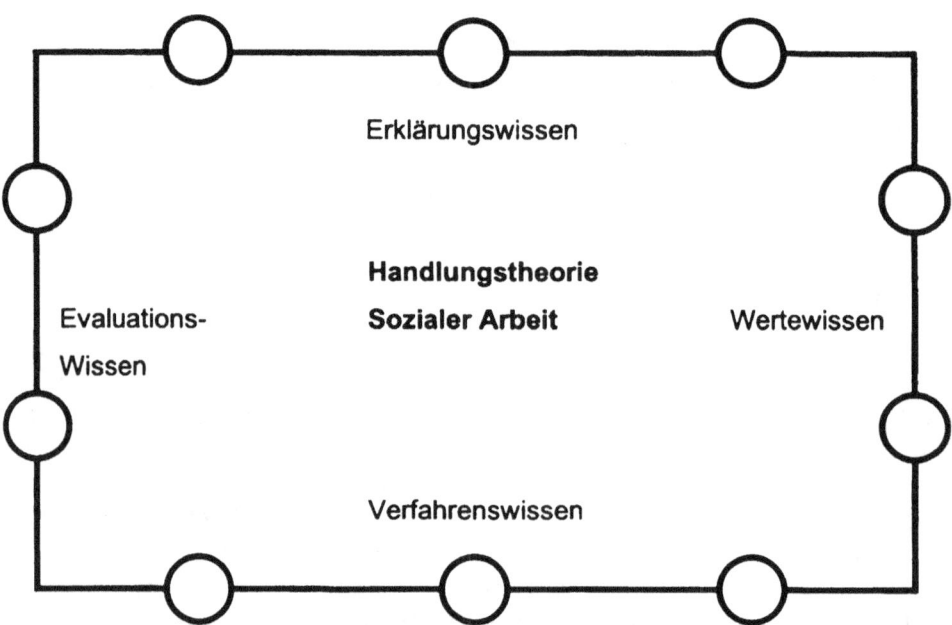

Abb. 1: Modell einer systemtheoretisch fundierten Handlungstheorie Sozialer Arbeit

◯ Schnittstellen für Bezugswissenschaften, u. a. Soziologie, Psychologie, Pädagogik, Recht, Politikwissenschaften, Kulturwissenschaften, Kommunikationswissenschaften, Philosophie, Theologie, Gesundheitswissenschaften, Wirtschaftswissenschaften

5. Zusammenfassung

Die Verortung einer Handlungstheorie Sozialer Arbeit erfolgt innerhalb der Sozialwissenschaften. Eine Handlungstheorie Sozialer Arbeit muss sich innerhalb der Theorien des Handelns entscheiden, ob sie grundsätzlich holistisch oder individualistisch orientiert ist oder ob sie einen Ansatz aus beiden Elementen vertritt.

Eine Handlungstheorie Sozialer Arbeit, die systemtheoretisch fundiert ist, vertritt grundlegend einen holistischen Zugang. Der hier vorgelegte Entwurf ist integrativ zu verstehen, da er die Autonomie des Handelns und subjektive Gestaltungsmöglichkeiten mit einbindet.

Eine Handlungstheorie Sozialer Arbeit macht Aussagen auf vier Wissensebenen: Erklärungswissen, Wertewissen, Verfahrenswissen und Evaluationswissen. Eine systemtheoretisch fundierte Handlungstheorie Sozialer Arbeit ist nicht einzelwissenschaftlich, sondern interdisziplinär ausgerichtet und weiß Bezugswissenschaften zu integrieren. Damit wird ein Begriffswechsel vollzogen: von „systemtheoretisch" zu „systemisch". Eine systemtheoretisch fundierte Handlungstheorie Sozialer Arbeit ist dann als systemisch zu bezeichnen, wenn ihr Erklärungs-, Werte- Verfahrens- und Evaluationswissen systemtheoretisch fundiert und auf Praxis bezogen ist und wenn diese systemtheoretische Fundierung mit weiteren Wissenselementen aus anschlussfähigen Teiltheorien ergänzt wird. Um dies zu leisten, bedarf es einer theoretischen Schnittstellenkompetenz.

Für die Praxis Sozialer Arbeit hat eine Handlungstheorie Sozialer Arbeit identitätsstiftende Funktion und stellt theoretisches Erklärungs-, Handlungs- und Reflexionswissen bereit. Zu ihrer konkreten Nutzbarmachung bedarf es einer praktischen Schnittstellenkompetenz der SozialarbeiterInnen.

Zweiter Teil
Erklärungswissen

1. Das systemtheoretische Paradigma

Im nun folgenden Kapitel werden Systemtheorien in ihren Grundzügen dargelegt. In einem ersten Schritt zeige ich insbesondere spezifische Entwicklungslinien systemtheoretischer Konzepte auf und skizziere den aktuellen Stand der Theoriediskussion, insbesondere bezogen auf das Luhmannsche Konzept. Auf dessen Grundlage stelle ich dann zentrale Begriffe und theoretische Aussagen vor.
In einem zweiten Schritt erfolgt die gesellschaftliche Funktionsbestimmung Sozialer Arbeit und der Versuch einer Gegenstand- und Aufgabenbeschreibung.
Das Kapitel schließt mit einer kritischen Auseinandersetzung in Bezug auf die Leistungsfähigkeit der Luhmannschen Theorie und ihre Verwendung für die Soziale Arbeit.

Systemtheorie: ein aktuelles Paradigma

Was ist ein *Paradigma*? Nach Kuhn (1988) bedeutet Paradigma die modellhafte Erklärung eines wissenschaftlichen Problems. Eine Gesellschaft in ihrer Funktionsweise zu erklären, könnte beispielsweise ein solches wissenschaftliches Problem sein. Theoretische Erklärungsmodelle für die Beschreibung und Erklärung realer Phänomene sind sozusagen das Produkt eines Paradigmas. Wissenschaftliche Methoden und Techniken, die das Herangehen an einen Gegenstand festlegen, gehören dazu. Dass ein neues theoretisches Modell im Sinne eines Erkenntnisfortschrittes zumindest von einem gewissen Teil der wissenschaftlichen Gemeinschaft (Forscher und Forscherinnen) anerkannt und vertreten wird, ist eine weitere Voraussetzung für ein Paradigma.

Im Kontext sozialwissenschaftlicher Forschung hat der Paradigma-Ansatz von Kuhn, der sich stärker von der Wissenschaftsentwicklung der Naturwissenschaften hat inspirieren lassen, konträre Diskussionen ausgelöst. Die Wissenschaftsgeschichte der Naturwissenschaften führt uns vor, dass sich frühere wissenschaftliche Erklärungsmodelle als überholt oder gar falsch zeigen (z.B. die mechanistische kartesianische Weltanschauung und die Prinzipien der

Newtonschen Physik) und dass diese Modelle auf der Grundlage neuer Erkenntnisse durch ein neues Paradigma ersetzt wurden.

Für den Bereich der Sozialwissenschaften stellt sich die Situation etwas anders dar. Hier geht es weniger darum, dass eine Vorgänger-Theorie falsifiziert und durch eine neue abgelöst wird, sondern dass im Rahmen sozialwissenschaftlichen Denkens und Forschens aus ganz verschiedenen Blickwinkeln Modelle zur Erfassung von Wirklichkeit angeboten werden, die nach wie vor zumindest ihre partielle Gültigkeit und Bedeutung haben.

In den Sozialwissenschaften geht es also weniger um die Allgemeingültigkeit oder den Alleinvertretungsanspruch eines Paradigmas gegenüber früheren Paradigmen und damit Wissenschaftsschulen, sondern um die Frage: was leistet ein theoretisches Paradigma im Sinne der Wirklichkeitserfassung (Beschreiben, Erklären, Bewerten) und was leistet es nicht? So verfügen die sozialwissenschaftlichen Disziplinen sehr wohl über mehrere Paradigmen, die im Kontext ihres Erklärungs- und Deutungshorizontes unterschiedlich gewertet werden. Die klassischen theoretischen Schulen im Rahmen der Sozialwissenschaften sind:

- Hermeneutische Theorien,
- Empirisch-analytische Theorien,
- Dialektisch-kritische Theorien.[21]

Die systemtheoretischen Ansätze haben, abgesehen von ihrem Einfluss in den 50er und 60er Jahren, erst in den letzten Jahren wieder ihren Platz neben den klassischen Ansätzen gefunden, ja, es hat sogar den Anschein, als hätten sie nach einer langen Zeit des Darbens einen paradigmatischen Siegeszug durch alle Disziplinen vollzogen.

Dass aber die Systemtheorien für sich keinen Allgemeingültigkeitsanspruch haben, darauf verweist der Systemtheoretiker Niklas Luhmann, der vorgibt, die Systemtheorie

> „reklamiert für sich selbst nie: Widerspiegelung der kompletten Realität des Gegenstandes. Auch nicht: Ausschöpfung aller Möglichkeiten der Erkenntnis des Gegenstandes. Daher auch nicht: Ausschließlichkeit des Wahrheitsanspruchs im Verhältnis zu anderen, konkurrierenden Theorieunternehmungen. Wohl aber: Universalität der Gegenstandserfassung in dem Sinne, daß sie als soziologische Theorie alles Soziale behandelt und nicht nur Ausschnitte (wie zum Beispiel Schichtung und Mobilität, Besonderheiten der modernen Gesell-

---

[21] Siehe hierzu u.a. Seiffert 1983.

schaft, Interaktionsmuster etc.)" (Luhmann 1988a, 9; kursive Hervorhebungen nicht übernommen).

Beginn des systemtheoretischen Paradigmas

Der Beginn des systemtheoretischen Paradigmas lässt sich zeitlich nur grob umreißen, da dazu im Vorfeld bereits zahlreiche wissenschaftliche Vorarbeiten geleistet wurden. Einsteins Relativitätstheorie gilt als grundlegende Vorarbeit zur Quantentheorie, die Jahre später durch Heisenberg und andere Wissenschaftler entwickelt wurde und die zu bahnbrechenden Erkenntnissen in der Physik führte. Durch sie wurde die kartesianisch-newtonsche Vorstellung des Universums als ein mechanisches System, das man in seine Teile zerlegen könne wie eine Maschine, in ihren Fundamenten erschüttert.

Im Gegensatz dazu wurden nun bei der Beobachtung und Beschreibung von Phänomenen Zyklen, Schwankungen, Kontingenzen (Unbestimmtheiten), Unregelmäßigkeiten und Wahrscheinlichkeiten zugrundegelegt. Folge davon war, dass man nicht mehr mit Kausalsätzen und damit verbunden mit Wenn-Dann-Aussagen operieren konnte, ja, dass man deren Erklärungswert von nun an grundlegend relativierte. Ebenso richtete sich das Forschungsinteresse nicht mehr auf isolierte Einzelerkenntnisse, sondern darauf, wie das „Ganze" funktioniert, wie Teile in ihren Gesamtzusammenhang einzuordnen sind, in welcher Beziehung sie zueinander stehen und welche Eigenschaften sie aufweisen. Man wollte das Universum als Ganzes erfassen, Gesellschaften als Ganzes erfassen und anderes mehr (vgl. Capra 1982, 77ff.; Bertalanffy 1990, 188ff.). Das Interesse an der Erforschung globaler Zusammenhänge kam insbesondere auch aus jenen Praxisbereichen, die von ihrem Arbeits- und Wirkungsfeld her in größeren, sprich komplexen Zusammenhängen operieren müssen, so beispielsweise die Ökonomie, die Politik oder das Militärwesen (Jensen 1983, 20).

Den Beginn des systemtheoretischen Paradigmas bringen Händle/Jensen (1974, 12f. u. 45) mit der Gründung der „Society for General System Research" im Jahre 1954 durch Bertalanffy (1957; 1968a/b; 1974; 1990), Boulding (1956; 1961), Gerard (1958) sowie Rappaport (1988) in Verbindung. Die wissenschaftliche Beschäftigung konzentrierte sich vor allem auf die Erforschung naturwissenschaftlicher, sozialer, ökonomischer, politischer und militärischer Phänomene, die durch kausal-analytische Erklärungsmuster alleine nicht zureichend beschreibbar waren. Man wollte dynamische Szenarien auf ihre Strukturen, Zusammenhänge, Wechselwirkungen, Konstanten und Variablen hin analysieren und eine methodische Basis schaffen, um *Komplexität* zu erfassen. Dies sollte interdisziplinär über den Begriff des „*Systems*" erfolgen.

Systemtheorie als interdisziplinäre Ausrichtung

Der Biologe Ludwig van Bertalanffy verwendete zum ersten Mal den Begriff der „Allgemeinen Systemtheorie" (General System Theory). Es sollten grundlegende Aussagen über Systeme getroffen werden, die interdisziplinär anwendbar sein sollten (Bertalanffy 1968b). Der Autor benützt dabei erstmals den Begriff des „offenen", das heißt des auf Umwelt angelegten Systems. Die interdisziplinäre Übertragbarkeit des Begriffs „System" und des Systemkonzeptes basiert auf der Annahme, dass Systeme grundlegende Eigenschaften (Strukturbildungsgesetze und operative Regeln) besitzen, die übertragbar sind, z.B. auf ein Gesellschaftssystem, ein Familiensystem, ein Unternehmen, eine Jugendklicke, auf einen militärischen Verband oder einen Teich. Diese Grundannahme klingt spektakulär. Damit eine derartige Übertragung gelingen kann, müssen die systemtheoretischen Aussagen verständlicherweise relativ abstrakt und allgemein gehalten sein. Grundsätzlich basieren sie auf axiomatischen[22] Annahmen, die nicht aus empirischen Untersuchungen hergeleitet sind, deren Gültigkeit sich jedoch an der empirischen Wirklichkeit zu beweisen hat.

Systemtheorien als Analyse- und Erklärungstheorien

Die Allgemeine Systemtheorie, das sogenannte Bertalanffy-Programm, hatte in den 50er, 60er Jahren insbesondere unter ökonomischen und politischen Nutzenkalkülen durchaus an Einfluss gewonnen.
Lenk (1987, 551ff.) bezeichnet die systemtheoretischen Ansätze als realitätsorientierte Beschreibungen interaktiver Systeme, deren Strukturen zwar erfasst werden sollen, die aber gerade durch Entwicklungen und Veränderungen gekennzeichnet bleiben. Die Analyse eines Systems ist demzufolge immer nur eine Momentaufnahme, deren Befunde bereits im nächsten Moment überholt sein können. Denn: Systeme sind dynamisch und verändern sich.

Der Autor geht davon aus, dass Systeme lediglich Modelle oder Konstruktionen darstellen, die die Erfahrungswelt erklären helfen sollen. Systemtheorien gelten demnach als empirische Analyse- und Erklärungstheorien. Händle/Jensen bemerken dazu:

---

[22] Axiome gelten als wahre Aussagen, die zeitlos und überall festzustellen sind, „ohne jedoch durch eine logische Schlusskette bewiesen werden zu können" (Frege, zit. nach Ferber 1998, 75). Ein bekanntes Axiom ist beispielsweise: das Ganze ist größer als der Teil.

> „... daß wir über die primären Zusammenhänge nur mittels der späteren Reflexion – die die Form der Systembildung annehmen kann - erfahren. Die durch Reflexion konstituierten Systeme stellen mithin die Rekonstruktion der gesellschaftlich konstituierten primären, virtuellen Realität dar" (Händle/Jensen 1974, 27).

Nach dieser Auffasung geht es im Rahmen systemtheoretischer Betrachtungen zunächst nicht um die konkrete Ist-Beschreibung sozialer Wirklichkeiten, sondern um deren *Rekonstruktion* durch systemtheoretisches Erklären. Systemtheorie ist nach dieser Auffassung vor allem operativ angelegt (vgl. Jensen 1983, 24).

Doch dies ist nur eine Auffassung unter mehreren. Auch Parsons vertritt das Rekonstruktionsmodell, während Niklas Luhmann (1988a, 30f.) *Systeme als real vorhanden* bezeichnet. Diese Auffassung ist vor allem für den praktischen Handlungsbereich relevant, denn erst über die Annahme, dass wir alle konkret in Systeme eingebunden sind, dass es sie tatsächlich gibt, lässt sich ableiten, wie systemtheoretisches Wissen auf praktisches Handeln übertragbar wird.

Basisbegriffe der Systemtheorien und Ansätze

Die Begriffe *System*, *Struktur*, *Prozess*, *Funktion*, *Verhalten*, *Umwelt* gelten als Basisbegriffe systemtheoretischer Ansätze, werden jedoch im Rahmen der jeweiligen Richtungen durch weitere Begriffe ergänzt. Eine allgemeingültige Begriffsbestimmung liegt nicht vor, genau so wenig wie es *die* Systemtheorie gibt. Mittlerweile haben sich zahlreiche interdisziplinäre systemtheoretische Ansätze herausgebildet, die sich in ihren jeweiligen Analyseebenen und theoretischen Aussagen sehr wohl unterscheiden. Luhmann (1988a, 15ff.) spricht in diesem Zusammenhang von einem „Paradigmawechsel" innerhalb der „allgemeinen Systemtheorie".[23]

Einen Überblick über die systemtheoretischen Entwicklungslinien haben bereits verschiedene Autoren vorgelegt.[24] Deshalb greife ich im Folgenden lediglich diejenigen Ansätze heraus, die für den sozialwissenschaftlichen Bereich größere Aufmerksamkeit gefunden haben.

Die strukturell-funktionale Systemtheorie

Der Ansatz geht auf Parsons (1968, 1976) zurück und gilt als erster grundle-

---

[23] Luhmann verwendet "allgemeine Systemtheorie" als Oberbegriff für die unterschiedlichen Richtungen und Positionen (1988a, 15ff.).
[24] Siehe Huschke-Rhein 1988; Luhmann 1988a; Willke 1991.

gender systemtheoretischer Entwurf in der Soziologie. Parsons geht von der Annahme aus, dass soziale Systeme bestimmte Strukturen aufweisen. Die forschungsleitende Frage dazu lautet: Welche funktionalen Leistungen müssen von einem System erbracht werden, um die gegebenen Strukturen zu erhalten?

Erkenntnisgegenstand dieses Ansatzes ist die Frage des Strukturerhalts eines Systems.

Zwangsläufig erfolgte in diesem Zusammenhang eine heftige Kritik gegenüber Parsons Ansatz. Kritisiert wurde, dass hier der *Systemerhalt* das soziologische Erkenntnisinteresse war und nicht die *Systemveränderung*, wie sie beispielsweise kritische Ansätze (Frankfurter Schule) intendieren. Parsons wurde vorgeworfen, dass er über den Zugang eines bloßen Strukturerhalts kaum etwas zur Qualitätsfrage eines Systems beitragen könne. Das System als solches (z.B. Gesellschaftssystem) werde legitimiert, obwohl es soziale Ungleichgewichte produziert. Auch andere Systemtheorien wurden in der Folgezeit immer wieder mit dem Verweis auf Parsons Ansatz des Strukturerhalts disqualifiziert (vgl. auch Willke 1991, 3).

Der funktional-strukturelle Ansatz
Der Ansatz geht auf Luhmann (1975) zurück, der Systeme in ihrer Relation zur Umwelt in den Vordergrund rückt. Umwelt gilt hier als konstitutiv für Systembildung. Luhmann bezieht sich in seinen Arbeiten nachhaltig auf Parsons, zieht jedoch den Umkehrschluss. Er setzt nicht die Struktur in den Mittelpunkt der Betrachtungen, sondern fragt nach der Funktion interner Strukturen und Prozesse für die Stabilität oder Optimierung von Systemen im Kontext ihrer Umwelteingebundenheit.

Erkenntnisgegenstand dieses Ansatzes ist die Frage nach der System-Umwelt-Differenz, der Funktionsorientierung von Systemen und der Analyse von Wandlungsprozessen im Kontext System-Umwelt.

Die Theorie selbstreferentieller Systeme
Dieser Ansatz geht ebenfalls auf Luhmann (1988a) zurück; er ist eine Weiterentwicklung seines funktional-strukturellen Ansatzes. Festzuhalten bleibt an dieser Stelle, dass Luhmann in Rückbindung an die Arbeiten und den Autopoiesis-Begriff der chilenischen Biologen Maturana und Varela davon ausgeht, dass soziale Systeme selbstreferentiell angelegt sind, das heißt, dass sie in der Lage sind, sich auf sich selbst zu beziehen, sich selbst zu erzeugen und zu erhalten und demnach sich selbst zu reproduzieren (Luhmann 1988a, 24ff.).

Erkenntnisgegenstand dieses Ansatzes ist: Selbstbezug und Reproduktion der Systeme durch Kommunikation.

Kybernetische Ansätze
Eine eigene Richtung im Kontext systemtheoretischen Forschens haben die Kybernetiker eingeschlagen. Wir stoßen hier auf sehr heterogene Ansätze und Begriffe, zumal kybernetische Denkmodelle in ganz unterschiedlichen Disziplinen zu finden sind: z.B. in der Biologie, Psychologie, Ökonomie und der Pädagogik. Kybernetik bezieht sich allgemein auf ein Rückkoppelungssystem, das darauf gerichtet ist, einen inneren Gleichgewichtszustand zu erhalten oder wiederherzustellen. Sie geht von der Annahme aus, dass jedem System die Tendenz nach Harmonie und Gleichgewicht innewohnt. Geläufig ist beispielsweise die Homöostase aus der Biologie als ein selbstregulierendes Rückkoppelungssystem biologischer Kreisläufe (z.B. Blutkreislauf). Für die Bereiche Biologie und Umwelt ist vor allem Frederic Vester mit seinen kybernetischen Modellen bekannt geworden (1980). Auch in der Politikwissenschaft finden sich kybernetische Ansätze, z.B. von Karl W. Deutsch (1969) und David Easton (1965). Sie untersuchen die Effektivität und Effizienz politischen Steuerungsverhaltens und dessen Input- und Outputverarbeitung. Kritisiert wurde bei den sozialwissenschaftlichen Modellen, dass der Vergleich von Ist-Soll-Zuständen funktional-mechanisch verliefe, ohne kritische Bewertung dessen, was letztlich sein soll.[25]

Erkenntnisgegenstand dieses Ansatzes ist: Es geht um Regelkreise, um Zielgerichtetheit, um Ist-Soll-Vergleiche, Regelung und Steuerung zum Zwecke der Ausbalancierung des Gleichgewichtzustandes.
Begründet wurde die Kybernetik 1948 von Norbert Wiener (1963).[26]

Systemtheorien wurden interdisziplinär spezifiziert

Systemtheoretische Ansätze gibt es in sämtlichen Wissenschaftsdisziplinen.[27] Die traditionelle Entwicklung der systemtheoretischen Forschung, insbesondere in der *Soziologie*, beschäftigt sich primär mit den Merkmalen und Eigenschaften von Systemen und deren typischen Verhaltensweisen. Der Blick ist damit vornehmlich auf das System als soziale Einheit und nicht auf das Individuum gerichtet. Ein solcher Zugang hat beispielsweise Luhmann wiederholt den Vorwurf eingebracht, dem Individuum lediglich eine randständige Positi-

---

[25] Kritische Positionen hierzu bei Opp 1970.
[26] Zur Kybernetik siehe auch Ashby 1974; Cube 1971; Greven 1974, 65ff.; Klaus 1979.
[27] z.B. in den Erziehungswissenschaften Huschke-Rhein 1988; Luhmann/Schorr 1979; Oelkers/Tenorth 1987; in den Wirtschaftswissenschaften Friedrich 1984; Gomez 1981; Probst 1987.

on einzuräumen. Luhmanns Antwort dazu: Sein soziologisches Forschungsinteresse ziele eben auf das System und nicht auf das Individuum.

Innerhalb der *Psychologie*[28] und vor allem der Familientherapie finden wir systemische Konzepte und damit verbunden einen akteurorientierten Zugang. Hier rückt das Individuum in den Mittelpunkt. Ausgangspunkt ist die Annahme, dass die Wirklichkeit von Individuen eine Systemwirklichkeit ist. Vor allem das System Familie gilt als tragende Instanz für die Entwicklung und Entfaltung von Individuen wie auch für deren Blockierung. Als Ursache von psychischen und sozialen Störungen und Problemen gilt das Zusammenspiel zwischen Personen und deren Systemumwelt. Die Familientherapie und die weiter entwickelte Systemische Therapie sind in diesem Zusammenhang zu einer führenden Disziplin mit Blick auf ein systemtheoretisch gestütztes Erklären und Behandeln psycho-sozialer Probleme geworden.[29]

Einen eigenen Stellenwert in der Familienforschung nimmt die *feministisch orientierte Familientherapie* ein. Forscherinnen wie Marianne Krüll, Rosmarie Welter-Enderlin, Andrea Ebbecke-Nohlen, Ingeborg Rücker-Embden-Jonasch u.a.[30] versuchen, systemisches, konstruktivistisches und feministisches und damit auch politisches Denken zu verbinden. Vor allem der Begriff und die Bedeutung von Macht im Rahmen der Geschlechterdifferenz werden thematisiert, aber auch die Frage der Mitkonstruktion männlicher und weiblicher Sichtweisen und gesellschaftlicher Platzierungen wird hier aufgeworfen. Konsequent in ihrem Systemdenken wenden sich die Autorinnen dagegen, Männer und Frauen in simple Kategorien von Tätern und Opfern einzuordnen, denn:

> „Es sind nicht 'die Männer', die uns Frauen unterdrücken, und es sind nicht "die Feministinnen", die die Männer verfolgen, sondern es ist das Patriarchat als System, das von uns allen als unsere Konstruktion aufrechterhalten wird ..." (Krüll 1992, 39).

Das systemische/systemtheoretische Denken in der Sozialen Arbeit

In der Sozialen Arbeit hat das systemische/systemtheoretische Denken etwa seit den 80er Jahren an Bedeutung gewonnen. Die Theoriediskussion Sozialer Arbeit war in den 70er Jahren vor allem auf die Kritische Theorie und deren marxistisch orientierte Gesellschaftskritik gestützt. Daraus erwuchs eine dezi-

---

[28] Grundlegende Arbeiten hat hier vor allem Bateson (1992) vorgelegt.
[29] Siehe Andolfi 1992; Ludewig 1997; Minuchin/Fishman 1983; Oswald 1988. Rotthaus 1987; Schiepek 1987; Stierlin 1980.
[30] Alle in Rücker-Embden-Jonasch/Ebbecke-Nohlen 1992.

diert politische Perspektive. So war es zunächst schwierig – nicht zuletzt auch aus Gründen von Ideologisierungstendenzen in der Sozialen Arbeit –, eine Erweiterung der theoretischen Perspektive vorzunehmen. Einen heftigen Diskurs löste beispielsweise Luhmanns Aufsatz „Formen des Helfens im Wandel gesellschaftlicher Bedingungen" (1973) aus. Luhmann legte dar, wie Helfen „funktioniert". Die systemische Denkweise wurde vor allem auch durch ökosoziale Ansätze eingeführt (Germain/Gitterman 1983/1988, 1999 und Wendt 1990). Seit den 90er Jahren werden von Seiten der Sozialpädagogik /Sozialarbeit dezidiertere systemtheoretische und systemische Entwürfe vorgelegt. Zu nennen sind Peter Lüssi (1991) und Silvia Staub-Bernasconi (1994). Bezieht sich Lüssi auf systemtheoretische Denkfiguren, so fällt bei Staub-Bernasconi auf, dass sie systemtheoretische Wissenskonzepte marginalisiert, dafür aber unter dem Begriff systemisch/systemtheoretisch normative Denkweisen einführt, deren Bezuge zum Systemischen/Systemtheoretischen letztlich offen bleiben (vgl. dazu Miller 1996). Seit der zweiten Hälfte der 90er Jahre erfolgt eine forcierte Beschäftigung mit systemtheoretischen Zugangsweisen für die Soziale Arbeit (vgl. hierzu Hollstein-Brinkmann 1993; Merten/Sommer/Koditek 1996; Miller 1996; Merten 2000). Heiko Kleve (1996) arbeitete die Bedeutung einer konstruktivistischen Perspektive für die Soziale Arbeit heraus.[31]

Systemorientierung versus Akteurorientierung

Bei den soziologisch orientierten Systemtheorien geht es vor allem um Systemeigenschaften und Verhaltensweisen, die soziale Systeme im Austausch mit ihrer Umwelt aufweisen. Folge eines solchen Zugangs kann sein, dass wir zwar erfahren, wie ein System funktioniert, dass aber die Position des Individuums eher randständig bleibt.

Die akteurorientierten Ansätze aus den systemischen Zugängen dagegen setzen das Individuum und dessen Eingebundensein in Systembezüge ins Zentrum ihrer Betrachtung (vgl. Staub-Bernasconi 1983; Germain/Gitterman 1988, familientherapeutische Ansätze). Hier geht es um transaktionale Austauschprozesse zwischen Individuen und deren System-Umwelt. Es geht um Störungen von Transaktionen (im Sinne reziproker Rückkoppelungen) und um deren Korrekturmöglichkeiten. Diese Ansätze laufen Gefahr, Systeme und die System-Umwelt lediglich als Ressourcenpool von AdressatInnen zu betrachten und Systemeigenschaften und damit verbunden Eigendynamiken der Systeme eher auszublenden.

---

[31] Zur Rezeption systemtheoretischer Entwicklungen in der Sozialpädagogik / Sozialarbeit siehe auch Gängler 2000.

Für die Praxis Sozialer Arbeit scheint mir ein Ansatz nur bedingt tauglich, der gelingende Transaktionen fordert (Germain/Gitterman) oder gerechte Austauschbeziehungen (Staub-Bernasconi), wenn nicht gleichzeitig eine theoretische Erklärungsbasis dafür gegeben wird, warum diese Zielsetzungen in der Praxis teilweise so schwer zu realisieren sind. Es gehört zur Alltagserfahrung von PraktikerInnen, dass trotz erfolgter professioneller Beratung, trotz Erschließung von Ressourcen für die Betroffenen eine Problembewältigung häufig sehr schwierig ist oder gar scheitert. Alte, entwicklungshemmende System- und Interaktionsmuster sind häufig nur sehr mühsam zu verändern. Das Implementieren neuer Muster bei den Betroffenen, beispielsweise in Form neuer Handlungsweisen, Regeln und Vereinbarungen, stößt nicht selten auf Widerstand. Wo liegt die Ursache? Bei den AdressatInnen? Bei den SozialarbeiterInnen? In der Gesellschaft schlechthin?

Um solche Fragen und Probleme theoretisch verorten zu können, ist Systemwissen erforderlich, also Wissen um die Eigendynamik und damit die Eigenschaften und Mechanismen von Systemen. Erst dann lässt sich sagen, welchen „Sinn" destruktive Muster für die einzelnen Systeme und Systemmitglieder möglicherweise haben und weshalb sie immer wieder reproduziert werden.

Eine konstruktive Ansatzmöglichkeit für eine systemtheoretisch fundierte Handlungstheorie Sozialer Arbeit sehe ich deshalb in der Verbindung von systemtheoretischen und akteurorientierten Zugängen:

Personen besitzen in und mit Systemen Entwicklungs- und Gestaltungsmöglichkeiten, gleichzeitig weisen jedoch Systeme inhärente Eigenschaften und Mechanismen auf, die diese Entwicklungs- und Gestaltungsmöglichkeiten fördern oder erheblich einschränken können.

2. Begriffe und theoretische Aussagen

Mittlerweile gibt es etliche Einführungen in die Entwicklungslinien von Systemtheorien und deren Grundbegriffe.[32] Wenn ich hier trotzdem nochmals den metatheoretischen Denkrahmen Niklas Luhmanns wie auch den von konstruktivistischen Theorien entfalte, dann deshalb, um den LeserInnen die inhaltlichen und gedanklichen Entwicklungsstränge im Rahmen dieser Arbeit nach-

---

[32] Für die Soziale Arbeit siehe beispielsweise Hollstein-Brinkmann (1993) und Pfeifer-Schaupp (1995). Eine Einführung in die Systemtheorie Luhmanns geben Kneer/Nassehi 1993 und Krause 1996.

vollziehbar zu machen und eine gewisse Konsistenz zu gewährleisten. Außerdem folge ich nicht den Gepflogenheiten so mancher AutorInnen, die in ihren Schriften auf die „Klassiker" der zum Teil sehr schwer rezipierbaren Systemtheorien verweisen und die LeserInnen damit alleine lassen.

Ich stütze mich nun im folgenden vor allem, jedoch nicht ausschließlich, auf den Ansatz von *Niklas Luhmann*, der eine Universaltheorie entwickelt hat, die grundlegende Erklärungs- und Aussagekraft besitzt, um Eigenschaften und Funktionsweisen von Systemen darzulegen. Grundsätzlich geht es Luhmann um das Beschreiben und Erklären der Eigenschaften und Funktionsweisen sozialer Systeme, Systeme also, in denen Personen kommunizieren und die von Personen über Kommunikation aufgebaut werden (Luhmann 1988a, 192). Im folgenden binde ich ebenso Autoren mit ein, die an Luhmanns Ansatz anschließen beziehungsweise auf deren Arbeiten sich Luhmann stützt und die den Luhmannschen Zugang erweitern helfen.

Theorien dienen zur Beschreibung und Erklärung sozialer Wirklichkeit. Auch eine abstrakte Supratheorie, so wie sie Luhmann vorlegt, muss sich letztlich daran messen lassen, inwieweit sie auf konkrete Handlungsfelder übertragbar ist. In den folgenden Ausführungen soll deshalb nicht nur das Wesentliche seiner Theorie dargelegt werden, sondern die Theorie soll trotz ihres hohen Abstraktionsniveaus auf die Handlungspraxis Sozialer Arbeit bezogen werden. Dies erfolgt vor allem durch Beispiele. Sie haben nicht die Funktion, die Theorie zu verifizieren, sondern sie zu veranschaulichen und für die Sozialarbeitspraxis nutzbar zu machen. Die Vereinfachung des theoretischen Ansatzes durch bereichsspezifische Exemplifizierung gibt der Theoriedarstellung eine spezifische Ausrichtung und reduziert sie gewissermaßen in Bezug auf das vorgelegte Ziel. Dieses Vorgehen der Reduktion theoretischer Komplexität lohnt sich, wenn es dadurch gelingt, ein abstraktes Theoriemodell praxisbezogen zugänglich zu machen.

Niklas Luhmann wurde 1927 in Lüneburg geboren, studierte Rechtswissenschaft und war Oberregierungsrat im niedersächsischen Kulturministerium. 1960/61 war er an der Harvard-Universität und setzte sich dort vor allem mit dem Ansatz von Talcott Parsons auseinander. Ab 1968 war er Professor für Soziologie an der Universität Bielefeld, und starb 1998. Auf der Grundlage der von ihm entwickelten Systemtheorie beschrieb Luhmann die verschiedenen Funktionssysteme der Gesellschaft: Organisationen, Recht, Wissenschaft, Wirtschaft, Religion, Kunst, Massenmedien. Sein letztes Werk war „Die Gesellschaft der Gesellschaft" (1997).

2.1 Das System

Der Systembegriff hat sich im Laufe der Jahrhunderte jeweils mit dem theoretischen Konzept, dem er entspringt, verändert. Nachdem es etliche solcher Konzepte gibt, sind die Begriffsexplikationen auch entsprechend zahlreich. Es gibt also nicht *die* Definition des Systems.
Im traditionellen Sinne verweist der Begriff zunächst einmal auf ein Ganzes und seine Teile.

> So ließe sich beispielsweise das System Wohlfahrtsverband in seine Teile ausdifferenzieren, z.B. in seine Strukturebenen (Leitung, Bereiche, Abteilungen, Referate, SachbearbeiterInnen ...), auch die Verbandsmitglieder und MitarbeiterInnen sind Teile, das verarbeitete Geld wäre ein Teil usf.

Luhmann bemerkt hierzu:

> „Man konnte dann zwar sagen, das Ganze *sei* die Gesamtheit der Teile oder *sei mehr* als die bloße Summe der Teile; aber damit war nicht geklärt, wie das Ganze, wenn es nur aus Teilen plus Surplus bestehe, auf der Ebene der Teile als Einheit zur Geltung gebracht werden könne" (Luhmann 1988a, 20).

Ulrich und Probst, zwei bekannte Autoren der Wirtschaftswissenschaften, arbeiten ebenfalls mit dem Begriff des Ganzen und seiner Teile. Ihrer Meinung nach bestehen Systeme aus *Teilen*,

> „die so miteinander verknüpft sind, daß kein Teil unabhängig ist von anderen Teilen und das Verhalten des Ganzen beeinflußt wird vom Zusammenwirken aller Teile" (Ulrich/Probst 1991, 30).

Es geht also um mehr als nur um einen summarischen Zugang, es geht vornehmlich um das *Zusammenwirken* der Teile.
Systeme werden als *„dynamische Ganzheiten"* verstanden, deren Verhalten das Zusammenwirken der Teile bestimmt, und die gewisse Eigenschaften und Merkmale aufweisen.
Des weiteren wird in modernen Ansätzen dem System in seiner theoretischen Beschreibung der Begriff *Umwelt* zugeordnet.

> „Danach besteht ein differenziertes System nicht mehr einfach aus einer gewissen Zahl von Teilen und Beziehungen zwischen Teilen; es besteht vielmehr aus einer mehr oder weniger großen Zahl von operativ verwendbaren System/Umwelt-Differenzen, die jeweils an verschiedenen Schnittlinien das Gesamtsystem als Einheit von Teilsystem und Umwelt rekonstruieren" (Luhmann 1988a, 22).

> Marion ist alleinerziehende Mutter, die mit ihrer Tochter Natalia, 8 Jahre, zusammenlebt. Marion und Natalie sind ein System.
> Natalia lebt Montag bis Mittwoch beim Vater. Auch hier handelt es sich wieder um ein eigenes System. Marion wäre Umwelt dieses Systems.
> Marion hat einen Lebenspartner, Max. Marion und Max sind ein System und wieder Umwelt für Natalia.
> Max hat zwei Kinder mit seiner ersten Frau, von der er sich getrennt hat. Max kümmert sich zwei Tage in der Woche um die Kinder. Max und seine beiden Kinder sind wiederum ein System. Ebenso ein System sind Max, die beiden Kinder und seine frühere Frau. Diese und Max sind ebenfalls ein System. Alle sind füreinander Umwelt.
> Jedes einzelne System hat eigene Beziehungsmuster. Die Summe all dieser Systeme wäre das Beziehungssystem. Angenommen, Max und Marion würden Beziehungsprobleme bekommen, so müsste sich die Beraterin, würde eine solche konsultiert werden, aus einer systemischen Perspektive heraus die jeweiligen Systeme und die darin gelebten Beziehungen, Erwartungen, Verhaltensweisen betrachten. Ebenso müsste sie sich die Verknüpfungen der einzelnen Systeme untereinander ansehen, insbesondere mit Blick auf Kontakt, Unterstützung und Störungen. Eine Frage könnte lauten: Was geschieht im Beziehungssystem, dass Marion und Max Schwierigkeiten bereitet und mit dem beide sehr schwer zurecht kommen? Eine andere Frage könnte lauten: Welche Ressourcen gibt es im Beziehungssystem, die Max und Marion entlasten könnten? Aus einer systemischen Perspektive wird das Problem von Marion und Max nicht als Problem zweier Individuen gesehen, die emotionale Schwierigkeiten haben, sondern das Problem wird eingebettet in ihren sozialen Kontext. Es werden Wechselwirkungen angenommen, die problemverstärkend und auch problemlastend sein können.
> Im Beziehungssystem ist die Häufigkeit und die Intensität der jeweiligen Kontakte sehr unterschiedlich. Marion und Natalia haben beispielsweise keinen Kontakt zu Max' Frau, von der er sich getrennt hat, jedoch, würde dieser etwas zustoßen, würde dies wohl nachhaltige Auswirkungen auf das gesamte Beziehungssystem haben. Auch wenn der direkte Kontakt nicht gegeben ist, heißt das noch lange nicht, dass auch keine Einflusskraft gegeben ist.

Systeme stellen eine zusammenhängende Ganzheit dar, in der jeder Teil direkt oder indirekt mit den anderen Teilen verbunden ist. Daraus folgt, dass die Veränderung eines Teiles auch Veränderungen der anderen Teile bewirkt. Ob diese Veränderungen sichtbar und auffällig sind oder ob sie für das System unbedeutend und latent bleiben, ist eine ganz andere Frage. Auch haben nicht alle Teile eines Systems eine ähnliche Einflusskraft auf andere Teile und das System im Gesamten. Wenn der Lehrer in einer Schulkasse ausfällt, hat das nachhaltigere Folgen für das System Schulklasse, als wenn ein Schüler ausfällt. Andererseits kann eine Handlung eines Schülers, beispielsweise eine Gewalthandlung, das System Schule in Routieren bringen und ungeahnte Dynamiken entfalten.

Der systemtheoretische Blick richtet sich nicht darauf, wie das einzelne Teil funktioniert, sondern wie das System funktioniert. Der Blick richtet sich also auf das Zusammenspiel und auf die Organisation des Ganzen. Das Zusammenspiel selbst erfolgt durch die Anordnung der Teile (Struktur), durch Kommunikation und Beziehungen (vgl. Watzlawick u.a. 2000, insb. 118ff.).

2.2 System und Umwelt

Systeme verfügen über *Systemgrenzen*, durch die sie sich von ihrer Umwelt abheben. Ein Wohlfahrtsverband grenzt sich von anderen Verbänden und Institutionen ab, eine Partei grenzt sich jeweils von ihrer Umwelt ab, das sind z.B. andere Parteien, die Wahlbevölkerung, Gesetzesanträge und anderes mehr.

> Wenn Natalia bei ihrem Vater lebt, grenzt sie sich von den anderen Personen und Systemen in ihrem Beziehungsnetz ab. Im Vater-Tochter-System werden eigene Werte und Regeln gelebt; es gibt dort eigene Wichtigkeiten und Empfindlichkeiten, sprich: das System Vater-Tochter ist anders als das System Mutter-Tochter. Natalia pendelt sozusagen zwischen verschiedenen Systemwelten. Hier gibt es durchaus Überschneidungen. Möglicherweise haben Mutter und Vater sich verständigt, dass das Kind zu einer bestimmten Zeit schlafen gehen soll.

Luhmann (1988a, 242f.) definiert Umwelt als konstitutiv für die Herausbildung einer eigenen Autonomie und Identität von Systemen. Hätte demzufolge ein Wohlfahrtsverband keine Umwelt, könnte er nicht seine eigene Identität herausbilden. Erst durch die Abgrenzung des Systems von seiner Umwelt ist Identitätsbildung möglich. Das gilt auch für Personen. Die Bestimmung eines Systems kann somit nur im Sinne einer System-Umwelt-Differenz erfolgen. Was tatsächlich im Einzelfall zur Umwelt zählt, ergibt sich aus erkenntnisleitenden Fragestellungen und ist daher deutungsabhängig.

> Wenn wir die relevante Umwelt von Natalia wissen wollen, dann würde Natalia möglicherweise teilweise andere Nennungen vornehmen als ihre Mutter. Die Mutter würde möglicherweise sagen, die Großmutter ist für das Kind relevant, wobei Natalia diese Relevanz möglicherweise nicht sieht.

Umwelt ist kein eigenes System, sondern die Summe von Systemen, Ereignissen und Handlungen, die außerhalb des Referenzsystems[33] (z.B. der Partei) liegen.

---

[33] Referenzsystem ist das System, von dem aus erkenntnisleitende Operationen erfolgen.

Systeme grenzen sich einerseits von ihrer Umwelt ab und sind andererseits gleichzeitig auf sie ausgerichtet und strukturell bezogen.
Jedes System hat jeweils seine eigene *relevante Umwelt*, mit der es kommunikative Austauschprozesse vollzieht (Luhmann 1988a, 35ff.). Ein Caritasverband hat eine andere Umwelt als ein Automobilkonzern. Natürlich kann es Überschneidungen geben. Die Schnittstelle könnte in unserem Beispiel Facharbeiter des Automobilkonzerns sein, die von der Caritas beraten werden. Auch das Gesellschaftssystem als übergeordnetes System gehört sowohl für den Caritasverband als auch für den Automobilkonzern zu deren Umwelt.

> Für Natalia und ihre Mutter gehören die Systeme des Beziehungssystems zu ihrer Umwelt. Aber auch die Gesellschaft, die beispielsweise Sozialleistungen zu Verfügung stellt oder die durch ihre Konsumstruktur entsprechende Bedürfnisse erzeugt, gehört zur Umwelt. Wenn Max plötzlich erkrankt, ist das ein Umweltereignis, was möglicherweise sehr viel Stress und Organisationsaufgaben im ganzen Beziehungssystem zur Folge hat.

Die Umwelt existiert auf verschiedenen Ebenen, oder, um mit Bronfenbrenner (1981, 199–268) zu sprechen: die relevante Umwelt lokalisiert sich auf der Mikro-, Meso-, Exo-, Makrosystemebene.
Die *Mikrosystem-Ebene* definiert den unmittelbaren Lebenszusammenhang (Familie, Nachbarn, Freunde).
Die *Mesosystem-Ebene* umfasst die direkte Handlungsebene auf formal organisierten Ebene. Gemeint sind beispielsweise verschiedene Systeme wie Wohlfahrtsverband, Schule, Universität, Unternehmen etc.
Die *Exosystem-Ebene* ist auf der gleichen Ebene lokalisiert, wobei es hier nicht um direkte Handlungsvollzüge und Eingebundenheiten geht, sondern um Einflussbereiche, z.B. die Polizei observiert bestimmte Stadtteile, was indirekt Einfluss auf Jugendgruppen haben kann.
Die *Makrosystem-Ebene* stellt die allen Systemen auf der Mikro-/Meso-/ Exoebene übergeordnete Systemebene dar mit den politisch, rechtlich, sozial, ökonomisch, kulturell und technologisch formalen Festlegungen und den ihnen zugrundeliegenden Ideologien und Weltanschauungen. Die Meso-/ Exosystemebene wird von dort aus strukturiert.

Systeme sind immer zugleich auch Umwelt für die Systeme ihrer Umwelt und damit möglicherweise Objekt ihrer Operationen (Luhmann 1988a, 249). Der Caritasverband ist beispielsweise Umwelt der Inneren Mission, die Innere Mission ist Umwelt der Caritas. Beide sind aufeinander bezogen, z.B. durch ihre ähnliche Aufgabenstellungen, durch Momente der Kooperation und Konkurrenz in ihrer kommunalen Einbindung.

Die jeweiligen Systemgrenzen lassen sich dabei nicht klar und eindeutig definieren, sondern sind deutungsabhängig. Die Systemgrenzen müssen von den

Systemakteuren oder jenen, die sie rekonstruieren, definiert werden. Hier geht es nicht um richtig oder falsch, sondern darum, was systemfunktional Sinn macht.

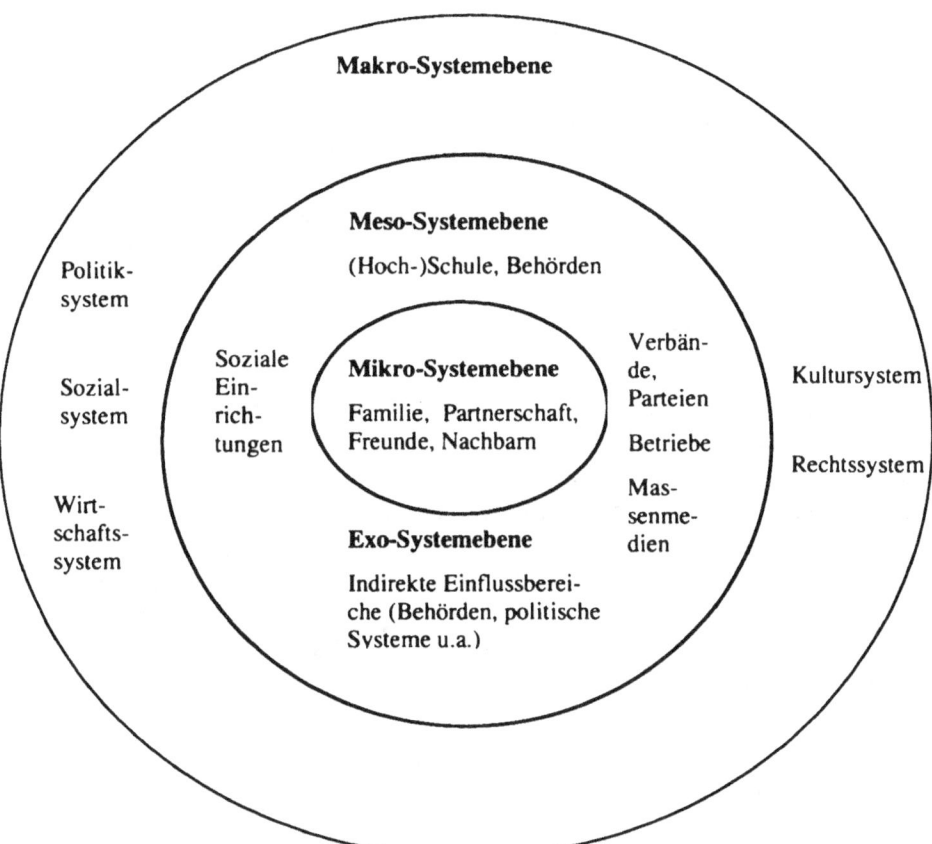

Abb. 2: Mikro-, Meso-, Exo-, Makro-Systemebene

Anpassung

System und Umwelt stehen in Wechselbeziehungen zueinander und unterliegen gegenseitigen *Austauschprozessen* (Luhmann 1988a, 56). Ausgetauscht werden Informationen, Güter, Gefühle, Dienstleistungen, wobei der Prozess des Austausches über Kommunikation erfolgt. Im Zuge dieser Austauschprozesse müssen Systeme zu ihrer eigenen Stabilisierung immer wieder gewisse *Anpassungsleistungen* gegenüber ihrer Umwelt erbringen, um den Erwartungen und Anforderungen aus der Umwelt entsprechen und sie verarbeiten zu können. Wohlfahrtsverbände müssen beispielsweise auf Entwicklungen reagieren, die sich in ihrer Umwelt ergeben, z.B. auf Kürzungen der finanziellen Mittel, auf Veränderungen sozialer Problemlagen, auf Marktkonkurrenz u.a. Zu ihrer eigenen Stabilität müssen sie auf für sie relevante Umweltentwicklungen reagieren und entsprechende Anpassungsleistungen vollziehen.

Der Begriff der *Anpassung* ist hier funktional zu verstehen, denn es geht immer wieder um eine Ausbalancierung und Stabilisierung der System-Umwelt-Differenz. Anpassung ist ein neutraler Begriff, und es geht nicht um einen Akt der Unterordnung, sondern vielmehr um Vorgehensweisen und Strategien, mit denen ein System auf Umweltanforderungen reagiert. Damit kommt Anpassung einem Bewältigungsakt gleich. Der kann durchaus kreativ sein, indem beispielsweise unkonventionelle Lösungen gefunden werden. Der Verantwortliche eines soziale Projektes sucht beispielsweise Sponsoren und rettet damit das Projekt, das nicht in die Regelförderung kam.

Selbstverständlich gibt es Situationen in der Praxis, in denen unter einem enormen Umweltdruck Anpassungsleistungen erbracht werden müssen. Man muss sich Situationen unterordnen und hat wenig Möglichkeiten dagegen aufzubegehren. In diesem Zusammenhang ist Unterordnung nicht lediglich hierarchisch zu sehen zum Beispiel dahingehend: Eine Sozialarbeiterin ordnet sich den Anweisungen ihres Dienstvorgesetzten unter. Unterordnung kann auch dann auftreten, wenn sich Familienmitglieder beispielsweise den Wünschen eines kranken Familienmitglieds unterordnen. Hier erfolgt dann eine einseitige Anpassung, wenn die Familie nicht erwartet, dass auch der Kranke gegenüber der Restfamilie Anpassungsleistungen erbringt.

Anpassung ist ein Alltagsthema. Tagtäglich sind wir gefordert, uns situativ anzupassen. Vieles ist dabei Routine und kann einvernehmlich zwischen den Beteiligten geregelt werden. Dann wiederum gibt es Situationen, wo Anpassung zur Herausforderung oder zum Problem wird. Anpassung ist ein wechselseitiger Prozess zwischen den Akteuren und kennzeichnet die Interaktion von Systeme und deren Akteure.

Ein Wohlfahrtsverband will Kostenträger an seine Belange anpassen und mehr Finanzressourcen erwirken und umgekehrt, ein Kostenträger will einen Wohlfahrtsverband an seine Belange anpassen, indem er beispielsweise Qualitätsstandards einfordert und bei deren Fehlen oder Nichterreichung Leistungen kürzt.

Wenn die Kinder von Max und Marion zusammen sind, wollen die beiden Kinder von Max die Tochter von Marion an ihre Formen und Regeln des Spielens anpassen und umgekehrt.

Zweifellos stellt sich hier die Frage, wer denn wen mehr anzupassen vermag. Dies ist eine Frage der *Macht* und der Machtressourcen, über die Personen und Systeme verfügen. Machtressourcen sind beispielsweise Entscheidungsmacht, Geld, Wissen, körperliche Kraft, Geschlecht, Ethnie. Die Machtfrage stellt sich im Rahmen von Über- und Unterordnungsverhältnissen (Bürokratie-Sozialhilfeempfänger) wie auch unter Gleichgestellten (Mann-Frau, Weiße-Farbige, Sachgebiet x und Sachgebiet y). So gibt es unterschiedliche Chancen, im Wechselspiel der Anpassung die eigenen Bedürfnisse und Interessen umzusetzen. Anpassung muss deshalb immer auch einhergehen mit Fragen sozialer Benachteiligung und sozialer Ungleichheit.

Jedoch ist Anpassung nicht ausschließlich unter dem Aspekt Macht zu diskutieren; Menschen und Organisationen müssen sich immer wieder auf neue Umweltanforderungen hin anpassen, sei es aufgrund von rechtlichen, sozialen, altersbedingten Veränderungen oder Veränderungen im Wertebewusstsein. Eine Lottomillionärin hat entsprechende Anpassungsleistungen zu erbringen, um mit der neuen finanziellen Situationen zurechtzukommen.

Anpassung verläuft nicht nur zwischen System und Umwelt, sondern auch innerhalb des Systems. Luhmann spricht hier von der „*Selbstanpassung*" von Systemen. Sie besagt, dass Systeme auch interne Anpassungsleistungen vollziehen, um systeminterne Probleme zu bereinigen (Luhmann 1988a, 56, 479).

So werden beispielsweise in Verwaltungen effektivere interne Arbeitsabläufe organisiert. Im Rahmen eines Hochschulsystems versucht die StudentInnenvertretung die Hochschulverwaltung auf ihre Interessen hin anzupassen, wobei die Hochschulverwaltung gegenüber der StudentInnenvertretung aus ihrer Sicht möglicherweise wiederum dasselbe versucht. In Familien erfolgen interne Anpassungsprozesse: die Arbeitsteilung wird neu organisiert; es werden neue Erziehungsmethoden eingeführt usf.

Anpassung erfolgt im Zuge neuer Herausforderungen von Veränderungsprozessen und sozialem Wandel. Anpassung ist ein wechselseitiger Akt, der durch mehr oder weniger Kreativität, Flexibilität und auch Widerstand gekennzeichnet ist. Anpassung kann konkret auch Nicht-Anpassung bedeuten. Selbst wenn Individuen unter bestimmten restriktiven sozialen Verhältnissen kaum noch Entscheidungsmöglichkeiten haben, verfügen sie über Anpassungsmöglichkeiten, die es erlauben, wie marginal auch immer, von den Vorgaben abzuweichen.

Umweltkomplexität

Die Umwelt eines Systems ist stets komplexer, das heißt vielschichtiger als das System selbst.

> „Als Gesamtheit aller anderen Systeme und ihrer Interdependenzen ist die Umwelt immer komplexer als jedes Bezugssystem. Das Grundverhältnis zur Umwelt ist daher immer, sowohl strukturell als auch prozessual, ein solches der Reduktion von Komplexität" (Luhmann 1991c, 157).

Folglich kann jedes System nur jeweils einen Teil der Umweltkomplexität verarbeiten (Luhmann 1988a, 47f. u. 249ff.). Systeme können aber umso besser auf *Umweltkomplexität* reagieren, je höher ihre Eigenkomplexität ist, und diese wiederum lässt sich am Grad der *Ausdifferenzierung* eines Systems ablesen. Anders formuliert bedeutet dies folgendes: Systeme differenzieren sich aus, um Umweltkomplexität zu verarbeiten.

> „Systemdifferenzierung ist nichts anderes als die Wiederholung der Differenz von System und Umwelt innerhalb von Systemen" (Luhmann 1988a, 22).

Systemdifferenzierung ist vor diesem Hintergrund als evolutionärer Prozess zu sehen, der, wenn er positiv verläuft, Systeme „auf einem höheren Niveau der Komplexität" stabilisiert (Luhmann 1988a, 38).

Wohlfahrtsverbände haben in den letzten Jahrzehnten eine zunehmend arbeitsteilige Struktur herausgebildet, mit Spezialabteilungen und Referaten, Sachgebieten, Kommissionen, Gremien und differenzierten Hilfsangeboten. Systemtheoretisch betrachtet erfolgte dies, um den immer komplexer werdenden Umweltanforderungen gerecht zu werden.

Vor Jahren wurden auf Bundes- und Landesebene neue Ministerien für den Bereich Umwelt geschaffen, um auf die gesellschaftlichen und ökologischen Anforderungen zu reagieren. Auch die Gleichstellung von Frauen wurde auf verschiedenen politischen Ebenen institutionalisiert und damit strukturell ausdifferenziert.

Systeme reagieren auf Umweltkomplexität, indem sie ihre eigene Komplexität vergrößern. Sie differenzieren sich aus. Die Ausdifferenzierung von Systemen birgt aber ein Paradoxon. Denn: Systeme *reduzieren* Umweltkomplexität, indem sie nur diejenigen Inhalte verarbeiten, die ihre Akteure als relevant betrachten. Sie reagieren aber auf Umweltkomplexität so, dass sie ihre *Binnenkomplexität steigern*. Dies wiederum führt zu einer Steigerung der Gesamtkomplexität.

Der Weg in die soziale „Superkomplexität" oder, wie es Habermas formuliert, in „Die Neue Unübersichtlichkeit" (1985) findet damit seine Erklärung. Aus dieser paradoxen Logik (einerseits Komplexitätsreduktion und andererseits Komplexitätssteigerung) heraus müssen wir davon ausgehen, dass Wirklichkeit zunehmend komplexer und unüberschaubarer wird. Durch Prozesse der Globalisierung wird der Aktionsradius hinsichtlich Information, Kommunikation und Wissen noch weiter gespannt. Zu fragen ist, wie Menschen mit dem permanenten Zuwachs an Komplexität umgehen werden? Und: erleiden wir irgendwann einmal den Komplexitäts-Gau?

Systemdifferenzierung ist eine Antwort auf Komplexität. Sie verläuft nach *funktionalen Sinnkriterien*. Die Verarbeitung von Umweltkomplexität kann (trotz Systemdifferenzierung) immer nur reduktiv sein, das heißt, ein System kann immer nur einen Teil der Umweltkomplexität verarbeiten und blendet damit andere Teile aus. Es bearbeitet den Teil, den es als relevant betrachtet. Die Verarbeitung von Komplexität wird demnach reduziert auf bestimmte *Umweltrelevanzen*, denen es zu entsprechen gilt, während andere Relevanzen unberücksichtigt bleiben (Luhmann 1988a, 265).

> In Verbindung mit der Forderung nach Umstrukturierung der Wohlfahrtsverbände keimte in den 80er Jahren eine Diskussion auf, die mit aller Schärfe gegen die Bürokratisierung der etablierten Wohlfahrtsverbände vorging. Von ineffektiven und teuren bürokratischen Apparaten war die Rede und davon, dass die etablierte, organisierte Soziale Arbeit auf die Anforderungen neuer sozialer Probleme immer weniger professionell reagieren könne (vgl. Pankoke 1986). Ebenfalls wurde auf zukünftige sozialstaatliche Finanzierungsprobleme hingewiesen, die das bisherige Wirtschaften der Wohlfahrtsverbände gesellschaftlich nicht mehr akzeptabel machten. Es hatte Zeit, kräftiger Worte und Kritiken wie auch intensiver Öffentlichkeitsarbeit bedurft, bis die VertreterInnen der „Angeprangerten" darauf reagierten. Die Thematik, so schien es, wurde über eine gewisse Zeit von den betreffenden Systemen kaum wahrgenommen und verarbeitet, jedenfalls so lange nicht, so lange die Haushaltspläne gesichert waren. Mittlerweile ist der Umstrukturierungsprozess voll im Gange, und die Wohlfahrtsverbände versuchen, sich den neuen Herausforderungen und Entwicklungen anzupassen.

Informationen und Anforderungen aus der Umwelt werden in der Regel nicht ad hoc verarbeitet. Vielmehr stellt sich die Frage: unter welchen Bedingungen gelingt es, dass Systeme bestimmte Inhalte verarbeiten und für sich als relevant betrachten, und welche Methoden seitens der Umwelt erscheinen geeignet, um auf diese Inhalte aufmerksam zu machen? Hier gibt es keine generalisierende Antwort außer der, dass die Chance des Gelingens wohl größer ist, wenn das System einen gewissen Druck verspürt.

2.3 Elemente

Weiter oben tauchte der Begriff „Teile" auf, und es wurde darauf hingewiesen, dass nicht die Summe der Teile das System ausmacht, sondern deren gegenseitige Verknüpfung. Luhmann spricht in diesem Zusammenhang von „*Elementen*". Systeme bestehen aus ihren Elementen. Das sind beispielsweise Handlungen, Ereignisse, Führungseigenschaften, Strukturelemente, Funktionseinheiten,[34] Betriebsklima und anderes mehr. Personen sind nicht Elemente des Systems, sondern deren Umwelt (Luhmann 1995c, 29). Wenn nicht mehr jedes Element jederzeit mit jedem anderen Element verknüpft ist, bezeichnet dies Luhmann als „komplex" (Luhmann 1988a, 46). So stehen beispielsweise in einem Wohlfahrtsverband nicht mehr alle Funktionseinheiten (Bereiche, Abteilungen, Referate etc.) jederzeit in direkter Verbindung zueinander. Auch nicht mehr alle Systemmitglieder stehen untereinander in einer direkten Verbindung, sondern lediglich ein Teil der Elemente ist direkt auf andere bezogen.

Folge davon ist die Unübersichtlichkeit, wenn also nicht mehr klar erkennbar ist, welche Elemente mit welchen verknüpft sind, wer mit wem wann kommuniziert, kooperiert, rivalisiert und Informationen austauscht. Folge davon ist zudem, dass ein System die eigene Binnenkomplexität nicht vollständig erfassen kann und lediglich über einen selektiven Zugriff auf Informationen, Handlungen, Ereignisse oder Prozesse der Informationsverarbeitung verfügt, die sich im Binnenbereich vollziehen. So sind interne Abläufe, und damit auch Handeln und Erleben, kontingent, das heißt unbestimmt.

2.4 Komplexität und Kontingenz

Die Begriffe *Komplexität* und *Kontingenz* sind nicht nur zentral für das systemtheoretische Denken, sondern es handelt sich hier zugleich um Begriffe, die eng mit dem Begriff des Wahrnehmens und des Handelns verknüpft sind. Sie verweisen nämlich auf die Unmöglichkeit, *alles* erfassen zu können und in sicheren Wenn-Dann-Kategorien zu denken, nach dem Motto: Wenn ich dem Klienten seine Unterstützungsmöglichkeiten aufzeige, dann wird es ihm besser gehen. So simpel funktioniert Praxis nicht. In der Regel kommen noch andere Aspekte zum Tragen, die auf die Problembewältigung einwirken, die aber SozialarbeiterInnen wie auch den Betroffenen zum Teil verborgen bleiben. *Komplexität* erzeugt notwendigerweise *Kontingenz*.

Doch was bedeutet *Komplexität* genau? Luhmann definiert Komplexität ein-

---

[34] Funktionseinheiten beziehungsweise Funktionssysteme sind nach Luhmann spezialisierte Teileinheiten, die eine eigene Organisation entwickeln. Sie sind spezialisiert darauf, ganz bestimmte Funktionen zu bearbeiten. Beispielsweise hat das Funktionssystem „MitarbeiterInnen-Vertretung" die Aufgabe, MitarbeiterInnen in ihren berufsspezifischen Interessen und Belangen dem Unternehmenssystem gegenüber zu vertreten. Der Begriff der Funktion drückt also die Bedeutung und Aufgaben eines Teilsystems aus, die es stellvertretend für das übergeordnete System übernimmt.

mal umfassend, indem er sie als die Summe aller Handlungen und Ereignisse in der Welt bezeichnet (1987, 31f.). In Zusammenhang mit Systemen als organisierte Einheiten (Unternehmen, Verband, Partei) spricht er von „organisierter Komplexität", die besagt, dass die Binnenkomplexität eines Systems, dessen Elemente und deren Verknüpfungen nicht mehr gänzlich, sondern lediglich noch zu einem Bruchteil erfasst werden können (Luhmann 1988a, 46).

Für die Akteure bedeutet Komplexität somit nur Ausschnitte ihrer Wirklichkeit wahrnehmen zu können. Vieles bleibt *kontingent*, das heißt unbestimmt. Vieles bleibt außerhalb der Wahrnehmung. Aus der Gesamtheit der Informationen nimmt die Person immer nur einen Bruchteil wahr, und zwar denjenigen, auf den sie ihre Wahrnehmung lenkt, nämlich auf das, was ihr relevant erscheint. Ebenso müssen Systeme Umweltkomplexität auf das Maß reduzieren, das sie intern verarbeiten können.

Zur Komplexität gehören nicht nur die tatsächlichen Handlungsvollzüge und Elemente, die (empirisch) ausfindig zu machen sind, sondern dazu gehören nach Luhmann auch die möglichen Handlungsalternativen der Akteure.

> Wenn eine Sozialarbeiterin im Rahmen ihrer Beratungsarbeit einen Adressaten mit ihrer Problemsicht konfrontiert, weiß sie nicht, wie dieser tatsächlich darauf reagieren wird. Er kann sich z.B. einsichtig zeigen und zustimmen, kann entrüstet ablehnen oder äußerlich dem Gesagten zustimmen, innerlich jedoch verneinen, er kann das Gesagte ignorieren u.a.m. All diese potentiellen Möglichkeiten gehören zur Komplexität. Wir können also niemals mit völliger Sicherheit sagen, wie wir oder andere in konkreten Situationen tatsächlich handeln.

„Unter Kontingenz wollen wir verstehen, daß die angezeigten Möglichkeiten weiteren Erlebens auch anders ausfallen können, als erwartet wurde ... Kontingenz heißt praktisch Enttäuschungsgefahr und Notwendigkeit des Sicheinlassens auf Risiken" (Luhmann 1987, 31).

Luhmann (1988a, 148ff.) benützt den Begriff der *„doppelten Kontingenz"*, um auszusagen, dass jeder Handlungsakteur verschiedene Wahrnehmungs- und Interpretationsweisen hat. Wenn Ego und Alter[35] kommunizieren, ist für keinen sicher, ob der andere Aussagen in der beabsichtigten Weise interpretiert oder sich in der beabsichtigten Weise verhält.
Auf Reaktion A folgt eben nicht mit Sicherheit Reaktion B, sondern aufgrund der individuellen Persönlichkeit, der spezifischen Systemeingebundenheit und wegen der nicht mehr überschaubaren Verknüpfungen der Elemente innerhalb der System-Umwelt-Differenz müssen wir davon ausgehen, dass im Rahmen

---

[35] Luhmann verwendet die Begriffe Alter und Ego, um offenzuhalten, ob es sich um psychische oder soziale Systeme handelt (Luhmann 1988a, 152).

des sozialen Handelns Einflussfaktoren zum Tragen kommen, die wir nicht absehen können beziehungsweise die uns bislang unbekannt geblieben sind.

Im Bereich Soziale Arbeit ist dieser Aspekt von gravierender Bedeutung, weil er die Möglichkeiten von Interventionen, Umstrukturierungen und Verbesserungsmaßnahmen relativiert. Aus einem systemtheoretischen Blickwinkel heraus, vor dem Hintergrund von Komplexität und Kontingenz, sind immer auch Folgewirkungen mitzubedenken, die nicht vorauszusehen sind. Folgewirkungen müssen nicht unbedingt destruktiv sein, sondern sie können auch konstruktive Effekte aufweisen.

Die Geschichte ist voll von Beispielen, wo die Aspekte Komplexität und Kontingenz für sich sprechen. Denken wir an die Perestroika und an Glasnost. Wer hätte gedacht, dass sie als Folge aus dem langjährigen Ost-West-Konflikt hervorgehen würden? Selbst die optimistischsten Kenner der politischen Szene hatten sich mit ihren Prognosen kaum zu der Möglichkeit solcher Umwälzungen vorgewagt.

Komplexität und Kontingenz tangieren und relativieren vor allem die Bereiche Analyse, Planung, Entscheidung, Durchführung und Prognose. Ja, sie sind geradezu Bremsklötze gegenüber idealistischen oder überzogenen Machbarkeitsvorstellungen und Überzeugungen, soziale Wirklichkeit zielgerichtet wahrnehmen und gestalten zu können.

Zum Schluss dieses Gedankenganges ein letztes Beispiel:

> Ein Ökospiel beschäftigt die SpielerInnen mit einem Entwicklungshilfeprojekt in der Savanne Afrikas. Die Dürre und Trockenheit sollen bekämpft werden, ebenso der Hunger und die Armut der Menschen. Die SpielerInnen haben nun allerlei Möglichkeiten der Intervention, und viele von ihnen, so zeigt die Erfahrung, spielen es wie folgt:
> Da werden Brunnen angelegt, weil durch die Brunnen die Weidewirtschaft verbessert werden soll. Die Tierhaltung lässt sich durch die Wasserbestände ebenfalls erweitern, und die Menschen können besser ernährt werden. Doch allmählich stellt sich heraus, dass der Grundwasserspiegel sinkt und der Boden erodiert; er wirft nicht mehr genug Futter für die Tiere ab, die schließlich verenden. Und die Menschen? Sie sind nach wie vor in einer katastrophalen Lebenslage ...
>
> PraktikerInnen der Sozialen Arbeit könnten dieses Beispiel sicherlich auf dem Hintergrund ihrer Erfahrungen modifizieren und ein „Sozialarbeits-Spiel" kreieren ...

Die Systemtheorien machen uns auf das Problem kontingenter Folgewirkungen aufmerksam; je mehr in Bezügen und Wechselwirkungen gedacht wird, desto mehr besteht auch die Chance, Folgewirkungen zu antizipieren und in

die Problemlösung mit einzubinden.[36]
Weiter oben war die Rede davon, dass Systeme ihre eigene Binnenkomplexität nicht mehr erfassen können. Noch weniger können sie die Umwelt erfassen, weil diese noch komplexer ist. Welche Bedeutung, sprich Funktion kommt nun den Systemen in Bezug auf Komplexität zu? Ihre Funktion liegt darin, Komplexität zu reduzieren und in funktional sinnhafte Ordnungen zu bringen, die zumindest zu einem gewissen Grad überschaubar sind. Dies gelingt dadurch, dass Systeme durch ihre innere Ordnung und durch ihre Systemgrenzen gewisse Handlungsmöglichkeiten einschließen und andere wiederum ausschließen. Ein Wohlfahrtsverband wird sich eben nicht (außer es macht Sinn) mit der Produktion von Autos beschäftigen. Denn das Thema Autoproduktion hat im System keinen funktionalen Stellenwert, so macht es keinen Sinn, diesbezügliche Informationen zu verarbeiten. Systeme reduzieren demzufolge Komplexität auf ihre *funktionalen Belange* hin und verhelfen damit zur Orientierung, oder – um mit Luhmann zu sprechen – mit Systembildung entstehen „Inseln geringerer Komplexität" (Luhmann 1991a, 116).

2.5 Sinn als Kriterium der Komplexitätsreduktion

Wenn Personen und Systeme Komplexität in ihren Erscheinungsformen nicht realisieren können und auf Reduktion von Komplexität angelegt sind, dann stellt sich aus systemtheoretischer Sicht die Frage: Welches sind nun die Kriterien der Reduktion?
Luhmann führt in diesem Zusammenhang den Begriff *„Sinn"* als zentrale Kategorie zur „Erfassung und Reduktion" von Komplexität ein (1991, 116). Der Sinnbegriff ist hier nicht an Kategorien des Moralisch-Ethischen oder Ästhetischen geknüpft, etwa dahingehend, was allgemein oder subjektiv als richtig und falsch, erstrebenswert, nicht erstrebenswert, schön, hässlich erachtet wird. Sinn in dem hier zugrunde gelegten Verständnis erfährt eine soziologische und damit eine funktionale Bedeutung (Luhmann 1971b, 29).
Sinn konstituiert sich im praktischen Vollzug, und zwar auf dem Hintergrund regulativer Systemprämissen. Dazu gehören Systemzwecke, Systemstrukturen, Funktionen, Regeln, Rollen und Rollenerwartungen, die Systeme herausbilden, aber auch die Austauschbedingungen zwischen System und Umwelt.

---

[36] An dieser Stelle sei auf Frederic Vester (1980) mit seinen vernetzten/kybernetischen Problemlösungsansätzen im biologisch-technologischen Bereich hingewiesen.

Komplexität wird durch Handlungen, die auf das System bezogen sind, sinnhaft reduziert. Sinn verweist darauf, welche Handlungsmöglichkeiten ausgewählt und welche nicht aktualisiert werden. *Der Sinn einer Handlung ist auf das System und auf dessen Rationalität bezogen, und Ausdruck dieser Rationalität ist die Struktur.*

> Aus diesem Verständnis heraus macht es zunächst einmal Sinn, wenn Wirtschaftsunternehmen neue Absatzmärkte erschließen, Produktionsverlagerungen ins Ausland vornehmen oder Rationalisierungsmaßnahmen einleiten. Ihr Ziel ist es, sich Märkte und Wettbewerbsvorteile für ihre Produkte zu sichern beziehungsweise ihr Wirtschaftsunternehmen wettbewerbsfähig zu halten. Es macht Sinn, wenn sich Wohlfahrtsverbände „verschlanken", wenn sie Kriterien der Effizienz (Wirtschaftlichkeit) und Effektivität (Wirksamkeit) in ihr Haushalten aufnehmen, um aufgrund der sozialstaatlichen Einbrüche „überleben" zu können.

Die Sinnlogik, die hier aufgestellt wird, gleicht vordergründig einer Legitimation dessen, was alltagssprachlich häufig als „Sachzwänge" ausgegeben wird, die mehr oder weniger dramatische Folgen für unser Zusammenleben nach sich ziehen. Doch der soziologische Zugang möchte hier nichts legitimieren. Über den funktionalen Sinn-Begriff werden Systemhandlungen lediglich in ihrer funktionalen Bedeutung aufgezeigt und erklärt.

Sinn verweist in der hier zugrundegelegten Bedeutung auf eine rationale und keine ethische Kategorie. Die Verwendung des Sinnbegriffs sagt nichts darüber aus, ob eine Handlung oder Entscheidung ethisch sinnvoll und im Sinne gesamtgesellschaftlicher Entwicklungen vernünftig und ob sie gegenüber denjenigen, die davon betroffen sind, zumutbar ist. Über den Sinnbegriff wird lediglich erklärt, dass Systeme nach ihrer spezifischen Rationalität handeln.

Systeme zielen darauf, ihre *Stabilität* zu bewahren, wiederzugewinnen oder zu optimieren. Ob die auf funktionale Sinnprämissen rückgekoppelten Systemhandlungen dies tatsächlich bewirken oder etwa zum Gegenteil führen, das ist eine ganz andere Frage. Denn: auf Systemrationalität bezogenes Entscheiden und Handeln muss letztendlich nicht die Stabilisierung eines Systems zur Folge haben, sondern es kann unter Umständen sogar destabilisieren. Dass dies so ist, ergibt sich alleine schon aus dem Phänomen Komplexität/Kontingenz und daraus, dass sich Systemakteure eben auch irren können.

Luhmann arbeitet im Zusammenhang mit Systemstabilität einen weiteren Aspekt heraus, den er mit dem Begriff der *„Normabweichung"* zu fassen versucht. Seine These lautet: Normabweichungen können in sozialen Systemen durchaus einen funktionalen Sinn aufweisen. Mit Normabweichungen gemeint sind Handlungen von Systemakteuren, die entweder nicht mit den Normen und Regeln des Systems oder denen der Umwelt (z.B. Gesellschaft) in Einklang stehen. In der Realität finden sich dazu zahlreiche Beispiele. So können Gewinnsteigerungen, die Unternehmen durch Steuerhinterziehungen

erzielen, so lange system- und funktionsgerecht sein, wie die delinquente Normabweichung unentdeckt bleibt.
Für Familien, die in absoluter Armut leben, macht es durchaus „Sinn", ihre Existenz und damit das Überleben des Familiensystems durch illegale Praktiken zu sichern.
Systeme sind zwar an einen allgemeinen kulturell-gesellschaftlichen Wertekodex angeschlossen, handeln aber primär nach ihren eigenen rationalen Zielorientierungen und verfügen dabei über verschiedene Möglichkeiten organisatorisch-struktureller Handlungen und Verarbeitungsleistungen.[37]

Luhmann geht es darum, die Normabweichung funktionsanalytisch im Kontext der System-Umwelt-Relation aufzugreifen. Er benützt in diesem Zusammenhang auch den Begriff der „brauchbaren Illegalität" (Luhmann 1995a, 304ff.), die im konkreten Fall durchaus systemstabilisierend wirken kann. Auch hier geht es wiederum nicht um Fragen der Legitimität von Normabweichungen, sondern um Erklärungen des rationalen Systemverhaltens hinsichtlich dessen Anpassungsleistungen gegenüber der Umwelt.

Die Aussage, dass Systeme auf *Stabilität* und *Selbsterhalt* zielen, ist für das systemtheoretische Erklären von Wirklichkeit von grundlegender Bedeutung. Das Theorem auf die Sozialarbeitspraxis transferiert legt in diesem Zusammenhang einen interessanten Aspekt offen:

Die Praxis Sozialer Arbeit ist von ihrem Selbstverständnis her darauf angelegt, sich so weit als möglich „überflüssig" zu machen, das heißt, zusammen mit den AdressatInnen Probleme zu bewältigen, die Eigenkräfte der Betroffenen zu stärken und sie hinsichtlich einer autonomen Lebensführung zu unterstützen, um sie so weit als möglich unabhängig vom Hilfesystem zu machen. Tatsache ist, dass die Zahl der Einrichtungen und die Zahl der AdressatInnen Sozialer Arbeit in den letzten Jahrzehnten beträchtlich zugenommen haben. Ein zentraler Grund dafür sind spezifischen Mechanismen unseres Wirtschafts- und Gesellschaftssystems, das aus sich heraus soziale Not produziert. Welchen Anteil an dem Phänomen haben aber die Anbieter Sozialer Dienstleistungen? Von einem systemtheoretischen Standpunkt aus betrachtet versuchen Systeme ihre Handlungen so auszulegen, dass sie das System erhalten; sie zielen nicht darauf, es überflüssig zu machen.

---

[37] Auch hier kommt der Abstand Luhmanns zum strukturfunktionalen Ansatz von Parsons nachdrücklich zum Ausdruck. Parsons analysiert Systeme und die darin vollzogenen Handlungen von kulturell gültigen Wertstrukturen her. Luhmann geht hier weiter und fragt nach der Funktion von Abweichungen und erweitert damit das systemtheoretische Erklärungswissen.

> Eine Schuldnerberatungsstelle in einem Stadtteil wird nicht einfach geschlossen werden, weil keine Nachfrage an Schuldnerberatung mehr da ist. Gegen eine Schließung und Verlagerung würden in der Regel bereits die Professionellen, das heißt die dort Beschäftigten protestieren. Also würde unter Umständen verständlicherweise versucht werden, das Angebot der Schuldnerberatung noch mehr publik zu machen, z.B. durch Öffentlichkeitsarbeit, um die KlientInnenzahl und damit die Nachfrage zu sichern, die ein Aufrechterhalten der Stelle legitimiert. Und wenn das nichts nützt, würde gegebenenfalls überlegt werden, ob der Stadtteil nicht anderer sozialer Dienstleistungen bedürfte, auf die sich die Schuldnerberatungsstelle dann entsprechend spezialisieren könnte.

Im Zuge des tatsächlichen Stellen- und Dienstleistungsabbaus in der Praxis Sozialer Arbeit mag dieses Beispiel etwas naiv klingen, doch soll es dazu dienen, die Handlungslogik von Systemen zu verdeutlichen. Die Träger sozialer Dienstleistungen und deren Subsysteme[38] passen sich einerseits veränderten Umweltbedingungen an, z.B. zunehmenden sozialen Notlagen, indem sie ihre Angebote ausweiten; andererseits tendieren sie zum Systemerhalt, indem sie auch Bedarfe wecken. Der Schlüssel für diese Eigenlogik liegt in den Systemprämissen, in den Elementen, im Zweck eines Systems, dessen Struktur, Funktion, Prozess und Selbstreferenz.

2.6 Zweck, Struktur, Prozess

Durch welche Mechanismen gelingt es nun Systemen, sich als Ganzes, als operative Einheit zu erhalten? Es gelingt zunächst dadurch, dass Systeme auf bestimmte *Zwecke* hin ausgerichtet sind, auf die sie ihre Kommunikation und ihre Handlungen ausrichten. Die Aussage, dass Systeme auf Selbsterhalt ausgerichtet sind, enthält lediglich ein Merkmal des Systems; erst über den Zweckbegriff lassen sich systemrationale und sinnhafte Kommunikation und Handlungen ableiten.

Über den Zweck lässt sich bestimmen, welche Wirkungen ein System anstrebt. Daran orientieren sich dann Fragen der Planung, Koordination und Entscheidung innerhalb des Systems.

Ökonomische Systeme beispielsweise verfolgen den rationalen Zweck, Gewinne zu erwirtschaften; politische Systeme den des Machterwerbs oder

---

[38] Parsons (1976, 76) benützt den Begriff Subsystem als Bezeichnung für die Ausdifferenzierung von Systemen. Eine Außenstelle eines Wohlfahrtsverbandes wäre ein solches Subsystem und gehört damit zu einem System höherer Ordnung. Die Systemmerkmale eines Systems höherer Ordnung und eines Subsystems unterscheiden sich danach nicht.

Machterhalts. Soziale Wohlfahrtsverbände haben den Zweck, soziale Dienstleistungen anzubieten, um einen öffentlichen Bedarf zu decken, der vorwiegend aus sozialer Not und psychosozialen Problemlagen rekurriert. Daraus lassen sich wiederum spezifische Ziele ableiten, beispielsweise ein bestimmtes Produkt oder bestimmte Dienstleistungen anzubieten, bestimmte Märkte zu „erobern", bestimmte Adressaten anzusprechen etc.
Die jeweiligen Zwecke sind auf die System-Umwelt-Differenz angelegt und stellen die eigentliche inhaltliche Basis für das innere Operieren von Systemen dar. Gelingt es Systemen nicht, den Systemerhalt durch Zweckerfüllung zu sichern, müssen gegebenenfalls die Zwecke umdefiniert werden (Luhmann 1991, insb. 188ff.). Derartige Phänomene können wir beispielsweise in der Wohlfahrtspflege beobachten, wo Dienstleistungen nicht mehr als kostenloses Angebot offeriert werden, sondern gegen Entgelt (z.B. Pflegebereich), wo also der Patient zum Kunden und Leistungsabnehmer wird und bestimmt, von welchem Anbieter er die Leistung beziehen möchte. Der Zweck der Anbieter sozialer Dienstleistungen (hier: Pflege) erhält damit betriebswirtschaftliche und marktorientierte Komponenten.

Die Bildung einer systemfunktionalen Ganzheit, deren Abgrenzung von der Umwelt, die Erfüllung ihrer Zwecke bedürfen einer inneren Ordnung, das heißt einer *Struktur*, die die Anordnung und Funktion der einzelnen Elemente und deren Beziehungen zueinander bestimmt. Zur Struktur gehören Regeln hinsichtlich der Kommunikationsverläufe, Informationsverarbeitung, Entscheidungen, Aufgabenverteilung und deren vertikale wie horizontale Zuordnungen.
Die Struktur legt sozusagen die Art und Weise der Operationen im System fest und ebenso, wie Umweltkomplexität verarbeitet wird. Je komplexer eine Struktur ist, desto differenzierter kann ein System auf Umweltkomplexität reagieren. Auf die Ausdifferenzierung sozialer Problemlagen reagieren beispielsweise Sozialarbeits-Systeme mit struktureller Ausdifferenzierung, indem sie spezialisierte Dienste zur Verfügung stellen.
Ging Parsons noch von einer dauerhaften Struktur von Systemen aus, die durch entsprechende Systemprozesse aufrechterhalten wird,[39] so verweist Luhmann auf deren „relative" Dauerhaftigkeit, das heißt, er geht von der An-

---

[39] Vgl. hierzu das AGIL-Schema von Parsons, das vier Grundfunktionen der Systeme vorsieht, nämlich Strukturerhalt, Zielorientierung, Adaptation und Integration.
A = „adaptation", das heißt Anpassung an die äußere Umwelt;
G = „goal-attainment", das heißt Realisierung von Systemzielen und Zielauswahl;
I = „integration", das heißt Integration der Systemelemente und
L = „latent pattern maintenance and tension management", das heißt Aufrechterhaltung systemeigener Handlungs- und Wertstrukturen und Bewältigung von Störungen (s. dazu auch Waschkuhn 1987, 70).

nahme aus, dass sich auch Strukturen und Strukturelemente (horizontale, vertikale Anordnungen, Regeln etc.) verändern können.[40] Luhmann konstatiert für seine Theorie, dass er dadurch die analytische Aussagekraft in Bezug auf System-Umwelt-Relationen und die Bedeutung von Strukturveränderungen erheblich erweitert hat (Luhmann 1991a, 113f.).

Um das Verständnis von Systemen, Systemmerkmalen und Systemverhalten auszuweiten, ist es wichtig, nicht nur auf problematische System-Umwelt-Relationen (z.B. Wohlfahrtsverbände und Sozialpolitik) zu verweisen, die immer wieder zu neuen gegenseitigen Anpassungsleistungen herausfordern, sondern es geht auch darum, die problematischen Umweltbedingungen im Binnenbereich des Systems zu reflektieren. Ausgangspunkt hierbei ist, dass ein System eben nicht nur eine Umwelt hat, die außerhalb ihrer Systemgrenzen liegt, sondern dass es ebenfalls über eine interne Umwelt verfügt. So weisen Systeme auch problematische System-Binnenumwelt-Relationen auf (Luhmann 1995, 75f.). Zur Binnenumwelt gehören die Systemelemente, die wechselseitig jeweils füreinander Umwelt sind. Subsysteme wie Abteilungen, Sachgebiete, Referate, RollenträgerInnen etc. sind jeweils Umwelt füreinander.

Es wurde bereits ausgeführt, dass Subsysteme jeweils einem System höherer Ordnung angehören, wobei sich die Systemmerkmale und Eigenschaften eines Subsystems und eines Systems höherer Ordnung nicht wesentlich voneinander unterscheiden. Beide funktionieren nach denselben Prinzipien. So sind zwar die Subsysteme funktional einem allgemeinen (Gesamt-)Systemzweck zugeordnet, doch verfügen sie wiederum über spezifische Funktionen, die durchaus zum Zweck des übergeordneten Systems konträr liegen können.

> Ein Subsystem „Sachgebiet" hat beispielsweise die Funktion und Aufgabe, besondere soziale Dienstleistungen nach professionellen sozialarbeiterischen Gesichtspunkten anzubieten. Das Subsystem „Finanz- und Rechnungswesen" hat die Aufgabe, den vorhandenen Finanzrahmen sachgemäß zu verwalten. Bei Erfüllung der jeweiligen Aufgaben durch die Subsysteme können nun durchaus gegenseitige Hemmnisse und Beeinträchtigungen entstehen. PraktikerInnen der Sozialen Arbeit beklagen häufig die Ablehnung finanzieller Ressourcen, die sie für ihre Hilfsangebote benötigen würden und die ihnen aus sachrationalen Gründen nicht gewährt werden.

---

[40] Luhmann hat somit in Auseinandersetzung mit Parsons' „struktur-funktionalem" Ansatz eine Modifikation vollzogen und hat diesen in einen „funktional-strukturellen" umgekehrt. So fragte er nach der Funktion von Strukturelementen und deren Veränderung für die Systemstabilität und die Zweckorientierung. Der funktional-strukturelle Ansatz wurde dann in seinem weiteren wissenschaftlichen Forschen in einen „selbstreferentiellen" weiterentwickelt.

Der strukturelle Aufbau eines Systems ist somit nicht von vornherein harmonisch angelegt, sondern funktional arbeitsteilig, was durchaus zu Konflikten und Turbulenzen im Binnenbereich führen kann. Auch hier geht es dann um Austausch und gegenseitige Anpassung.
Systeme verkraften dabei durchaus eine gewisse *Dysfunktionalität*, wobei es keine generellen Aussagen darüber gibt, ab welchem Punkt die Dysfunktionalität in eine bedrohliche Destabilisierung des Systems oder der Subsysteme mündet.

Der Strukturbegriff umfasst nicht nur Funktionssysteme, sondern auch Beziehungssysteme wie Familien und Partnerschaften. In jedem Beziehungssystem gibt es bestimmte Strukturen in Bezug auf Kommunikation, Information, Arbeitsteilung, Anerkennung und Strafe, Werte und Regeln, die mehr oder weniger funktionsfähig sind. In der Familientherapie werden beispielsweise neurotische Beziehungsstrukturen dargelegt oder auch Beziehungsstrukturen, die sich durch Gewalt kennzeichnen. Solche Strukturen sind aus der systemischen Perspektive nicht lediglich nach ihren belastenden Momenten zu befragen, sondern auch nach ihrer Stabilisierungsfunktion, welche stabilisierenden Effekt also die gelebte Struktur für das Gesamtsystem hat.

Soziale Arbeit ist zu einem gewichtigen Teil immer auch Strukturarbeit. Es gilt die Kommunikation zu verbessern, zu unterstützen, dass Konflikte konstruktiver ausgetragen werden können, dass der Alltag effektiv strukturiert und organisiert wird. Jedoch, so lange gelebte Strukturen einigermaßen funktionieren, ist es häufig sehr schwer, Veränderungen vorzunehmen.

Strukturen – das können formale und informale Strukturen sein – sind gelebte Programme, die relativ zeitstabil, wenn auch nicht statisch sind, die Orientierung geben und entsprechende Verhaltensmuster ausprägen. In einer Täter-Opfer-Struktur haben die Beteiligten entsprechende Verhaltensprogramme, die aufeinander bezogen sind und eine „Passung" aufweisen. Verhaltensprogramme, Kommunikationsformen sind nicht einfach umzupolen, sondern sind eingelebt, vertraut – auch dann, wenn sie suboptimal sind. Die Veränderung von Strukturen trifft deshalb mehr oder weniger den „Nerv" von Personen und Systemen. Da wo keine Bereitschaft zur Veränderung gegeben ist, wird es Soziale Arbeit schwer haben, solche zu initiieren.

Struktur und *Prozess* sind als zusammengehörendes Begriffspaar zu betrachten (Luhmann 1988a, 73f.). Der Prozessbegriff besagt, dass Ereignisse zeitlich aufeinander folgen, das heißt, miteinander verkettet sind und zwar als Folge kommunikativer Selektion. In den Prozessen vollziehen sich die Wirkungen von Strukturen und Ereignissen. Struktur und Prozess beinhalten das Prinzip

von Dynamik und Evolution.[41] Strukturen setzen immer auch Prozesse voraus, denn Strukturen sind sich wiederholende Prozesse. Über die Prozesse werden Strukturen immer wieder neu hergestellt oder auch verändert. Strukturen können durch das System beobachtet und gesteuert werden, Prozesse können auch von außen angestoßen, begleitet und beobachtet werden.
Einen Prozess der Hilfe zu initiieren bedeutet letztlich, in die Struktur eines Systems einzugreifen. Konflikte, Spannungen und Dysfunktionen können Hilfeprozesse freisetzen und kreative Lösungen ermöglichen. Sie können aber auch Ausdruck tiefliegender Probleme sein und einen Entwicklungsprozess nachhaltig hemmen oder verhindern.
Veränderungsprozesse verlaufen nicht gradlinig, sondern in Schleifen, in Fort- und Rückschritten. Wenn neue Denk- und Handlungsstrategien entwickelt werden sollen oder wollen, wenn Menschen und Systeme neue Formen der Arbeitsorganisation umsetzen wollen oder sollen, regt sich nicht selten Widerstand, und das Pendel bewegt sich in Richtung „alte Ordnung". Manchmal ist es eben einfacher, am Gewohnten festzuhalten, als Zeit und Energie für das Neue zu investieren, zumal nicht sicher ist (Kontingenz), was das Neue tatsächlich bringt. Häufig spielt Angst eine Rolle, um sich nicht auf Neues einzulassen.
Der Prozessbegriff steht für Dynamik. Diese bedeutet aber nicht von vornherein Veränderung. Über Prozesse kann der Status quo immer wieder hergestellt werden und ebenso vollziehen sich über Prozesse Veränderungen.

2.7 Kommunikation

Aus systemtheoretischer Perspektive erfolgt Kommunikation nicht nach dem simplen Schema: Der Sender übermittelt eine Botschaft an den Empfänger, der diese Botschaft so entschlüsselt, wie es der Sender verstanden haben will. Kommunikation ist etwas Selektives. Der Sender wählt selektiv aus, was er übermitteln möchte, dazu wählt er eine Form der Übermittlung aus, und der Empfänger wählt selektiv aus, was er davon aufnimmt und wie er es versteht. Zwischen Sender und Empfänger liegt eine Differenz. Zwar kann über Verstehen und Nichtverstehen kommuniziert werden, jedoch bleibt die Differenz bestehen (Luhmann 1988, 193ff., 203ff.). Formen des Verstehens und Nichtverstehens aus der systemtheoretischen Perspektive haben insbesondere Watzlawick u.a. (2000) und Schulz von Thun (1990) herausgearbeitet.
Luhmann benennt Kommunikation als das basale Element des Sozialen. Die

---

[41] Vgl. dazu auch Luhmann „Geschichte als Prozess und die Theorie sozio-kultureller Evolution" (1991c, 178–197). Zum Prozess-Begriff s.a. Luhmann 1991a, 125ff.

Grundlage sozialer Prozesse sind Kommunikation und Handlungen. Handlungen ohne Kommunikation sind nicht denkbar. Kommunikation ist nicht nur Sprache, sondern auch Nonverbales, Kleidung, das Nicht-Anwesend-sein u.a. (Luhmann 1988, 192f., 208). In dieser Denklinie bewegt sich ebenso Watzlawick. Interaktionsysteme bezeichnet er als Systeme, in denen Menschen miteinander kommunizieren. Nicht die Anzahl der Personen ist bedeutend, sondern wie miteinander kommuniziert wird. Über Kommunikation werden Beziehungen definiert, und es sind die Beziehungen, die das System ausmachen und nicht die intrapsychischen Merkmale der Systemmitglieder (Watzlawick u.a. 2000, 116). Über Kommunikation werden Systeme aufgebaut und Strukturen und Prozesse hervorgebracht. Daraus lässt sich ein systemischer Basissatz ableiten: *Wenn du wissen willst, wie ein System funktioniert, dann beobachte, wie im System kommuniziert wird.*

> Die traditionelle deutsche Sprache kennzeichnete sich dadurch, dass bis in die 80er Jahre hinein die männliche Sprachform dominierte. Die Frau wurde über Sprache nicht kommuniziert. Das galt auch für die Soziale Arbeit, einem Bereich, der über einen 80%igen Frauenanteil aufweist. Auch dort war von „Sozialarbeitern" die Rede.
> So waren Frauen zu sprachlichen Trittbrettfahrerinnen degradiert und bestenfalls mitgemeint. Sprache war Ausdruck des Patriarchats. Das „doppelte" Gewicht des Mannes beinhaltete zwei Lesearten. Die männliche Sprache meinte
> • speziell die Männer sowie
> • Männer und Frauen im allgemeinen.

Autorinnen wie Luise F. Pusch (1984) und Senta Trömel-Plötz (1990), arbeiteten kritisch heraus, dass Sprache ein „historisch-gesellschaftliches Phänomen" darstellt, dass sie nicht nur deformierte Realitäten in Bezug auf die Gleichwertigkeit der Geschlechter zum Ausdruck bringt, sondern dass sie diese Deformationen auch reproduziert. Grundlegende Frage war, wie sollen Frauen ihren gesellschaftlichen Platz einnehmen können, wenn sie in Sprechakten als eigenständige Subjekte ausgeklammert werden!?
Es ist vor allem engagierten feministischen Sprachwissenschaftlerinnen zu verdanken, dass in offiziellen Kontexten eine linguistische Form benutzt wird, die Männer *und* Frauen berücksichtigt. Zumindest kommunizieren Männer und Frauen auf dieser Ebene gleichwertig.

Kommunikation wird dann zum Problem, wenn die Bedeutungssysteme nicht geteilt werden können und wenn daraus Missverständnisse erwachsen. Gerade in der interkulturellen Arbeit ist kommunikative Kompetenz der Professionellen gefragt, um kommunikative Anschlusshandlungen folgen zu lassen. Sprachfähigkeit und das Wissen über Gestik und nonverbale Bedeutungssysteme, über geschlechts- und milieuspezifische Kommunikationsstile und die ihnen zugrundeliegenden Regeln sind Voraussetzung dazu.

Kommunikation ist nach Luhmann immer auch Selektion. Es muss das selektiert werden, was erfolgversprechend ist. Frage ist also, wie realisieren Systeme erfolgversprechende Kommunikation, die Anschlusshandlungen ermöglicht? Parsons und Luhmann bieten zur Erklärung ein Modell *symbolisch generalisierender und zirkulierender Kommunikationsmedien* an. Genauer gesagt: Luhmann stützt sich auf das Medienmodell von Parsons und hat dieses weiterentwickelt.[42]

Generalisierende Kommunikationsmedien sind:
Macht[43] (vor allem in Bezug auf das politische System), *Geld* (in Bezug auf das ökonomische System), *Einfluss* und *Wertbindungen.*

- *Macht* ist als Disposition bereits in Rollen angelegt und zielt letztlich auf Führung (Führungsrollen) und Durchsetzung bestimmter Interessen. Macht ist innerhalb sozialer Systeme ungleich verteilt und stabilisiert sich vor allem im politischen und ökonomischen System.

- *Geld* ist die tragende Einheit des Wirtschaftssystems. Alle wirtschaftlich relevanten Operationen sind auf Geld bezogen.

- *Einfluss* wird in Kollektiven ausgeübt und zielt auf die Veränderung von Einstellungen und Meinungen. Die Chance, gesteigerten Einfluss zu nehmen, hängt stark von der Person des Akteurs ab, von ihrer Kompetenz, ihrem Urteilsvermögen, ihrer Verlässlichkeit und somit nicht ausschließlich von der Besetzung einer Machtposition. Andererseits hat die Person, die eine Machtposition besetzt, in der Regel auch gesteigerte Einflussmöglichkeiten.

- *Wertbindungen* beziehen sich auf die moralische Loyalität des Akteurs, die dieser dem Wertekodex eines sozialen Systems entgegenbringt. Die Loyalität gegenüber systembezogenen Wertbindungen ist wiederum eine wichtige Voraussetzung für die Stabilisierung von Normen und Werten innerhalb eines Subsystems und damit für die Stabilisierung des übergeordneten Systems. Wertbindungen zielen, wie an anderer Stelle bereits vermerkt, grundlegend darauf, dass sich die Mitglieder einer Gesellschaft und ihrer

---

[42] Zur Theorie symbolisch generalisierender Kommunikationsmedien siehe Luhmann 1991b, 170ff.

[43] Parsons unterscheidet in Anlehnung an Max Weber zwischen Macht und Herrschaft. Herrschaft vollzieht sich in politischen Institutionen zum Zwecke der Entscheidungsfähigkeit und Durchsetzung bindender Entscheidungen. Herrschaft ist sozusagen eine Institutionalisierung der Rechte. Sie ist nicht, so wie Macht, ein zirkulierendes Medium, sondern ist die „instrumentelle Matrix für die Funktion von Macht" (Parsons 1976, 205).

Teilsysteme in ihrem Handeln an den grundlegenden Normen und Werten einer Gesellschaft orientieren.

Diese generalisierenden Medien haben auf soziale Systeme und auf das Gesellschaftssystem bezogen eine integrierende Funktion. Sie versetzen Systeme in die Lage, Zielorientierungen zu bündeln (Parsons 1976, 177).
Luhmann nennt weitere Beispiele für generalisierende Medien, darunter: *Wahrheit*, bezogen auf Wissenschaftssysteme; *Liebe*, bezogen auf Partnerschaftssysteme; *Glauben*, bezogen auf Religionssysteme und *Kunst*[44] für den ästhetischen Bereich (Luhmann 1988a, 222; 1991a, 127f.; 1991b, 176ff.).

Das Konzept der symbolisch generalisierten Kommunikationsmedien geht davon aus, dass bestimmte Medien in bestimmten Systemen dominant sind, indem Kommunikation und Handlungen auf sie ausgerichtet sind. Medien verweisen somit auf kommunikative Selektions- und Verarbeitungsprozesse eines Systems. Der Vorteil ist Effektivität, denn durch die Medien wird eine Vielfalt möglicher Kommunikations- und Handlungsketten auf spezifische systemrelevante Inhalte reduziert und gebündelt. Außerdem entlasten die Medien die Kommunikationspartner davon, ständig über Ziele und Inhalte reflektieren zu müssen. Symbolisch generalisierte Kommunikationsmedien steuern Kommunikation und Handlungen der Systemmitglieder und der Systeme auf systemrationale Belange hin, durch die sie sich wiederum von der Umwelt abgrenzen.

Würden wir die symbolisch generalisierten Kommunikationsmedien auf die Soziale Arbeit ausweiten und konstruieren, dass das Medium Sozialer Arbeit *soziale Unterstützung* ist, ließe sich folgendes aufzeigen:
Das Medium soziale Unterstützung steuert Wahrnehmung, Kommunikation, Handlungen, Wertsetzungen und die berufliche Identität der Systemmitglieder. AdressatInnen, die kein Anrecht auf Unterstützung haben oder die nicht in die Angebotsstruktur eines Anbieters sozialer Dienstleistungen passen, werden wohl in kurzen Kommunikationsakten abge- oder weiterverwiesen werden. Der Wertekodex um das Medium soziale Unterstützung lässt wenig Raum für ein ausgrenzendes Verhalten der Professionellen gegenüber AdressatInnen.

Obwohl die Theorie symbolisch-generalisierter Kommunikations-Medien relativ grob angelegt ist, gibt sie uns erklärende Zugänge für typische Probleme in der Systempraxis:

- *Probleme, die zwischen Systemen entstehen, die vorrangig unterschiedliche Medien verarbeiten.* Die Kommunikation zwischen einer Bank, die das Medium Geld verarbeitet und einer Schuldnerberatungsstelle, die das Medium Unterstützung verarbeitet, muss notwendigerweise Hürden überwin-

---

[44] Eine spezifische Abhandlung zum Medium Kunst siehe in Luhmann 1991c, 245ff.

den, denn: Zweck- und Zielsetzungen, Sprache, Vorgehensweisen, Regeln, Werte differieren.

- *Probleme, die innerhalb eines Systems entstehen, wenn dessen Subsysteme verschiedene Medien verarbeiten.* Der häufig zu beobachtende Interessenskonflikt und die Kommunikationsschwierigkeiten zwischen VertreterInnen der Sozialen Arbeit und der Verwaltung finden hier eine plausible Erklärung.

2.8 Selbstreferentialität und Autopoiesis

Der Begriff der *Selbstreferentialität* ist eng verknüpft mit dem Begriff der *Autopoiesis* (griech. „autos" <selbst> und „poiein" <machen>) und dem Begriff der *Selbstorganisation.* Das Konzept der Autopoiesis basiert auf dem Grundgedanken, dass sich Systeme selbst erhalten, steuern und reproduzieren und stammt von den chilenischen Biologen Humberto R. Maturana und Francisco Varela. Ihr Ansatz ist kognitionsbiologisch begründet. Insbesondere geht es um eine biologische Erklärung für den Erwerb von Erkenntnis wie auch um grundlegende biologische Phänomene, wie beispielsweise Evolution und Fortpflanzung.

Obwohl Varela (1994, 121) und Maturana ausdrücklich betont haben, dass der Autopoiesis-Begriff auf alle Lebewesen bezogen ist, jedoch nicht auf soziale Systeme übertragbar sei, da soziale Systeme aus Systemmitgliedern bestünden und nicht davon auszugehen sei, dass die Systeme Mitglieder produzierten, sprich: hervorbrächten, knüpft Luhmann ungeachtet dieses Einwandes an das Konzept der beiden Biologen an und hat es soziologisch nutzbar gemacht.

Ausgangspunkt autopoietischer Systeme ist, dass sie sich selbst herstellen und erhalten, dass sie ihre Komponenten, aus denen sie bestehen, selbst (re-) produzieren, also durch Eigenoperation erzeugen. So werden durch interne Prozesse diejenigen Komponenten erzeugt, die zur Erhaltung des Systems notwendig sind, wobei die vorgegebene Systemstruktur den Rahmen für die jeweiligen Operationen darstellt.

Obwohl autopoietische Systeme offen und auf Umwelt hin angelegt sind, beziehen sie sich auf sich selbst. Der Austausch zwischen System und Umwelt, so die Annahme, wird nicht durch die Umwelt festgelegt, sondern durch die Organisationsweise des Systems. Autopoietische Systeme gelten zwar als autonom im Sinne ihrer Möglichkeit der Selbstorganisation und ihrer operationalen Geschlossenheit, jedoch nicht als autark, da sie von den Austauschbeziehungen zu ihrer Umwelt abhängig sind.

> Wenn sich Wohlfahrtsverbände aus Gründen der Effektivität und Effizienz umstrukturieren müssen, tun sie das nach ihrer eigenen Systemlogik und ihren strukturellen Möglichkeiten. Sie entwickeln im Sinne der Selbstorganisation eigenen Strategien, können jedoch die Umweltanforderungen (Sparmaßnahmen, Abbau von Sozialleistungen etc.) nicht grundlegend verändern. Bestenfalls können sie ihren politischen Einfluss geltend machen.

Wenn es nun so ist, dass selbstreferentielle beziehungsweise autopoietische Systeme Umweltinformationen nach ihrer eigenen Systemlogik aufnehmen und verarbeiten, dann ist eines ausgeschlossen: eine synchrone Informationsverarbeitung zwischen System und Umwelt beziehungsweise zwischen Sender und Empfänger. Ein Sender, der auf einen Empfänger einwirkt, muss davon ausgehen, dass seine Information nicht unbedingt auf die Art und Weise verarbeitet wird, wie es beabsichtig war. Hier haben wir es dann nicht nur mit Kommunikationsproblemen zwischen Sender und Empfänger zu tun, in dem beispielsweise die „richtige" Decodierung einer Information aufgrund missverständlicher Codes nicht erfolgen konnte, sondern wir haben es mit grundlegenden systemrationalen Verarbeitungsprozessen zu tun, die unabhängig von der Umwelt vorhanden, gleichzeitig aber auf sie bezogen sind.

> Zwischen SozialarbeiterInnen und AdressatInnen lässt sich häufig beobachten, dass AdressatInnen trotz Inanspruchnahme professioneller Beratung, Aufklärung und Intervention an ihrer Situation nichts Grundlegendes ändern. Sozialarbeiterinnen in Frauenhäusern sind häufig frustriert, wenn sie mit ansehen müssen, dass Frauen in ihre Gewaltsituationen zurückkehren.
> Autopoietisch erklärt, verarbeiten die Betroffenen die Intervention und die damit verbundenen Informationen von außen nach eigenen Bewusstseinslogiken, die diametral zu denen der Sozialarbeiterinnen liegen können.
> Solche Bewusstseinslogiken sind nicht einfach individualistisch zu sehen, sondern immer auch bezogen auf den sozialen Kontext, aus dem heraus sie sich entwickeln. So gibt es gesellschaftliche Erwartungen oder familiäre Erwartungen, die beispielsweise lauten: eine Frau verlässt ihre Familie nicht oder für die Kinder muss man Opfer bringen usf. Äußere Erwartungshaltungen werden mit subjektiven Annahmen, Bedürfnissen und Gefühlslagen verknüpft, und daraus resultieren dann mehr oder weniger bewusste Handlungen und Entscheidungen.

Luhmanns soziologische Adaption des autopoietischen Konzepts lautet wie folgt:

> „Als autopoietisch wollen wir Systeme bezeichnen, die die Elemente, aus denen sie bestehen, durch die Elemente, aus denen sie bestehen, selbst produzieren und reproduzieren. Alles, was solche Systeme als Einheit verwenden, ihre Elemente, ihre Prozesse, ihre Strukturen und sich selbst, wird durch eben solche Einheiten im System erst bestimmt ... D.h. nicht, daß keine Beziehungen zur Umwelt bestehen, aber diese Beziehungen liegen auf anderen Realitätsebenen als die Autopoiesis selbst" (Luhmann 1985, 402).

Luhmann arbeitet insbesondere mit dem Begriff der *Selbstreferentialität*. Der Begriff wird dabei ganz im Sinne des Autopoiesis-Begriffs benutzt. Um es auch an diesem Begriff nochmals zu verdeutlichen: in Luhmanns Theorie selbstreferentieller Systeme geht es nicht genuin um ein Autopoiesis-Konzept im Sinne der fortlaufenden Reproduktion von Systemelementen mit dem Ziel, eine Ausgangssituation festzuschreiben. Es geht also nicht ausschließlich um den Erhalt des Statusquo, sondern das Konzept birgt die Annahme, dass eine fortlaufende Produktion der Elemente durch Elemente des Systems ebenfalls Veränderungen ermöglicht. Dies bedeutet letztendlich: Systemerhalt beziehungsweise -stabilisierung durch Systemveränderung. Gleichzeitig kann es bedeuten: Systemerhalt beziehungsweise -stabilisierung durch Nichtveränderung der gegebenen Strukturen. Beides ist in diesem Konzept theoretisch zugrundegelegt. Die Produktion und Reproduktion der Elemente erfolgt über Kommunikation.

> Ein Team, so die Fachliteratur, ist optimal besetzt, wenn es verschiedene RollenträgerInnen und deren Fähigkeiten umfasst, so z.B. Leistungsrollen, soziale Rollen, kreative Rollen. Besteht ein Team nun aus reinen Leistungstypen, die ihre Arbeit danach ausrichten, ihre Aufgaben zügig, zuverlässig und pragmatisch zu erledigen, so ist im Sinne der Selbsterzeugung anzunehmen, dass bei einer Stellenausweitung das Team im Rahmen des Bewerbungsverfahrens sich wieder für einen Leistungstyp entscheidet, so dass der Wert respektive das Element „Leistung" durch die oder den Neue/n reproduziert wird. Doch hier gibt es keine Regel; das Gesagte soll nur als Beispiel für Selbsterzeugung stehen. Die Wirklichkeit ist kontingent. Wie ein Team sich letztendlich entscheidet, bleibt offen und an seine Eigenlogik geknüpft. Im Sinne selbstreferentieller Leistungen und mit Blick auf Systemstabilisierung könnte ein Team auch gezielt einen Typus suchen, der in ihm noch nicht vertreten ist.

Mit dem Konzept der Autopoiesis verknüpfen sich nahtlos Begriffe wie „Selbstorganisation", „Selbstbestimmung", „Eigeninitiative", „Eigenverantwortung", „Kreativität". Konzepte *der Selbstreferentialität / Autopoiesis / Selbstorganisation* im sozialen, politischen und wirtschaftlichen Bereich zeigen sich also kompatibel mit Konzepten der Enthierarchisierung, der Abflachung von Hierarchien, und zwar indem relativ autonome Teileinheiten geschaffen werden, die ihre Aufgaben und Belange eigenverantwortlich regeln (z.B. Lean-Management, Teamwork, Dezentralisierung) (vgl. Bühl 1991, 201).

Das selbstreferentielle Konzept geht davon aus, dass Systeme im Hinblick auf die Reproduktion ihrer Elemente ihre eigenen Verarbeitungslogiken und -prozesse haben. Personen und Systeme verarbeiten Informationen aus der Umwelt nach ihren eigenen Zweck-, Struktur-, Prozess- und Kommunikationslogiken.

Durch die Einbindung des autopoietischen Konzepts in seine Theorie gelingt Luhmann letztendlich eine Vermittlung zwischen einem strukturalistischen und einem subjektorientierten Zugang. Soziale Systeme sind mit Akteuren und deren autopoietischen Bewusstseinssystemen konfrontiert und werden von diesen gestaltet, jedoch sind die Akteure gefordert, sich ihrerseits wieder der Autopoiesis sozialer Systeme anzupassen.

2.9 Konstruktivismus

Grundaussage konstruktivistischer Konzepte ist, dass wir Wirklichkeit konstruieren, dass es also nichts objektiv Vorfindbares außerhalb unserer Wahrnehmung gibt und wir über Wirklichkeit keine objektiven Aussagen machen können. BeobachterIn und das Beobachtete sind untrennbar miteinander verknüpft (von Foerster 1992, 44). Die gegenwärtige Konstruktivismusdebatte hat sich aus einer Denktradition heraus entwickelt, die nicht neu ist. Konstruktivistische Denkansätze sind bereits bei Platon zu finden, später bei M. Weber, E. Goffman, N. Elias bei R. K. Merton, G. H. Mead, J. Piaget und bei T. Berger und P. Luckmann. Es gibt also Vorläufertheorien, die sich damit beschäftigen, wie Menschen Wirklichkeit erfassen und aufbauen.
Im Mittelpunkt steht die *Beobachtung*, die, so die Annahme, nicht isoliert von individuellen oder kulturellen Sinnkontexten verläuft.
Symbole (innere und äußere) werden so miteinander verknüpft, dass ein für den Beobachter/die Beobachterin sinnhafter Gesamtzusammenhang entsteht (vgl. Jensen 1994, 60).
Von Glasersfeld beschreibt dies folgermaßen:

> „Vom Gesichtspunkt des Handelnden ist es irrelevant, ob seine Vorstellungen von der Umwelt ein „wahres" Bild der ontischen Wirklichkeit darstellen – was er braucht, ist eine Vorstellung, die es ihm erlaubt, Zusammenstöße mit den Schranken der Wirklichkeit zu vermeiden und an sein Ziel zu kommen" (von Glasersfeld 1992, 22).

Vor allem für die Wissenschaft haben konstruktivistische Ansätze nachhaltige Folgen, denn sie lösen die Subjekt-Objekt-Trennung auf. Die Grundannahme, Wissenschaft könne Aussagen über das objektiv Vorfindbare machen und das Subjektive (Deutungen, Werturteile etc.) ausklammern, wird damit verworfen. Auch wissenschaftliche Ergebnisse gelten nach diesem Ansatz trotz Operationalisierung als subjektiv und kulturell ermittelt und vermittelt.
Die Vorstellung der Außenwelt entsteht, so der Ansatz des Konstruktivismus, über eine Innenperspektive und damit wird Realität zu einer „kulturellen Fiktion" (Jensen 1994, 65, 93).

Wissenschaft liefert nach dieser Auffassung Erklärungskonstrukte, denen bestimmte subjektive Annahmen, Deutungen und methodische Vorgehensweisen zugrundeliegen. Die Beziehung zwischen Wahrnehmen und Wirklichkeit umschreibt Glasersfeld mit dem Begriff der *Passung*; das, was wir wahrnehmen (Dinge, Zustände, Regeln, Ansichten etc.), bringen wir in eine Form, die „brauchbar" erscheint für Anschlusserlebnisse. Die Wahrnehmung wird in eine Passung gebracht und ist nicht eine Übereinstimmung mit dem Äußeren (von Glasersfeld, 1992, 30).

Der Konstruktivismus rüttelt damit an den traditionellen Fundamenten der Erkenntnistheorie, die eine objektiv vorhandene Wirklichkeit zugrundelegt, unabhängig von subjektiver Wahrnehmung und subjektivem Erleben. Silvio Ceccato geht davon aus, dass Wahrnehmung und Erkenntnis keinesfalls ontische Objekte widerspiegeln, sondern kreative Tätigkeiten darstellen (von Glasersfeld 1992, 29).

Zweifellos gibt es Übereinstimmungen in den Wahrnehmungen. Forscher können über Wirklichkeit zu übereinstimmenden Annahmen und Ergebnissen kommen, Personen können in ihrem Alltagshandeln zu ähnlichen Einschätzungen über andere Personen kommen, trotzdem bleibt dies im Erlebnisbereich einzelner Subjekte. Es handelt sich um Wahrnehmungen, aus denen auf Grund intersubjektiven Übereinstimmungen ein gewisser Allgemeingültigkeitsanspruch ableitbar ist. „Wenn diese Dinge sich dann als mehr oder weniger dauerhaft erweisen ..., erwächst die Konstruktion einer kohärenten Wirklichkeit" (von Glasersfeld 1992, 33f.). Watzlawick spricht in diesem Zusammenhang von *„Wirklichkeit erster und zweiter Ordnung"*. Es gibt bestimmte Befunde, die intersubjektiv überprüfbar sind und Gültigkeit haben, z.B. die physikalischen Eigenschaften des Goldes. Dies nennt Watzlawick die Wirklichkeit erster Ordnung.

> „Daneben aber besteht offensichtlich eine Wirklichkeit zweiter Ordnung des Goldes, nämlich sein Wert. Dieser hat absolut nichts mit den physikalischen Eigenschaften des Metalls zu tun, sondern ist eine von Menschen vorgenommene Zuschreibung" (Watzlawick 1992, 91f.).

Genausowenig wie es *die* Systemtheorie gibt, genausowenig gibt es *den* Konstruktivismus. Für einen der bekanntesten Ansätze, den „Radikalen Konstruktivismus", stehen Namen wie H. U. Maturana, F. Varela, H. v. Foerster und E. v. Glasersfeld. „Radikal" deswegen, weil die Wahrnehmung einer objektiven Wirklichkeit als unmöglich bezeichnet wird. Darüber hinaus gibt es unterschiedliche Ansätze und Richtungen in den verschiedenen Disziplinen (u.a. Psychologie, Biologie, Soziologie, Kognitionswissenschaft, Systemtheorie, Literaturwissenschaft). Die Konstruktivismusdebatte ist auch zentraler Bestandteil der Geschlechterforschung und der Feministischen Theorie. Männlichkeits- und Weiblichkeitsbilder sind nicht einfach gegeben, sondern werden, so der Ausgangsunkt, von beiden Geschlechtern konstruiert. Mit Blick auf Soziale Arbeit führt Carmen Tatschmurat dazu folgendes aus.[45]

> „Frauen haben selbst dann (und vielleicht gerade dann), wenn sie sich an den Rändern der Gesellschaft ansiedeln müssen, in den Asylbewerber- oder Unterkunftsheimen, auf dem Drogenstrich, auf den Parkbänken, im Umfeld von Teestuben und Suppenküchen, in U-Bahnhöfen, ihren Part an den Inszenierungen der Geschlechterverhältnisse in dieser Gesellschaft. Auch wenn sie die Regeln des Zusammenlebens nur zum kleinen Teil inhaltlich mitbestimmen können, so füllen sie sie doch permanent mit Leben ... Frauen sind an der Interpretation der Wirklichkeit in geschlechtssegregierten Rastern, und damit an der Konstruktion von Deutungsmustern, ebenso aktiv beteiligt wie Männer" (Tatschmurat 1996, 14f.).

Neben dem Konzept des auf Subjekte bezogenen Konstruktivismus gibt es auch Konzepte des Sozialen Konstruktivismus (Berger und Luckmann, Mehan, Gergen, Elias, Goffman, Weber u.a.).[46] Das Konzept besagt, dass soziale Systeme ebenfalls Wirklichkeiten konstruieren. So gibt es soziale Systeme, die Wahrnehmungen über soziale Probleme produzieren, z.B. Systeme der Sozialen Arbeit oder politische Systeme. Das Gesellschaftssystem konstruiert Merkmale sozialer Abweichung, aus denen heraus dann Stigmatisierungsprozesse erfolgen können.[47]

In Bezug auf MigrantInnen hat sich in unserer Gesellschaft das Konstrukt der Fremdheit herausgebildet. Fremdheit als Konstrukt inkludiert die Annahme, dass andere Lebenskonzepte und Traditionen das gegenseitige Verstehen erschweren und soziale Konflikte erzeugen. Das Konstrukt wird untermauert durch Diskurse über gewalttätige ausländische Jugendliche oder fundamentalistische Strömungen. Probleme werden demzufolge auf Kulturspezifika zurückgeführt. Dadurch werden möglicherweise Anschlusskonstrukte zurückgedrängt, die interkulturelle Konflikte vor dem Hintergrund gesellschaftlicher Strukturen, begrenzter Teilhabemöglichkeiten und Teilhabechancen, von Ungleichbehandlungen und Ausgrenzungen sehen. Das Konstrukt Fremdheit wird zudem politisch instrumentalisiert mit Blick auf Wahlen. Die Diskussion um die „Leitkultur"[48], basiert auf dem Fremdheits-Konstrukt. Strukturelle Fragen hinsichtlich von Konfliktursachen werden dadurch ausgeblendet.

Niklas Luhmann (1990), der sich auf Vertreter des Radikalen Konstruktivismus stützt, hat für die soziologische Systemtheorie den konstruktivistischen

---

[45] Zur Geschlechterkonstruktion siehe auch Dölling/Kraus 1997.
[46] Siehe hierzu den Beitrag von Wehrspaun 1994.
[47] In dieser Analysetradition steht beispielsweise auch der Symbolische Interaktionismus, z.B. das Modell der Definition gesellschaftlicher Probleme von Herbert Blumer (1975).
[48] CDU/CSU-Position im Jahre 2000 konstruiert.

Ansatz adaptiert und die konstruktivistischen Grundaussagen auf soziale Systeme transponiert. Ausgehend von der Differenz zwischen System und Umwelt bezeichnet er Systeme als operierende Einheiten, die Beobachtungen vornehmen. „Eine Beobachtung führt zu Erkenntnissen, wenn und soweit sie im System wiederverwendbare Resultate zeitigt." Es handelt sich dabei um Operationen, „die nicht aus dem System hinausreichen und, gleichsam mit langer Hand, etwas hineinholen können" (Luhmann 1993, 40). Es gibt demzufolge keine Information, die von außen identisch nach innen gelangt, sondern das System verarbeitet die Informationen nach internen Logiken. Dabei wird ein „systeminternes Konstrukt" kreiert.
Systeminterne Konstruktion über Wirklichkeiten finden wir in Bezug auf Soziale Arbeit zuhauf. Ein Caritasverband hat andere Konstrukte über gesellschaftliche Armut als die Regierung oder Arbeitnehmerverbände.

Soziale Realität ist nach Luhmann eine Konstruktion, jedoch eine Konstruktion, die von einer Mehrheit von Beobachtern übereinstimmend gestützt wird (Luhmann 1993, 41).

Den Konstruktivismus sieht Luhmann als „posthumanistische Theorie". Gemeint ist,

> „daß die Begriffsfigur ‚der Mensch' (im Singular!) als Bezeichnung des Trägers und als Garant der Einheit von Erkenntnis aufgegeben werden muß. Erkennen findet seine Realität nur in den aktuellen Operationen von je verschiedenen autopoietischen Systemen, und die Einheit eines Erkenntniszusammenhanges ... kann nur in der Einheit eines autopoietischen, sich selbst mit seinen Grenzen, seinen Strukturen, seinen Elementen reproduzierenden Systems liegen" (Luhmann 1993, 53).

Das, was wir als Erkenntnis bezeichnen, ist nach Luhmann (1993, 54) nicht Produkt von Einzelpersonen, sondern von Gesellschaft. Wissenschaftliche Erkenntnisse werden nicht von Forschern als Einzelpersonen entwickelt, sondern die Forscher operieren in jeweiligen Systemen (Universität, Gesellschaft, Industrie), die jeweilige Vorgaben und Rahmenbedingungen setzen. Indes bringt der Forscher sein Bewusstsein und seine Fähigkeiten mit ein, doch dies ist immer nur ein Bruchteil gemessen an dem, wie die sozialen Systeme den Forschungsprozess beeinflussen.

Der Streit um die Gültigkeit bestimmter Erklärungsmodelle und -konstrukte wird damit zu einer Auseinandersetzung über Wirklichkeitskonstruktionen, wie überhaupt soziale Konflikte als Auseinandersetzungen über Wirklichkeitskonstrukte zu verstehen sind (vgl. Hejl 1994, 112).

Übertragen wir das Konzept des Konstruktivismus auf die Soziale Arbeit, ergibt sich folgendes Bild:

AdressatInnen, SozialarbeiterInnen und Anbieter sozialer Dienstleistungen verfügen über ihre je eigenen Konstruktionen der Wirklichkeit respektive über ihre je eigenen Konstruktionen hinsichtlich der Probleme, die es zu bewältigen gilt. Es gibt nicht richtige oder falsche Annahmen über Problemursachen und -bedingungen, sondern Konstruktionen, die biographisch wie auch fachlich plausibel erscheinen und die auf „Passung" gerichtet sind.

> Wenn ein Mann seiner Partnerin die Schuld an seiner Lebensmisere zuschreibt, hilft ihm diese Konstruktion möglicherweise, sein Selbstbild und seine Identität zu stärken. Wenn die Sozialarbeiterin dagegen den Mann als Hauptverantwortlichen des Problems sieht, so steht dies möglicherweise in Passung zu ihrem Selbstverständnis als Frau.

Wo liegt also die Wahrheit? Nirgends! Wo liegt die Unwahrheit? Auch nirgends! Darüber müssen sich die Konstrukteurinnen und Konstrukteure klar sein. Der konstruktivistische Zugang fordert einen *Akt gegenseitiger Verständigung, des kommunikativen* Austausches von Konstruktionen, des sich Annäherns und Verstehens. Probleme sind nicht etwas objektiv Vorhandenes, sondern sind konstruiert. Das heißt nicht, dass es sie nicht gibt. Es gibt Armut, es gibt Behinderung, es gibt Krieg und Gewalt, es gibt Liebe und Fürsorge. Anders formuliert: im Sozialen gibt es die Wirklichkeit erster Ordnung. Gleichzeitig gibt es die Wirklichkeit zweiter Ordnung, wenn Aussagen darüber zu machen sind, wie sich die Tragweite der Verarmung in einer Gesellschaft darstellt. Hier müssen Deutungen vorgenommen werden. Diese werden unterschiedlich ausfallen, je nach Standort und Perspektive der Deutenden. SozialpolitikerInnen nehmen möglicherweise Deutungen vor, dass der Grad der Wohnungslosigkeit in unserer Gesellschaft eklatant ist und dass dagegen etwas unternommen werden muss. Ein Betroffener kann sich auf den Standpunkt stellen, dass es sein Recht und seine Entscheidung ist, auf der Straße zu leben. Selbstverständlich haben beide Standpunkte nicht die gleiche Tragkraft. Ein subjektiver Standpunkt kann allgemeine Standpunkte nicht außer Kraft setzen. Dasselbe gilt aber auch umgekehrt. Eine Gesellschaft muss handlungsfähig sein. Dazu braucht sie allgemeine Deutungen und Übereinkünfte, was zu tun ist, was akzeptabel und nicht akzeptabel ist, was ein Problem ist und was noch kein Problem ist – auch auf die Gefahr hin, dass die Antworten darauf für den Einzelfall nicht passend sind. Es wird dann eine Frage der Freiheit, der Toleranz und Zumutbarkeit sein, ob das Subjekt einfach in allgemeine Schemen gepresst wird, oder ob es seine Handlungsfreiheit behält, sprich inwieweit es seine Konstruktionen umsetzen kann.

Subjektive Konstruktionen sind immer auch sozial beeinflusst. Eine soziale Konstruktion könnte beispielsweise lauten: *Wer keine Arbeit und Wohnung hat, ist selbst schuld!* oder umgekehrt: *Bei vier Millionen Arbeitslosen hat der/die Einzelne keine Chance!* Soziale Konstruktionen werden u.a. durch Familie, Verwandtschaft, gesellschaftliche oder politische Gruppierungen und Medien vermittelt und aggregieren in subjektive Konstruktionen. Befragungen von Menschen ohne Obdach zeigen beispielsweise, dass viele die Schuld an ihrer Situation ihrem eigenen Versagen zuschreiben und weniger gesellschaftlichen Prozessen und Rahmenbedingungen.

Personen produzieren Wirklichkeitskonstruktionen, die eine *Passung* in Bezug auf *Selbst- und Fremdverstehen* darstellen. Erst wenn sich solche Passungen für die eigene Lebenspraxis und für das Verstehen von Problemzusammenhängen als überholt oder untauglich erweisen, ist für die Betreffenden die Chance gegeben, die eigenen Konstruktionen zu überdenken und zu modifizieren. Ein solcher Akt wäre systemtheoretisch dann als selbstreferentielle Leistung zu bezeichnen. Für SozialarbeiterInnen bedeutet das: so lange eine Konstruktion in einer Passung ist (z.B. ein Feindbild, Vorurteil, eine Problemdeutung oder Handlungsweise), also in irgendeiner Weise taugt, weil dadurch beispielsweise Identitätsstabilisierung und Orientierung möglich werden, so lange dürfte es schwierig sein, diese Konstruktion mit neuen Konstruktionen zu konfrontieren. Dies ist für die Professionellen vor allem dann problematisch, wenn die Konstruktionen von AdressatInnen und deren Systeme dazu führen, andere auszugrenzen, zu pathologisieren und auf Unfähigkeiten zu reduzieren oder wenn ein System, z.B. eine Familie, trotz Orientierungsvorteilen unter den eigenen Konstruktionen leidet (z.B. unter der Konstruktion: wir sind o.k. – die anderen sind nicht o.k.).

Konstruktionen können soweit gehen, dass Wirklichkeiten notorisch verzerrt und umgedeutet werden, dass Bestimmtes einfach nicht gesehen werden will, also ausgeblendet wird oder es so gesehen wird, wie man es gerne haben möchte. Die Art, wie Konstruktionen erfolgen, verweisen im Extremfall auf bestimmte psychische Krankheitsbilder.

In seinem düsteren, makabren Roman „Die Henkerin" beschreibt Pavel Kohout eine Szene, die im doppelten Sinne absurd ist, einmal was die Situation betrifft, zum anderen, wie diese von den Handlungsfiguren konstruiert wird.

Die geistig etwas schlichte Lízinka, die zum Bedauern ihrer Eltern die Aufnahme ins Konservatorium nicht schafft, erhält die „Chance", eine Aufnahmeprüfung für die „Höhere Lehranstalt für Exekutionswesen" zu machen. Im Klartext: sie soll das Handwerk einer Henkerin erlernen. Es scheint ihre einzige Möglichkeit zu sein, dadurch höhere akademische Weihen zu erlangen. Es kommt ein besagter Professor Wolf mit seinem Gehilfen in die elterliche Wohnung. Die Aufnahmeprüfung soll dort erfolgen. Der Professor und sein Mitarbeiter geben vor, mit dem Mädchen ins Bad gehen zu müssen, um dort die Prüfung zu machen - alleine versteht sich. Der Vater des Mädchens, Dr. Tachecí, ist skeptisch und will wissen, was da im Bad gemacht werden soll. Die Mutter, die von der Hoffnung beseelt ist, dass Lízinka diese Prüfung schafft, beruhigt ihren Mann und verharmlost die Situation.

> Als die Eltern durch zwei Türen hindurch aus dem Bad gedämpfte Schläge vernehmen, entwickelt sich folgender Dialog:
> - *Was schlagen sie dort? fragte Doktor Tachecí*
> - *Es ist ihnen etwas runtergefallen, sagte seine Frau.*
> - *Das waren Schläge, sagte ihr Mann.*
> - *Dann nageln sie dort eben was fest, sagte seine Frau.*
> - *Jemand schreit! sagte ihr Mann. Ich gehe hin!*
> - *Ich bitte dich, mach dich nicht lächerlich!*
> *Das Geräusch schwoll an*
> - *Das ist doch ein Huhn! sagte Doktor Tachecí.*
> - *Du bist übergeschnappt! sagte seine Frau.*
> Frau Tachecí gelingt es, ihren Mann zu besänftigen. Zum Schluss stellt sich heraus. Zur Aufnahmeprüfung gehörte, dass Lízinka u.a. ein Huhn tötete.

2.10 Interpenetration

Luhmann (1988a, 286ff.;1995c) benutzt den Begriff der *Interpenetration*, um die *strukturelle Koppelung* zwischen Menschen, zwischen Menschen und sozialen Systemen wie auch zwischen Systemen herauszuarbeiten. Dabei handelt es sich um die strukturelle Koppelung zwischen autopoietischen Systemen, die zwar ihre Operationsweisen behalten, die jedoch von ihrer Umwelt Operationsweisen aufnehmen und diese nach eigenen Logiken verarbeiten. Dies erfolgt über Kommunikation. Der gemeinsame Inhalt, den eine Sozialarbeiterin und eine Adressatin bearbeiten, ändert nichts daran, dass die beiden Personen vollkommen verschieden sind und nach ihren eigenen Modi wahrnehmen, kommunizieren und handeln. Interpenetration bedeutet aber, dass Menschen und Systeme sich gegenseitig beeinflussen. Identische Elemente können zu ganz unterschiedlicher Art und Weise der Koppelung führen. Die Form der Koppelung eine Führungskraft mit Team A kann sich anders darstellen als die Koppelung der gleichen Person mit Team B. Werden von Team A die innovativen Vorgehensweisen der Führungskraft geschätzt, ebenso die stringente Art, wie sie Sitzungen leitet, reagiert Team B möglicherweise ablehnend auf diese Eigenschaften. Daraus folgt, dass Persönlichkeitselemente in sozialen Kontexten ihre unterschiedliche Wirkung entfalten. Strukturelle Koppelungen haben Ermöglichungscharakter wie auch Verhinderungscharakter, je nachdem, welche Werte, Regeln und Sichtweisen Gültigkeit haben und durchsetzungsfähig sind. Strukturelle Koppelungen können auch über Zwang erfolgen, beispielsweise die Koppelung zwischen einem Straftäter, der in Haft sitzt, und der Haftanstalt. Trotz der Machtungleichheit, die zwischen Person und System vorliegt, verliert die abhängige Person nicht ihre Autonomie. Sie behält die Möglichkeit auf die Situation unterschiedlich zu reagieren und die an sie herangetragenen

an sie herangetragenen Erwartungen zu erfüllen, weniger oder kaum zu erfüllen, je nachdem, welcher Preis für die Wahrung der eigenen Autonomie bezahlt werden will.
Der Begriff der strukturellen Koppelung macht Aussagen über die Verbindung von Systemen bzw. von Menschen und Systemen. Die Verbindung kann loser und fester sein, dauerhafter oder weniger dauerhaft. Die auf Kommunikation bezogene Koppelung bei Menschen und sozialen Systemen braucht *Inhalte*, damit eine Koppelung möglich ist. In der Sozialen Arbeit sind solche Inhalte häufig ein an sie herangetragenes soziales Problem. Auch Netzwerke sind strukturelle Koppelungen, in denen gemeinsame Inhalte verarbeitet werden, beispielsweise das Angebot von Anbietern sozialer Dienstleistungen für die Beratung und Betreuung von Menschen mit Behinderungen in einer Region. Die strukturelle Koppelung verweist darauf, welche Inhalte zwischen Menschen und Systemen, Systemen und Systemen verarbeitet werden und ebenso, dass diese Inhalte autopoietisch geschlossen wie auch offen verarbeitet werden.

2.11 Macht

Die systemtheoretische/systemische Fachliteratur zeigt sich in Bezug auf das Thema Macht eher zurückhaltend.[49] In den Indexverzeichnissen systemtheoretischer Literatur taucht der Begriff „Macht" kaum oder nur randständig auf. Obwohl Luhmann den Macht-Begriff in seiner Theorie explizit eingeführt hat, bleibt sein Macht-Konzept relativ grob. Macht ist nach Luhmann ein symbolisch generalisiertes Kommunikationsmedium und fungiert als Code für das politische System, wenngleich Macht überall auftritt. Macht ist auf die Durchsetzung bestimmter Interessen bezogen. Im Folgenden möchte ich aus einer systemischen Perspektive grundlegende Fragen und Überlegungen mit Blick auf das Thema Macht skizzieren.

In der Fachliteratur gibt es in Bezug auf das Phänomen Macht unterschiedliche Herangehensweisen. Die ältere Herangehensweise ist mit dem Namen Max Weber (1980, 28) verbunden. Nach ihm bedeutet Macht „jede Chance, innerhalb einer sozialen Beziehung den eigenen Willen auch gegen Widerstreben durchzusetzen, gleichviel worauf diese Chance beruht." Weber kennzeichnet einen mikrosoziologischen Zugang, indem davon ausgegangen wird,

---

[49] Der bekannte Systemtheoretiker Bateson (1992) lehnt sogar den Machtbegriff zur Beschreibung zwischenmenschlicher Beziehungen ab.

dass ein Akteur Möglichkeiten hat, über einen anderen Akteur Macht auszuüben.

Neuere Zugänge fragen nicht lediglich nach der Akteursmacht, sondern nach Ereignissen und Ergebnissen in einem System, die von Akteuren beeinflusst werden können (vgl. u.a. Foucault 1978; Coleman 1991; Stokman u.a. 1995). Bei dieser Herangehensweise geht es um das Vermögen, Prozesse und Ergebnisse eines sozialen Systems zu beeinflussen. Der Blick ist auf die Vernetzung von Akteuren innerhalb und ausserhalb des Systems gerichtet und nicht lediglich auf einen einzelnen Akteur. Zugrundegelegt werden u.a. die Struktur, die Verteilung an Ressourcen und die Handlungsmöglichkeiten von Akteuren unter Berücksichtigung ihrer Ressourcen. Jeder Akteur, so der Ausgangspunkt, hat Interessen und Machtressourcen. Diese Herangehensweise eröffnet einen systemischen Machtbegriff. Basal für diesen Begriff ist das *Zirkulieren* der Macht. Macht wird nicht in einem rein linearen Über- und Unterordnungsverhältnis sondern in ihrer prozessualen Dimension gesehen.

Luhmann weist darauf hin, dass in Systemen jede Machtinstanz eines Subsystems die Entscheidungs- und Interessensvoraussetzungen anderer Machtinstanzen akzeptieren und auch aggregieren muss. So sind Wähler und Interessensgruppen demokratischer Systeme durchaus in der Lage, mit der ihnen zur Verfügung stehenden Macht auf die politisch Entscheidenden einzuwirken. Letztere sind darauf angewiesen, sich mit diesen Vorgaben auseinanderzusetzen, wenn sie verhindern wollen, dass die Akzeptanz ihrer Entscheidungen gering bleibt (Luhmann 1991a, 165). An dieser Stelle lässt sich ein Bogen zu Michel Foucoult[50] spannen, der die fachliche Machtdiskussion und ihre systemische Adaption sehr bereichert hat. Foucault (1973, 117f.) bezeichnet Gesellschaft als ein soziales Netz von Kräfteverhältnissen, das durch Machtbeziehungen gekennzeichnet ist. Diese Machtbeziehungen werden diskursiv ausgetragen. Individuen, Gruppen, Institutionen und Organisationen nehmen in diesem machtstrukturierten Netz jeweils unterschiedliche und sich verändernde Positionen ein. Sie sind Machtakteure in einer Doppelperspektive. Akteure üben mit ihren gegebenen Möglichkeiten Macht aus, um auf den Willen anderer einzuwirken, und sind gleichzeitig auch Adressaten der Machtaktivitäten anderer. Die Festschreibungen in Bezug auf mehr oder weniger Macht verändern sich laufend. Macht vollzieht sich im Prozess und verändert sich immer wieder. Das bedeutet nicht, dass es keine strukturelle Machtungleichgewichte gibt, sondern innerhalb einer strukturellen Machtungleichheit gibt es Machtverschiebungen unter den Akteuren.
Macht vollzieht sich in Interaktionsstrukturen, sie gehört sozusagen zur Ord-

---

[50] Michel Foucault (gest. 1984) zählt zu den französischen Poststrukturalisten und einflussreichen Denkern der Postmoderne.

nung der Beziehung. Von daher stellt Macht auch Verbindungen her (Foucault 1978, 12f.). Wenn Macht in Beziehungen interaktiv gelebt wird, wenn Macht zirkuliert, dann verbietet sich ein Denkschema, das lautet: auf der einen Seite gibt es die Mächtigen und auf der anderen Seite die Ohnmächtigen beziehungsweise die Nichtmächtigen. Vielmehr gibt es Mächtigere und weniger Mächtigere, jedoch alle verfügen über Macht. Macht kann über strukturelle Bedingungen ungleichgewichtig verteilt sein und trotz eines solchen Ungleichgewichts zirkuliert Macht, kann sie angehäuft oder gemindert werden. In der Sozialen Arbeit erscheint diese Perspektive besonders interessant, weil häufig in Kategorien gedacht wird wie beispielsweise:
ohnmächtige Klienten - mächtige Gesellschaft
ohnmächtige Klienten - mächtige SozialarbeiterInnen
ohnmächtige SozialarbeiterInnen - mächtiger Träger.

Diese Konstruktionen sind systemisch betrachtet zu simpel und sind geradezu nichtsagend in Bezug auf tatsächlich gelebte Interaktionen und Prozesse der Macht, wie auch in Bezug darauf, dass Macht zirkuliert.
Foucault wendet sich gegen einen Zugang zur Macht, der Macht ausschließlich unter der Perspektive der Unterdrückung referiert.

> „Der Grund dafür, daß die Macht herrscht, daß man sie akzeptiert, liegt ganz einfach darin, daß sie nicht nur als neinsagende Gewalt auf uns lastet, sondern in Wirklichkeit die Körper durchdringt, Dinge produziert, Lust verursacht, Wissen hervorbringt, Diskurse produziert; man muß sie als ein produktives Netz auffassen, das den ganzen sozialen Körper überzieht und nicht so sehr als negative Instanz, deren Funktion in der Unterdrückung besteht" (Foucault 1978, 35).

Er nimmt Abstand von klassischen Machttheorien, wenn sie sich ausschließlich auf Machtinstanzen wie einen Souverän, Staatsapparat, die Polizei und Justiz als Strafinstanzen stützen und plädiert dafür, jegliche Machtverhältnisse, auch die, die über den Staat hinausgehen, zu analysieren. Denn:

> „Der Staat ist Überbau in Bezug auf eine ganze Serie von Machtnetzen, die die Körper, die Sexualität, die Familie, die Verhaltensweisen, das Wissen, die Techniken usw. durchdringen, und diese Beziehungen werden ihrerseits von einer Art Über-Macht konditioniert und wirken konditionierend auf sie ...aber diese Über-Macht mit ihren Verbotsfunktionen kann nur insofern wirklich greifen und sich halten, als sie in einer ganzen Reihe vielfältiger, nicht definierter Machtverhältnisse verwurzelt ist" (Foucault 1978, 39).

Der Autor arbeitet zentrale Aspekte heraus, die angeben, in welcher Form in Gesellschaften Macht produziert wird. Das sind insbesondere Sprache und Wissen. In die Luhmannsche Semantik übersetzt: Macht wird über Kommunikation produziert und reproduziert.

Macht ist ein Bestandteil menschlicher Lebenspraxis. Da, wo Menschen ihre Belange und Interessen durchsetzen, findet sich Macht. Macht als Mittel der Interessendurchsetzung, als Ordnungs- und Kontrollinstrument ist zunächst einmal neutral. Je nachdem, was angestrebt wird, gilt es zu bewerten, ob Macht gebraucht oder missbraucht wird. Macht ist eine reziproke Beziehung, und kann insofern von den Beteiligten verändert werden (vgl. Glasl 2000).

Ein zirkulierender Machtbegriff ermöglicht, die „Macht des Alltags" zu thematisieren. Eine Macht, die sich stabilisiert und wieder auflöst, die akkumuliert und zirkuliert. Der zirkuläre Machtbegriff relativiert gleichsam die Annahme, dass die höchste Position immerzu die mächtigste ist. Diese Annahme wird durch Studien im Rahmen von Netzwerkanalysen untermauert, in denen sich herausgestellt hat, dass nicht die Inhaber von Spitzenpositionen die Mächtigsten sind, sondern die Inhaber von mittleren Positionen, weil sie Vermittlungsrollen haben und dadurch nicht nur über wichtige Kontakte und Ressourcen (z.B. Information) verfügen, sondern zwischen Akteuren Verbindungen und Kontakte schaffen können. Das macht sie zu attraktiven Austauschpartnern und verleiht ihnen Macht.

Für die Soziale Arbeit ist ein solcher Zugang von zentraler Bedeutung. Da gibt es Kranke und Schwache, die abhängig und fürsorgebedürftig sind, die aber mit ihrer Machtquelle „Krankheit" enorme Einflusskräfte entwickeln und von ihren PartnerInnen, Familien, Verwandten nachhaltige Anpassungsleistungen erzwingen können. Da gibt es den Lehrer in der Schule, der offiziell über Strukturmacht und Kontrollmacht verfügt, der jedoch der Macht der Schüler ausgesetzt ist, die ihn gängeln und all sein Tun und seine Macht unterlaufen können.

Machtressourcen

Um die Prozesshaftigkeit von Macht, deren Zirkulieren zu verstehen, ist der Blick auf die *Machtressourcen* zu richten. Machtressourcen sind u.a. Geld, Wissen, Status und Position, Wählerstimmen, Netzwerke und Kontakte, körperliche Kraft und sexuelle Attraktivität, Geschlecht und kulturelle Zugehörigkeit oder die Möglichkeit, einerseits Wertschätzung und Anerkennung ausdrücken und andererseits Tadel und Strafe ausüben zu können (Eltern, Vorgesetzte, PädagogInnen. Ressourcen der Macht können auch Krankheit und Hilfebedürftigkeit sein, die bei anderen den Willen zum Helfen, ein schlechtes Gewissen oder Pflichtgefühl erzeugen. Der Besitz knapper Ressourcen kann Macht erweitern, ebenfalls Reputation und ein guter Ruf, über die Einfluss auf andere genommen werden kann. Die Nähe zu einer Person, die über Kontrollmacht verfügt (Führungskraft), kann eine Machtressorouce sein, da es Möglichkeiten gibt, an dieser Macht zu partizipieren.

Macht setzt also die Verfügung über begehrte Ressourcen voraus und in den meisten Fällen bedürfen Machtressourcen gesellschaftlicher Definitionsprozesse, die ihnen ihre Bedeutung zuschreiben. Gesellschaftliche Definitionen und darauf aufbauende Strukturen ermöglichen es beispielsweise, dass Männer mit mehr Freiheiten, Einflussmöglichkeiten und Positionsmacht ausgestattet sind als Frauen. Darüber hinaus gibt es Machtressourcen, die durch bestimmte Merkmale gegeben sind, beispielsweise wenn sich jemand aufgrund seiner körperlichen Überlegenheit, Attraktivität oder seiner Intelligenz bei anderen durchzusetzen vermag.

Machtressourcen beruhen auch auf Identifikation, wenn sich beispielsweise Menschen mit anderen identifizieren und sich durch diese Menschen beeinflussen lassen. DozentInnen haben nicht nur Macht, weil sie Auflagen und Zensuren verteilen, Hausarbeiten und Klausuren einfordern, sondern weil sie für StudentInnen auch Identifikationspersonen sind. Das gleiche gilt für SozialarbeiterInnen und AdressatInnen. Über die Identifikationsmacht kann Einfluss ausgeübt werden, z.B. dahingehend was gedacht oder getan werden soll.[51]

Formale und interaktionale Macht

Macht existiert im Rahmen von Über- und Unterordnungsverhältnissen und ebenso unter Gleichgestellten. Unter beiden Bedingungen ist aufgrund der Komplexität von Strukturen und Prozessen nicht immer klar, wie Macht tatsächlich gelebt wird und wer sich wie und wodurch stärker durchzusetzen vermag.

Formale Macht kennzeichnet sich durch Strukturbedingungen, die es erlauben, dass eine Person eine andere zu bestimmten Handlungen auffordern kann und dass diese andere Person die Pflicht hat, dieser Handlung nachzukommen bzw. kaum Möglichkeiten hat, ihr nicht nachzukommen.

Interaktionale Macht ergibt sich aus der konkreten Handlungssituation. Erst vor dem Hintergrund von Interaktion und Kommunikation wird deutlich, wie Macht tatsächlich zum Tragen kommt, welche strukturellen Bedingungen und Machtressourcen gegeben sind und wie diese zur Umsetzung kommen.

Macht, zirkulär betrachtet, verweist auf die Aspekte Struktur, Ressourcen (hier: Machtressourcen) und Prozess. Macht wird kommunikativ gelebt und beinhaltet eine Fülle von verbalen und nonverbalen Verhaltensfacetten: z.B.

---

[51] Zu den Grundlagen von Macht vgl. auch Fischer/Wiswede 1997.

höflich/unhöflich, raffiniert/durchtrieben/schmeichelnd/hinterhältig, bestimmt/fordernd/ermahnend, erniedrigend/drohend/gewalttätig.

Die beteiligten Akteure konstruieren die Machtsituation. Macht kann sich verstärken, wenn der/die Machtunterworfene der mächtigeren Person oder dem mächtigeren System mehr Macht zuschreibt, als diese tatsächlich haben oder wenn durch Einschüchterung und Angst die eigenen Machtpotentiale nicht genutzt werden können oder wenn wenig Machtwissen vorhanden ist, insbesondere darüber, welche Machtressourcen sich aktivieren lassen und wie Macht eingegrenzt werden kann (vgl. Glasl 2000). Machtbeziehungen sind deshalb zu befragen nach

- den strukturellen Voraussetzungen
- den Machtquellen der Akteure (einzeln und in ihrer Vernetzung)
- den jeweiligen Konstruktionen der Akteure in Bezug auf die eigene Macht und die fremde Macht
- Habitus und Kompetenz in Bezug auf Durchsetzung und Widerstand.

Eine zentrale Rolle für das Zirkulieren der Macht spielt die Struktur eines System und dessen Umwelt, denn über die Struktur wird die Verteilung und die Kontrolle von Ressourcen festgelegt. Je nach dem, wie sich eine Struktur darstellt, kann Macht verteilt sein oder aber in Händen weniger liegen. Strukturbedingungen produzieren Teilhabebedingungen und Teilhabechancen an zentralen Ressourcen. Diesen Aspekt hat vor allem Silvia Staub-Bernasconi (1994, 69ff.) aufgegriffen. Sie spricht von Behinderungs- und Begrenzungsmacht. Behinderungsmacht ist institutionalisierte Macht und beinhaltet Regeln der Ressoucenverteilung. Begrenzungsmacht kennzeichnet sich durch den Abbau behindernder Machtstrukturen.

Im Rahmen Sozialer Arbeit, die den AdressatInnen auf der Grundlage rechtlicher Vorgaben Auflagen machen und Kontrollen ausüben kann, gibt es eine formale Machtstruktur. Diese Machtstruktur macht Aussagen über die Möglichkeiten der Machtanwendung, sagt jedoch nichts darüber aus, wie Macht im konkreten Fall tatsächlich gelebt wird und zum Tragen kommt, wie sich diese formale Machtstruktur auf die Beziehung SozialarbeiterIn-AdressatIn tatsächlich auswirkt, welche Kompetenz im Umgang mit Macht Professionelle brauchen, über welche Machtressourcen und -strategien AdressatInnen verfügen, und welche sie nutzen. Der zirkuläre Machtbegriff erschließt eine wichtige Dimension, die gerade für die Praxis Sozialer Arbeit von Bedeutung ist. Keinesfalls soll und darf das Gesagte jedoch den kritischen Diskurs über gesellschaftliche Machtstrukturen vernachlässigen, wo es um Fragen der Verteilung gesellschaftlicher Güter wie Kapital, Einkommen, Bildung und Positionen geht. Dieser Aspekt ist Teil des zirkulären Machtbegriffs.

3. Systemtypen

Über die Begriffe System/Umwelt erfolgt die grundlegende Beschreibung von Systemeigenschaften. Der Systembegriff ist damit transferfähig auf die verschiedene Systeme auf der Mikro-, Meso-, Exo- und Makroebene. Auf Grund der Vielschichtigkeit von Systemen unterscheidet Luhmann die Systeme jedoch in

- Psychische Systeme
- Interaktionssysteme
- formal organisierte Systeme und das
- Gesellschaftssystem.

Die Unterscheidung erlaubt, über allgemeine systemtheoretische Beschreibungen hinaus die Spezifika bestimmter Systemtypen zu erfassen.

3.1 Psychische Systeme

Menschen und Systeme bedingen und brauchen sich gegenseitig und können ohne das jeweils andere nicht existieren (Luhmann 1995c, 31). Beide sind sie Umwelt füreinander. Beide kennzeichnet sich durch Autopoiesis, Autonomie und operative Geschlossenheit. Der Mensch kennzeichnet sich durch das Bewusstsein, Systeme dagegen durch Kommunikation. Kommunikation kann nur erfolgen, wenn sich Menschen, d.h. Bewusstseinssysteme beteiligen. Mensch und System beeinflussen sich gegenseitig, behalten jedoch ihre operative Geschlossenheit. Die Verbindungslinien bezeichnet Luhmann mit dem Begriff der *„strukturellen Koppelung"*. Trotzdem operieren Person und Umwelt getrennt. Menschen und Systeme können Ähnlichkeiten produzieren oder sie können sich wechselseitig irritieren und stören.

> Studierende können das System Hochschule „stören", wenn sie gegen bestimmte Regelungen aktiv werden, wenn sie streiken oder die Gremien anrufen. Das System Hochschule muss darauf reagieren, und es wird dies nach dem Modus der eigenen Logiken tun. Die Handlungen, die daraus folgen, werden über Personen vollzogen, jedoch handelt nicht einfach eine Person, beispielsweise die Dekanin, sondern hinter diesem Handeln steht das System Hochschule mit seinen Strukturen, seiner Geschichte, seinen Kommunikationsweisen und Vorstellungen, z.B. in Bezug auf die StudentInnen.

Wenn Luhmann formuliert, dass Menschen nicht kommunizieren können (1995c, 45, 113ff.), dann ist damit gemeint, dass sie ohne Systemkontexte nicht kommunizieren können. Für sich allein sind Menschen Bewusstseinssysteme, die über sich und die Welt reflektieren können, jedoch kommunizieren können sie alleine nicht. Umgekehrt: Kommunikation kann ohne Bewusstsein nicht erfolgen. Es mag spitzfindig klingen, was Luhmann hier formuliert. Systemtheoretisch ist es konsequent gedacht. Menschen und Systeme bedingen und brauchen sich gegenseitig und können ohne das jeweils Andere nicht existieren.

Sozialisation und Lernen

Menschen sind kultur- und sozialisationsabhängig. Sie müssen von der Umwelt lernen, um zu überleben. Aus systemtheoretischer Sicht kann die Umwelt über Erziehung und Sozialisation lediglich Angebote machen und mit Verhaltenserwartungen reagieren. Personen, seien es Kinder oder Erwachsene, müssen diesen Verhaltenserwartungen aber nicht nachkommen. Sie können mit ihrer Umwelt konform gehen oder aber vom Vorgegebenen abweichen. Menschen sind einzigartig in der Art und Weise, wie sie lernen, welche Instruktionen sie aus der Umwelt übernehmen und welche sie ablehnen. Daraus ergeben sich dann Muster, wie Individuen auf Umwelt reagieren.

Luhmann bezeichnet Lernen nicht als die Übernahme von „wohlpräparierten Bewusstseinselementen (Informationen)", die in der dargebotenen Form von einer Person übernommen werden, sondern „Lernen ist Änderung einer strukturellen Spezifikation, mit der das System seine Autopoiesis handhabt" (Luhmann 1995c, 76). Wenn Soziale Arbeit Veränderungen beim Einzelnen bewirken möchte, wird letztlich Lernen angestrebt: AdressatInnen werden unterstützt, ihr Leben besser zu organisieren, lernen, ihre Konflikte konstruktiver auszutragen oder ihre Sucht in den Griff zu bekommen usf. Die systemtheoretische Botschaft ist klar: Lernen erfolgt nicht, weil es die Umwelt (hier: Soziale Arbeit) für richtig hält, sondern lernen erfolgt dann, wenn es von einer Person als sinnhaft erlebt wird, wenn Bereitschaft dazu besteht und wenn der Lerninhalt in Bezug auf Inhalt und Form verarbeitet werden kann.

Der Mensch als Rollenträger

Menschen sind nach Luhmann nicht Teil oder Element von Systemen, sondern deren Umwelt. Sie sind *Systemakteure*, und zwar durch ihre spezifische *Rolle* und *Funktion* im System: als Eltern, MitarbeiterIn, LeiterIn, Gruppenmitglied etc. Die RollenträgerInnen stehen zum sozialen System lediglich in einem funktionalen Zusammenhang, in dem sie als SystemakteurInnen bestimmte Leistungen in das System einbringen. Diese Leistungen manifestieren sich in Rollen und den damit zusammenhängenden Rollenerwartungen.

Parsons, auf den sich Luhmann hier stützt, sagt dazu folgendes:

> „Menschen sind nur in dem Maß und in der Weise ‚im' Sozialsystem, wie Schauspieler ‚in' einem Schauspiel sind – durch die Übernahme einer Rolle. In der Rolle schneiden sich Sozialsystem und Persönlichkeitssystem" (Parsons 1976, 80).

Eine Rolle ist einerseits gesellschaftlich vordefiniert, das heißt, es gibt Vorstellungen darüber, wie sich eine Mutter, ein Vater, der Angestellte einer Bank oder ein Mitglied einer Mafiagang zu verhalten haben. Handlungen von Systemakteuren finden durch das Eingebundensein in Sozialsysteme ihre Begründung (Luhmann 1991c). Zweifellos gibt der/die RollenträgerIn der Rolle darüber hinaus eine je spezifische individuelle Charakteristik. Das ist gemeint, wenn Parsons sagt: „In der Rolle schneiden sich Sozialsystem und Persönlichkeitssystem."

Die Leistungserwartungen des Systems werden rollenspezifisch institutionalisiert und bei Erfüllung entsprechend honoriert (durch Lob, Anerkennung, Zuneigung, Status, Einkommen etc.) und bei Nichterfüllung negativ sanktioniert (z.B. Ablehnung, Tadel, Verweis, Ausgrenzung u.a.). Dadurch wird es im Sozialsystem möglich, Systemmitglieder an Verhaltenserwartungen anzupassen. Die zur Verfügung stehenden Sanktionsinstrumentarien sind wiederum system- und kulturspezifisch.

Parsons und Luhmann gehen davon aus, dass in eine übernommene Rolle keineswegs die Gesamtpersönlichkeit im Sinne aller Facetten einer Person einfließt, sondern lediglich Teile davon. Eltern können beispielsweise im Rahmen ihrer Erziehungsaufgabe nicht alle Facetten ihrer Person in jeder Situation einbringen.

> Meine Rolle als Hochschullehrerin besteht aus Subrollen: Dozentin, Autorin, Kollegin, Gremiumsmitglied. In den jeweiligen Rollen kommen unterschiedliche Anteile meiner Person zum Tragen, bestimmte Anteile sind gar nicht gefragt oder wären sogar deplaziert.

Im Rollenset Einzelner können regelrechte Spaltungen auftreten, indem beispielsweise ein Manager eines Industriekonzerns Entscheidungen trifft, die für die ökologische Umwelt eine hohe Belastung darstellen; dies muss ihn aber nicht daran hindern, zu Hause durchaus nach ökologischen Gesichtspunkten zu leben.

In modernen, ausdifferenzierten Gesellschaften sind Individuen in unterschiedliche Sozialsysteme eingebunden und haben dort ihre Rollenanforderungen und -erwartungen zu bewältigen. Damit werden notwendigerweise Fragen der Ich-Identität und der Identitätsentwicklung aufgeworfen. Wie gelingt es also Individuen trotz ihres Rollenkonglomerats und den möglicherweise damit zusammenhängenden Widersprüchen eine stabile Ich-Identität auszubilden? Die Antwort lautet: durch einen hohen Grad an Selbstreferentialität. Das Ergebnis der Identitätsentwicklung wird zu einem Akt der Eigenleistung im Sinne der Selbstreflexion des Individuums. Obwohl die jeweiligen Systeme Angebote zur Selbstdefinition machen, ist das Individuum gefordert, im Rahmen seiner Rollenkomplexität Selbstbeschreibungen vorzunehmen. Entlastungen solcher Selbstbeschreibungen erfolgen nicht selten durch die Übernahme von Schablonen und Trends (vgl. Luhmann 1995c, 135).

Der Tenor solcher Beschreibungen ist nicht neu. Wir finden ihn in Konzepten der „Individualisierung" (Simmel 1908/68, Beck 1986, Keupp 1989a) und Konzepten „multipler Identitäten" beziehungsweise „Patchwork-Identitäten" (Keupp 1989b) und deren problematisierenden Konnotationen hinsichtlich des Sinnverlustes und der Orientierungslosigkeit, denen Individuen in der Moderne ausgesetzt sind.

Identität entwickelt sich im Kontext kultureller Vorgaben. Erst wenn sich die Person einen Vorrat kultureller Symbole und Praktiken aneignet und diese systemspezifisch umzusetzen vermag, ist es interaktionsfähig. Identität ist nichts Starres, sondern muss immer wieder neu ausbalanciert werden. Die Identitätsentwicklung im Kontext von Umweltabhängigkeit birgt Chancen und Risiken. Gemeint sind Chancen auf eine autonome Lebensgestaltung, in dem sich das Individuum nach seinen Potentialen und Interessen und Sinnorientierung entwickeln kann. Gemeint sind ebenso Prozesse, die mit sozialer Isolation, Normabweichung, Überangepasstheit und Zwang zu tun haben.

Aus einer systemischen Perspektive geht es somit um die Balance in der Identitätsentwicklung, eine Balance, die zwischen individuellen Bedürfnissen und den Erwartungshaltungen der Umwelt oszilliert. Identität hängt von sozialstrukturellen Bedingungen ab und ist nicht etwas bloß Subjektives.
Krappmann drückt das folgendermaßen aus:

> Die Identität zeigt auf, „auf welche besondere Weise das Individuum in verschiedenen Situationen eine Balance zwischen widersprüchlichen Erwartungen, zwischen den Anforderungen der anderen und eigenen Bedürfnissen sowie zwischen dem Verlangen nach Darstellung dessen, worin es sich von anderen unterscheidet, und der Notwendigkeit, die Anerkennung der anderen für seine Identität zu finden, gehalten hat" (Krappmann 1988, 9).

Grundsätzlich geht es dabei um die Wahrung des Selbst, um dessen Stabilisierung. Wie und ob diese gelingt stellt sich dabei immer wieder aufs Neue. Auch die Strategien dazu zeigen sich völlig unterschiedlich: von Offenheit und Selbstbewusstheit bis Überangepasstheit, Rebellion, Aggression, Verdrängung usf. Die Umwelt ist ein wichtiger Faktor dahingehend, welche Möglichkeiten Individuen haben, ihre Identität auszubalancieren. Gerade in geschlossenen Systemen, wie Strafvollzugsanstalten, geschlossenen Heimen, tritt die Frage auf, welche Möglichkeiten die Betroffenen tatsächlich haben, ihre Identität und damit verbunden ihre Bedürfnisse zu leben und welchem Anpassungsdruck sie ausgesetzt sind. Wieviel Autonomie erlaubt die Umwelt und wie gehen die Einzelnen mit Autonomieverlust um, welche (pathologischen) Wege der Identitätsstabilisierung werden ggf. beschritten, um eine Balance zu sichern? Erfolgen Verdrängungen, Feindbilder, Projektionen oder richtet die Person ihre Aggressionen gegen sich selbst, zerbricht sie?

> Richard Bach zeigt am Beispiel der Möwe Jonathan, wie es Jonathan gelingt, sich aus dem Gruppendruck der gewöhnlichen Möwen zu lösen. Jonathan hört auf seine innere Stimme, lässt seiner Neugier freien Lauf und zeigt einen eisernen Willen. Die Geschichte zeigt gleichzeitig den Preis, der dafür zu zahlen ist: Verunglimpfung und Ausgrenzung. Jonathan hält trotzdem an seinem Weg fest. Eine andere Möwe wäre an der Situation möglicherweise zerbrochen.

Person als Umwelt von Systemen

Der Ausgangspunkt, dass die Person lediglich *Umwelt des Systems* ist (Luhmann 1981b, 20), verleiht ihr Optionen und Möglichkeiten. Denn dadurch verfügt sie aus theoretischer Sicht über Wahlmöglichkeiten, wie sie die eigene Rolle auszufüllen beziehungsweise welche Anpassungsleistungen oder gegebenenfalls Abweichungen sie hinsichtlich vorgegebener System-Erwartungen vorzunehmen gedenkt. Ebenso kann eine Person Anpassungsleistungen des Sozialen Systems an ihre Bedürfnisse erwirken (z.B. wenn sich ein Kind mehr Freiräume im Familiensystem schafft).
Die Person kann sich von funktionalen Erwartungen, denen sie nicht nachkommen möchte, distanzieren, kann alternative Strategien entwickeln, sich dagegen wehren oder sie hat die Freiheit, ein System sogar zu verlassen. Das, was aus der Umwelt an Ereignissen und Einflüssen auf das Bewusstseinssystem gerichtet ist, wird nach eigenen Denk- und Bewusstseinslogiken verarbeitet (Luhmann 1985 und 1995b).
Die theoretische Konstruktion, dass die Person Umwelt von Systemen ist, entbindet das Individuum aus einer Totalität hinsichtlich der Systemeingebundenheit. Personen haben immer Wahlen, so oder anders zu handeln, haben Wahlen in Bezug auf ihre Anpassungsleistungen, die sie erbringen wollen.

Mensch und System bilden durch die Rolle einerseits eine Schnittstelle und strukturelle Koppelung, andererseits stehen sie sich gegenüber. Die Anschlussfähigkeit an emanzipative Konzepte ist durch diese Konstruktion gegeben.

3.2 Interaktionssysteme

Interaktionssysteme entstehen nach Luhmann dort, wo Anwesende kommunizieren und handeln. Das SozialarbeiterIn-AdressatInnen-System wäre ein Interaktionssystem, ebenso die Familie, eine Seminargruppe, ein Freundschaftssystem, eine Partnerschaft. Interaktionssysteme umfassen auch flüchtige Gruppen, z.B. zwischenmenschliche Begegnungen auf der Straße, Gesprächsrunden, ein Seminar, eine informelle Gruppe in einer Organisation und anderes.
Interaktionssysteme sind zeitlich begrenzte Systeme. Sie können von kürzerer oder längerer Dauer sein, unterbrochen und wieder fortgesetzt werden. Sie sind unterschiedlich strukturiert, von relativ lose bis straff.[52]

Das Familiensystem

Familiensysteme charakterisieren sich nach ihren je individuellen Ausprägungen hinsichtlich ihrer Kommunikationsinhalte, Regeln und Informationsverarbeitungsstrukturen. Die Familienmitglieder haben je eigene Verarbeitungsmodi in Bezug auf Information, Kommunikation und Regeln, die wiederum in das Familiensystem einfließen.
Durch die Entkoppelung von Familiensystem und Familienmitglied (jedes ist autonom und autopoietisch) werden Einschließungen (Inklusionen) wie auch Ausschließungen (Exklusionen) ermöglicht. Bekannte Ausschlussverfahren sind: Ausgrenzung, Verachtung, Verbannung. In muslimischen Staaten gibt es Familienregeln (Sitten), die, werden sie gebrochen, unter Umständen den Tod des als schuldig befundenen Mitglieds (z.B. Frauen/Mädchen, wenn sie sich „sittenwidrig" verhalten) vorsehen, also Ausschluss durch physische Vernichtung.
Luhmann zeigt ein typisches Spezifikum von Familie auf, indem er herausarbeitet, dass alle Fragen um die Person von Familienmitgliedern grundsätzlich der familieninternen Kommunikation zugänglich sind. Selbstverständlich kann aufgrund der Komplexität nicht die ganze Kommunikation realisiert

---

[52] Siehe dazu Luhmann 1991a, 1991b, 1991c.

werden, ebenso gibt es Interessen seitens der Mitglieder, manches nicht zu thematisieren oder geheim zu halten. Nachdem aus Gründen der Komplexität immer nur ein Teil der Kommunikation realisiert werden kann, kreieren Familien ihre eigene Kommunikationsstruktur und die Inhalte, über die gesprochen oder nicht gesprochen wird oder die gar tabuisiert werden.
Grundsätzlich jedoch, und das zeigt nach Luhmann das Spezifikum des Familiensystems gegenüber anderen sozialen Systemen, ist die Familie der einzige Ort, wo alles, was eine Person betrifft, in ihrer Gänze eingebracht werden kann (Luhmann 1993, 203). Der Autor bezeichnet das Familiensystem deswegen als ein System mit „enthemmter Kommunikation" (Luhmann 1993, 203f.).
Als Funktion der Familie nennt Luhmann die „gesellschaftliche Inklusion der Vollperson" (1993, 208):

> „Die Familie lebt von der Erwartung, dass man hier für alles, was einen angeht, ein Recht auf Gehör, aber auch eine Pflicht hat, Rede und Antwort zu stehen ... Gerade der Umstand, dass man *nirgendwo* sonst in der Gesellschaft für *alles*, was einen kümmert, soziale Resonanz finden kann, steigert die Erwartungen und die Ansprüche an die Familie" (Luhmann 1993, 208).

Die Enttäuschungsgefahr durch die hohe Erwartungshaltung ist damit vorprogrammiert.

In Familiensystemen erfolgen interne Differenzierungen. Das Elternsystem ist ein eigenes Subsystem. Auch die Kinder bilden ein Subsystem (Geschwistersystem) oder es bilden sich auch unter den Kindern Subsysteme heraus, z.B. aufgrund von Koalitionen. Weitere Subsysteme können entstehen, z.B. Vater-Sohn, Mutter-Tochter, Großmutter-Kind usf. Folge davon ist häufig, dass bestimmte Kommunikationsinhalte nicht allen zugänglich werden, was unter Umständen das Familiensystem spaltet (vgl. Luhmann 1993, 213).

Familientherapeutische Ansätze und deren Weiterentwicklung in Richtung systemische Therapiekonzepte greifen den Kommunikationsansatz von Luhmann auf und erweitern und differenzieren ihn dahingehend, dass sie vor allem den personenzentrierten Fokus setzen und nach psychologischen Aspekten der Kommunikation fragen. Sie bieten Analyse- und Handlungsinstrumentarien, um dominierende Kommunikationsmuster und Handlungen, die diese Muster immer wieder neu hervorbringen, in Familien ausfindig zu machen (vgl. Kriz 1994; Schlippe/Schweitzer 1996).

> Natalia ist ein freundliches und hilfsbereites Kind. Das Zusammensein mit ihrer Mutter Marion genießt sie. Auch das Zusammensein mit Max, dem Freund ihrer Mutter, macht Natalia keine Probleme. Doch wenn Max seine beiden Kinder mitbringt, zeigt Natalia Verhaltensweisen, die die Eltern befremden: sie schreit, dominiert die anderen Kinder und geht auch dazu über, physische Gewalt anzuwenden. Marions Zureden zeigt keine Wirkung, ebenfalls nicht, wenn sie Natalia bestraft. Aus systemischer Sicht ist u.a. zu fragen, welche Struktur Natalia durch ihr Verhalten herzustellen bzw. zu erhalten versucht und welche sie auf jeden Fall verhindern will, was sie warum ausbalancieren muss und was die anderen tun, damit die geschilderte Situation entsteht. Es wird danach gefragt, wie das Zusammenspiel der Beteiligten funktioniert, damit dieses oder jenes Muster gelebt wird.

Der systemische Fokus liegt auf den Beziehungen, die durch die Art und Weise, wie miteinander kommuniziert wird, interpretiert werden. Über Kommunikation werden Muster reproduziert, die Zugehörigkeit und Entwicklung wie auch Störungen und Irritationen ermöglichen. Bestimmte Kommunikationsweisen schließen andere aus. Wenn Natalia sich mit den anderen beiden Kindern schlägt, ist zunächst ausgeschlossen, dass sie sich freundlich begegnen.

In kurzlebigen Beziehungsformen zeigen sich die gelebten Muster in der Regel bei weitem nicht so bedeutsam und einflussreich wie in langlebigen Beziehungen. Jedoch braucht jede Beziehung Beziehungsregeln, die Orientierung geben, wie man miteinander umgeht. Je unklarer die Beziehungsregeln sind (z.B. wer hat das Sagen, wie werden Entscheidungen getroffen, wie gehen wir miteinander um), desto instabiler sind Interaktionssysteme, weil sie sich immer wieder neu definieren müssen. Weil das anstrengend und aufwendig ist, bilden sich in Systemen sog. Redundanzen, d.h. es wird ein Set von Mustern gelebt, was bedeutet, dass andere Muster nicht gelebt werden (vgl. Watzlawick u.a. 2000, 125ff.). Jackson gibt dazu folgendes Beispiel:

> „Ehepaare, die während ihrer Verlobungszeit eine erstaunliche Mannigfaltigkeit in ihrem Verhalten aufweisen, erzielen nach und nach offensichtlich eine bemerkenswerte Sparsamkeit hinsichtlich dessen, was zur Debatte stehen und wie darüber debattiert werden darf. Es scheint, daß sie viele Verhaltensformen ein für allemal aus ihrem Repertoire ausgeschlossen haben und nie wieder in Betracht ziehen" (Jackson, zit. nach Watzlawick u.a. 2000, 127).

Die systemische Forschung in Bereich der Interaktionssysteme hat sich vor allem auf das System Familie fokussiert. Daraus haben sich verschiedene Schulen und Praxisansätze entwickelt, die auch für die theoretische und praktische Soziale Arbeit Bedeutung gefunden haben. Sie stellen bezugswissenschaftliche Anschlusstheorien dar, die differenzierte Zugangsweisen erlauben, um Interaktionssysteme systemanalytisch zu erfassen und (Unterstützungs-)prozesse zu motivieren und zu begleiten.

3.3 Formal organisierte Systeme

Moderne, komplexe Gesellschaften bilden aus Gründen der funktionalen Ausdifferenzierung eine Vielfalt organisierter Systeme, mit spezifisch ökonomischen, politischen, religiösen, kulturellen, sozialen oder militärischen Zwecksetzungen.
Die jeweiligen *Zweck- und Zielsetzungen* formal organisierter Systeme bestimmen sich in Relation zu ihrer Umwelt. Um welche Systeme geht es genau? Gemeint sind beispielsweise Schulen, Wohlfahrtsverbände, Parteien, Ämter, Unternehmen, Vereine etc.
Die strukturelle Binnen-Ausdifferenzierung formal organisierter Systeme und die Funktionszuschreibungen ihrer Systemelemente orientieren sich an der jeweiligen Zweckbestimmung.
Die klassische Zweckbestimmung von Unternehmen ist es, Gewinne zu erwirtschaften; die Zweckbestimmung einer Opposition ist es, Kontrollfunktionen gegenüber der Regierung wahrzunehmen. Zweck eines Wohlfahrtsverbandes ist es, soziale Dienstleistungen anzubieten.
Zur Erreichung des Organisationszwecks bilden sich jeweils entsprechend *arbeitsteilige Spezialisierungen* heraus. In den Wohlfahrtsverbänden treffen wir auf Abteilungen, Referate, Sachgebiete, Beratungsstellen, die jeweils spezifische Aufgaben übernehmen.
Darüber hinaus verfügen formal organisierte Systeme über Programmatiken, die Ziele, Vorgehensweisen und Regeln beinhalten; es gibt Aufgaben- und Stellenbeschreibungen, eigene Symbole und Sprachcodes und hierarchisch angeordnete Rangpositionen, die die Kommunikation und die Handlungen unter den Subsystemen und ihren Mitgliedern steuern.

> Glasl (1980; 2000) spricht von drei Subsystemtypen, die in Organisationen vertreten sind und die unterschiedliche Aspekte verarbeiten:
> Das *technisch-instrumentelle Subsystem*, das durch arbeitsteilige Spezialisierungen und Aufgabenverteilung die Funktionalität gewährleisten soll;
> das *politisch-soziale Subsystem*, durch das Interessen, Konflikte, Wettkämpfe und Machtspiele initiiert und bearbeitet werden; Organisationen sind Schauplätze von internen Interessenkonflikten, die durch Machtspiele ausgetragen werden; als entsprechende „Machtbasen" fungiert die „*Vertretungsmacht*" des Betriebsrates und die „*Definitionsmacht*" der Führungskräfte;
> das *kulturelle Subsystem*, durch das Symbole, Leitbilder, Ziele, Werte und Normen festgeschrieben werden und damit die Identität und die Spielregeln eines Systems.
> Diese Subsysteme haben sowohl formale Strukturen und Prozesse wie auch informale. Die Subsysteme durchdringen sich gegenseitig, interagieren miteinander und beeinflussen sich gegenseitig. So hat beispielsweise das kulturelle

System als Symbolsystem einen nachhaltigen Einfluss darauf, wie Konflikte und Interessensgegensätze im System ausgetragen werden.

Die *Mitgliedschaftsverhältnisse* in einem formal organisierten System sind disponibel, das heißt, es gibt klare Eintritts- und Austrittsbedingungen. „Durch Übernahme einer Mitgliedsrolle erklärt sich eine Person bereit, in bestimmten Grenzen Systemerwartungen zu erfüllen" (Luhmann 1995a, 42).

Die formale Rolle, die eine Person ausfüllt, ist Teil des Systems, die persönlichen Meinungen und Bedürfnisse gehören wiederum zur Umwelt des Systems. Unabhängig davon erfahren formale Rollen ihre individuelle Ausprägung, indem die Systemmitglieder spezifische individuelle Kompetenzen und Motivationen einbringen.

Grundsätzlich sind aber die Mitglieder organisierter Systeme an sogenannte Verhaltenserwartungen gebunden, was die Erfüllung von Rollen, Aufgaben und Stellen im Rahmen der strukturellen Vorgaben anbelangt (Luhmann 1991b, 41 f.).

Um die in Rollen und Aufgabenbeschreibungen festgeschriebenen Verhaltenserwartungen zu kanalisieren, greifen Organisationen auf spezifische Sanktionsinstrumentarien zurück, durch die das Handeln der Systemmitglieder an das System angepasst werden soll. Das sind beispielsweise Status, Lob, Geld, Verweis, Versetzung.

Luhmann geht eher von einer grundsätzlichen Austauschbarkeit von Personen als Funktions- und Rollenträger aus. Damit ist gemeint, dass beispielsweise eine tüchtige Sozialarbeiterin in einer Beratungsstelle grundsätzlich funktional ersetzt werden kann, freilich nicht mit all ihren für das System positiven Eigenschaften, jedoch so, dass das System beziehungsweise die Subsysteme relativ funktionsfähig bleiben (Luhmann 1995a, 45). Die Rollen und Aufgabenbeschreibungen gehören demzufolge zum systemstabilisierenden Korsett, die Mitglieder dagegen sind funktional austauschbar.

Wichtiger Bedingungsfaktor für das Funktionieren formal organisierter Systeme ist die Struktur. Darunter ist nicht nur die sichtbare Struktur eines Systems zu verstehen, die beispielsweise in einem Organigramm ausgedrückt wird. Zur Struktur gehören auch festgelegte Normen (Regeln, Wertekodizes), die es ermöglichen, Verhaltenserwartungen zu stabilisieren und Handlungsabläufe zu ordnen. Dies geschieht aber nur relativ, da in der Praxis immer auch andere Handlungs- und Entscheidungsmöglichkeiten gegeben sind und genutzt werden können (Luhmann 1995a, 18–20).

Pünktlichkeit als Norm kann durchaus von den Mitgliedern eines organisierten Systems unterschiedlich interpretiert und gelebt werden. Luhmann geht davon aus, dass Normabweichungen der Mitglieder zur Realität einer Organisation gehören, ohne dass sie zwangsläufig die Funktion einer Organisation

gefährden. Abweichungen können gegebenenfalls sogar funktionssteigernd wirken. Aus der funktionalen Analyse heraus integriert der Autor *Normabweichungen* in die System-Umwelt-Relation und macht sie der Erklärung zugänglich, indem er ihren funktionalen Sinn aufzeigt.
Die Veruntreuung von Geldern (z.B. durch Firmen, Parteien) kann für das jeweilige System durchaus funktionssteigernd wirken, so lange die illegale Normabweichung unentdeckt bleibt. Luhmann benützt in diesem Zusammenhang den Begriff der „brauchbaren Illegalität" (Luhmann 1995a, 304ff.).
Organisierte Systeme sind zwar an einen allgemeinen kulturell-gesellschaftlichen Wertekodex angeschlossen, handeln aber primär nach ihren eigenen rationalen Zielorientierungen und verfügen dabei über je spezifische Möglichkeiten organisatorisch-struktureller Verarbeitungsleistungen und Handlungen (Selbstorganisation).[53]
Um hier keine Missverständnisse aufkommen zu lassen: Luhmann geht es keinesfalls um eine Legitimierung von Normabweichungen, sondern um Erklärungen rationalen Systemverhaltens in Bezug auf dessen (legale/illegale) Anpassungsleistungen gegenüber der Umwelt.

> „Dann werden im Grau einer Zwischenzone zahlreiche Figuren sichtbar, die nicht eindeutig dem legalen oder dem illegalen Bereich zugeordnet werden können: das korrekte aber peinliche Handeln, das Befolgen von Regeln auf Grund unerlaubter Motive oder zu unerlaubten Zwecken, das rechte Handeln zu unrechter Zeit, das „vertretbare" Handeln, das formal illegale Handeln, welches auf der zweiten Linie zu verteidigen ist, die gewohnte Abweichung von obsoleten Normen, die Abweichung von problematisch formulierten Normen aus Billigkeitsgründen, die Bagatellabweichung, das illegale Handeln, dessen Ahndung wichtige Systeminteressen verletzen würde usw." (Luhmann 1995a, 304).

Neben den formalen Organisationsanteilen bilden sich auch informale Anteile heraus (Luhmann 1995a, 30ff.). So gibt es informale Kommunikationswege, Personalrekrutierungswege, Sprachkodizes, Statusgesichtspunkte, Konfliktregelungsmechanismen, Einflussmöglichkeiten u.a.
Formale und informale Organisationsanteile berühren auch das Thema Macht. Beruht formale Macht auf Regeln, vertraglichen Vereinbarungen, Hierarchien und Weisungen, gibt es daneben eine sogenannte „Personalmacht" (Luhmann 1988c, 104ff.). Sie bezieht sich auf Inhaber zentraler Positionen, die vor allem

---

[53] Auch hier kommt der Abstand Luhmanns zum struktur-funktionalen Ansatz von Parsons nachdrücklich zum Ausdruck. Parsons analysiert Systeme und die darin vollzogenen Handlungen von kulturell gültigen Wertstrukturen her. Luhmann geht hier weiter und fragt nach der Funktion von Abweichungen und erweitert somit das systemtheoretische Erklärungswissen.

durch die Kombination von formaler und personaler Macht einen Machtzugewinn erreichen können. Dies drückt sich beispielsweise aus in Fragen der Personalrekrutierung, indem gezielte Personalpolitik praktiziert wird, das heißt, gezielte Beurteilungen, Empfehlungen abgegeben, Kontakte vermittelt und Informationen weitergegeben oder zurückgehalten werden.
Formal organisierte Systeme neigen zu einer gewissen Starrheit, denn durch die Struktur wird ein einmal ausgebildetes Verhalten so lange wie möglich aufrecht erhalten. Durch Mitgliedschaftsregeln gelingt es Organisationen, „hochgradig künstliche Verhaltensweisen relativ dauerhaft zu reproduzieren" (Luhmann 1991b, 12). Hejl spricht in diesem Zusammenhang von der Autonomisierung der Organisation gegenüber Einzelkomponenten (Hejl 1994, 117f.).
Formal organisierte Systeme stellen durch ihren Grad an Komplexität und ihre formale und informale Strukturierung eine Vielzahl von Handlungsmöglichkeiten zur Verfügung, die nicht mehr in ihrer Summe realisiert oder gar antizipiert werden können: weder von außen noch mittels selbstreferentieller Leistungen durch das System selbst. Handlungen bleiben somit zu einem großen Teil kontingent, und formale Organisationen sind auf die Orientierung an rationalen Systemzwecken angewiesen, um Binnen- und Außenkomplexität zu reduzieren.

Systemlogisch wäre nun zu fragen, wie es einem System gelingt, so viel Komplexität wie möglich zu erfassen, um adäquat auf System-Umwelt-Anforderungen reagieren zu können. Die Antwort lautet: es kann dann gelingen, wenn den verschiedenen Systemebenen die Möglichkeit gegeben wird, auf der Grundlage des ihnen zur Verfügung stehenden Wissens das System mitzuregeln. Durch Dezentralisierung, so die Annahme, verbreitet sich also die Wissensbasis.
Die Praxis der Organisationsentwicklung im Profitbereich wie in der Sozialen Arbeit führt in die angedeutete Richtung und forciert seit einigen Jahren das Prinzip der Abflachung von Hierarchien. Die Argumente lauten: hierarchische Organisationen sind zu unflexibel, zu aufgebläht, zu rigide, auch zu teuer, um auf komplexe soziale Problemlagen angemessen reagieren zu können.[54]

---

[54] Systemische Konzepte für den Bereich Organisation siehe insbesondere bei Gomez/Probst 1995; Graf 1997; Malik 1992; Probst 1987; Ulrich/Probst 1991. Die systemische Literatur geht dabei nicht mehr nur von wirtschaftlichen Systemen und deren Selbsterhaltung aus, sondern von deren Einbettung in die Umwelt. Stakeholder-Management sieht beispielsweise den Auftrag eines systemisch ausgerichteten Managements darin, sich mit verschiedenen Interessensgruppen aus der Umwelt auseinander zu setzen und dabei auch einem „moralischen" Auftrag nachzukommen (Horak 1996, Gomez/Probst 1995). Das Konzept der „lernenden Orga-

Formal organisierte System sind auf einen Zweck bezogene, strukturierte Funktionseinheiten. Vor allem die Struktur ist zentraler Mittelpunkt, weil sie das Gelingen oder Misslingen des Organisationszwecks maßgeblich mitbestimmt. Die Struktur hat Sozialisationskraft, indem die Mitglieder des Systems auf bestimmte Verhaltensroutinen sozialisiert werden.

> Während meines Studiums arbeitete ich stundenweise bei einem Reiseflugveranstalter. Die Verhaltensroutinen sahen für mich seinerzeit folgendermaßen aus: alle wichtigen Entscheidungen werden von der Geschäftsleitung getroffen. Es wird ein zügiges Arbeitstempo gelebt. Bummeln und Plaudern fällt auf. Flexibilität wird erwartet, z.B. in Bezug auf den Wechsel von Arbeitsgebieten und Aufgaben. Die Kommunikation ist überfreundlich, was sich durch affektierte Höflichkeit ausdrückt. Man reist viel herum und sieht sich dabei Zielgebiete und Hotels an. Es gibt Feinde: das sind insbesondere Veranstalter X und Y.

Bezugswissenschaftliche Anschlusstheorien wie die Organisationspsychologie und Organisationssoziologie zeigen die inneren Verarbeitungsprozesse von Organisationen auf, ihre Entwicklungsdynamiken wie auch die strukturelle Koppelung zwischen Personen und Funktionssystemen und die daraus erwachsenden Handlungsspielräume und Interventionschancen, um Organisationen zu verändern. Aus systemischer Perspektive ist die von Außen geplante Veränderung von Organisationen (z.B. im Rahmen von Organisationsentwicklung) nicht selten ein immenser Kraftakt, der in der Praxis aufgrund der entsprechenden inneren und äußeren Kontextbedingungen mehr oder weniger gelingt und in der Regel zeitaufwendig ist. Das Autopoiesiskonzept bietet hierfür nachhaltige Erklärungsgrundlagen.

3.4 Gesellschaftssystem

Eine systemtheoretisch orientierte Gesellschaftswissenschaft richtet den Blick nicht auf Einzelphänomene, beispielsweise auf bestimmte Milieus oder den politischen Einfluss bestimmter Gruppierungen, sondern sie versucht, die Bedingungen gesellschaftlicher Praxis umfassend zu erklären.
Luhmann will moderne Gesellschaften strukturell, in ihrem Zusammenspiel, in ihren Mechanismen wie auch in ihrem Wandel erklären. Ihm geht es primär nicht darum, theoretisch darüber nachzudenken, wohin sich eine Gesellschaft entwickeln und auf welche Art dies geschehen soll, sondern es geht ihm um

---

nisation" basiert ebenfalls auf systemtheoretischen Grundlagen, fordert Organisationen aber auf, Potentiale zu entwickeln, damit sie nicht nur überleben, sondern kreativ und flexibel bleiben.

die Erklärung der Besonderheiten moderner Gesellschaften. Die *Begriffe Komplexität, funktionale Differenzierung, generalisierende Medien und Inklusion/Exklusion* stehen dabei im Mittelpunkt.

Gesellschaft und Komplexität

Der Begriff Komplexität wurde bereits an anderer Stelle erläutert. In seinen späteren Veröffentlichungen gebraucht Luhmann den Begriff der Gesellschaft als Universalbegriff. Er bezeichnet damit die „Gesamtheit der sozialen Beziehungen, Prozesse, Handlungen und Kommunikationen" in der Welt – auch diejenigen, die potentiell möglich sind, aber nicht unbedingt realisiert werden (Luhmann 1988a, 555ff., 585). So fungiert der Begriff der Gesellschaft sozusagen als Sammelbegriff für alles Soziale, und zwar alles Soziale in der Welt überhaupt.

Diese theoretische Vorgehensweise erscheint zunächst einmal plausibel, denn Ökonomie, Politik, Wissenschaft, Kunst und Kultur sowie Freizeit verlaufen inter- und transnational. Gesellschaft als staatliche Organisationsform wird in ihrer Bedeutung zunehmend relativiert. Die gesellschaftlichen Fragen und Probleme, sei es Arbeitslosigkeit, Armut, Umweltverschmutzung, Ausländerfeindlichkeit, um nur einige zu nennen, sind in übernationale Bezüge eingebettet und finden im nationalen Bewältigungsrahmen keine geeignete Entsprechung mehr. Globalisierung, insbesondere die Globalisierung von Wirtschaft, Kultur und Kommunikation, entgrenzt nationalstaatliche Gesellschaftssysteme.

Wenn Luhmann Gesellschaft als soziale Weltgesamtheit begreift, so benützt er keine politische Definition von Gesellschaft, sondern verweist auf einen Gesellschaftsbegriff, der umfassend angelegt ist und der sich durch den Begriff der *Kommunikation* bestimmt. Kommunikation umfasst alle symbolischen Möglichkeiten des Austauschs von Individuen und Systemen (Luhmann 1982).

Gesellschaft und funktionale Differenzierung

Die Gesellschaft ist im Laufe ihrer historischen Entwicklung komplexer geworden. Das drückt sich durch zunehmende Differenzierung aus (Luhmann 1995c, 130).

> „Die Trennung von Familienleben und ökonomischer Produktion im Zusammenhang mit Industrialisierung; die Trennung von politischer Lenkung und ökonomischer Kapitalbildung im Zusammenhang mit Demokratisierung des politischen Systems; die Trennung von Religionspflege und Erziehung in Zusammenhang mit dem Aufbau kommunaler und staatlicher Schulsysteme und der Verzicht auf eine religiöse Legitimation politischer Systeme beim Über-

gang auf eine demokratische Selbstlegitimation – das sind nur einige besonders markante und folgenreiche Beispiele" (Luhmann 1995c, 130).

Auf dem Produktionssektor werden immer neue Betriebs- und Produktionszweige ausdifferenziert; auf dem Dienstleistungssektor haben sich komplexe Ämter- und Zuständigkeitsstrukturen ausdifferenziert; auf dem Freizeitsektor finden wir eine Fülle von Angeboten; auf dem politischen Sektor tummelt sich eine Vielzahl von Parteien und Initiativgruppen; der Verbandssektor ermöglicht Mitgliedschaften auf nahezu allen Betätigungsfeldern; Selbsthilfegruppen zu den verschiedenen Problemen schießen wie Pilze aus dem Boden. Es gibt eine Vielzahl von Angeboten, Interessen, Lebensformen, Arbeitsformen und die damit verbundenen Systeme, die sich immer noch weiter ausdifferenzieren.

Die Ausdifferenzierung in Sub- beziehungsweise Teilsysteme kennzeichnet sich durch Spezifikation in der Zuständigkeit bestimmter Aufgaben. Anders formuliert: die Subsysteme erbringen einen Teil von Aufgaben beziehungsweise Lösungen für ein übergeordnetes System. Eine Beratungsstelle der Caritas z.B. für Suchtkranke leistet einen Teil der Aufgaben des übergeordneten Systems Caritas.

Die ausdifferenzierten Subsysteme fungieren auf drei Beziehungsebenen:

- der Beziehung zum Gesamtsystem Gesellschaft,

- der Beziehung zu den anderen Teilsystemen (relevante Umweltsysteme) und

- der Beziehung zu sich selbst (Luhmann 1990, 635).

Die Ausdifferenzierung moderner Gesellschaften birgt einen komplexitätssteigernden Effekt: je höher der Ausdifferenzierungsgrad von Gesellschaften ist, desto höher sind Komplexität und Kontingenz in der System-Umwelt-Differenz.

Für das Individuum bedeutet das Phänomen von Komplexität und Kontingenz einerseits die Möglichkeit, verschiedene Wahlen zu treffen, andererseits bedeutet es Orientierungsverlust. Komplexe Wirklichkeiten erzeugen nicht nur vielfältige individuelle Wirklichkeitskonstruktionen, sondern auch vielfältige individuelle Lebenssettings im Kontext vielschichtiger Person-System-Umwelt-Konstellationen, die voneinander abweichen und gegenseitig nur noch bedingt zugänglich sind (vgl. Hejl 1994, 124f.).[55]

---

[55] Soziologische Konzepte der Individualisierung (vgl. u.a. Beck 1983 und 1986, Keupp 1989a+b) und des sozialen Milieus (Schulze 1993) führen hier beispielsweise Begriffe wie Lebensstil, Lebensgestaltung, Lebensformen ein, durch die das

Durch einen systemtheoretischen Zugang erfassen wir sozusagen einen zentralen Mechanismus von Individualisierungsschüben, das heißt: Steigerung der Komplexität durch soziale Ausdifferenzierung mit der Folge der Individualisierung. Personen positionieren sich nicht mehr durch ihre Geburt und soziale Herkunft, sondern sind gefordert, im Rahmen ausdifferenzierter Gesellschaftssysteme ihr Rollenset zusammenzustellen. Diese Situation erzwingt geradezu Individualisierung. Das Individuum ist gefordert, sein Rollenmanagement zu finden und gegenüber sich selbst zu verantworten (vgl. Luhmann 1995c, 131). IndividualisierungstheoretikerInnen wie Beck (1983, 1986), Keupp (1989a+b) und Keupp/Bilden (1989) bieten hierzu Anschlusstheorien, um darüber zu reflektieren, wie Individuen diese Situation bewältigen bzw. nicht bewältigen.

Inklusion/Exklusion

In funktional ausdifferenzierten Gesellschaften wird Integration zum Problem: Wie kann es gelingen, Menschen mit unterschiedlichen Lebenskontexten zu integrieren? Integration kann in modernen Gesellschaften, so Luhmann, nicht allumfassend erfolgen, sondern es lässt sich lediglich Teilintegration realisieren. Zur Beschreibung dieses Phänomens greift Luhmann auf den von Parsons entwickelten Begriff der *Inklusion* zurück und erweitert dessen Aussagekraft durch den Begriff der *Exklusion* (Luhmann 1995c, 237–264). Die Begriffe Inklusion und Exklusion überschreiten traditionelle Integrationskonzepte, die vom Einheitsgedanken ausgehen. Stammesgesellschaften ermöglichten ihren Mitglieder noch eine Vollinklusion (Integration). Die Menschen waren gänzlich in ihre Sippe eingebunden, aus der sie alles bezogen. Diese Totalität des Eingebundenseins können ausdifferenzierte Gesellschaften nicht mehr aufbringen. Realistisch ist hier vielmehr die Teilinklusion ihrer Mitglieder, die sich immer nur in bestimmten Ausschnitten der Gesellschaft bewegen, also in bestimmten Teilsystemen.

Funktional ausdifferenzierte Gesellschaften weisen keine einheitlichen Regelungen in Bezug auf Inklusion auf, sondern überlassen die Inklusionsmodi den Funktionssystemen, z.B. im Bereich Arbeit, Politik, Familie, Religion. Individuen sind gefordert, Zugang zu verschiedenen Teilsystemen zu finden, aufrecht zu erhalten und zu bekommen; erforderlich dazu ist, die Inklusionsmodi zu kennen, bezüglich Freundschaftssysteme, Bildungs-, Berufs- und Politiksysteme. Die Frage ist beispielsweise: Was muss ich tun, um einen bestimm-

---

Setting eines einzelnen Gesellschaftsmitglieds ausgedrückt wird. Dazu gehören nicht nur äußere Kennzeichen (wie kleide ich mich, wie ernähre ich mich etc.), sondern auch: zu welchen Netzwerken gehörte ich (beruflich, privat, politisch ...)?

ten Job zu bekommen? Welchen Voraussetzungen muss ich genügen? Wie muss ich kommunizieren? Wie muss ich mein Äusseres inszenieren? Welches Geschlecht bringt mir im konkreten Fall Inklusionsvorteile? Was muss ich tun, um als Schwiegertochter in die Herkunftsfamilie des Ehemannes aufgenommen zu werden? Welche Bedingungen muss ich erfüllen, um bei einem kirchlichen Träger eine Anstellung zu finden? In Bezug auf Soziale Arbeit: Was muss eine Adressatin tun, damit sie Sozialhilfe bekommt?

Die konkreten Inklusions- und Exklusionsmodalitäten werden von den funktional differenzierten Systemen definiert, jedoch geschieht dies vor dem Hintergrund einer rechtlichen Ordnung, die Werte garantiert und die Aussagen darüber macht, welche Formen der Exklusion legitimiert sind und welche durch Exklusion auftretende Ungleichheiten akzeptiert werden (Luhmann 1995c, 244). Die Exklusionsmodi sind somit gesellschaftlich strukturiert, wenngleich die Mechanismen der Inklusion und der Exklusion in den einzelnen Funktionssystemen herausgebildet werden.

Mit dem Begriff der *Inklusion* werden Teilnahme- und Teilhabebedingungen und -chancen in Aussicht gestellt. Mit *Exklusion* einer geht die Tatsache, dass Menschen nicht an allen gesellschaftlichen Angeboten partizipieren können und dass sie aufgrund der Inklusionsmodi nicht interessant genug sind für das System. Exklusion meint hier, dass ein Eintritt nicht möglich ist oder dass das Verbleiben im System nicht mehr gewährleistet ist. Luhmann weist darauf hin, dass es in der Praxis nicht lediglich Entweder-oder-Situationen gibt, d.h. dass Menschen in einem System entweder inkludiert oder exkludiert sind, sondern dass es häufig Grenzfälle gibt im Sinne eines Sowohl als auch, z.B. „wenn es etwa zu Gelegenheitsarbeit mit nichtausreichendem Verdienst, aber jedenfalls doch mit Geldtransfer kommt" (Luhmann 1995c, 263).

Mitmachen können oder Herausfallen, das sind nach Luhmann menschliche Herausforderungen, die immer wieder aufs Neue gegeben und zu bewältigen sind. Inklusion und Exklusion bedingen einander; Frage ist, welche Formen der Exklusion sich in einer Gesellschaft entwickeln und welche Ungleichgewichte in Bezug auf Teilhabemöglichkeiten und Chancengleichheit entstehen. Luhmann weist darauf hin, dass der Ausschluss aus einem Funktionssystem in der Regel den Ausschluss aus anderen Funktionssystemen nach sich zieht (Luhmann 1995c, 259).

> „Denn die faktische Ausschließung aus einem Funktionssystem – keine Arbeit, kein Geldeinkommen, kein Ausweis, keine stabilen Intimbeziehungen, kein Zugang zu Verträgen und zu gerichtlichem Rechtsschutz, keine Möglichkeit, politische Wahlkampagnen von Karnevalsveranstaltungen zu unterscheiden, Analphabetentum und medizinische wie auch ernährungsmäßige Unterversorgung – beschränkt das, was in anderen Systemen erreichbar ist und definiert mehr oder weniger große Teile der Bevölkerung, die häufig dann auch wohn-

mäßig separiert und damit unsichtbar gemacht werden" (Luhmann 1997, 630f.).

Grundsätzlich geht der Autor davon aus, dass in modernen Gesellschaften jede Person Zugang zu allen Funktionskreisen erhalten können muss. Dies nennt er das „Prinzip der *Inklusion* aller in alle Funktionssysteme".

> „Jede Person muß danach Zugang zu allen Funktionskreisen erhalten können je nach Bedarf, nach Situationslagen, nach funktionsrelevanten Fähigkeiten und sonstigen Relevanzgesichtspunkten. Jeder muß rechtsfähig sein, eine Familie gründen können, politische Macht mitausüben oder doch mitkontrollieren können; jeder muß in Schulen erzogen werden, im Bedarfsfalle medizinisch versorgt werden, am Wirtschaftsverkehr teilnehmen können. Das Prinzip der Inklusion ersetzt jene Solidarität, die darauf beruhte, dass man einer und nur einer Gruppe angehörte. Die universelle Inklusion wird mit Wertpostulaten wie Freiheit und Gleichheit idealisiert; sie ist in Wahrheit natürlich keineswegs freigestellt oder gleich verteilt, aber sie ist durch die Differenzierungsform der Gesellschaft nicht mehr vorreguliert" (Luhmann 1980, 31).

Die Nichtteilhabe an Funktionssystemen ist keineswegs von vornherein problematisch. So gibt es Frauen und Männer, Kinder und Jugendliche, die bewusst nicht an der Popkultur partizipieren wollen. Es gibt Personen, die sich nicht innerhalb der angebotenen Tourismus-Systeme bewegen wollen, weil sie sich zu Hause wohler fühlen. Personen nehmen bewusst ihre politischen Teilhaberechte nicht wahr, treten in keinen Verein ein oder nutzen zahlreiche kulturelle Angebote nicht. Und: Menschen verzichten freiwillig auf soziale Hilfsangebote, beispielsweise auf Sozialhilfe, auf Obdach oder gesundheitliche Versorgung. Die Nichtteilhabe ist hier subjektiv gewollt, und sie wird nicht als Verlust erlebt.

Die Frage nach dem Verlust stellt sich dann, wenn Wahlmöglichkeiten de facto nicht gegeben sind, wenn durch Nichtteilhabe tatsächlich ein Mangel an Ressourcen entsteht und wenn daraus Probleme erwachsen (können). Solche Ressourcen sind unter anderem Arbeit, Einkommen, Erziehung, (Aus-) Bildung, Wohnung, politische Macht, Information, Kommunikation, Kultur, gesundheitliche Versorgung, Schutz und Fürsorge, Gebrauchsdinge, körperlicher und psychischer Schutz, soziale Kontakte und anerkannte Positionierung.

Die wohlfahrtlichen Aufgaben moderner Gesellschaften zielen darauf, Exklusionsrisiken zu mindern. So werden sozialstaatliche Sicherungssysteme angeboten, um Exklusionsrisiken wie Krankheit, Alter, Invalidität, Arbeitslosigkeit etc. aufzufangen (vgl. Bommes/Scherr 1996). Darüber hinaus werden über organisierte Soziale Arbeit rechtlich abgesicherte Unterstützungssysteme (BSHG, KJHG) angeboten wie auch Leistungen nach dem Subsidiaritätsprinzip, um Exklusionsrisiken zu mindern und die damit einhergehenden Probleme zusammen mit den Betroffenen bewältigen zu helfen.

Gesellschaftliche Teilrationalitäten und symbolisch generalisierte Kommunikationsmedien

Die Ausdifferenzierung moderner Gesellschaften lässt ein grundlegendes Problem entstehen, nämlich die Ausdifferenzierung von *Teilrationalitäten*. Gemeint sind je spezifische Logiken als Grundlage für das autopoietische Operieren der Funktionssysteme.

> Zur *(Ziel-)Logik* einer Partei gehört es, Wahlen zu gewinnen, zur *Strategie-Logik* gehört die Überlegung, wie dieses Ziel zu erreichen ist. *Zur Kommunikations- und Handlungs-Logik* gehört z.B., die Gegner abzuwerten, zu diffamieren, Bedrohungsszenarien und Feindbilder aufzubauen, plausible Problemlösungen anzubieten, das Verzerren, Verschweigen oder Überdimensionieren von Problemen etc. Die *Logik*, von der hier die Rede ist, verweist auf die spezifischen *Rationalitäten* eines Systems, aus denen heraus es kommuniziert und handelt. Das generalisierende Medium, das in der Politik diese Logik aggregiert, ist Macht.
>
> Robert Reich, sozial-engagierter ehemaliger Arbeitsminister der Clinton-Regierung, beschreibt die Situation folgendermaßen:
> „Politiker können niemals bei der reinen Lehre bleiben, vom ganzen Wesen her nicht. Ihre Motive sind notgedrungen immer gemischt. Ehrgeiz, Macht, die Huldigung der Öffentlichkeit – das alles spielt immer auch mit. Mittel und Zweck werden verwechselt."
> „Wer mehr als ein paar Jahre bleibt und bis zu den Gipfeln der Macht aufrückt, wird morphologisch identisch mit allen anderen, die mit ihm hier geblieben und aufgerückt sind, egal, welche Gipfel sie auch bevölkern: die der Regierung, der Medien, der Lobbyisten, der Gewerkschaften" (Reich 1999, 21 und 146).

Systemtheoretisch geht es darum, das Agieren von autopoietischen Systemen zu verstehen und zu erklären. Die zentrale systemtheoretische Aussage lautet: Systeme operieren auf der Basis ihrer systemspezifischen Rationalität.

Es ist systemrational, wenn Unternehmen ihren Standort ins Ausland verlagern, um mehr Gewinne (Medium Geld) zu erwirtschaften. Für eine Partei ist es systemrational, ausgeklügelte Strategien zu überlegen, um Macht zu behalten und zu erweitern. Für Sozialarbeitssysteme ist es systemrational, mehr finanzielle Ausstattung zu verlangen, um ihre Dienstleistungen aufrecht zu erhalten oder zu erweitern.

Das autopoietische Konzept gewinnt in Verbindung mit den generalisierenden Medien theoretische Schärfe. Systemspezifische Logiken und Rationalitäten lassen sich durch das Konzept der symbolisch generalisierten Kommunikationsmedien noch klarer nachvollziehen. Es geht davon aus, dass bestimmte Medien in bestimmten Systemen dominant sind, und zwar dadurch, dass Kommunikation und Handlungen auf sie ausgerichtet sind. Medien verweisen auf kommunikative Selektions- und Verarbeitungsprozesse eines Systems. Der Vorteil für das System ist die Steigerung von Effektivität, denn durch die

Medien wird eine Vielfalt möglicher Kommunikations- und Handlungsketten auf spezifische systemrelevante Inhalte reduziert und gebündelt. Außerdem entlasten die Medien die Systemmitglieder davon, ständig über Ziele und Inhalte reflektieren zu müssen. Symbolisch generalisierte Kommunikationsmedien steuern Kommunikation und Handlungen der Systemmitglieder wie überhaupt von Systemen auf systemrationale Belange hin, durch die sie sich wiederum von der Umwelt abgrenzen.

Halten wir also fest: Funktionale Ausdifferenzierung ist eine Reaktion der Systeme auf komplexe Umweltanforderungen. Sie birgt einen hohen Spezialisierungsgrad und eine Teilautonomie der Teilsysteme gegenüber der Gesellschaft. Über symbolisch generalisierte Kommunikationsmedien gelingt es Systemen, Kommunikation und Handlungen auf ihre spezifische Rationalität hin zu bündeln und sie immer wieder hervorzubringen (Autopoiese).

Probleme der Einheit und Integration von Gesellschaft

Durch systemspezifische Logiken entstehen *Probleme der Einheit und Integration von Gesellschaft* (Willke 1993, 55). Mögen Standortverlagerungen von Unternehmen ins Ausland für das Unternehmen systemrational sein, so sind sie dies für die Strukturentwicklung einer bestimmten Region, die auf Beschäftigungsmöglichkeiten angewiesen ist, noch lange nicht. Systemrationalität ist somit eine lediglich systemspezifische und keine auf die Gesamtgesellschaft bezogene Rationalität. Sie kann für die nähere und weitere Umwelt durchaus kontraproduktiv sein, ja, sie kann ein mehr oder weniger hohes Konflikt- und Bedrohungspotential beinhalten (z.B. wenn Kriege aus machtpolitischen Kalkülen heraus geführt werden; wenn Wissenschaft neue Risiken produziert; wenn Unternehmen die natürliche Umwelt in großem Stil belasten oder gar zerstören ...). An dieser Stelle tritt eine grundlegende Frage auf: Gibt es aus systemtheoretischer Perspektive die Möglichkeit der ausreichenden *Steuerung*[56] von Teilsystemen samt deren Teilrationalitäten, um das Verhalten der Systeme auf ein Gesamtes hin zu bündeln?
Klassische politikwissenschaftliche Konzepte, die Politik als Instrument verstehen, um eine menschenwürdige und funktionsfähige Ordnung im Sinne innerer und äußerer Stabilität zu schaffen, sind aus systemtheoretischer Sicht utopisch. Denn: auch das Politiksystem operiert autopoietisch (mit seinem Medium Macht) und ist aufgrund seiner operativen Geschlossenheit ebenso wie alle anderen Teilsysteme nur bedingt in der Lage, gesellschaftliche Kom-

---

[56] Als Steuerung soll verstanden werden „die Einwirkung auf ein System, damit es sich in einer bestimmten Art verhält und ein Ziel erreicht" (Ulrich/Probst 1991, 79).

plexität zu verarbeiten. Plakativ ließe sich sagen: die Subsysteme des Systems Politik verarbeiten diejenigen Informationen, die für den eigenen Machterhalt tauglich erscheinen.

Darüber hinaus weist uns das Autopoiesis-Konzept darauf hin, dass das selbstreferentielle Operieren der Teilsysteme gegenüber Steuerungsprozessen von außen grundsätzlich Grenzen setzt. Politik hat demzufolge nur bedingt Möglichkeiten, steuernd in andere Systeme einzugreifen. Veränderung wird erst dann eine realistische Größe, wenn das zu verändernde System Veränderung auch wirklich will oder wenn es sich den Veränderungen aus Stabilitätsgründen stellen muss und sich nicht entziehen kann.

Solche Beschreibungskonzepte moderner Gesellschaften klingen entidealisierend oder ernüchternd. Sind moderne Gesellschaften Spielfeld von durchsetzungsfähigen Teilsystemen? Werden sie dominiert von deren Teilrationalität? Mit Blick auf die Praxis könnte man sagen: ja, so scheint es. Die Systemtheorien zeigen die strukturelle Problematik auf.

Helmut Willke, der sich eingehend mit dem Luhmannschen Theoriekonzept auseinandergesetzt hat, versucht, das Problem Einheit und Integration von Gesellschaften theoretisch aufzugreifen, um zu zeigen, wie die Steuerungsfunktion moderner Gesellschaften optimiert werden kann. Im Rahmen dieser Arbeit würde es zu weit führen, dieses Konzept zu entfalten und zu diskutieren, deshalb hier nur einige Hinweise, um deutlich zu machen, dass hier ein Systemtheoretiker sehr wohl Auswege aus der steuerungsbegrenzten Sackgasse sucht.

Willkes Credo lautet: „Gesellschaften können die Autonomie und Eigendynamik ihrer Teile nur aushalten, wenn ihre Subsysteme in verlässlicher Weise die Minimalbedingungen gesellschaftlicher Integration einhalten" (Willke 1993, 53). Damit greift der Autor zurück auf Parsons Position, die besagt, dass hochdifferenzierte Gesellschaften (im Sinne von organisierten Gemeinwesen) eines allumfassenden Rechtssystems bedürfen. Die Stabilität einer gesellschaftlichen Ordnung sei daran gebunden, dass deren Mitglieder und Systeme sich zu ihrer normativen Ordnung (z.B. Grundgesetz) bekennen und ihr Verhalten zumindest ansatzweise daran ausrichten (Parsons 1976, 133f.). Das heißt also, es muss einen alle Systeme erfassenden ethischen Grundkonsens geben (Verfassung), den sie anerkennen. Parsons orientiert sich am klassischen Demokratieverständnis, jedoch ist das Problem der Teilrationalitäten und damit das Problem der Einheit und Integration von Gesellschaft nicht gelöst.

Willke führt diesen Gedanken weiter, wenn er zwei klassische Problemlösungstechniken für die modernen Gesellschaften als überholt bezeichnet. Weder die direktive/hierarchische Steuerung der Systeme (z.B. durch Politik) noch die Selbststeuerung der Systeme (z.B. freier Markt, freies Spiel der Kräfte) hält der Autor für tauglich. Den Schlüssel zur Weiterentwicklung moderner Gesellschaften sieht er in der *Kontextsteuerung*. Den Diskurs über die Kontextbedingungen müssen die jeweiligen Teilsysteme hervorbringen und konstruieren. Willke intendiert damit eine

> „dezentrale Kontextsteuerung einerseits, und eine Selbststeuerung der Teilsysteme andererseits. Die relevanten gesellschaftlichen Akteure als Repräsentanten der Subsysteme sind an der Formulierung der Zielmuster der Kontextsteuerung selbst beteiligt; z.B. in Verhandlungssystemen, Räten, Konzertierten Aktionen, gemischten Kommissionen ...."

Ziel dieses Diskurses ist „Ordnung durch Selbstbindung", indem die beteiligten Systeme Probleme verarbeiten, verträgliche Lösungen finden und sie bereichsspezifisch umsetzen (Willke 1993, 58f.).
Am Beispiel der Ökonomie macht der Autor deutlich, dass ökonomische Systeme neben Gewinnmaximierung und Wirtschaftlichkeitsprinzipien weitere Leitmaximen brauchen: unter anderem moralische Begründbarkeit und ökologische Verträglichkeit (Willke 1993, 62).

Hinter solchen Überlegungen steckt eine auf die Praxis bezogene Frage: Wie müssen Systeme konstruiert sein, damit sie von ihren selbstreferentiellen Operationen her in die Lage versetzt werden, gesamtgesellschaftliche Anliegen (z.B. die Achtung der Menschenwürde und Sicherung von Grundbedürfnissen, Schutz der Natur, Stabilität von Gemeinwesen) zu verarbeiten? Der Versuch einer Lösung liegt darin, so Willke, „normative Aufträge" in die Systeme zu installieren.

Auch in den Wirtschaftswissenschaften zeichnen sich punktuell ähnliche Denkrichtungen im Kontext systemtheoretischer Konzepte ab. Der Wirtschaftswissenschaftler Andreas Remer spricht von Haushalts-Beziehungen eines Systems zu seiner Umwelt. „Wirtschaftsökologie" ist sein Stichwort, das er als neues Paradigma einer modernen Betriebswirtschaftslehre bezeichnet.

> „Ökologie meint hier die Art und Weise, wie ein Organismus sich so mit seiner natürlichen Umwelt arrangiert, daß die gemeinsame „Haushaltsgrundlage" gesichert ist. Für die einzelne Organismus/ Umwelt-Beziehung bedeutet dies zunächst, daß das System jene Umwelt, von der es lebt, nicht soweit schädigen darf, daß es sich seine eigene Lebensgrundlage zerstört. Umgekehrt ist die Umwelt in irgendeiner Weise auch auf die Existenz des Systems angewiesen, ohne das ihr kompliziertes Geflecht zusammenbrechen könnte" (Remer 1993, 458).

Remer geht von einem systemtheoretischen Konzept des Selbsterhalts von Systemen weiter zu einem systemischen Konzept des ökonomischen Haushaltens. Soziale Systeme seien, so der Autor, Kultursysteme, deswegen gehe es nicht ums nackte (in der Betriebswirtschaft ökonomische) Überleben, sondern um Kultur. Für Ökonomie, Politik, Soziales, Wissenschaft bedeute Überleben nicht nur Fortbestand, sondern auch die Frage des kulturellen Überlebens; dazu gehört unter anderem Sinn, Freundschaft, Solidarität, Schönheit (Remer 1993, 459f.). Mit einem solchen Zugang sind strukturelle und normative Fragen angeschnitten; strukturell: wie kann Gesellschaft überleben? normativ: wie kann sie menschenwürdig überleben?[57]

So werden von Vertretern von Wissenschaftssystemen theoretisch begründete Verhaltenserwartungen an die Systempraxis gerichtet. Es wird eine Frage des kulturellen Wandels und auch des gesellschaftlichen Lebens und Überlebens sein, inwieweit sich die Praxis diesen Anforderungen stellt. Die Aspekte Teilrationalität und Gesamtrationalität sind sozusagen in ein neues Kräfteverhältnis zu bringen, indem die Teilrationalität zugunsten gesellschaftlicher Gesamtrationalität dort gemindert wird, wo sie auf das Ganze gesehen kontraproduktiv wird.

Vor dem Hintergrund des bisher Gesagten kristallisieren sich zwei Aspekte heraus:

1. Die Ausbalancierung von Teil- und Gesamtrationalität funktioniert nicht nach traditionellen Überlegungen der direktiven Lenkung. In demokratischen Systemen gibt es kein System, das diese Lenkung übernehmen könnte. Die funktional ausdifferenzierten Systeme müssen die Ausbalancierung auf der Grundlage gemeinschaftlicher Übereinkünfte selbst vollziehen. Politik kann hier ordnungspolitische Rahmenbedingungen und Attraktivitäten schaffen (z.B. über steuerliche Vergünstigungen) und kann Kontrollmechanismen einbauen, jedoch wird sie wenig ausrichten können, wenn die Systeme strukturell und von ihren Zielvorgaben her den Sinn der Ausbalancierung nicht verarbeiten.

2. Die Ausbalancierung von Teil- und Gesamtrationalität setzt eine „Ethik der Ganzheitlichkeit" voraus. Diese Ethik der Ganzheitlichkeit umfasst Menschen, deren Sinnprämissen und Lebensgrundlagen innerhalb und außerhalb des Systems, umfasst den sorgsamen Umgang mit der natürlichen Umwelt, den sorgsamen Umgang mit Ressourcen wie auch den Blick auf die Funktionsfähigkeit von Systemen. Eine Ethik der Ganzheitlichkeit basiert auf einem humanen und ökologischen Bewusstsein. Dieses Bewusstsein kann nicht verordnet werden, sondern muss wachsen. Es muss Bestandteil des Bewusstseins von Menschen werden und muss als Kommuni-

---

[57] In eine ähnliche Richtung arbeitet Müller-Christ 1995. Konzepte im Bereich Management, die den Ressourcenabgleich und die Implementierung humaner Prinzipien in Wirtschaftssysteme vorsehen, siehe u.a. bei Gomez/Probst 1995 und Probst 1987.

kations- und Strukturelement in die Systeme einfließen. Eine Ethik der Ganzheitlichkeit und die Entwicklung eines ökologischen Bewusstseins wird bereits in vielen Facetten gelebt und diskutiert. Dass sie die Systempraxis nachhaltig verändert, wird möglicherweise einer der tragenden Aufgabe der Zukunft sein.

Aktuelle Konzepte im Rahmen funktional-ausdifferenzierter Gesellschaften

Das Konzept der funktional-ausdifferenzierten Gesellschaft ist ein soziologisches Konzept, das über die verschiedenen Schulen hinweg breite fachliche Zustimmung erhält. Das bedeutet nicht, dass dadurch andere Konzepte in ihrer Bedeutung schwinden. Im Gegenteil: das Konzept funktional-ausdifferenzierter Gesellschaft ist umfassend angelegt und muss notwendigerweise in vielen Facetten relativ grob bleiben. So bedarf es nach wie vor soziologischer Konzepte, die spezifische Entwicklungen moderner Gesellschaften fokussieren, um auf bestimmte Phänome und Entwicklungen aufmerksam zu machen.

So konstatiert beispielsweise Martin Albrow (1998), dass sich im Kontext der funktionalen Ausdifferenzierung von Kultur, Ökonomie, Technologie und Politik neue Formen sozialer Beziehungen entwickeln, die wiederum auf die genannten Bereiche zurückwirken. Gemeint sind u.a. Bürgerinitiativen, Selbsthilfeorganisationen, Gemeinschaften und Verbände.
Ulrich Beck (1999) beschreibt die notwendige Entwicklung von einer Erwerbsgesellschaft zu einer Tätigkeitsgesellschaft mit Blick auf Erwerbsarbeit, Familienarbeit, Selbstarbeit und Bürgerarbeit. In den Kontext der Argumentation von Beck passen Ansätze von Ralf Dahrendorf, der eine Bürgergesellschaft reklamiert, in der Lebenschancen auf der sozialen Ebene (Bürgerebene) gestärkt werden, indem Bürger für ihre Belange einstehen. Nicht mehr der Nationalstaat und die Funktionssysteme garantieren Wohlstand, so die These, sondern die Bürger- bzw. Zivilgesellschaft, durch die bürgerschaftliches Engagement aktiv gelebt werden. Diesem Denkansatz entsprechen in der Praxis bürgergesellschaftliche Strukturen, Stiftungen, autonome Bildungseinrichtungen, Vereine, Verbände, Projekte und der Zuwachs an intermediären Systemen im Kontext Sozialer Arbeit. Neben funktional ausdifferenzierten Systemen wächst der Raum sozialer Beziehungen und Aktivitäten, die auf die Menschen und deren konkretes Umfeld bezogen sind. Dieser Raum, so die Autoren, stelle eine wichtige Größenordnung dar, um soziale Wohlfahrt zu produzieren – ein Raum, in dem Interaktion, Engagement, Kreativität, Spontaneität gelebt werden können. Vom „dritten Sektor" ist die Rede, einem Sektor, der sich weder im staatlichen noch im wirtschaftlichen Bereich bewegt, ein Sektor, in dem soziales Tätigsein (z.B. die ehrenamtliche Tätigkeit in einem

Wohlfahrtsverband oder das Arbeiten in einem Umweltprojekt oder in einem gemeinnützigen Unternehmen) erfolgt, ein Tätigsein, das durch Anreize (Anwartschaften auf die Rente) und/oder durch Bürgergeld honoriert wird. Ein solcher dritter Sektor, so einzelne Autoren, wäre unter anderem mit Hilfe von Funktionssystemen wie beispielsweise Wohlfahrtsverbände, Stiftungen und Berufsverbände umzusetzen.

Das Gesagte aus systemtheoretischer Perspektive betrachtet hieße, dass Aktivitäten formal organisierter Systeme in weniger streng formalisierte Bereiche verlagert werden, was den Beteiligten mehr Gestaltungsspielräume, direkte Kommunikation, Spontaneität und Rollenausgestaltung ermöglicht. Die Ordnung der Systeme im intermediären Bereich zeigt sich weniger hierarchisch und funktional, sondern stärker subjekt- und beziehungsorientiert. Die Qualität solcher Strukturen und Prozesse wirkt möglicherweise wieder auf die Qualität formal organisierter Systeme zurück. Bereits heute lassen sich solche Entwicklung erkennen, beispielsweise anhand von Steuerungsgruppen, Projektgruppen, Arbeitskreisen, die in formal organisierten Organisationen inhaltliche Diskurse und Vorgehensweise bestimmen. Zwar werden dadurch die offiziellen Macht- und Hierarchiestrukturen nicht verändert, die Akteure erhalten jedoch innerhalb der vorgegebenen Rahmenbedingungen Gestaltungsspielräume und Definitionsmacht und können so nachhaltigen Einfluss auf die Struktur und auf den Prozessverlauf einer Organisation nehmen.

Moderne, auf demokratische Regeln basierende Systemstrukturen kennzeichnen sich nicht durch bipolare Strukturbeziehungen wie Macht/Ohnmacht bzw. Selbstbestimmung/Fremdbestimmung, sondern in die vertikalen Machtstrukturen fließen Elemente ein, die sich mit den Begriffen Selbstbestimmung, Selbstbewusstsein, Teilhabe, Autonomie umschreiben lassen. Hierarchische Strukturen umfassen immer auch Möglichkeiten der Mitgestaltung und Machtveränderung. Komplementäre Machtverhältnisse können beispielsweise symmetrisch gelebt werden, indem trotz ungleicher Ausgangspositionen (z.B. Teamleitung und Team) Entscheidungen kommuniziert und ausgehandelt werden. Selbstverständlich werden solche Aushandlungsprozesse immer auf Grenzen stoßen, jedoch kommt es sehr stark auf die Akteure an, wie sie die strukturellen Gestaltungsspielräume nutzen.

Auf eine nähere Diskussion aktuell diskutierter Konzepte über Gesellschaft kann im Rahmen dieser Arbeit nicht eingegangen werden.[58]

---

[58] Einen Überblick über soziologische Konzepte der Gesellschaft gibt Pongs in seinem zweibändigen Werk (1999). Literaturhinweise zu den genannten Autoren finden sich dort.

Das hier Skizzierte soll die Bedeutung von Anschlusstheorien zum systemtheoretischen Konzept funktional-ausdifferenzierter Gesellschaften darlegen. Es bedarf dieser Anschlusstheorien, um spezifische gesellschaftliche Entwicklungen und deren Deutungen darlegen zu können. Neben den aktuellen Konzepten in Bezug auf Bürgergesellschaft bedarf es vor allem auch Anschlusstheorien, die Fragen der Sozialen Ungleichheit (vgl. Dietzinger/Mayr-Kleffel 1999) in modernen Gesellschaften aufgreifen. Dabei sind die Mechanismen einer Gesellschaft offen zu legen, die soziale Ungleichheit zwischen Personen, Gruppen und Geschlechtern, Schichten, Milieus, Ethnien und Gesellschaften produzieren. Systemtheoretisch konnotiert: Es sind diejenigen Muster (insb. Strukturmuster und damit verbunden Kultur- und Wertmuster) herauszufiltern, die in einer Gesellschaft soziale Ungleichheit produzieren.

4. Gesellschaftliche Funktion, Gegenstand und Aufgaben Sozialer Arbeit

Eine systemtheoretisch fundierte Handlungstheorie Sozialer Arbeit hat ihre Funktion, ihren Gegenstand und ihre Aufgaben zu benennen.
Eine Gegenstands- und Aufgabenbestimmung ist für die Soziale Arbeit grundsätzlich eine Herausforderung, weil sie aufgrund der Vielfalt der Felder notwendigerweise allgemein sein muss und daher Gefahr läuft, an Prägnanz zu verlieren. Wissend um diese Problematik wird im Folgenden der Versuch unternommen, die Gegenstands- und Aufgabenbestimmung so vorzunehmen, dass traditionelle Felder der Sozialen Arbeit wie auch moderne Felder ihre Zuordnung finden.

4.1 Soziale Arbeit als professionelle Unterstützung bei Inklusions- und Exklusionsproblemen

Die Systeme Sozialer Arbeit sind Teilsysteme der Gesellschaft oder anders formuliert: Gesellschaft ist das der Sozialen Arbeit übergeordnete System. Aus einer systemtheoretischen Perspektive ist organisierte Soziale Arbeit nicht Selbstzweck, sondern systemfunktional auf Gesellschaft hin angelegt, und zwar im Sinne einer gesellschaftsstabilisierenden Funktion. Vor diesem Hintergrund und mit Rückgriff auf Luhmann wird in verschiedenen fachlichen Diskursen die gesellschaftliche Funktion Sozialer Arbeit in der Vermeidung von Exklusion und der Schaffung von Inklusion bei erlebter Exklusion gesehen.

Nach Heiko Kleve (2000, 60) hat Soziale Arbeit die Funktion „Exklusion zu thematisieren und über stellvertretende Inklusion von wie auch immer sozial exkludierten Personen zu versuchen, deren personelle Inklusionsmöglichkeiten bezüglich unterschiedlichster sozialer Systeme ...zu reaktivieren".

Dieser Funktionszuschreibung schließe ich mich in der dargelegten Form nicht an. Demgegenüber gehe ich von folgender Funktion Sozialer Arbeit aus: *Ihre Funktion ist die Produktion Sozialer Wohlfahrt, insbesondere dort, wo Inklusions- und Exklusionsprobleme zu erwarten oder bereits vorhanden sind.* In Anlehnung an Luhmann, der darlegt, dass Inklusion und Exklusion in der Praxis häufig nicht in Reinform vorliegen, sondern dass zahlreiche Mischformen gegeben sind, die durchaus problematisch bis prekär sein können, bezeichne ich die Funktion Sozialer Arbeit nicht lediglich als exklusionsvermeidend und inklusionsermöglichend, sondern ebenso als *inklusionsstützend*. Teilhabeprobleme ergeben sich nicht nur durch Exklusion, sondern auch durch und trotz Inklusion. Anders formuliert: Inklusion in die Funktionssysteme ermöglicht nicht von vornherein, dass grundlegende *Bedürfnisse* befriedigt werden können. Trotz Inklusion gibt es Mängel und Zumutungen.

Bedürfnis und Bedarf

Bedürfnis korreliert mit dem Begriff des Bedarfs. Bedürfnisse sind grundlegend für die menschliche Entwicklung und für das menschliche Leben und Überleben und sind nicht zu verwechseln mit Wünschen. Die humanistische Psychologie benennt grundlegende Bedürfnisse: biologische Bedürfnisse, das Bedürfnis nach Schutz und Sicherheit, das Bedürfnis nach gesunden Lebensbedingungen, nach sozialer Eingebundenheit, das Bedürfnis, ein authentisches Leben führen zu können und das Bedürfnis nach innerem Lebenssinn.

Ohne auf die innere Logik des Konzept von Abraham Maslow (1977)[59] näher eingehen zu wollen, soll es hier zur Skizzierung menschlicher Grundbedürfnisse dienen. Diese sind:

- physiologische Grundbedürfnisse (Nahrung, Wohnung, Schlaf, Sexualität, körperliche Unversehrtheit, Gesundheit, Schutz vor Bedrohung, lebenstaugliche Umgebung);

---

[59] Maslow ist mit seinen Arbeiten der Humanistischen Psychologie zuzuordnen. Er geht davon aus, dass die Bedürfnisstruktur im Wesen des Menschen begründet liegt; umweltabhängig ist nur der Grad der Bedürfnisbefriedigung.

- Sicherheitsbedürfnisse (Schutz, Vorsorge, Angstfreiheit, Arbeitsplatz, Transparenz, verlässliche Beziehungen, Stabilität, Zukunftsperspektiven);
- soziale Bedürfnisse (Zugehörigkeit, Kontakt, Beziehungen, Solidarität, Liebe);
- Ich-Bedürfnisse (Anerkennung, Wertschätzung, Status, Prestige, Achtung, Macht, Selbständigkeit und Autonomie, Entscheidungsbefugnisse);
- Bedürfnis nach Selbstverwirklichung im Kontext eigener Fähigkeiten und Fertigkeiten und von Sinnsystemen.

Obwohl Maslows Annahme, dass die Bedürfnisse der Reihe nach befriedigt werden müssen, immer wieder infrage gestellt worden ist, erhalten wir eine brauchbare Kategorisierung von Grundbedürfnissen. Einigkeit besteht auch im Großen und Ganzen darin, dass die erste Stufe für das Überleben erste Priorität hat. In der Arbeit mit Menschen ohne Obdach etwa zeigt sich sehr deutlich: Zunächst einmal müssen die physiologischen Bedürfnisse, dann Schutz und Sicherheit erfüllt sein, um auf den weiteren Ebenen arbeiten zu können.

Inklusion und Exklusion sind deutungsabhängig

Inklusion und Exklusion sind nicht einfach Phänomene, die gegeben sind, sondern sie unterliegen subjektiven und sozialen Deutungen. So kann sich ein Familienmitglied subjektiv ausgegrenzt fühlen, was nicht der Wahrnehmung der Restfamilie entsprechen muss. Umgekehrt: Arbeitslosigkeit und die damit einhergehenden Teilhabeprobleme sind sozial objektivierbar, das heißt aber noch lange nicht, dass im konkreten Fall ein Arbeitsloser Teilhabeprobleme verspüren muss. Subjektive Empfindungen können sozial objektivierbare Tatbestände nicht relativieren. Umgekehrt: Subjektive Empfindungen dürfen sozial objektivierbaren Tatbeständen nicht einfach untergeordnet werden. Wer freiwillig auf Teilhabe verzichten möchte, darf nicht zur Teilhabe gezwungen werden. Hier wird ein äußerst problematisches Thema angesprochen, in dem es Grenzfälle gibt, die nicht einfach mit dem Recht auf Selbstbestimmung und Autonomie zu klären sind, beispielsweise im Falle eines Suizidversuchs. Festzuhalten bleibt: da, wo Teilhabe gewollt ist, hat Soziale Arbeit zu unterstützen, da wo Teilhabe nicht gewollt ist, wo sich der Verlust jedoch als prekär darstellt, hat Soziale Arbeit Angebote zu machen und Aufklärungsarbeit zu leisten, muss jedoch respektieren, wenn sie nicht angenommen werd. In Grenzfällen hat sie lebensschützende Maßnahmen zu ergreifen.

Teilhabeprobleme unter Inklusionsbedingungen

Teilhabeprobleme unter Inklusionsbedingungen treten auf, wenn in Systemen (beispielsweise Familien-, Partnerschafts-, Freundschafts-, Wohngruppen-, Arbeitssystemen) Dysfunktionen gegeben sind, und zwar in Strukturen, Werten, Regeln, Interaktionen, Austauschbedingungen (destruktive Asymmetrien im Geben und Nehmen), Kommunikation und Handeln, so dass Einzelne, mehrere oder alle Systemmitglieder ihre Grundbedürfnisse mit Blick auf materielle, soziale, kulturelle, gesundheitliche und ökologische Teilhabe nicht befriedigen können.

Inklusionsprobleme können auch bei Systemwechsel auftreten, bei sogenannten Übergängen, in denen Einzelne oder Systeme gefordert sind, sich in einem neuen System zurechtzufinden (beispielsweise Frauen, die nach einer längeren Familienphase wieder eine berufliche Tätigkeit anstreben oder Jugendliche, die in Arbeitssysteme einsteigen, ein Geschwisterpaar, das zu Pflegeeltern kommt). Es können Orientierungsprobleme auftreten, möglicherweise fehlen Fertigkeiten und Fähigkeiten oder das Zielsystem weist problematische Inklusionsmodi auf, die ausgrenzend oder überfordernd wirken.

Wenn neue Systemkonfigurationen entstehen (beispielsweise Stieffamilien, Familiengründung, Wechsel in ein anderes Gesellschaftssystem durch Migration), sind die Beteiligten gefordert, neue Elemente in ihr Denken und Handeln zu integrieren. Altes und Neues ist in eine tragfähige Passung zu bringen.

Soziale Arbeit setzt dort an, wo durch Inklusionsprobleme Grundbedürfnisse nicht mehr oder nur noch partiell erfüllt werden oder von den Einzelnen nicht mehr zureichend wahrgenommen werden können und wo Instabilitäten auftreten.

Teilhabeprobleme durch Exklusion

Teilhabeprobleme durch Exklusion können sein:
Materielle Teilhabeprobleme: beispielsweise durch Arbeitslosigkeit und damit zusammenhängende Folgen wie schlechte ökologische und infrastrukturelle Wohnqualität, Wohnungslosigkeit, finanzielle Armut und damit Armut an Gütern.

Soziale Teilhabeprobleme: eingeschränkte Möglichkeiten der Kommunikation, der Einflussnahme und Macht sowie der gesellschaftlichen Mitgestaltung (beispielsweise aufgrund von Geschlecht, Alter oder Ethnie, Religionszugehörigkeit, Behinderung, Krankheit, Arbeitslosigkeit); Isolation durch mangelnde Teilsystemzugehörigkeit (beispielsweise durch Nichtvorhandensein tragender Familien-, Verwandschafts- und Freundschaftssysteme).

Kulturelle Teilhabeprobleme: eingeschränkter Zugang zu kulturellen Gütern (Erziehung, Bildung, Kunst, Religion, Tradition, Kulturtechniken). MigrantInnen haben hier häufig eine doppelte Teilhabeproblematik, weil sie einerseits kulturelle Teilhabeprobleme in Bezug auf die kulturellen Traditionen ihrer Herkunftskultur verspüren, die sie im Aufnahmeland nur bedingt leben können, und andererseits haben sie Teilhabeprobleme in Bezug auf die kulturellen Güter des Aufnahmelandes.

Ökologische Teilhabeprobleme: eingeschränkte Möglichkeiten in einer ökologisch gesunden Infrastruktur zu leben, oder sich in einer intakten Natur regenerieren zu können.

Die genannten Teilhabeprobleme bei Inklusion oder Exklusion sind sowohl Teilhabeprobleme Einzelner wie auch von Gruppen, Institutionen und Organisationen.

Wenn Personen und die Systeme, in die sie eingebunden sind, an grundlegenden Ressourcen nicht teilhaben können oder wenn die Teilhabe zukünftig gefährdet ist, dann wird Soziale Arbeit aktiv.

Die gesellschaftliche Funktionsbestimmung Sozialer Arbeit ist, Teilhabeprobleme, die durch Inklusion oder Exklusion entstehen oder entstehen könnten, zu thematisieren und professionelle Angebote zu machen, um sie bewältigen zu helfen. Aus systemischer Perspektive kann das nur gelingen, wenn die problembeteiligten Personen und Systeme ihren Anteil an der Bewältigung erbringen.

Laienrollen und Leistungsrollen

Um Inklusion und Exklusion für die Soziale Arbeit noch handhabbarer zu machen, greife ich zurück auf den Begriff der *Laienrollen und Leistungsrollen*, die Hans-Jürgen Hohm (2000) für die Sozialen Berufe herausgearbeitet hat. Hohm stützt sich auf Luhmanns Inklusions-/Exklusionskonzept, differenziert dieses aber mit Hilfe weiterer Konzepte aus (vgl. Hohm 2000, 99). Ich werde im Folgenden mit diesem Begriffspaar arbeiten, ohne jedoch Hohms Strukturierung zu folgen.

Inklusion durch *Laienrollen* meint beispielsweise die Rolle als WählerIn, Kunde/Kundin, KlientIn, PartnerIn, PatientIn, Mutter, Vater, Tochter, Bruder, TheaterbesucherIn, MieterIn. Die Laienrolle erfordert geringe Qualifikation und wird monetär nicht honoriert, wenngleich durch gewisse Rollen soziale Transferleistungen möglich sind (z.B. Krankengeld, Erziehungsgeld, Sozialhilfe). Die Laienrollen werden auf der Mikro- und Mesoebene gelebt (vgl. Hohm 2000, 101).

Einen anderen Inklusionstypus stellen die *Leistungsrollen* dar, die auf der Meso-Ebene gelebt werden, z.B. SozialarbeiterIn, PolitikerIn, Anwalt/Anwältin, VerkäuferIn, BeraterIn, ArbeiterIn. Die Leistungsrollen setzten funktionsspezifische Qualifikationen und Kompetenzen voraus, sie sind zeitlich einigermaßen berechenbar und abgegrenzt, und sie werden monetär vergütet (vgl. Hohm 2000, 103).

Beide Inklusionstypen überlappen sich und bedingen sich gegenseitig. Die Art der Leistungsrollen bedingt die Art der Laienrollen und deren Ausstattungsniveaus. Inhaber von qualifizierten Leistungsrollen, die gut dotiert sind, werden wiederum Laienrollen übernehmen können, die höhere Niveaus ermöglichen, z.B. höhere Niveaus in Bezug auf kulturelle Inklusion, Inklusion als Kunde in Feinkostgeschäften, Inklusion als Privatpatient, als Vorsitzende/r in einem Verband usf. Umgekehrt, wenn die Niveaus der Laienrollen insgesamt sehr gering sind, hat das Folgen für die Funktionssysteme, die Leistungsrollen anbieten, indem beispielsweise die Kaufkraft sinkt und fachlich qualifiziertes Personal auf dem Markt rar wird.

Die Funktionssysteme, die *Leistungsrollen* anbieten, definieren die Inklusionsmodi, z.B. Leistungserwartungen, Vergütung, Qualifikationsanforderungen, bevorzugtes Geschlecht, bevorzugte ethnische oder konfessionelle Zugehörigkeit, bevorzugtes Alter. Sie haben die Möglichkeit, ja/nein-Wahlen vorzunehmen nach dem Motto: passt, passt nicht.

Die Leistungsrollen sind in marktwirtschaftlichen Systemen die basalen Rollen zur Existenzsicherung. Prekär wird die Situation, wenn Personen aufgrund ihrer Qualifikation und Lebensbedingungen keine oder nur wenig Auswahlen haben oder wenn sie mehrere Leistungsrollen auf den unteren Niveaus bewältigen müssen, um ihre Grundexistenz zu sichern. Problematisch für Personen ist zudem, wenn sie zwar in existenzsichernde Funktionssysteme inkludiert sind, wenn sie aber an den angestrebten Niveaus nicht teilhaben können, weil sie die Modi dafür nicht erfüllen, z.B. wenn sie zu wenig qualifiziert oder zu alt sind.[60] Dies hat wiederum Auswirkungen auf die quantitative und qualitative Ausstattung der Laienrollen. Die problematische Inklusion in und die Exklusion von Leistungsrollen erzeugt somit auf der Leistungsebene wie auf der Laienebene Teilhabeprobleme. Soziologisch betrachtet verdichtet sich dies in der Herausbildung spezifischer Milieus, Schichten und Klassen.

Die Exklusion von *Laienrollen* (Partner, Verbandsmitglied) verursacht ebenfalls Teilhabeprobleme und kann zu Exklusionsrollen wie beispielsweise BettlerIn, Obdachlose/r, SozialhilfeempfängerIn, AnalphabetIn, Schulschwänze-

---

[60] Damit ist gemeint, dass es einer Hilfsarbeiterin nicht gelingt, zur Facharbeiterin aufzusteigen.

rIn, Alleinstehende/r, AussteigerIn, Alleinerziehende/r, sozial Isolierte/r, Konfessionslose/r führen. Die Exklusionsrollen können von den Betroffenen akzeptiert/nicht akzeptiert sein, können freiwillig/unfreiwillig übernommen sein, können Langzeitrollen oder Kurzzeitrollen, d.h. Übergangsrollen darstellen.

Die Exklusion von Laienrollen kommt häufig durch eine Problemvernetzung sozialer und persönlicher Bedingungen zustande. Sie wird besonders dann zum Problem, wenn die Teilhabe an nur noch wenigen Funktionssystemen möglich ist, wenn deren Niveaus hinsichtlich Bedürfnisbefriedigung relativ niedrig sind oder wenn diese Funktionssysteme die an sie herangetragenen Erwartungen nicht erfüllen können.

Obwohl moderne, ausdifferenzierte Gesellschaften eine horizontale Pluralisierung aufweisen, durch die es verschiedene Lebensmodelle und Bewältigungsformen gibt, wird durch das Inklusions-/Exklusionskonzept die Bedeutung der Leistungsrollen für Lebensbedingungen, die eine Bedürfnisbefriedigung ermöglichen, offensichtlich. Damit ist es ankoppelbar an klassische Konzepte sozialer Ungleichheit (vgl. Diezinger/Mayr-Kleffel 1999), in denen herausgearbeitet wird, dass der Erwerbssektor eine zentrale Schlüsselkomponente für soziale Ungleichheit darstellt.

> Aktuelle soziologische Diskurse verweisen auf die Probleme moderner, hochtechnisierten Arbeitsgesellschaften, die durch Rationalisierungen im Produktionsbereich und den zu erwartenden Rationalisierungen im Dienstleistungsbereich eine Inklusion in Leistungsrollen für die breite arbeitsfähige Bevölkerung immer weniger sichern können. Prognosen, auch wenn sie spekulativ klingen, werfen ein Licht auf zukünftige Exklusionsproblematiken. Das Ende der Arbeitsgesellschaft und der Beginn der Tätigkeitsgesellschaft sind Begriffe für als notwendig erachtete gesellschaftliche Veränderungsprozesse. Nicht mehr die Erwerbsarbeit, so die Annahme, kann breiten Bevölkerungsgruppen existenzsichernde Inklusionen bieten, sondern diese müssten verlagert werden in den intermediären Bereich. Übertragen auf das Inklusions-/Exklusionskonzept hieße das, neben Laienrollen und Leistungsrollen einen weiteren Rollentypus auszubauen, den ich hier mit dem Begriff der *„Sozialrollen"* umschreiben will. Autoren wie Beck (1999), Giarini/Liedtke (1999) und Rifkin (1999) entwickeln konzeptionelle Überlegungen zu einer Bürgergesellschaft, in der neben oder alternativ zur Erwerbsarbeit soziales und kulturelles Tätigsein erfolgt. Wenn die Existenz über Erwerbsarbeit nicht gesichert werden kann, kann sie über die „Sozialrollen" gesichert werden, die Bezugsrechte für ein Bürgergeld einräumen.

> Bezogen auf die Inklusions-/Exklusionsthematik würden dadurch in Zukunft möglicherweise harte Folgeprobleme durch Exklusion aus den Leistungsrollen aufgefangen werden, jedoch würden auch in diesem Modell bei den Sozialrollen Inklusions- und Exklusionsproblematiken zu erwarten sein, d.h. auch hier würde es sich um Funktionssysteme handeln, die über Inklusionsmodi verfü-

gen. Folge kann sein, dass bei den Sozialrollen unterschiedliche Niveaus an Tätigkeiten angeboten werden, die für Einzelne möglich oder nicht möglich sind.

Laienrollen, Sozialrollen (gegenwärtig Ehrenamt/Bürgerarbeit) sowie Leistungsrollen stehen in Wechselwirkungen zueinander und verdichten sich in milieu-, schicht-, und klassenspezifische Niveaus. Soziale Arbeit, die für Teilhabeprobleme zuständig ist, die sich durch Inklusion oder Exklusion ergeben, hat sich mit den drei Rollentypen zu beschäftigen. Die Zuständigkeit lediglich in der Unterstützung der Laienrollen und Sozialrollen zu sehen, spräche ihrem Tun Hohn angesichts der Bedeutung von Leistungsrollen für die menschliche Existenzsicherung und Lebensqualität. Vor diesem Hintergrund hat sich Soziale Arbeit mit allen drei Rollentypen zu beschäftigen. Sie ist

- *inklusionsstabilisierend*, indem Inklusionsproblematiken bearbeitet werden und die Inklusion auf einem höheren Niveau stabilisiert wird. Beispielsweise auf Familienebene, wenn Erziehungsprobleme bewältigt werden, wenn mehr Freiraum und Entwicklungsmöglichkeiten für Eltern und Kinder geschaffen werden. Auf betrieblicher Ebene, wenn ArbeitnehmerInnen in ihren Qualifikationen gestärkt werden oder wenn Modi gefunden werden, die persönliche Krisen im Arbeitssystem bewältigen helfen. Auf der Ebene von Sozialrollen, wenn Ehrenamtliche mehr Unterstützung für ihr konkretes Tun erhalten, um Überforderungen zu vermeiden;

- *exklusionsverhindernd*, indem Soziale Arbeit beispielsweise im Rahmen von Jugendhilfe oder Migrationsarbeit dafür Sorge trägt, dass Kinder von ihren Familien nicht ausgestoßen werden oder von der Schule verwiesen werden. Indem im Arbeitssystem Kündigungen oder zeitliche Anforderungsprofile vermieden werden, die zu erheblichen Folgeproblemen führen würden. Indem Frauen unterstützt werden, sich für bestimmte Positionen zu qualifizieren. In Bezug auf Laienrollen, indem Trainings für Schüler angeboten werden, die aus ihrer Gruppe ausgegrenzt werden; indem in der Arbeit mit AsylbewerberInnen mit Hilfe von Gemeinwesenarbeit Kontakt zur Nachbarschaft gefördert werden, um Akzeptanz und soziale Eingebundenheit zu sichern;

- *exklusionsbewältigend*, indem neue Inklusionsmöglichkeiten in Bezug auf Laienrollen, z.B. durch Netzwerkarbeit, geschaffen werden; dazu gehört auch die Inklusion im Rahmen betreuten Wohnens oder Heimunterbringung. In Bezug auf Leistungsrollen, indem durch Umschulungsmaßnahmen die Inklusion in adäquate Leistungsrollen wieder ermöglicht wird oder wenn statt Erwerbsarbeit eine Beschäftigung in Sozialbetriebe vermittelt wird.

Soziale Arbeit als Ressourcenarbeit

Im Kontext der Person-System-Eingebundenheit genügt es nicht, den Blick lediglich auf Bedürfnisse zu richten, die grundlegend oder ansatzweise erfüllt sein müssen, damit sich Menschen entwickeln und entfalten können und dass sie in Einklang mit sich und ihrer Umwelt leben können. Aus einer systemtheoretischen Perspektive ist die Befriedigung von Bedürfnissen umweltabhängig. Der Blick richtet sich auf das Zusammenspiel von Person und Umwelt. Damit in diesem Zusammenspiel Bedürfnisse befriedigt werden können, bedarf es entsprechender *Ressourcen*. Ressourcen sind eine Art von „Quellgrund", ein bestimmtes „Vermögen", „Aktiva in uns und um uns" (Wendt 1990, 61). Fähigkeiten und Fertigkeiten, Wissen und Erfahrungen zählen zu den menschlichen Ressourcen. Ressourcen, über die Systeme verfügen, sind u.a. Strukturelemente, Leitbild, Know-how, menschliche Ressourcen, materielle Ressourcen. Ressourcen finden sich also im Menschen, in den Systemen und deren Umwelt. Jede Gesellschaft verfügt über Ressourcenpotentiale, die sie von anderen Gesellschaften unterscheidet. Dasselbe gilt für Gruppen und Familien, für Organisationen und Projekte. *Ressourcen als innere und äußere Aktiva sind Voraussetzung für den Grad der menschlichen Bedürfnisbefriedigung und der Funktionsfähigkeit von Systemen.*

Seitens des Individuum bedarf es Fähigkeiten und Fertigkeiten, um seine Bedürfnisse im Rahmen der Person-Umwelt-Eingebundenheit wahrnehmen und befriedigen zu können und um die Ressourcen-Angebote der Umwelt prüfen und in Anspruch nehmen zu können. Folgende Fähigkeiten sind dazu grundlegend:

Kommunikationsfähigkeit, insbesondere um mit Menschen zu kommunizieren, die andere Rollen, Wirklichkeitskonstruktionen und Interessen haben und die ggf. aus einem anderen kulturellen Kontext kommen. Des weiteren, um mit Systemen kommunizieren zu können, die spezifische Codes, Ziel- und Interessenperspektiven haben und die ein anderes als das gewohnte generalisierende Medium verarbeiten;

Konstruktionsfähigkeit, das heißt sich Bilder und (Alltags-)Theorien über Gegenwärtiges und Zukünftiges machen zu können, diese abzuwägen, zu überprüfen, zu vergleichen und gegebenenfalls zu revidieren;

Austauschfähigkeit im Sinne des Gebens und Nehmens und des Sich-Mitteilen-Könnens und damit verbunden Kontakt-, Liebes-, Beziehungs-, Konfliktfähigkeit, Toleranz und Loyalität;

Anpassungsfähigkeit, um sich auf neue Anforderungen aus der Umwelt einzustellen sowie auf Inklusionsmodi von Funktionssystemen. Aspekte der Anpassungsfähigkeit sind Kreativität, Flexibilität, Neugier, Selbstbehauptung und Lernfähigkeit;

Instrumentelle Handlungsfähigkeit, um Handlungspläne, Strategien und Problemlösungen entwickeln zu können;
Werthaftigkeit, um Vereinbarungen und Verbindlichkeiten einzugehen, berechenbar zu sein und durch soziale Tugenden andere nicht zu behindern, sondern zu fördern und zu unterstützen;
Reflexionsfähigkeit, die Fähigkeit, das eigene Denken und Tun zu reflektieren (Selbstreferentialität).

Aufgabe Sozialer Arbeit ist, Personen im Rahmen ihrer Umwelteingebundenheit in ihrer Bedürfnisbefriedigung zu unterstützen. Dazu gehört vor allem auch die Wahrnehmung, Pflege und Erweiterung der dazu notwendigen Fähigkeiten. Zur Differenzierung der Fähigkeiten siehe nachfolgende Typologie (Abb. 3), die keinesfalls vollständig ist (vgl. dazu auch Miller 2000).

kognitive Fähigkeiten	abstraktes Denken, analytisches Denken, Entschlüsseln von Symbolen, Erkennen von Gesetzmäßigkeiten, Fähigkeit der komplexen Informationsverarbeitung, Kombinatorik, konzeptionelles Denken, logisches Denken, Prognostizität, Reflexivität, Unterscheidungsfähigkeit, Urteilsfähigkeit, vernetztes Denken, Vollzug von Rechenoperationen.
personale Fähigkeiten	Authentizität, Beharrlichkeit, Disziplin, Eifer, Fähigkeit zum Bedürfnisaufschub, Interessen, Kreativität, Lernfähigkeit, Selbständigkeit, Selbstbeherrschung, Selbstdarstellung, Selbstdisziplin, Selbsteinschätzung, Selbstkontrolle, Selbstmotivation, Selbstorganisation, Selbststeuerung, Selbstvertrauen, Selbstwahrnehmung, Selbstwertgefühl, Verantwortungsgefühl, Wille, Zielorientiertheit, Zivilcourage.
soziale Fähigkeiten	Achtung, Respekt vor dem Anderen/Fremden, Ambiguitätstoleranz, Anpassungsfähigkeit, Aufrichtigkeit, Ausdauer, Belastbarkeit, Distanzfähigkeit, Durchsetzungsfähigkeit, Empathie Engagement, Experimentierfreude, Fairness, Flexibilität, Führungsfähigkeit, Geduld, Gruppen- und Teamfähigkeit, Kommunikationsfähigkeit, Kompromissfähigkeit Konfliktfähigkeit, Kooperationsfähigkeit, Kritikfähigkeit, Leistungsbereitschaft, Neugier, Offenheit, Solidarität, Toleranz, Verantwortungsbereitschaft, Verlässlichkeit,
psychomotorische Fähigkeiten	Konzentrationsfähigkeit, körperliche Ausdauer, Motorik, Reaktionsfähigkeit.
Instrumentelle Fähigkeiten	durchführen, effektiv arbeiten, entscheiden, Fertigkeiten, informieren, kontrollieren, koordinieren, methodische Fähigkeiten, mit Ressourcen haushalten, planen, Problemlösen, Strategien entwickeln, Stressmanagement, systematisches Vorgehen, technologische Fähigkeiten, Zeitmanagement.

Abb. 3. Typologie von Fähigkeiten

Die personenorientierte Bedürfnislage ist *eine Seite* der Betrachtung. Weil jedoch Menschen zugleich in soziale Systeme eingebunden sind und sie die (System-)Umwelt brauchen, um Bedürfnisse zu realisieren, ist gleichzeitig die *andere Seite* zu befragen: Was benötigen soziale Systeme zu ihrer Stabilität, damit die Voraussetzungen für einen konstruktiven Ressourcenaustausch zwischen Personen und Systemen gegeben sind?

Soziale Systeme bedürfen einer inneren *Ordnung* (Struktur), die auf die Zweckerfüllung und Aufgabenstellung ausgerichtet ist. Damit einher gehen Leitbilder und Werte. Die Ordnung beziehungsweise Struktur bedarf der *Funktionsfähigkeit* ihrer Elemente; allgemeine und spezielle Zielsetzungen und Funktionen der Akteure müssen transparent und aufeinander abgestimmt sein, es bedarf geeigneter materieller wie immaterieller *Ressourcen*, um die jeweiligen Aufgaben und Funktionen erfüllen zu können (ein Projektteam braucht beispielsweise Räume, Zeit, Personal, Wissen, Geld, Anerkennung für die Leistungen etc.).

Soziale Systeme bedürfen der *Kommunikationsfähigkeit* nach innen und nach außen (Umwelt), insbesondere müssen sie auch mit Systemen kommunizieren können, die andere Zwecke, Ziele und generalisierende Steuerungsmedien verarbeiten (ein Sozialarbeitssystem muss mit einem politischen System kommunizieren können, um die Problemsituation von AdressatInnen zu vermitteln).

Soziale Systeme bedürfen der *Selbstreferentialität* und damit der Fähigkeit der Selbst- und Umweltbeobachtung, sprich: sie bedürfen der Reflexionsfähigkeit. Dieser Aspekt wird in formal organisierten Systemen insbesondere durch Praxis- und Organisationsberatung und Supervision unterstützt; bei interpersonellen Systemen (Familie, Partnerschaften) durch Familienkonferenzen, Beratung und Mediation.

Ebenso bedürfen soziale Systeme der Selbstorganisation und damit zusammenhängend der *Anpassungsfähigkeit* an neue Umweltanforderungen. Sie sind gefordert, flexibel, kreativ und offen auf neue Umweltanforderungen zu reagieren. Sie müssen lernfähig sein.

Soziale Arbeit hat die Aufgabe, soziale Systeme zu stabilisieren, sie mit Blick auf ihre Funktionalität strukturieren zu helfen, in ihrem Ressourcenmanagement,[61] *ebenso in ihrer Kommunikationsfähigkeit, ihrer Selbstreferentialität und Selbstorganisation und in ihrer Anpassungsfähigkeit zu unterstützen.*

Von diesen Überlegungen ausgehend, lassen sich Ressourcen kategorisieren, die Menschen und Systeme brauchen und die zur Entwicklung von Personen

---

[61] Zum Begriff des Ressourcenmanagements siehe auch Miller 2001.

wie auch zur Stabilität von sozialen Systemen notwendig sind. Personen und soziale Systeme können sehr wohl aus sich heraus Ressourcen hervorbringen, jedoch sind sie grundsätzlich auf Umwelt angewiesen, um Ressourcen zu entwickeln, zu entfalten und an ihnen teilzuhaben.

Die nachfolgende Ressourcen-Kategorisierung umfasst sowohl Ressourcen für Personen als auch Ressourcen für soziale Systeme. Die weiter oben genannten Fähigkeiten sind in der folgenden Kategorisierung inkludiert. Soziale Arbeit orientiert sich zwar primär an Personen, doch weil sie das tut, arbeitet sie auch mit den relevanten Systemen, in die Personen eingebunden sind. Will Soziale Arbeit Personen unterstützen, muss sie auch deren Systeme unterstützen.

Materielle und instrumentelle Ressourcen	Geld, Sach- und Gebrauchsmittel, Personalstellen; Räumlichkeiten, Infrastruktur; Informationen, (Fach-)Wissen, Methoden, Techniken, Erfahrungen, Ideen, Ratschläge, Fertigkeiten, praktische Hilfen, Macht, Einfluss, Zeit, Leitbild, Konzepte, Standards, funktionsfähige Strukturen und Aufgabenverteilungen, klare Entscheidungswege, Regeln, Methoden, Arbeitsweisen und Pläne, Supervision.
Körperliche, kognitive und psychomotorische Ressourcen	körperliche Gesundheit und Unversehrtheit, Vitalität, Denk-, Wahrnehmungs-, Erkenntnis-, Urteils-, Reflexionsvermögen, Konzentrations-, Reaktionsfähigkeit, Motorik.
Psychische Ressourcen	Authentizität, Beharrlichkeit, Eifer, Fähigkeit zum Bedürfnisaufschub, Interessen, Kreativität, Lernfähigkeit, Selbstständigkeit, Selbstbeherrschung, Selbstdarstellung, Selbstdisziplin, Selbsteinschätzung, Selbstkontrolle, Selbstmotivation, Selbstorganisation, Selbststeuerung, Selbstvertrauen, Selbstwahrnehmung, Selbstwertgefühl, Verantwortungsgefühl, Wille, Zielorientiertheit, Zivilcourage.
Soziale Ressourcen	Zugehörigkeit, Kontakte, Austausch, Netzwerke, Interaktion und Kommunikation, Unterstützung, Wertschätzung, Anerkennung, Verlässlichkeit; Kommunikations-, Handlungs- und Konfliktfähigkeit, Führungsfähigkeiten, Kooperationsfähigkeit und Solidarität, Fähigkeiten des Gebens und Nehmens und des Teilens.
Kulturelle Ressourcen	Bildung, interkulturelle Kompetenz, Erfahrungen, Recht/e, Werte, Normen, Religion, Traditionen, Sprache/n, Ästhetik.
Ökologische Ressourcen	intakte natürliche Umwelt (Boden, Wasser, Luft, Flora, Fauna)

Abb. 4: Ressourcenkategorisierung

Prävention und Unterstützung auf verschiedenen Ebenen

Soziale Arbeit hat inklusionsstabilisierende, exklusionsverhindernde und exklusionsbewältigende Aufgaben. Keineswegs hat sie nur eine „Feuerwehrfunktion". Ihr Anspruch ist, Risiken, die Inklusions- oder Exklusionsprobleme mit sich bringen können, zu antizipieren und bereits im Vorfeld bearbeiten zu können. Dies trifft vor allem auch bei entwicklungsbedingten Problemen im Jugendalter und damit einhergehenden Identitätsproblemen oder auch bei lebensverändernden Ereignissen und Prozessen wie Ruhestand, Trennung/Scheidung, Familiengründung, Umschulung zu. Soziale Arbeit setzt hier vor allem auf präventive und lebensbegleitende Arbeit.

Soziale Arbeit macht darüber hinaus ebenso Angebote für im Rahmen des Lebenslaufes auftretende Anpassungsherausforderungen, beispielsweise durch Informations-, Bildungs-, Kultur- und Freizeitarbeit. Offene Kinder- und Jugendarbeit unterstützt entwicklungsbedingte Prozesse und unterstützt Eltern, insbesondere alleinerziehende Eltern in ihrer Erziehungsarbeit. Häufig ist hier die Problemdichte zunächst noch weniger stark. Soziale Arbeit hat hier eher *lebensbegleitende Funktion*. Soziale Arbeit wird tätig, um die Niveaus im Bereich Laienrollen, Sozialrollen und Leistungsrollen zu heben. Letzteres erfolgt unter anderem im Rahmen von betrieblicher Sozialarbeit, Maßnahmen der Personalentwicklung und -förderung, Trainings und Coaching.

Soziale Arbeit ist angebotsorientiert, das heißt, sie bietet für konkrete Probleme und AdressatInnen spezialisierte Unterstützung an. Diese ist vor allem dort angesagt, wo es um kumulative Problematiken (vgl. Staub-Bernasconi 1983, 224) geht, das heißt, wo verschiedene Bedürfnisebenen unerfüllt bleiben und ganze Ressourcenbündel fehlen. So bedingt beispielsweise Langzeitarbeitslosigkeit u.a. Status- und Anerkennungsverlust, Wohnungsverlust oder Verlust einer gesunden Wohnumgebung, möglicherweise Partnerschafts-/Familienverlust. Bei Behinderung und Krankheit erfolgen oft materielle Verluste, Verlust der gewohnten Wohnumgebung, Isolation und kulturelle Teilhabeprobleme. Betroffene geraten häufig in eine Problemspirale, der sie sich aus eigener Kraft häufig nicht mehr entziehen können.

Soziale Arbeit setzt nicht in jedem Fall ein, sondern dann, wenn Personen und deren Systeme sich nicht mehr in der Lage sehen, ihre Probleme aus eigener Kraft zu bewältigen, wenn autonom keine ausreichenden Problembewältigungen erfolgen können. Diese Einschränkung autonomer Bewältigungskompetenz ist nicht lediglich eine Frage mangelnder Fähigkeiten, sondern auch eine Frage mangelnder Ressourcen.

Darüber hinaus weist Soziale Arbeit breite Tätigkeitsfelder auf, in denen sie nicht direkt mit AdressatInnen arbeitet, sondern für sie. Das kann der Aufbau von Netzwerken für Freiwilligenarbeit sein, in dem es um die Verarbeitung von Exklusionsproblemen der Freiwilligen geht, wie auch um die Unterstützung von sozialen Diensten durch Laienhilfe. SozialarbeiterInnen bauen beispielsweise Talkzentren für Eltern auf, indem sie eine Selbsthilfe-Infrastruktur entwickeln, ohne direkt mit den Eltern zu arbeiten. Sie betätigen sich in Expertenzirkeln, um Qualitätsmanagementsysteme für ein bestimmtes Sozialarbeitsfeld zu entwickeln.

Soziale Arbeit vollzieht sich auf der Mikro- und Mesoebene und ist ein arbeitsteiliges Tun, das synergetische Effekte mit Blick auf ihre allgemeine Aufgaben- und Funktionsbestimmung ermöglicht. Da, wo die einen Infrastrukturarbeit leisten, arbeiten die anderen mit den Betroffenen. Da, wo die einen politisch arbeiten, produzieren andere wissenschaftliche Diskurse und Konzepte. Soziale Arbeit ist ein Konglomerat arbeitsteiliger Systeme, in denen spezifische Elemente im Rahmen ihrer Funktionsbestimmung produziert werden. *Soziale Arbeit ist die Arbeit mit AdressatInnen, die Arbeit für AdressatInnen und damit einhergehend politische Arbeit, Infrastruktur- und Managementarbeit sowie wissenschaftliche Arbeit.*

In Bezug auf die Gegenstands-, Aufgaben- und gesellschaftliche Funktionsbestimmung Sozialer Arbeit lässt sich folgendes formulieren:

Gegenstand Sozialer Arbeit sind Individuen und soziale Systeme auf der Mikro-, Meso-, Exo- und Makroebene. Bezugspunkt Sozialer Arbeit ist die soziale Wohlfahrt. Soziale Wohlfahrt setzt voraus, dass Personen Zugang zu allen Funktionskreisen einer Gesellschaft haben und diese für sich situations- und bedürfnisgerecht nutzen können. Soziale Wohlfahrt setzt ebenfalls voraus, dass die Funktionssysteme funktionsfähig sind und Ressourcen bereitstellen, um menschliche Bedürfnisse befriedigen zu können. Die Produktion sozialer Wohlfahrt ist eine Aufgabe aller Funktionssysteme (u.a. Familie, Unternehmen, Schule, Gesellschaft, Soziale Arbeit). Sie setzt geeignete Systemstrukturen voraus, die nicht nur auf das jeweilige System bezogen sind, sondern die auch einen förderlichn Austausch mit der Umwelt ermöglichen.

Die Funktion Sozialer Arbeit ist die professionelle Beschäftigung mit sozialen, kulturellen, materiellen und ökologischen Teilhabeproblemen, die sich durch Inklusion und Exklusion ergeben. Teilhabeprobleme sind dann gegeben, wenn die Befriedigung grundlegender Bedürfnisse und die dazu notwendigen Ressourcen nicht mehr gewährleistet oder für die Zukunft gefährdet sind. Darauf bezogen hat Soziale Arbeit die Aufgabe, Menschen und Systeme im Sinne der Wahrnehmung, Pflege und Mobilisierung von Ressourcen zu unterstützen.

Soziale Arbeit hat lebensbegleitende, problemmindernde und problemlösende Aufgaben, die durch Prävention, Unterstützung und Intervention bewältigt werden.

In einer individualisierten Risikogesellschaft (Beck 1986), in der Menschen gefordert sind, ihr passendes Patchwork zu finden bzw. immer wieder neu zu entwickeln, und die Existenz- und Teilhaberisiken produziert, die individuell bewältigt werden müssen, können alle Menschen vorübergehend AdressatInnen Sozialer Arbeit werden. So werden beispielsweise Bildung und Gesundheitsförderung im Rahmen Sozialer Arbeit (vgl. Fröschl 2000) zukünftig wichtige Felder sein, um Menschen in ihrer Lebensbewältigung zu begleiten und zu unterstützen und zwar vor dem Hintergrund von Risiken, Brüchen, Umbrüchen und Leistungsanforderungen.

4.2 Soziale Arbeit und Selbstorganisation

Sozialarbeitssysteme haben einerseits eine gesellschaftliche Funktion und handeln im Kontext sozialstaatlich definierter Rahmenbedingungen und Aufgabenstellungen. Sozialarbeitssysteme sind andererseits autopoietisch angelegt und damit auf Selbstorganisation ausgerichtet. Sie nehmen Definitionen und Entscheidungen dahingehend vor,

- welche Unterstützungsleistungen sie gewähren, worauf sie sich also spezialisieren (dies betrifft vor allem die Freie Wohlfahrtspflege);
- mit welchen fachlichen und ethischen Ansprüchen sie die Unterstützung verbinden und damit zusammenhängend, welche Qualitätskriterien sie tatsächlich realisieren (wollen);
- wie sie sich als Unterstützungssysteme organisieren (Struktur, Regeln, Aufgabenverteilung etc.);
- mit welchen relevanten Umweltsystemen sie sich vernetzen und schließlich
- welche Informationen aus der Umwelt wie auch aus dem Binnenbereich des Sozialarbeitssystems verarbeitet werden und welche nicht und nach welchen Modi dies geschieht.

Sozialarbeitssysteme sind also gefordert, sich zu definieren, sich zu organisieren und sich selbst zu beschreiben. Dazu haben sie einerseits entsprechende Freiheitsgrade, andererseits geschieht dies in Ankoppelung an die Umwelt und deren Anforderungsprofile (z.B. Gesetze, Kostenträger).
Selbstorganisation und Autonomie lässt die Sozialarbeitssysteme mehr oder weniger zu einem kritischen Gegenüber der etablierten gesellschaftlichen Systemkräfte und -bedingungen sowie des Staates werden.

Wenn es Aufgabe Sozialer Arbeit ist, soziale Wohlfahrt zu produzieren, muss sie auch diejenigen Kräfte ausfindig machen, die soziale Wohlfahrt begrenzen, destruieren und zerstören. Das Zusammenspiel der verschiedenen Wirkungskräfte aus Politik, Ökonomie, Kultur und dem Sozialen und deren Auswirkungen auf Individuen und Systeme sind zu verstehen und kritisch zu analysieren. Sehr wohl sind dabei dominante Einflussfaktoren ausfindig zu machen (beispielsweise die Ökonomie), die aber nicht isoliert, sondern im Wechselspiel mit anderen gesellschaftlichen Kräften zu betrachten sind.

Soziale Arbeit wird ihrer gesellschaftlichen Funktion durch die Bereitstellung von Unterstützungshilfen gerecht. Diese kann sie jedoch nicht aus sich selbst heraus gewähren, sondern bedarf dazu gesellschaftlicher Ressourcen. Diese Ressourcen muss sie immer wieder einfordern, um sie auf ein Niveau zu bringen, das aufgabenadäquat ist. Sehr wohl stößt sie dabei auf Verteilungskonflikte und (sozial-)politische Entwicklungen, denen sie sich immer wieder aufs Neue stellen muss.

Soziale Arbeit ist in ihrer gesellschaftlichen Funktion ein kritisches Gegenüber zum Gesellschaftssystem, zum Staat und zu den Kommunen. Dabei ist sie Teil des Gesellschaftssystems und steht nicht außerhalb von ihm. Sie ist Umwelt des Gesellschaftssystems, und dieses ist Umwelt für sie.

Ihre gesellschaftliche Funktion erfolgt keineswegs im Sinne des Aufrechterhaltens eines Status quo, sondern bedeutet stetige Entwicklung und Veränderung. Soziale Prozesse sind dynamisch, so dass sich die Gesamtgesellschaft, deren Teilsysteme und Mitglieder immer wieder auf neue Niveaus und Ausgangslagen einstellen müssen.

Die Systeme Sozialer Arbeit sind zugleich Stabilisatoren einer Gesellschaft sowie Motoren für deren sozialstrukturelle Weiterentwicklung. Damit hat Soziale Arbeit eine evident *politische Funktion*. Diese drückt sich aus:

- im Öffentlichmachen von sozialen Problemen und in der Anwaltschaft der AdressatInnen;

- im Einfordern gesellschaftlicher Ressourcen (Finanz-, Sach-, Personalmittel), damit Soziale Arbeit ihren Aufgaben gerecht werden kann;

- in der Auseinandersetzung mit den Strukturen und Kräften der Gesellschaft und deren Teilsystemen, die soziale Wohlfahrt fördern, mindern oder gar zerstören.

4.3 Interkulturelle Sozialarbeit aus systemischer Sicht

Interkulturelle Sozialarbeit bezeichnet einen Arbeitsbereich und gleichzeitig ein Querschnittsthema, das nahezu alle einschlägigen Felder der Sozialen Arbeit überlagert. Grund genug, um dieses Thema gesondert zu betrachten. Hinzu kommt, dass die interkulturelle Arbeit - ich meine hier vor allem die Migrationssozialarbeit - aus dem systemischen Blickwinkel besondere Prägnanz erfährt, weil hier verschiedene Kultursysteme aufeinandertreffen, die aufgrund ihrer Traditionen, Werte, Regeln und Verhaltenskodizes häufig sehr stark voneinander abweichen.

Es geht in diesem Kapitel nicht darum, die spezifischen Teilhabeprobleme von MigrantInnen herauszuarbeiten, - dies lässt sich in der einschlägigen Fachliteratur nachlesen -, sondern ich möchte die interkulturelle Sozialarbeit aus systemtheoretischer/systemischer Sicht betrachten, und spezifische Aspekte für die Soziale Arbeit darlegen.

Kulturzugehörigkeit und Individualität

Menschen sind kulturschaffende Wesen und entwickeln vor dem Hintergrund ihres kulturellen Eingebundenseins ihre Individualität. Kultur ist sozusagen unser Rückgrat. Sie bindet uns an einen normativen und habituellen Kontext, an ein symbolisches System, in dem wir uns verwurzelt sind und über das wir unsere Identifikation entwickeln. Gleichzeitig haben wir mehr oder weniger die Möglichkeit, uns an Kultursysteme anzupassen, bestimmte Elemente zu reproduzieren oder auch zu verändern, abzulehnen oder ganz aus einem Kulturkreis herauszutreten. Kultur kann uns einengen und ebenso weiten und frei machen. Sie stellt uns Orientierungs- und Handlungssysteme bereit, ohne die wir überfordert wären, müssten wir doch jede Situation immer wieder aufs Neue ausbuchstabieren. Kultur ist ein Netz, das uns trägt, in dem wir uns aber auch verfangen können.

Die Tatsache, dass Menschen unterschiedliche Kulturen hervorbringen, verweist auf Differenz. Kulturen als symbolische Systeme generieren sich über Kommunikation, grenzen sich voneinander ab, zeigen Ähnlichkeiten wie auch Inkompatibilitäten (z.B. Rollenbilder, Religionen, politische Auffassungen). Kultursysteme sind autopoietisch, d.h. ihre Elemente werden durch Kommunikation und Handeln immer wieder aufs Neue reproduziert; gleichzeitig können die Mitglieder einer Kultur diese reflektieren und sie in einem gewissen Maße verändern. Kulturen sind zwar von relativer Zeitstabilität, sind jedoch nicht statisch, sondern Wandlungen unterworfen.

Wenn Kultur ein zentraler Faktor für die Identitätsbildung ist, dann ist sie ein Faktor, der nicht so ohne weiteres zu verändern oder abzustreifen ist. Auch wenn sich Menschen als weltoffen und kosmopolitisch bezeichnen, so denken, fühlen und handeln sie doch in spezifischen Kulturkategorien. Das Kosmopolitische ist bereits Element einer spezifischen Kultur. Wir haben kulturelle Prägungen, und daraus entsteht notwendigerweise Differenz.

Kultur soll hier verstanden werden als ein relativ zeitstabiles, jedoch veränderbares, komplexes, vernetztes symbolisches System von Sprache, Mythen, Religion, Philosophien, Wissenschaft, Praktiken, Werten, Regeln, Rechten, Kunst und deren Institutionalisierung im Rahmen einer Gemeinschaft. Die Inhalte der Kultur sind keineswegs spannungslos aufeinander abgestimmt, sondern zeigen sich widersprüchlich, indem Elemente wie beispielsweise Religion und Wirtschaft unterschiedliche Vorgaben haben (generalisierende Medien) oder wenn beispielsweise im Rahmen von Rollenbildern ältere und modernere Auffassungen innerhalb einer Kultur aufeinanderprallen.

Wenn von Kultur die Rede ist, bezieht sich der Begriff zunächst auf soziale Einheiten, dies kann eine ethnische Gruppe sein, eine Nation, ein ganzer Kulturraum (z.B. Europa). Die Institutionalisierung erfolgt unter anderem durch Familien-, Rechts-, Schulsysteme, durch Kirche, Vereine, Betriebe etc. Institutionalisierung ermöglicht Sinnorientierung und die Stabilisierung von Kultur und deren Reproduktion. Sie stiftet Orientierung, indem Situationen von Individuen nicht ständig neu interpretiert werden müssen und indem Verständigungsmöglichkeiten und Übereinkünfte in Bezug auf Wahrnehmen, Sprache und Kommunikation, Urteilen und Handeln gegeben sind.
Die Institutionalisierung von Kultur zieht eine mentale kulturelle Musterbildung nach sich, d.h. Menschen verfügen über kulturelle Strukturmuster in ihrem Denken, Fühlen und Handeln.[62]
Selbstverständlich werden Kultursysteme nicht in Reinform gelebt, sondern mit der Einschränkung, dass das von Menschen und Gruppen adaptierte Kultursystem immer wieder Abweichungen und Differenzen aufweist. Kultur ist keine Landkarte, nach der man sich tagtäglich sicher orientiert, andererseits: Kultur ist überall dort, wo Menschen sind. Auch bleiben viele Kulturmuster latent, d.h. sie werden kaum bis gar nicht oder nur von Fall zu Fall gelebt, beispielsweise in Zeiten der Not. Hier können dann Aktivierungen längst verloren geglaubter Muster erfolgen, beispielsweise Formen gegenseitiger Hilfe und Solidarität.

Die Verwirklichung von Kultur ist ein offener Prozess, wenngleich Kultur auch immer wieder typische Züge annimmt. Kultur ist ein Prozess der Grenz-

---

[62] Zum Kulturbegriff siehe u.a. auch Gehlen 1986 und Hofstede 1993.

ziehung, die auf den Aspekt der Geschlossenheit autopoietischer Systeme verweist, wie auch der Grenzüberschreitung, die auf den Aspekt der Offenheit auf Umwelt hin verweist.
Kultur wird institutionell vermittelt und individuell adaptiert; was gänzlich offen bleibt ist, wie Kultur vom einzelnen Individuum tatsächlich gelebt wird. Eine Person kann beispielsweise mehreren Kulturen angehören und verschiedene, sich durchaus widersprechende Kulturelemente integrieren. Sie kann bestimmte Elemente der Herkunftskultur für sich ablehnen (z.B. die Religion) und Lebensformen der Wahlkultur integrieren. Auch haben beispielsweise Jugendliche aus Singapur mit Jugendlichen aus Chicago mehr gemein als mit Jugendlichen aus dem bäuerlichen Hinterland. Im Zuge von Globalisierung ist die Herkunftskultur zwar eine wichtige Schnittmenge, was Identitätsbildung anbelangt, diese verändert sich jedoch im Horizont von Inter- und Multikulturalität. Den Massenmedien und ihren Ausbreitungsmöglichkeiten kommt hier eine besondere Bedeutung zu.
Identitätsbildung erfolgt nicht lediglich vor dem Hintergrund von Makrokultur(en) (Ethnie, Nation, Religion), sondern vor allem auch vor dem Hintergrund ausdifferenzierter Mikrokulturen, sprich Subkulturen. Um Lebenssituationen gestalten und soziale Anforderungen bewältigen zu können, bedürfen Individuen nicht nur allgemeiner Kulturcodes, sondern ebenso spezifischer Codes, die Individuen eine situative Beheimatung ermöglichen (vgl. dazu auch Obrecht 1994). Gemeint sind subkulturelle Codes im Rahmen milieuspezifischer, geschlechtsspezifischer, altersspezifischer, berufsspezifscher Eingebundenheit. Subkulturen sind häufig nur von relativer zeitlicher Bedeutung, beispielsweise altersspezifische Subkulturen (Jugendkulturen). Milieus können, wenn dazu die entsprechenden Ressourcenpotentiale vorhanden sind, gewechselt werden. Identitätsbildung und -stabilisierung bedeutet neben kultureller und subkultureller Orientierung und Anpassung immer auch Abweichung und Um- bzw. Neuorientierung. Das macht die Einzigartigkeit von Menschen aus.

Was bedeuten diese Überlegungen nun für die Migrationsarbeit? Ich möchte diese Frage mit einer Aussage von Lanfranchi (1996, 31) beantworten: *„Wissen über Kulturen und Informationen über ethnische Unterschiede sind wichtig und gleichzeitig unwichtig."*

Wichtig ist es, weil wir über dieses Wissen Angehörige einer Kultur in ihrem Denken, Fühlen und Handeln besser verstehen können. Unwichtig ist es, weil dieses Wissen nichts darüber aussagt, wie die Person, mit der wir es zu tun haben, tatsächlich denkt, fühlt und handelt. In der Migrationssozialarbeit ist somit beides gefordert: Wissen über spezifische Kulturen und das Sich-Freimachen davon.

Bezögen wir uns alleine auf Kulturwissen, stünden wir in der Gefahr, Individualität zu leugnen, indem wir eine Person auf ihre Kulturmerkmale reduzieren. Würden wir uns andererseits freimachen von kulturellen Zuschreibungen und damit Kultur dekonstruieren, praktizierten wir eine bloße Individualisierung, die leugnen würde, dass es kulturelle Unterschiede tatsächlich gibt und dass sie auch reproduziert werden.

Soziale Arbeit im Umgang mit dem Fremden

Migrationssozialarbeit kennzeichnet sich in der Regel dadurch, dass sich ausgewiesene Hilfesysteme einer Mehrheitskultur um Probleme einer Minderheitskultur kümmern. AdressatInnen sind vor allem ArbeitsmigrantInnen, Flüchtlinge und deren Familien. Die Konstruktionen in der Sozialen Arbeit sind häufig folgende: Die AdressatInnen leiden an materiellen Problemen, an Wertproblemen (z.B. Unterdrückung der Frau), an Bildungsproblemen, Stigmatisierungs- und Ausgrenzungsproblemen, die es zu kompensieren gilt. Mit diesem Problemfokus wird Soziale Arbeit nicht zuletzt auch zur Mitproduzentin von Stigmatisierungsprozessen, weil durch sie bestimmte Vorstellungen mitkonstruiert und festgeschrieben werden. Die Konstruktionen sind wiederum kulturell bedingt; so gibt es beispielsweise unter den europäischen Ländern unterschiedliche Auffassungen darüber, wer Hilfe bekommen soll und welche Maßnahmen wozu angeboten werden sollen, ob die Hilfe beispielsweise eher auf die Stärkung der Selbstorganisation zielen soll (Empowerment) oder ob eine stärkere Klientelisierung bezweckt wird.
Auch die Mitglieder ethnischer Gruppen konstruieren mit, indem sie diese Definitionen annehmen oder annehmen müssen, um Ressourcen zu erhalten. Darüber hinaus konstruieren sie die autochtone Kultur, z.B.: die Deutschen sind kalt, herzlos, arrogant und perfektionistisch. Die verschiedenen Kultur-Gruppen konstruieren Zuschreibungen, und vor dem Hintergrund dieser Zuschreibungen wird kommuniziert, bewertet und gehandelt. Selbstverständlich erfolgen diese Zuschreibungen im Kontext struktureller Realitäten, die sich durch Macht, Rechte und anderen Teilhabefragen ausdrücken.
Es erfolgen gegenseitige Abwertungskonstruktionen wie auch Aufwertungskonstruktionen. Auch letztere sind Festschreibungen und Etikettierungen, wenn keine Differenzierungen mehr möglich sind. Die Idealisierung von Kulturen und deren Mitglieder verkommt zu einer kritiklosen Loyalität, zu einem Einheitsbrei, in dem Einzelne zum Objekt idealistischer Verklärung werden, da keine Differenzierungen mehr möglich sind und das Wahrnehmungskonstrukt geschlossen ist.

Wenn das Fremde nur als Fremdes wahrgenommen wird, wenn Fremde nur als Angehörige anderer Kulturen wahrgenommen werden, denen man eher

kritisch-ablehnend gegenübersteht oder die man in den höchsten Tönen preist, dann hat das Individuelle keine Chance mehr.
Wenn in einer Gesellschaft interkulturelle Integrationsarbeit geleistet wird, spielt das Thema Differenz und Abgrenzung eine grundlegende Rolle, wenngleich deren Grad je nach Situation unterschiedlich ist. Insgesamt kennzeichnet sich interkulturelle Sozialarbeit nicht lediglich durch den Aspekt der Integration, sondern ebenso der Differenz. Diese werden durch Kommunikation reproduziert. Die Tatsache, dass Soziale Arbeit überhaupt interkulturell tätig wird, basiert auf dem Aspekt der Differenz und damit, dass Probleme vor dem Hintergrund kultureller Spezifika gesehen werden. Damit werden Kulturgrenzen gezogen, die zwar immer auch schon da sind, Soziale Arbeit fußt jedoch auf dem Ansatz kultureller Differenz. Der andere Blickwinkel wäre *die Einheit trotz Differenz*. Um Differenz nicht zu verstärken, bedarf es seitens der Sozialen Arbeit selbstreferentieller Leistungen. Sie sind Voraussetzung, um Angehörige einer Kultur nicht lediglich als TürkInnen, AlbanerInnen oder AfrikanerInnen zu sehen, sondern als Personen mit einer biographischen Geschichte und Identität, die nicht allein auf Kulturspezifika rückzuführen sind.

Wenn Luhmann betont, dass Personen als Rollenträger Teil eines Systems sind, als Personen jedoch deren Umwelt, dann besagt das für die interkulturelle Arbeit: Als Umwelt können sich Personen vom Kultursystem distanzieren und ihre je eigenen Kulturanpassungen vollziehen wie auch Elemente anderer Kulturen, z.B. musik-, wert-, verhaltens-, lebensstilspezifische Elemente integrieren. Erst darüber, dass sie nicht total in ein Kultursystem eingebunden sind, wird Individualität möglich. Selbstverständlich hat das je nach (Sub-)Kultureingebundenheit Grenzen. Familiensysteme können sich als totalitär herausstellen, in dem alle Versuche einer Individualisierung unterbunden werden. Probleme für SozialarbeiterInnen treten häufig dann auf, wenn solche Systeme von den Betroffenen als „normal" konstruiert werden. Im Umgang damit besteht dann die Gefahr, kleine Entwicklungsschritte nicht mehr wahrzunehmen, „weil man sowieso nichts machen kann".

Um solchen Konstruktionen entgegen zu treten, wird in der fachlichen Diskussion anstelle von differenzierenden Zuschreibungen auf fundamentale Ähnlichkeiten aller Menschen in Bezug auf ihre organismische und psychische Struktur trotz kultureller Unterschiede hingewiesen (vgl. Staub-Bernasconi 1995). Soziale Arbeit im interkulturellen Bereich ist ein Balanceakt zwischen Konstruktionen, die sich aus der Herkunftskultur entwickeln, und dem Verstehen der Konstrukte anderer Kulturen, zwischen dem Loslassen von Festschreibungen darüber, wie andere sind oder wie sie sein sollten und dem Wahrnehmen, was AdressatInnen aufgrund ihrer Kulturangehörigkeit für sich realisieren können und wo die Grenzen in der Person und deren Systemen liegen. Zwischen kultureller Einheit und Differenz gibt es eine „Schnittmenge", die SozialarbeiterInnen und AdressatInnen gemeinsam und realistisch bearbeiten können. Sie herauszufinden ist häufig eine Kunst. Sie kann winzig klein sein oder auch sehr groß. Sie kann heute winzig klein sein und morgen schon viel größer.

Zuschreibungen nach dem Gewinner-Verlierer-Spiel

Angehörige von Kulturen sind vordefiniert und an diese Definitionen gekoppelt sind wiederum historische Entwicklungen, zu deren bestimmenden Elementen u.a. Kolonialisierung, Missionierung, Versklavung zählen. Gegenwärtige Kulturzuschreibungen sind also nicht frei von historischen Vorgaben, und ebenso sind sie nicht frei von Bewertungskategorien nach westlichen Maßstäben, die sich im Rahmen von Globalisierungsprozessen (Erste Welt / Dritte Welt) noch weiter ausbreiten. Armut und Reichtum, Wirtschafts- und Militärkraft, Infrastruktur, Statussymbole und nach wie vor auch Hautfarbe dienen als Kategorisierungen für den Status einer Kultur und deren Mitglieder. Wenn ich das an dieser Stelle so benenne, dann entsteht gleichzeitig das Dilemma der Mitkonstruktion dieser Differenz.

Interkulturelle Problematiken ergeben sich nicht lediglich aus situativen Handlungskontexten, sondern sie haben historische Wurzeln, aus denen Zuschreibungen resultieren, Zuschreibungen, die nach dem Gewinner-/Verlierer-Modus erfolgen. Parallel dazu laufen viele Aktivitäten zwischen Menschen und Systemen verschiedener Kulturen, die gerade diesen Gewinner-/Verlierer-Modus überwinden wollen und alte Konstruktionen nicht bedienen. Jedoch bleibt es im ganzen Kräftefeld nicht aus, dass die Differenz im Sinne der Aufwertung des Eigenen und der Abwertung des Fremden aufrechterhalten bleibt. Dies kann auf personaler wie gesellschaftlicher Ebene stabilisierend wirken. Welche Bedeutung solche Mechanismen in der Jugend- und Stadtteilarbeit und vor allem auch in der politischen Szene haben, muss nicht erst herausgearbeitet werden. Auch die Mitkonstruktion der Verliererrolle durch betroffene Minderheiten kann vordergründig identitätsstabilisierend und entlastend sein. Man kann die anderen anklagen und Schuldzuweisungen vornehmen.

Unabhängig davon, wie das zu bewerten ist, ist der Gewinner-/Verlierer-Modus ein wichtiger Motor für die Reproduktion von kultureller Differenz, Abgrenzung und Ausgrenzung.

Die Akzeptanz-/Nichtakzeptanz-Spirale

Über die Bedeutung einer fremden Kultur und deren Mitglieder für eine Mehrheitskultur entscheidet in der Regel die Mehrheitskultur und zwar anhand ihrer gültigen Kriterien und aufgrund der technischen, infrastrukturellen und symbolischen Möglichkeiten, die sie hat, um Konstruktionen zu entwickeln und aufrechtzuerhalten. Da, wo Geld, Bildung, Qualifizierung, Statussymbole eine wichtige Rolle spielen, bieten ArbeitsmigrantInnen aus Armutsregionen wenig Identifikationspotential (vgl. dazu Lipp 1987). Die Möglichkeiten der strukturellen Koppelung zwischen Mitgliedern der Herkunfts- und der Fremdkultur in Bezug auf Lebensstil, Werte, Freizeitverhalten etc. sind sehr eingeschränkt. Die Leistungsrollen in der Arbeitswelt, die bei ArbeitsmigrantInnen auf niedrigem Anerkennungsniveau angelegt sind, bedingen die Laienrollen, die durch hohe Exklusion gekennzeichnet sind. Umgekehrt, je ähnlicher der oder die Fremde sozusagen der Mehrheitskultur ist, desto höher ist in der Regel das Interesse an struktureller Koppelung. Zu beobachten ist dies beispielsweise im akademischen Bereich, wo es interessant ist, mit ausländischen KollegInnen zu arbeiten, weil eine gemeinsame Basis (Sprache, (Aus-)Bildung, Werte, Wissen, Techniken) vorhanden ist plus das Fremde. Fremde als Kulturträger sind nicht allein deswegen interessant, weil sie Fremde sind, sondern dann, wenn sie etwas anzubieten haben, was auf Interesse stößt, wenn sie das Gewohnte nicht grundsätzlich infrage stellen und wenn sie Identifikation ermöglichen. Gering qualifizierte ArbeitsmigrantInnen haben hier in unserer Kultur das Nachsehen. Ihnen gegenüber herrscht nicht nur Befremden sondern auch die Erwartungshaltung, sich um des „besseren" Lebenskonzeptes willen zu assimilieren. Akzeptanzprobleme nehmen zu, wenn diejenigen, mit denen man sich nicht zureichend identifizieren kann, als Massenphänomen konstruiert werden und wenn zusätzlich soziale Probleme auftreten wie beispielsweise der Kampf um Arbeitsplätze oder Wohnungen oder wenn aufgrund von Teilhabeproblemen, die als solche nicht benannt werden, Abweichungen auftreten in Form von Gewalt und Kriminalität. Die reduzierte Akzeptanz, die MigrantInnen auch in der zweiten und dritten Generation entgegengebracht wird, untermauert die Macht- und Teilhabeprobleme, indem Zuzugsregeln, Einbürgerungsregeln und Ressourcenzugänge eingeschränkt bleiben, worauf die Mitglieder von Minderheitenkulturen zu reagieren haben. Dies geschieht nicht selten durch verschiedene Formen der Distanzierung, z.B. durch Selbstethnisierung in Form von Rückzug in die eigenen Kulturgruppen, Selbstaufwertungen und Fremdabwertungen, Ghettobildung oder auch Formen des Fundamentalismus. Während man den Fremden Distanz vorwirft, tun autochtone Kulturen das ihre, um sie mitherzustellen.

Soziale Arbeit bewegt sich innnerhalb all dieser Prozesse, die historische, kulturelle, soziale und individuelle Ursachenbündel haben. Nicht selten spielen Passung und Identifikation auch im Unterstützungssystem eine Rolle. Emanzipierte, westlich geprägte SozialarbeiterInnen können sich mit dem Rollenbild beispielsweise anatolischer Frauen kaum identifizieren. Das gleiche gilt umgekehrt. Häufig entstehen diffuse Gefühle zwischen Professionellen und AdressatInnen, wenn Unvereinbarkeiten aufeinandertreffen, weil das jeweils andere Rollenbild nicht wirklich auf Akzeptanz oder Toleranz stößt. In Beziehung treten setzt aber die grundsätzliche Akzeptanz dessen voraus, wie das Du denkt, fühlt und handelt, auch wenn es den eigenen Vorstellungen und Wichtigkeiten nicht entspricht. Unter solchen Voraussetzungen in Beziehung treten zu können, setzt nicht nur Toleranz voraus, sondern auch eine stabile Ich-Identität mit der Fähigkeit andere in ihrem Andersein zu lassen.

Der Verlust an Macht, Kritikmöglichkeit und Zugehörigkeit

Kulturelle Minderheiten können sich nicht auf die Machtstruktur der Heimatkultur verlassen, die vertraut ist und deren Hebel bedient werden können. Die Quellen ihres Einflusses schwinden im Aufnahmeland, wenn sie die Sprache nicht beherrschen und nach ihrem rechtlichen und/oder sozialen Status kein adäquates Gegenüber sein können. MigrantInnen sind ExpertInnen ihres Alltags und wissen, was es bedeutet, unter den geschilderten Bedingungen so etwas wie stabile Lebenswelten aufzubauen. Sie leben im Schnittpunkt von Inkompatibilitäten, generativen Prozessen der Entfremdung innerhalb der eigenen Kultur (die erste Generation fühlt anders als die zweite und dritte Generation) und der tatsächlichen Teilhabechancen. Kritik gegenüber der Gesellschaft und in Bezug auf ihre Situation zu formulieren wird ihnen nur bedingt zugestanden, weil Nehmen und Geben aufgeteilt ist: das Geberland, personifiziert durch Entscheidungsträger und Definitoren,[63] erwartet Dankbarkeit und Anpassung am besten in Form von Assimilation[64]. Hinzu kommt, dass die Abkehr vom Herkunftsland die MigrantInnen in eine doppelte Fremdheit versetzt, weil auch die Menschen der ursprünglichen Heimat sie als Fremde sehen (vgl. Hettlage 1987). Systemisch ausgedrückt: die strukturellen Abkoppelungen vom Heimatland können durch die neuen strukturellen Koppelungen nicht oder nur sehr schwer aufgefangen werden. Für das Gefühl und Wissen um Zugehörigkeit bleibt dann häufig nur noch die direkte Mikroebene, die aber das, was sie an Integration, Identität, an Orientierung und Sicherheit zu leisten hat, kaum noch zu verarbeiten vermag. Der Rückgriff auf kultu-

---

[63] Das sind u.a. Medien, Personen des öffentlichen Lebens, Parteien.
[64] Assimilation zielt auf die Übernahme der sozialen, ökonomischen und kulturellen Vorgaben des autochtonen Systems, d.h. es zielt auf eine weitgehende persönliche Anpassung.

relle Traditionen ist häufig die letzte Möglichkeit, dort Halt zu gewinnen, wo Haltlosigkeit durch äußere Bedingungen und Teilhabeprobleme gegeben ist. Ich greife an dieser Stelle nochmals den Satz von Lanfranchi (1996, 31) auf:

„Wissen über Kulturen und Informationen über ethnische Unterschiede sind wichtig und gleichzeitig unwichtig."

SozialarbeiterInnen brauchen Wissen über kulturelle Vielfalt, deren mögliche Prozesse im Rahmen vorgegebener Strukturen; doch welche Fragen, Anliegen und Probleme AdressatInnen tatsächlich haben, worin sie ihren Halt suchen, was sie bereit sind einerseits aufzugeben und andererseits zu integrieren, wie sie denken, fühlen und handeln, was für sie Sinn macht und identitätsstiftend ist, das können SozialarbeiterInnen darüber keineswegs immer erkennen.

Differenz zwischen Chance und Begrenzung

Ziel der interkulturellen Arbeit kann es nicht sein, Differenz aufzuheben. Differenz ist identitätsstiftend, Differenz erzeugt Vielfalt und Fülle und damit die Chance von Wahlen, wie gelebt werden möchte; interessante Möglichkeiten der gegenseitigen Beschäftigung und Bereicherung können sich entwickeln. Differenz ermöglicht den Kulturen die Selbst- und Fremdbeobachtung, vor allem auch dahingehend, eigene und fremde förderliche wie problematische Kultur- und Zivilisationsmuster zu beschreiben. Im positiven Fall erwächst daraus eine aktive Auseinandersetzung und Entwicklung. Das Konzept der Akkulturation sieht beispielsweise gegenseitige Anpassungsleistungen der Mehr- und Minderheitskulturen vor. Werte, Normen, Einstellungen und Lebensstile können sich auf beiden Seiten verändern. Eine ethnische Unterscheidung bleibt bestehen, und es erfolgt gleichzeitig die Anerkennung grundlegender sozialer Normen. Darüber hinaus gibt es offene Austauschprozesse mit dem Ziel des beständigen Wandels (vgl. Heckmann 1992). Dieses Konzept erfordert Teilhabechancen und lässt sich umso schwerer realisieren, je nachhaltiger sich die tatsächlich vorhandenen Teilhabeprobleme darstellen:

- Das Recht ist ein Instrument, um Differenz zu verstärken, insbesondere die staatsrechtliche Unterscheidung in In- und Ausländer mit der Folge unterschiedlicher politischer und ressourcenmäßiger Teilhabechancen. Dies betrifft vor allem die MigrantInnen der zweiten und dritten Generation.

- Sozialstrukturelle Bedingungen der Mehrheitskultur im Sinne knapper werdender Ressourcen, die zur Verteilung kommen und die Verteilungskämpfe nach sich ziehen (Arbeitsplätze, Sozialhilfe, Wohnungen u.a.), führen schnell dazu, dass Minderheiten der Zugang zu Ressourcen erschwert wird. Dies ist dann nicht ein Kultur-Problem, sondern ein sozialstrukturelles Problem.

- Kulturelle Differenz verstärkt sich, wenn soziale Probleme vorrangig mit kultureller Zugehörigkeit gekoppelt werden. Sie verstärkt sich umso mehr, wenn die sogenannten Experten (PolitikerInnen, SozialarbeiterInnen, LehrerInnen, Medien) solche Konstruktionen vornehmen. Das Denken in Kategorien der Kulturdifferenz ist ein mono-kausales Denken und hat mit systemischem Denken nichts gemein. Vielschichtige, vernetzte soziale und psycho-soziale Probleme werden zu bloßen kulturellen Problemen gemacht, anstatt sie in ihrer Vielschichtigkeit zu erfassen (vgl. Staub-Bernasconi 1995).

- Die Differenz verstärkt sich durch die Selbstethnisierung von Gruppen, indem sie kulturspezifische Grenzziehungen vornehmen und diese reproduzieren. Dies reicht von der eigenen Ghettoisierung bis hin zum Fundamentalismus. Solche Prozesse sind nicht ohne den Aspekt der Fremdethnisierung zu sehen und den damit einhergehenden Ausgrenzung- und Diskriminierungstendenzen. Selbstethnisierung kann vor allem bei der zweiten und dritten Generation Bedeutung gewinnen. Obwohl im Aufnahmeland geboren und obwohl die Voraussetzungen für eine volle Teilhabe vorhanden sind (Sprache, Kulturwissen), erfahren sie trotzdem rechtliche und soziale Ausgrenzung. Selbstethnisierung hat dann eine stabilisierende Wirkung im Umgang mit der fremden autochtonen Kultur. Der Preis ist der Rückzug hinter die eigenen Kulturgrenzen. Dies kann verstärkt werden, wenn beispielsweise Angehörige einer Kultur keine geeigneten Möglichkeiten sehen, ihre Kultur weiter zu tradieren, weil dies gesetzliche Vorgaben einschränken, beispielsweise Religionsausübung, Traditionen und Praktiken. Unbenommen ist die Frage, welche Traditionen und Praktiken im Aufnahmeland reproduziert werden dürfen, eine grundsätzliche, wenn es um allgemeine Grundrechtsverletzungen geht (z.B. Genitalverstümmelung von Frauen). Auch das Aufnahmeland hat ein Recht zur Grenzziehung, die Frage ist nur, wie eng die Grenzen gezogen werden und wer am Prozess der Entscheidungsfindung beteiligt wird.

- Die Spezialisierung auf Kulturgruppen, wie sie die Sozialberatung für AusländerInnen zum Teil nach wie vor kennt, macht nur Sinn, wenn konstruiert wird, dass TürkInnen andere Probleme haben als ItalienerInnen. Pragmatisch macht es Sinn, wenn man in der ersten MigrantInnengeneration Fachberatungen mit ÜbersetzerInnen aufbaut. Fraglich wird dieser Sinn, wenn diese Angebotsstrukturen für MigrantInnen der zweiten und dritten Generation beibehalten werden, denn daraus folgt eine Klientelisierung von Ethnien.

Aspekte interkultureller Kompetenz

Interkulturelle Kompetenz ist aus systemischer Sicht die Kompetenz der Verbindung von Einheit und Differenz. Erst wenn wir die Vielheit in uns selbst entdecken, haben wir vielleicht eine größere Chance, die Vielheit nach außen zu bewältigen. Nicht die Differenz ist das Problem, sondern der Umgang damit. Je geschlossener Bewusstseinssysteme eigene und fremde Kultursysteme konstruieren, desto problematischer werden Kommunikation und Austausch. Das gilt sowohl für die Angehörigen autochthoner Kulturen wie die von Minderheiten.

Interkulturelle Kompetenz setzt nicht auf Gleichheit. Menschen sind nicht gleich! Es geht um Gleichwertigkeit trotz Unterschiedlichkeit. Gleichwertigkeit in Interaktionen wird zum Problem, wenn instabile Ich-Identitäten sie nicht herstellen können und wenn Abwertungen gegebenenfalls einen stabilisierenderen Effekt haben. Von daher setzt kulturelle Kompetenz eine stabile Ich-Identität voraus, die weder abwerten noch idealisieren muss.

Interkulturelle Kompetenz setzt Wissen über Kulturspezifika voraus, wie überhaupt Wissen und Erfahrungen über Bedingungen und Prozesse der Differenz. Ebenso setzt sie voraus, sich im Einzelfall davon frei zu machen, um unterschiedlichen Erfahrungen, Identitäten, Lebensstilen und Bewältigungsmustern Raum zu geben und Geltung zu verschaffen.

Interkulturelle Kompetenz verlangt in hohem Maß Reflexionsvermögen, um über eigenen Konstruktionen und Zuschreibungen nachzudenken und um die Vernetzung von Kulturelementen zu erkennen. Mit Werten wie Emanzipation, Freiheit und Autonomie ist behutsam um zu gehen. damit keine Kolonialisierung erfolgt. Ein Symbol von Freiheit wäre beispielsweise, dass Frauen nicht verschleiert sind, dass sie die gleichen Rechte haben wie Männer, dass Frauen sich sexuell gegenüber ihren Männern abgrenzen dürfen, dass Frauen nicht beschnitten werden dürfen usf. Nahezu jede westliche Frau würde diesen Forderungen zustimmen, wenn sie einigermaßen aufgeklärt ist. Jedoch das, was im Westen durch lange Prozesse erkämpft worden ist, wird nun als Denkschablone an andere Kulturen herangetragen. Akribisch wird darauf gepocht, dass Symboliken der Unterdrückung abgeschafft werden, was entweder über das Recht oder über Bewusstseinsprozesse eingelöst werden soll - möglichst umgehend. Ungesehen bleibt häufig die Vernetzung der Elemente. Eine Frau, die sich beispielsweise im Rahmen bestimmter kultureller Milieus nicht verschleiert, gilt nicht als Frau, ist von daher nichts wert, bringt Schande über die Familie, wird zur Belastung, weil sich kein adäquater Mann für sie findet und wenn doch, dann mit der Gefahr, dass die Frau ausgebeutet wird. Symbole haben vernetzte Bedeutungssysteme, die nicht von heute auf morgen außer Kraft gesetzt werden können, auch nicht mittels des Rechts, das keineswegs kulturell neutral ist und zudem im Zweifelsfall unterlaufen wird. Der illegale

Vollzug kultureller Praktiken ist für die Betroffenen dann meist noch härter. Interkulturelle Kompetenz bedeutet hier, soziale Funktionen von Kulturpraktiken und den dahinter liegenden Werten in ihrem Bedeutungszusammenhang zu verstehen. Das heißt nicht, sie zu bejahen oder gar zu unterstützen. Schon gar nicht heißt es, die eigenen Wertvorstellungen infrage zu stellen. Jedoch kann es nicht Aufgabe von SozialarbeiterInnen sein, die Lösung für andere zu suchen, eine Lösung, die sie selbst nicht leben müssen und deren Konsequenzen sie nicht tragen müssen. Austausch und Unterstützung dahingehend sind wichtig, dass die Betroffenen zu Wort kommen, sich Gehör verschaffen und ihre Forderungen formulieren und realisieren bzw. teilrealisieren können. Interkulturelle Kompetenz heißt, auf allen Systemebenen den Prozess des kommunikativen Austausches mitzugestalten oder zu initiieren, aber auf keinen Fall die Betroffenen mit Wertimperativen zu kolonialisieren.

5. Diskussion

5.1 Systemtheoretische Reichweite

Luhmanns Ansatz in Bezug auf eine Theorie der Gesellschaft ist ein erklärender. Der Autor macht umfassende theoretische Aussagen darüber, wie Systeme funktionieren und welche Eigenschaften sie im Rahmen der System–Umwelt–Differenz haben. Dargestellt werden Eigenlogiken von Systemen, deren Eigendynamik und Eigengesetzlichkeiten. Ebenso werden Fragen der Komplexität und Kontingenz theoretisch entwickelt. Luhmanns Systemtheorie ermöglicht einen Strukturblick, indem Komplexitäten operationalisierbaren System–Umwelt–Differenzen zugeordnet werden können.
Wir erhalten Zugänge zu Strukturen, Funktionen und Mechanismen gesellschaftlicher Wirklichkeit, ein Wissen, das wiederum auf alle Systemebenen (Mikro-, Meso-, Exo-, Makroebene) transferfähig ist. Durch Systemwissen lassen sich Teileinheiten nicht nur in einen umfassenden Zusammenhang bringen, sondern auch das Handeln von Systemmitgliedern und Systemen wird in seiner Vielschichtigkeit und in seiner funktionalen und rollenspezifischen Bedeutung aufgefächert. Vor dem Hintergrund einer systemtheoretischen Folie lassen sich komplexe empirische Sachverhalte einordnen.

Die Rezeption systemtheoretischer Ansätze, speziell des Ansatzes von Luhmann, stellt sich in der Fachliteratur sehr unterschiedlich dar. Sie reicht von Zustimmung, Teilzustimmung bis Ablehnung. Auffallend bei der Rezeption von Luhmanns Werk ist vor allem die zum Teil sehr heftige und grundsätzliche Kritik, die ihm entgegengebracht wird.

Zwei Kritikebenen haben sich herauskristallisiert.[65] Zu nennen ist zum einen die kritische Auseinandersetzung zwischen Jürgen Habermas und Niklas Luhmann (Habermas 1971). Dabei geht es Habermas nicht um die theorieimmanente Stimmigkeit des Ansatzes, um begriffliche Unbestimmtheiten etc., sondern die Kritik erfolgt aus dem Blickwinkel einer „kritischen" Gesellschaftstheorie.

Habermas sieht Luhmanns Ansatz vor allem auf Fragen der Komplexitätsreduktion begrenzt, ausgespart blieben hingegen Fragen von Herrschaft und Ungerechtigkeit. Luhmanns Ansatz geriet unter Ideologieverdacht, weil ihm vorgehalten worden ist, eine Art Rechtfertigungsfunktion für die bürgerlich-kapitalistische Gesellschaft zu übernehmen (vgl. dazu auch Maciejewski 1973).

Die andere Kritikebene, die die aktuelle Diskussion prägt, bezieht sich mehr auf theorieimmanente Fragestellungen, auf einzelne theoretische Schwächen des Werkes, Brüche und begriffliche Unklarheiten.[66]

Die Argumentationen von Seiten der kritischen Gesellschaftstheorien sind nicht von der Hand zu weisen. In der Tat bietet Luhmanns Ansatz keine zureichenden Erklärungen expliziter (strukturell verankerter) und impliziter (gelebter, tradierter, als „normal" angesehener) Machtstrukturen und sozialer Ungleichheit.

Die Begriffe Exklusion/Inklusion sind funktional angelegt, doch geben sie keine Hinweise

- auf Fragen sozialer Ausgrenzung und Teilhabeprobleme von gesellschaftlichen Gruppierungen,
- auf die Frage der Geschlechterverhältnisse und damit die Teilhabe an gesellschaftlichen Positionierungen und Macht,
- auf die tatsächliche Macht und Einflusskraft bestimmter Systeme,
- bezüglich der Gestaltung menschenwürdiger Lebensbedingungen,
- auf sozialen Wandel, dessen Verlaufsgesetze und Kontrollparameter,
- auf den Zusammenhang von Lebenslagen und abweichendem Verhalten,
- auf Einkommenslagen und Freizeitinteressen,

---

[65] Eine Auseinandersetzung mit dem Hauptwerk Luhmanns „Soziale Systeme" siehe in Haferkamp u.a. 1987 und in Baecker u.a. 1987.

[66] Eine Auswahl kritischer Beiträge siehe in Krawietz/Welker 1992.

- auf die Ursache von Verteilungskonflikten,
- auf den Zusammenhang von Arbeit, Bildung und Armut,
- unterbeleuchtet bleibt auch die historische Dimension von sozialen Entwicklungen.

Der Vorwurf, dass mit Luhmanns Konzept die Gefahr eines sozialen Neutralismus' oder abgeklärten Realismus' gegeben ist (vgl. Müller 1996, 349), liegt nah, und wir kommen hier zu einem Kernproblem systemtheoretischen Denkens: Systemtheorien versuchen zu erklären, *wie* Systeme funktionieren, doch machen sie keine zureichenden Aussagen darüber, wie sich insbesondere Macht, Gewalt, Manipulation, Ausgrenzung, Kontrolle in Systemen kommunikativ und strukturell manifestieren, und wie Systeme zu konstruieren sind, um nach ethischen Kriterien sinnhaft zu operieren. Grundlegende empirische Fragen werden nicht gestellt, und damit besteht die Gefahr der „Entleerung" einer Theorie (Bühl 1991, 203, 211).

Mit diesen Einwänden stellt sich zugleich die Frage nach der Reichweite systemtheoretischer Ansätze. Sie ist notwendigerweise begrenzt. Notwendigerweise deshalb, weil es eine Theorie schwerlich zu leisten vermag, im Detail umfassende erklärende und zugleich normative Aussagen zu machen und diese auch in eine theoretische Konsistenz zu bringen. Systemtheorien bedürfen deshalb zu ihrer Ergänzung Anschlusstheorien, die Antworten auf oben genannte Fragen geben. Keinesfalls ersetzen die Systemtheorien das Erforschen spezifischer sozialer Zusammenhänge und Wechselwirkungen durch empirische Theorieschulen; im Gegenteil: sie machen deren Bedarf deutlich. Im Rahmen des systemtheoretischen Paradigmas kann Soziale Arbeit deshalb nicht darauf verzichten, ihre Bezugswissenschaften einzubinden, die Antworten auf die aufgeworfenen Fragen anbieten. Umgekehrt vermögen empirische oder hermeneutische Ansätze mit ihren methodologischen Instrumentarien nicht das zu leisten, was die Systemtheorien leisten:

- einen Zuwachs an Struktur- und Zusammenhangwissen trotz Komplexität;
- einen Zuwachs an Beobachtungswissen;
- einen Zuwachs in Bezug auf Wechselwirkungen hinsichtlich der System-/Umwelt-Differenz
- einen Zuwachs des Verstehens von Handlungen und den ihnen zugrundeliegenden Sinnüberlegungen, Rollen- und Funktionsanforderungen;
- einen Zuwachs des Verstehens der Interaktionen zwischen Personen und Systemen, insbesondere dahingehend, dass immer wieder aufs Neue Stabilität und Balance hergestellt und dazu auf unterschiedliche „passende"

Bewältigungsstrategien zurückgriffen wird, die konstruktiv wie auch destruktiv sein können;

- ein Verstehen von Kontingenz und damit zusammenhängend von Prozessen, die anders verlaufen als erwartet.

Zu meinen, dass Systemtheorien Universaltheorien darstellen, die das Soziale schlechthin erklären könnten, ist eine Überzeichnung und eine Überforderung der Ansätze. Eine fundamentale Abqualifizierung systemtheoretischer Ansätze mit dem Argument, dass sie zu allgemein und inhaltsleer seien, ist auf der Grundlage der tatsächlichen Leistungsfähigkeit der Theorien ignorant, wenngleich die Gefahr der Entpolitisierung einer solchen Theorie sehr wohl zu sehen ist.

Der hohe Allgemeinheitsgrad von Systemtheorien erlaubt die Entwicklung eines Begriffsinstrumentariums, das geeignet ist, alle sozialen Systeme in ihrem Verhalten, ihren Logiken und Mechanismen zu beschreiben und zu erklären.

Luhmanns Theorie ist primär nicht darauf angelegt, Interventionsstrategien und Handlungsansätze zu liefern und um Probleme zu lösen. Ein Grund dafür ist theorieimmanent. Ein Theoretiker Luhmannscher Provenienz, der sich gegen kausalanalytische Sichtweisen sozialer Wirklichkeit wendet, tut sich schwer, Strategien und Handlungswege aufzuzeigen, weil damit wohl oder übel die Annäherung an Kausalaussagen droht (wenn Systeme so und so konfiguriert würden, dann ...). Die Luhmannsche Systemtheorie bietet aber eine Plattform, um mit Hilfe des theoretischen Rahmens bereichsspezifische Weiterentwicklungen folgen zu lassen. Dass dies so ist, beweisen vor allem die angewandten Forschungsansätze in der Familientherapie und Systemischen Therapie sowie in den Wirtschaftswissenschaften.

Gerade die Fortentwicklung systemtheoretischer Ansätze lässt die Integration von Handlungswissen erhoffen. Dies zeigen beispielsweise amerikanische Systemansätze, insbesondere aus dem Bereich Ökonomie, wo sich Aussagen über Stabilisierung und Dynamisierung sozialer Systeme finden.[67] Im deutschsprachigen Raum arbeitet, wie bereits aufgezeigt, Willke (1987 und 1995) an dieser Fragestellung.

Weitere Kritikpunkte im Rahmen systemtheoretischer Rezeptionen werden gegen die Autopoiesis- und Konstruktivismuskonzepte angeführt. AnhängerInnen metaphysischer Denkmodelle sehen darin eine klare Absage, darüber nachzudenken, was es außer menschlichen Konstruktionen sonst noch gibt. Die Fragen nach allgemeingültigen Wahrheiten, unabhängig von Raum und

---

[67] Literaturangaben dazu siehe bei Bühl 1991, 218ff.

Zeit, würden durch den Konstruktivismus obsolet.

In der Tat: gäbe es nichts außer dem Radikalen Konstruktivismus, führte dies sicherlich zu einer Verarmung des philosophischen Fragens. Im Sinne einer kognitiven Erkenntnistheorie jedoch zeigt sich der Ansatz konsequent entwickelt. Wir Menschen, das ist der Ausgangspunkt, sind nun einmal nicht in der Lage, Wirklichkeit als Ganzes oder gar abbildmäßig zu erfassen, sondern können immer nur auf Teilwirklichkeiten zugreifen, indem wir sie konstruieren. Auch das „Wahre" muss durch den Menschen konstruiert werden. Über Gott oder Vernunft wird es trotz generalisierender Entwürfe so viele Konstruktionen geben wie es Menschen gibt.

Die Adaption von konstruktivistischen Modellen verlangt keine metaphysische Abstinenz. Einigkeit sollte lediglich darin bestehen, dass wir uns Welt aneignen, indem wir sie konstruieren. Dabei dürfen wir sehr wohl danach fragen, was es außer unseren Konstruktionen sonst noch gibt. Die Antworten werden wiederum Konstruktionen sein. Die Suche nach wahrer Erkenntnis ist damit nicht aufgehoben. Im Gegenteil: sie wie auch die Begrenztheit unseres Wahrnehmens gehören sozusagen zur „Natur" des Menschen.

Als Personen konstruieren wir in doppelter Hinsicht: einmal, was die eigene Systemwirklichkeit betrifft und zum anderen, was die Umwelt betrifft. Wir deuten und interpretieren nach eigenen Logiken. Man könnte diese Beliebigkeit als negativ werten, weil alles richtig und falsch zugleich ist. Positiv daran ist, dass Deutungen und Interpretationen in der Verfügungsmacht der jeweiligen BeobachterInnen und Akteure belassen werden, die aus ihrer Erfahrung, ihrem Wertesystem, ihrem Wissen und ihren Codes auf Wirklichkeit zugreifen.

Konstruktivistische Ansätze verpflichten uns gerade dazu, Wirklichkeit in dem, was sie ist oder nicht ist, kommunikativ auszuhandeln und zu erschließen. Damit werden alle „richtigen" Lebens- oder Gesellschaftskonzepte in ihrer Ausschließlichkeit relativiert. Das scheint mir angesichts der jüngsten Geschichte und der darin gemachten Diktaturerfahrungen geradezu wohltuend. So mögen Dogmen Teil menschlicher Denk- und Handlungsstrukturen sein, die in Systeme überführt werden. Sie sind nicht Teil wissenschaftlicher Konstrukte, und das ist schon mal ein Anfang für Freiheit und Toleranz.

Einer Systemtheorie, die autopoietische Theorieelemente integriert, gelingt es, das Individuum zu erfassen und es nicht in eine soziale Gesamtpraxis zu vereinnahmen, wie es holistische Zugänge tun. Person und System bleiben sich ein Gegenüber. Auf der individuellen Ebene ermöglicht dies Handlungsfreiheiten. Dasselbe gilt auch für die Systeme, auch sie sind autopoietisch, zeigen eine operative Geschlossenheit, was bedeutet, dass sie sich nicht in jeder Situation und zu jedem Zeitpunkt verändern lassen.

Bei der kritischen Rezeption systemtheoretischer Ansätze wäre es sinnvoll, wenn die verschiedenen theoretischen Schulen nicht nur darauf achteten, sich voneinander abzugrenzen, sondern ihr Augenmerk vor allem darauf richteten, sich gegenseitig zu befruchten und zu ergänzen. Gelingen könnte dies, wenn sie sich gegenseitig als substituierend betrachteten. Herauszufinden, wo theoretische Brückenschläge oder gar Forschungspartnerschaften möglich sind, wäre mit Blick auf eine produktive Theorieweiterentwicklung sinnvoll. Besonders interessant wären Kooperationen zwischen systemtheoretischen und empirisch-analytischen Wissenschaften, um herauszufinden, welche Wechselwirkungen in Systemen dominant und weniger dominant sind. Luhmann räumt ein, dass es kausale Wechselwirkungen zwischen Systemen und ihren Elementen gibt. Daraus Typologien zu bilden wäre ein interessanter Forschungsansatz. Dass all dies im Rahmen des auf Konkurrenz angelegten Wissenschaftssystems häufig so schwer fällt, mag ein Systemproblem sein.

5.2 Systemtheorie und Soziale Arbeit

Luhmanns systemtheoretischer Ansatz zeigt, dass sich anhand von Begrifflichkeiten und theoretischen Aussagen empirisch beobachtbare Probleme und Phänomene aus der Sozialarbeitspraxis beschreiben und einordnen lassen. Es werden grundlegende Aspekte aufgezeigt, die sich im Rahmen von Veränderungsprozessen ergeben, so beispielsweise die Aspekte Bewahren und Verändern, prozessuale Kontingenz und die Autonomie von Menschen und Systemen, in der Art und Weise, wie sie Umweltinformationen verarbeiten und sich darauf einstellen. Systemtheoretische Erklärungen zeigen vor allem dort ihre Aussagekraft, wo Veränderungsprozesse schwierig zu initiieren und zu begleiten sind und wo sie möglicherweise anders verlaufen, als geplant. Soziale Arbeit in der Praxis muss aus der systemtheoretischen Perspektive nicht „gradlinig" ins Ziel kommen, sondern darf Umwege machen, die sich aus dem Prozess ergeben. Bei all dem sind SozialarbeiterInnen gefordert, ein hohes Maß an selbstreferentiellen Leistungen (Reflexion) zu erbringen, um ihr eigenes Tun, sowie das von Menschen und Systemen zu verstehen. Schon gar nicht geht es um ein voreiliges Werten und Bewerten, ob das, was andere tun richtig ist, sondern es geht zunächst einmal darum zu verstehen, wie sich Menschen und Systeme stabilisieren, welche Bedeutung dabei Veränderungen haben, ob diese Sinn machen oder der Status quo immer noch attraktiver ist und mehr Sicherheit verleiht.
Andererseits gibt der universalistische Ansatz von Luhmann keinen Hinweis darauf, wie Systeme zu strukturieren, auszugestalten und zu steuern sind, damit ein gerechter und auch effektiver Austausch in Beziehungssystemen

und zwischen funktional organisierten Systemen und ihren Akteuren möglich wird und welche Bedeutung Gesellschaft in diesem Zusammenhang hat. SozialarbeiterInnen sind in der Praxis Sozialer Arbeit vorrangig damit konfrontiert, dass Menschen und Systeme (Familiensysteme, Partnerschaftssysteme, Hilfesysteme, Wirtschaftssysteme, politische Systeme) zwar irgendwie funktionsfähig sind, jedoch häufig nicht im Sinne humaner Kriterien und Vorstellungen. SozialarbeiterInnen haben zu tun mit Machtmissbrauch, Gewalt, Ausgrenzung, Überbürokratisierung und Hierarchisierung. Darauf müssen Antworten gegeben werden, – Antworten die die Systemtheorie nicht liefern kann, sondern wo der Bedarf an Bezugswissenschaften zu reklamieren ist. Der systemtheoretische Bezugsrahmen macht deshalb nur Sinn, wenn er mit bezugswissenschaftlichem Wissen erweitert wird. Es ist sozusagen das Fleisch am Gerippe. Das „Gerippe" ist die Struktur, von der aus gedacht und gehandelt wird.

Im Kontext dieser Überlegungen gilt es nun im Folgenden, den Blick auf diejenigen systemtheoretischen Theoreme und Aussagen zu lenken, die für die Soziale Arbeit meines Erachtens besonders relevant sind.

Autopoiesis und Selbstreferentialität

Das Konzept der Autopoiesis oder Selbstreferentialität wirft für die Soziale Arbeit die grundlegende Frage auf: ist es überhaupt möglich, Systeme von außen zu beeinflussen? Anders formuliert: sind SozialarbeiterInnen nach diesem theoretischen Konzept je in der Lage, ja, haben sie überhaupt eine Chance, auf eine Person oder ein soziales System einzuwirken und Veränderungsprozesse in Gang zu setzen?
Diese Frage wird in der Fachdiskussion im Zuge der Rezeption systemtheoretischer Konzepte unterschiedlich beantwortet. Verschiedene AutorInnen (z.B. Walter Bühl 1991, daran angelehnt auch Maja Heiner 1995a+b) interpretieren das Konzept so, dass ein System ein anderes weder erfolgreich belehren noch sonst wie im Sinne seiner Absichten beeinflussen könne (Heiner 1995a, 429). Dieser Auffassung schließe ich mich nicht an. Systeme sind in ihren Operationen zwar geschlossen und ihren eigenen Logiken unterworfen, im Rahmen der System-Umwelt-Differenz vollziehen sie jedoch Austausch- und Anpassungsprozesse. Personen und Systeme brauchen sich gegenseitig, ebenso brauchen sich Systeme, um sich Ressourcen zuzuführen. Systeme sind miteinander gekoppelt, zeigen häufig eine Isomorphie auf, haben zum Teil ähnliche Interessen, sind voneinander abhängig und von daher darauf angewiesen, miteinander zu kommunizieren, zu kooperieren und sich zu vernetzen. Systeme müssen also notwendigerweise über ihre eigene Logik hinausdenken und andere Systemlogiken in ihr Tun miteinbinden.

Aus systemtheoretischer Perspektive können Systeme andere Systeme dann beeinflussen, wenn damit ein funktionaler Sinn verbunden ist. Die Praxis Sozialer Arbeit ist ja gerade auch Ausdruck dafür, dass es gelingen kann, auf Menschen und Systeme einzuwirken oder zumindest Entwicklungsanstöße zu geben.
Die Frage ist also nicht, ob Beeinflussung und Steuerung von außen überhaupt möglich sind, sondern unter welchen Bedingungen sie möglich sind. Wann zeigen sich Personen und Systeme offen für Informationen und Unterstützung von außen? Wann macht es für sie Sinn, bestimmte Informationen zu verarbeiten und Interventionen von außen zuzulassen? Es ist davon auszugehen, dass es Sinn macht, wenn damit Optionen für mehr Stabilität bei Personen und Systeme gegeben sind.
Soziale Arbeit hat nur eine geringe Interventionschance, wenn das Zielsystem keine Bereitschaft zeigt zu kommunizieren oder Informationen zu verarbeiten und sich zu verändern.

Das Autopoiesis-Konzept sieht grundsätzlich Möglichkeiten der Beeinflussung von außen vor, jedoch nicht unter allen Umständen. Unter diesem Blickwinkel wird verständlich, warum AdressatInnen, die nicht freiwillig um Hilfe ansuchen, zunächst einmal schwer oder gar nicht für einen Hilfeprozess zu gewinnen sind und es vorkommen kann, dass manche ein „Hilfe-Spiel" kreieren, indem Informationen und Handlungen der SozialarbeiterInnen gegebenenfalls umgewertet, umgedeutet, verzerrt, ja regelrecht verworfen werden (wobei dies nicht nur bei verordneter Sozialer Arbeit vorkommt).
Das Autopoiesis-Konzept nimmt also nicht Abschied von der Möglichkeit, Systeme von außen zu beeinflussen, sondern zeigt lediglich die Relativität dieses Tuns auf. Nicht alles ist machbar und – zum Glück –, nicht alles ist machbar ohne Zutun der Betroffenen. Deren Bereitschaft, Motivation und Einverständnis sind Bedingungen für einen professionellen Unterstützungsprozess.
Autopoiesis und Selbstorganisation bedingen somit Selbstverantwortung und Eigeninitiative. Die Allmacht der SozialarbeiterInnen ist aufgehoben und schrumpft zu einem Aufeinander-Angewiesen-Sein zusammen, wenn der Prozess vonstatten gehen soll.
Das Autopoiesis-Konzept markiert für die Praxis Sozialer Arbeit sehr wohl eine *doppelte* Interventionshürde: auf der einen Seite arbeiten SozialarbeiterInnen mit autopoietischen Persönlichkeitssystemen, deren Bereitschaft zur Kooperation einzuholen ist, auf der anderen Seite arbeiten sie mit den Systemen, in die die AdressatInnen eingebunden sind, die ebenfalls Bereitschaft zur Kooperation zeigen müssen. Zeigt also ein/e AdressatIn Offenheit für den Unterstützungsprozess, muss dies die Familie, die Schule, der Freundeskreis, die Firma etc. noch lange nicht tun.
Das Autopoiesis-Konzept rührt an Grundfesten, schmerzt und erzeugt Wider-

stand insbesondere bei jenen, die sich von ihrer fachlichen Identifikation her mit Handlungsmodellen identifizieren, die einen persönlichkeits- oder gesellschaftsverändernden Impetus aufweisen und die konsequente Umsetzung von Reformen, Visionen, Utopien anvisieren, die sich auf Vernunft und Emanzipation orientieren. Vor diesem Hintergrund hat das Autopoiesis-Konzept für manche/n eine ernüchternde Wirkung. Um hier keine Missverständnisse aufkommen zu lassen: Es geht nicht darum, Abschied zu nehmen von emanzipativen Vorstellungen und Visionen von einem besseren Leben, sondern darum, sich damit auseinander zu setzen, dass all das nicht auf dem geraden Weg und schon gar nicht durch ideologische Konzepte zu verwirklichen ist. Die Wirklichkeit ist viel komplexer und komplizierter.

Konstruktionen von Wirklichkeit

Nicht mehr die Experten haben recht, sondern sie haben bestenfalls eine fachliche Deutung, die sie begründen können. Zum gleichen Problem gibt es unterschiedliche fachliche Deutungen und ebenso unterschiedliche Deutungen aus Betroffenheiten und Alltagsverständnissen heraus. Multiprofessionelle Teams müssen sich mit multiplen Deutungen auseinandersetzen und nicht selten „herumschlagen". Konstruktionen müssen sich gegenseitig mitgeteilt und erklärt werden. Konstruktivistische Zugänge verlangen nicht eine emotionslose Relativierung von Standpunkten, sondern die Offenheit dahingehend, dass andere ebenso begründete Sichtweisen haben können, auch wenn diese zu einem anderen Ergebnis führen. Konstruktivismus setzt eine Haltung des Aushandelns voraus. Es setzt das Verständnis voraus, dass es in einer ausdifferenzierten Gesellschaft statt Allgemeinverbindlichkeit viele konkurrierende Selbst- und Fremdbeschreibungen gibt (vgl. Kleve 2000, 52). Soziale Arbeit bewegt sich demzufolge in der Komplexität pluraler Sicht- und Lebensweisen, reichert diese an und ist gleichzeitig in der Praxis Navigator, um situationsgerechte Ordnungen und Handlungsweisen aufzubauen, was sie nur kann, wenn sie die Beteiligten im wahrsten Sinne des Wortes an diesem Prozess „beteiligt".

Konstruktionen verweisen auf Kontingenz im prozessualen Geschehen, denn es ist nicht von vornherein klar, wie AdressatInnen bestimmte Prozesse und Entwicklungsschritte wahrnehmen und bewerten oder anders formuliert: wie sie das, was geschieht, konstruieren. Darüber sind Konstruktionen nicht in einem wertneutralen Nebeneinander zu sehen. Konstruktionen sind von unterschiedlicher Bedeutung für eine Situation. Beispielsweise kann die Konstruktion „Frauen sind emotional und unberechenbar" eine nachhaltige Bedeutung für die Interaktion in einer Familie haben, jedoch ist die Wertigkeit dieses Konstruktes in Frage zu stellen. Deshalb ist einerseits zu fragen, welche Bedeutung Konstrukte für eine Situation haben und andererseits sind solche Konstrukte in Bezug auf Tauglichkeit, Zumutbarkeit, Fairness, Gerechtigkeit und Gültigkeit zu bewerten. Konstrukte sind musterbildend und um Muster zu verändern, bedarf es der Auseinandersetzung mit Konstruktionen.

In der Sozialen Arbeit zeigt sich der Konstruktivismus entlastend, weil er Interventionsmöglichkeiten relativiert und den Druck in Bezug darauf, dass Helfen stets gelingen soll, mildert. Gleichzeitig bietet er sich als Erklärungskonzept an, um zu erklären, warum bestimmte Unterstützungsmaßnahmen und fachliche Interventionen möglicherweise nicht greifen. Hier kann ein konstruktivistisches Zugehen simplifizierend wirken, indem Professionelle für nicht wünschbare Entwicklungsprozesse eine schnelle und plausible Rechtfertigung haben. Da, wo der Konstruktivismus dazu verleitet, nicht mehr danach zu fragen, welchen Anteil die Professionellen wie überhaupt die Kontextbedingungen am Entwicklungsprozess haben, wird er banalisierend eingesetzt. Mit einer systemischen Arbeitsweise hat das nichts mehr zu tun.

Ganzheitlichkeit

Der systemtheoretische Umweltbegriff ist offen genug, um alle menschlichen Dimensionen einzubinden: die menschlich-biologische, die psychische, die soziale, die ökologische, technologische und die transzendentale. Letztere tritt in Erscheinung durch individuelle und kulturelle Sinngenerierungen und Sinnsysteme. Durch den Begriff der Interpenetration und strukturellen Koppelung gelingt es, in Verbindungslinien zu denken, z.B. in psychosomatischen, oder die Verbindung von individuellem Verhalten und sozial-religiösem Kontext, die Verbindung zwischen Krankheit und ökologischem Lebensumfeld usf. Diese strukturellen Koppelungen sind selbstverständlich nicht im Sinne strenger Kausalketten zu verstehen, sondern im Sinne zirkulärer Einflussfaktoren. Soziale Arbeit hat durch einen solchen Zugang den Menschen und dessen Kontext umfassend im Blick. Für die Theorie- und Methodenentwicklung Sozialer Arbeit und die Sozialarbeitspraxis hat dies nachhaltige Konsequenzen, weil einerseits ein Methodeninstrumentarium notwenig wird, das umfassende Handlungsansätze erlaubt. Andererseits muss sich Soziale Arbeit notwendigerweise ausdifferenzieren, um sich spezifischen Verbindungslinien detailliert widmen zu können. Beispielsweise die Verbindungslinien zwischen Gesundsein, sozialer und ökologischer Eingebundenheit.[68] Eine andere Verbindungslinie wäre die Auseinandersetzung mit den sozialen Einflussbedin-

---

[68] Vgl. hierzu die Schrift von Monika Fröschl (2000), die ein systemisches Modell der integrativen Gesund-Seins-Förderung für die Soziale Arbeit, Medizin und Pflege entwickelt hat.

gungen von Sucht und deren psychischen und sozialen Bewältigungsformen.[69]

Ganzheitlichkeit bedeutet, die verschiedenen Einflussdimensionen im Blick zu behalten, um soziale Problemlagen zu erklären, zu verstehen, um zukünftige Problemlagen zu antizipieren und durch Prävention zu mindern bzw. zu verhindern.

Der systemtheoretische/systemische Zugang ermöglicht damit eine breite Erklärungs- und Handlungsbasis und gleichzeitig eine sichere Plattform, um die Fülle an Wissen und unterschiedlichen Perspektiven sinnhaft zu ordnen und zu nutzen. Die Aussage, dass SozialarbeiterInnen nicht SpezialistInnen sind, sondern GeneralistInnen gewinnt vor diesem Hintergrund Kontur. Das GeneralistInnendasein besteht in einem systemtheoretisch fundierten Ansatz nicht lediglich aus der Summe von Einzelwissen, sondern es enthält eine Struktur und eine innere Ordnung.

Ganzheitlichkeit ist immer relativ. Sie besteht nicht aus der Fülle von Details, sondern aus der Perspektivenvielfalt. Ganzheitlichkeit birgt Komplexität und Kontingenz. Wir können ganzheitlich betrachten, ohne alles zu wissen.

Autonomie

Moderne Systemtheorien, die autopoietische und konstruktivistische Konzepte einbinden, beinhalten das Element der Autonomie in ganz grundsätzlicher Weise. Dieses Element hat Bedeutungscharakter, der in normative Denkebenen überführt werden kann. Die Tatsache, dass Menschen und Systeme nach eigenen Operationsmodi und Sinnkriterien handeln, lässt Beeinflussung von Außen nur in einem gewissen Grade zu. Aufgabe Sozialer Arbeit ist, die Autonomie von Menschen und Systemen nicht einzuschränken, sondern zu stärken. Auf Personenebene geschieht dies beispielsweise durch die Erweiterungen von Deutungen und Sichtweisen (Perspektivenvielfalt), über die Ausweitung von Wahlen in Bezug darauf, wie Menschen leben wollen, wie sie sich organisieren wollen, beispielsweise im Rahmen von betreutem Wohnen und Heimunterbringung. Ebenso erfolgt es durch die Stärkung der Reflexionsfähigkeit (was will ich, was ist mir wichtig, was habe ich davon, wenn ich das tue ...) und der Stärkung der Fähigkeiten, um mit anderen in Kontakt zu kommen und um die eigenen Belange zu kommunizieren.

Auf Systemebene geschieht dies beispielsweise durch funktionsfähige Strukturen und Organisationsabläufe (z.B. in einer Familie), durch Erhöhung der

---

[69] Vgl. hierzu den Sammelband von Kordula Richelshagen (1992), in dem diese Verbindungslinien aus der systemischen Perspektive herausgearbeitet werden.

Entscheidungsautonomie und Anpassungsflexibilität.
Der Aspekt der Autonomie lässt Soziale Arbeit dort anknüpfen, wo sie sich emanzipatorischen Aufgaben verpflichtet sieht, wo sie menschliche und soziale Entwicklung und Entfaltung intendiert.

Anpassung durch Abweichung

„Abweichung" kommt nach Luhmann eine funktionale Bedeutung zu, und zwar im Sinne der Anpassung von Systemen und Systemmitgliedern an Anforderungen der Umwelt zum Zwecke der eigenen Systemstabilität. Anpassung kann legal oder illegal erfolgen, das Illegale kann durchaus brauchbar sein, so der Autor.

In der Sozialen Arbeit wäre folglich nach dem *funktionalen Sinn von Abweichung* zu fragen: Welchen Sinn macht es, dass jemand stiehlt? Welchen Sinn macht es, dass Partner sich gegenseitig belügen? Welchen Sinn macht es, dass jemand immer wieder Drogen nimmt? Es genügt nicht, das, was geschieht, lediglich ethisch-moralisch zu bewerten. Das hilft uns nicht weiter, wenn wir nicht gleichzeitig verstehen, was Menschen und Systeme tun, warum sie es tun und wie es ihnen gelingt, bestimmte Elemente und Muster immer wieder zu reproduzieren. Erst wenn SozialarbeiterInnen Anhaltspunkte darüber haben, können sie im Rahmen des Unterstützungsprozesses Ansatzmöglichkeiten finden, um einen Veränderungsprozess einzuleiten und zu begleiten.

Selbstverständlich können es Sozialarbeiterinnen in der Handlungspraxis nicht dabei bewenden lassen, Handlungen ausschließlich in ihrem Sinn zu verstehen. Daran anknüpfend müssen die Beteiligten das Handeln dahingehend bewerten, ob es gerecht, fair, zumutbar, wirkungsvoll, egoistisch etc. ist. Wir benötigen also neben dem funktionalen Sinnverstehen *normative Kategorien*, um Abweichungen zu bewerten, und wir benötigen dazu auch Kategorien des „Normalen", des „allgemein" Erlaubten und nicht Erlaubten. Hierzu brauchen wir bezugswissenschaftliche Anschlusstheorien.

Die Abweichung von der Norm, vom Normalen, kann durchaus entlastend und autonomiefördernd sein. Beispielsweise wenn ein Kind vom Druck der Eltern und der Gesellschaft, ein guter Schüler sein zu sollen, abweicht, und mit einem mäßigen Notendurchschnitt Überforderungen vermeidet; wenn Frauen von „normalen" Zuschreibungen darüber, was „Weiblichkeit" ausmacht, abweichen: Wenn sie sich dagegen wehren und ihren Bedürfnissen lautstark Ausdruck verleihen, wenn sie sich von ihren Männer unabhängig machen, statt duldsam, fürsorglich und nachgiebig zu sein, wenn sie sich abgrenzen und „rollentypische" Anteile abgeben, kann das für ihre Persönlichkeitsentwicklung sehr wohl stabilisierend sein.

Für Angehörige anderer Ethnien kann es persönlichkeitsstabilisierend sein, wenn sie sich auf Traditionen und Sitten ihrer Herkunftskultur stützen und von „normalen" Vorgaben des Aufnahmelandes abweichen. So kann es persönlichkeits- und familienstabilisierend sein, wenn muslimische Frauen das traditionelle „Kopftuch" tragen, oder wenn Frauen afrikanischer Herkunft es zulassen, dass ihre Töchter beschnitten werden. Gerade in der interkulturellen Arbeit geht es darum zu verstehen, welche Identifikationen und (abweichende) Handlungen stabilisierend für Menschen und ihre Systeme sind. Zur interkulturellen Kompetenz gehört es, das Fremde zu verstehen, was nicht bedeutet, es in allen Facetten gut zu finden oder tolerieren zu müssen. Jedoch da, wo SozialarbeiterInnen kulturelle Systemelemente ablehnen, weil sie die Bedeutung einzelner Elemente nicht verstehen, weil sie sie nicht in ganzheitliche Dimensionen einbetten können, lehnen sie letztlich auch die Menschen ab, mit denen sie arbeiten.

Das Thema Abweichung betrifft auch die SozialarbeiterInnen. Auch sie haben Spielräume, um der Norm gerecht zu werden oder davon abzuweichen. Dem Hilfeprozess kann es unter Umständen dienlich sein, wenn SozialarbeiterInnen von ihrer Vorgabe abweichen, bestimmte anzeigepflichtige Vorkommen (z.B. in der Bewährungshilfe) weiterzumelden.

Traditionell wird in der Sozialen Arbeit Abweichung als ein zentrales Problem definiert. Abweichung geht einher mit Begriffen wie „Verhaltensauffälligkeit", „Dissozialität", „Verwahrlosung" oder „Kriminalität" (Sidler 1989, 10) und drückt damit eine bestimmte Kategorie Sozialer Probleme aus. Abweichung beschreibt hier folglich Personen mit ganz besonderen Merkmalen, die es vom gesellschaftlichen Interesse her zu behandeln gilt.

Wenn im Kontext systemischer Betrachtungen von Abweichung die Rede ist, geht der Begriff weit über die traditionelle Konnotierung hinaus. Der Begriff lässt sich in eine differenzierte Typologie fassen:

- *Freiwillige Abweichungen*: z.B. von Anforderungen aus der Umwelt.

- *Intendierte Abweichungen*: z.B. durch gezielte pädagogische Vorgehensweisen und Unterstützungsmaßnahmen, um beispielsweise die Autonomie-Entwicklung zu fördern; im Rahmen interkultureller Arbeit gibt es z.B. intendierte Abweichungen, indem Sozialarbeiterinnen in der Arbeit mit Mädchen und Frauen Emanzipationsprozesse unterstützen.

- *Geforderte Abweichungen*: beispielsweise durch die Auflage des Jugendgerichts gegenüber einem Probanden, sich von seiner Klicke fernzuhalten.

- *Normalisierte Abweichung:* damit ist eine ursprüngliche Abweichung gemeint, die sich im Laufe der Zeit normgerecht entwickelt, also im Zuge eines Wertewandels gesellschaftlich akzeptiert ist, beispielsweise das Zusammenleben ohne Trauschein.

- *Erzwungene Abweichungen:* z.B. durch Erpressung.

Die Reaktionen der Umwelt auf Abweichungen können sich unterschiedlich darstellen:

- Abweichungen können unterstützt und gutgeheißen werden (z.b. im Sinne einer autonomen Persönlichkeitsentwicklung),
- sie können geduldet werden (wenn ein Kind in der Familie Regeln verletzt und keine Sanktionen erfolgen),
- sie können negativ sanktioniert werden (Tadel, Strafe, Ausgrenzung) oder
- sie können geahndet werden (bei Rechtsbruch).

In funktional-ausdifferenzierten Gesellschaften werden Abweichungen unterschiedlich wahrgenommen, d.h. es gibt Menschen und Systeme, bei denen eine Handlung nicht als abweichend wahrgenommen wird, und andererseits gibt es Personen und Systeme, die das gleiche Tun als Abweichung markieren.

> Die Abweichung einer Frau und Mutter vom klassischen Rollenbild „Frau hält die Familie zusammen" kann von Seiten der betroffenen Frau und Mutter, der Sozialarbeiterin oder von Freundschaftssystemen durchaus positiv und entwicklungsfördernd eingeschätzt werden, obwohl die Frau möglicherweise Schritte unternimmt, die das System destabilisieren und in der bisherigen Ordnung auch zerbrechen lässt. Familienmitglieder und andere Systeme würden eine solches Tun möglicherweise anprangern und mit negativen Sanktionen belegen.

Abweichungen im Rahmen der vorgelegten Typologie sind deutungsabhängig. Das erzeugt zwar einerseits mehr Wahlfreiheiten (je deutungsvielfältiger eine Tun ist, desto mehr Freiheit habe ich, es zu tun), und andererseits erzeugt es Orientierungsprobleme (wem mache ich es recht, von wem werde ich abgelehnt und was erwartet mich dann?). Es ist davon auszugehen, dass lediglich die Abweichung, die einen Rechtsbruch darstellt, größtmögliche Orientierung dahingehend verleiht, welche Folgen zu erwarten sind.

Im Zuge sozialarbeiterischen Handelns ist nach der Art und den spezifischen Bedingungen von Abweichung zu fragen wie auch nach deren Sinn und deren Folgen. Hierzu gibt es keine allgemeingültigen Antworten, sondern Auffassungen, das heißt Konstruktionen darüber, ob eine Abweichung nachvollziehbar/nicht nachvollziehbar, sinnvoll/unsinnig, legitim/illegitim etc. ist. Ob eine Abweichung Sinn macht, muss kommunikativ ausgehandelt werden. Die Antwort muss in einem (oft schmerzhaften) Prozess der Auseinandersetzung gefunden werden. Abweichung kann Verbesserung und Verschlechterung einer Situation bedeuten. Abweichung in dem hier gemeinten Sinn ist Motor für Veränderung und Entwicklung. Abweichung birgt immer auch das Risiko des Scheiterns.

Je ausdifferenzierter sich soziale Gesellschaften im Sinne verschiedener Milieus, Subkulturen, Lebensformen und -stile darstellen, desto stärker gehört „Abweichung" zur Normalität; die einzelnen Gruppen grenzen sich durch Werte und Habitus voneinander ab. Es ist eine Frage der jeweiligen Systemidentität, inwieweit innerhalb eines Systems Abweichungen erlaubt und geduldet werden. Müssen etwa in einer Jugendklicke alle ein ähnliches Outfit haben oder sind individuelle Ausprägungen erlaubt? Abweichung ist demzufolge ein Thema mit Innen- und Außenrelevanz. Je differenzierter sich eine Gesellschaft darstellt, desto mehr Toleranz zeigt sich in Bezug auf Verschiedenheit, die sich vor allem durch ein Nebeneinander verschiedener Gruppierungen und Lebensstile ausdrückt. Die Vielheit wiederum ermöglicht Wahlen, die aber gegebenenfalls Suchprozesse wie auch Identitätskrisen auslösen können. Umgekehrt: Je weniger ausdifferenziert eine Gesellschaft ist, also je klarer Klassen und Schichten ausgeprägt sind, desto restriktiver und „geordneter" wird mit Abweichungen umgegangen. In der interkulturellen Arbeit taucht hier das Phänomen auf, dass westliche Sozialarbeiterinnen aus einem pluralistischen Systemkontext kommen und teilweise mit AdressatInnen arbeiten, die aus relativ genormten gesellschaftliche Klassen und Schichten kommen, in denen auf Abweichungen vom Gewohnten und Tradierten mit bedeutend weniger Toleranz begegnet wird.

Der systemtheoretisch begründete Begriff der Abweichung in der hier entwickelten Form lässt für die soziale Praxis Differenzierungen zu, die den herkömmlichen Bedeutungshorizont des Begriffs „Abweichung" beziehungsweise des „abweichenden Verhaltens"[70] maßgeblich erweitern. Der systemtheoretisch rückgebundene Abweichungsbegriff schließt dies nicht aus, unterlegt den Abweichungsbegriff jedoch mit funktionalen Bedeutungshorizonten (Sinn), sowohl Personen als auch soziale Systeme betreffend und zeigt durch den Aspekt der Deutungsvielfalt die Probleme auf, die sich in Verbindung mit Abweichung ergeben können.

Systemstabilität

Der Begriff der Systemstabilität ist für die Soziale Praxis nur relativ tauglich und zwar dann, wenn es darum geht, den funktionalen Sinn von Handlungen

---

[70] Hinsichtlich Begriffsgenese und Konzepte siehe Sidler 1989, 56ff.

zu erfassen.
Eine Familie mit einer autoritär-patriarchalischen Ordnung, die Unterdrückungsstrukturen aufweist, kann durchaus über eine lange Zeit stabil sein, und zwar dadurch, dass die einzelnen Familienmitglieder trotz subjektiven Leidensdrucks ihre definierten Rollen leben, dass die materielle Existenz gesichert ist, dass Regeln eingehalten werden. Über die *Qualität des Systems* sagt der Begriff der Stabilität nichts aus. Für die konkrete Handlungspraxis bleibt er damit leer. Für diese brauchen wir *normative Erweiterungen* der Begriffe Systemstabilität, Systemoptimierung, Funktionalität und Dysfunktionalität.

Begriffserweiterungen in normativer Hinsicht finden sich in den *systemischen* Konzepten. Im Zusammenhang mit dem Familiensystem formuliert beispielsweise Andolfi folgendes:

> „Ein Familiensystem wird dysfunktional, wenn es nicht die Fähigkeit oder Möglichkeit besitzt, Veränderungen herbeizuführen oder – mit anderen Worten – wenn die Starrheit seiner Regeln es daran hindert, sich dem eigenen Lebenszyklus wie auch demjenigen des einzelnen Familienmitgliedes anzupassen.
> Zur Stabilisierung eines dysfunktionalen Systems braucht es viel Energie, die zum Zweck der Wahrung der starren Regeln und der stereotypen Rollen eingesetzt wird und dadurch die Interaktion der Familie auf gewisse sich ständig wiederholende Muster beschränkt. Dysfunktion und Rigidität sind also gewissermaßen Synonyme" (Andolfi 1992, 32).

Des weiteren spricht der Autor vom „Gleichgewicht" zwischen der integrativen Funktion der Familie und dem „Bedürfnis ihrer Mitglieder nach Wachstum und Differenzierung". Ein Scheingleichgewicht hindere die Familienmitglieder, ihre persönlichen Wünsche und Bedürfnisse immer wieder mit den interaktionellen Erfordernissen in Einklang zu bringen (Andolfi 1992, 32). Die Erfüllung von Wünschen, Bedürfnissen und persönlichem Wachstum sind hier also Werte, die an den Begriff der Funktionalität gekoppelt werden.

Begriffen wie Freiheit und Autonomie, so ließe sich folgern, kommt in diesem Zusammenhang nicht nur intentionale, sondern wiederum auch funktionale Bedeutung zu, und zwar deshalb, weil anzunehmen ist, dass Systeme, die ihren Mitgliedern Entwicklungsfreiheiten lassen, in der Regel eine höhere qualitative Stabilität aufweisen. Dies ist natürlich eine sehr „westliche" Sicht der Dinge und wäre transkulturell auf grundsätzliche Gültigkeit zu überprüfen. Kulturen mit einem kollektivistischen Familienverständnis werden in der Regel mehr Unterordnung des Einzelnen unter die kollektive Einheit fordern. Interkulturelle Soziale Arbeit zeigt in der Praxis, welche Gratwanderung hier vorzunehmen ist.

Festzuhalten bleibt aber: Systemstabilität ist relativ und muss immer wieder neu erwirkt werden. Der Begriff der Systemstabilität ist für die Praxis wenig aussagefähig, wenn er nur funktional angelegt ist. Kosten und Nutzen von Stabilität, Belastungseffekte und das qualitative Niveau sind in der Sozialen Arbeit miteinzubinden. Weitere Ausführungen dazu erfolgen im Kapitel „Wertewissen".

Differenzierung

Begriffe wie „Soziale Ungleichheit, Ausgrenzung, Abhängigkeit, Randständigkeit, Stigmatisierung" gehen mit einem traditionellen Verständnis von Sozialer Arbeit einher.
Für ein Konzept moderner ausdifferenzierter Gesellschaften reichen diese Begriffe aber nicht aus, um zeitgemäße Fragen der sozialen Wohlfahrt zu erfassen.
Die Ausdifferenzierung moderner Gesellschaften hat auch die Ausdifferenzierung, sprich Komplexität sozialer Probleme und Risiken zur Folge, auf die Soziale Arbeit zu reagieren hat. *Das Anforderungsprofil für Soziale Arbeit ist notwendigerweise komplex.* Instabile Lebenssituationen, multiple Systemeingebundenheiten, Identitäts-Fragen und Anpassungsanforderungen aus der Umwelt treten in vielfältigen Facetten auf.

Wenn Soziale Arbeit auf diese Komplexität reagieren will, muss sie zwangsläufig ihr traditionelles Begriffsinstrumentarium erweitern, muss sich in ihren Zuständigkeiten und Angeboten ausdifferenzieren und sich zu einer zunehmenden Heterogenität ihrer Felder bekennen.[71]
Der Bedarf an Sozialer Arbeit liegt nicht ausschließlich in den klassischen Feldern, wo es um die Bewältigung kumulativer Probleme geht. Soziale Arbeit erhält weitere Aufgabenprofile: beispielsweise *Schnittstellenarbeit*, indem soziale Angebotssysteme in einem Gemeinwesen koordiniert werden; *Bildungsarbeit* im Rahmen der präventiven, aufklärenden Arbeit; *betriebliche Sozialarbeit*, um MitarbeiterInnen in Unternehmen auf neue Anforderungsprofile vorbereiten zu helfen (z.B. Teamarbeit, Netzwerkarbeit, Qualitätszirkelarbeit). Sie übernimmt *Moderationsfunktion* im Gemeinwesen (Stadtteile, Gemeinden), um politische Interessen und Bürgerinteressen aushandeln zu helfen und um Netzwerke für soziales Engagement aufzubauen und zu pflegen. Zum Aufgabenprofil Sozialer Arbeit gehören auch *Sponsoring, Sozialmarketing, Fundraising*, um die eigenen materiellen Grundlagen zu sichern; *Projektmanagment* im Rahmen internationaler Projektarbeit wird im Zuge der

---

[71] Vgl. hierzu auch Thole 1995, 41 f.

Konsolidierung der EU und durch Globalisierungsprozesse an Bedeutung gewinnen.

Individuum – System und Bezugswissenschaften

Stützen wir uns allein auf Luhmanns systemtheoretisches Konzept, so bekommen wir lediglich einen groben Zugang zum Verhältnis Individuum-System. Sämtliche Umgangsweisen von Individuen in Verbindung mit ihrer Systemeinbettung bleiben im Großen und Ganzen unthematisiert und offen. Demgegenüber hat die Soziale Arbeit die Person und deren Umweltkontext immer in den Mittelpunkt gestellt. So bedarf es einer Perspektivenerweiterung, die den Blickwinkel und die Fragestellungen auf die Konfiguration Person-System hin verändert. Bislang ging es vorwiegend darum, wie Systeme funktionieren, wie sie sich stabilisieren etc.

Aus dem Blickwinkel der Sozialen Arbeit ist vor allem auch zu fragen:

- Welche Strategien verfolgen Personen, um in und mit Systemen leben zu können?
- Wie kommunizieren sie?
- Wie verarbeiten sie Konflikte?
- Welche (pathologischen) Konstruktionen über sich und ihre Umgebung dienen der Identitätsstabilisierung beziehungsweise -destabilisierung?
- Wie reagieren Personen auf bestimmte Regeln und Verhaltenserwartungen im System?
- Wie reagieren sie auf positive und negative Sanktionsinstrumentarien?
- Welche jeweiligen Systemstrukturen (Arbeit, Familie, Schule, Gesellschaft etc.) erweisen sich für die Entwicklung und Entfaltung von Individuen (als Umwelt von Systemen) eher entwicklungsfördernd, welche eher als entwicklungshemmend?
- Welchen Grad von Anpassungsleistungen an ihre Umwelt zeigen Individuen?
- Wie versuchen sie, Umwelt an sich anzupassen?
- Welche Ressourcen sind zur Entwicklung und Entfaltung von Persönlichkeit und Identität in welchem Lebensstadium notwendig?
- Welche Ressourcen müssen spezifische Systeme bereitstellen, um Individuen in ihrer Entwicklung zu fördern?

- Welche Gestaltungs- und Interventionsmöglichkeiten stehen Persönlichkeitssystemen zur Verfügung, um ihre Systemumwelt mitzugestalten (sozial, kulturell, politisch, wirtschaftlich, ökologisch)?

Zur Beantwortung dieser Fragen bedarf es theoretischer Anschlusskonzepte, insbesondere aus der Psychologie, Pädagogik, Sozialpsychologie, Systemischen Therapie und der Soziologie.

Die Auswahl solcher Konzepte im Kontext systemtheoretischer Zugangsweisen darf jedoch nicht wahllos erfolgen, sondern muss sich als anschlussfähig zeigen. Was muss also erfüllt sein, damit entsprechende Konzepte in eine Passung zu Systemtheorien gebracht werden können?

- Es muss grundsätzlich eine Person-Umwelt-Perspektive vorhanden sein;
- Umwelt (z.B. Familie, Gesellschaft benannt) muss als Einflussfaktor für menschliche Entwicklung und Identitätsbildung verstanden werden;
- Die Handlungs- und Gestaltungsfähigkeit von Personen muss mitbedacht werden;
- Wenn-Dann-Aussagen müssen so weit wie möglich ausgespart sein, demgegenüber sind vernetzte Problemkonstellationen, die Möglichkeit von Kontingenz und unbeabsichtigten Folgewirkungen im Konzept miteinzubinden.

Kausale Forschungsergebnisse sind keinesfalls zu verwerfen, wenngleich sie wissenschaftstheoretisch konträr zu Systemtheorien liegen. Sie haben dort ihre Bedeutung, wo systemtheoretisches Erklären aufgrund des methodischen Zugangs keine Detailaussagen machen kann. Die Elemente, Personen und Beziehungen innerhalb von Systemen sind nicht alle gleichbedeutend, sondern zeigen unterschiedliche Einflusskräfte. Die Ökonomie in unserer Gesellschaft hat eine dominantere Einflusskraft als die Religion. Eltern haben in der Familie in der Regel eine stärkere Einflusskraft auf die Kinder als die Großeltern usf. Bestimmte Erziehungsmethoden können mehr Aggressivität bei den Kindern hervorbringen als andere. Die empirische Sozialforschung kann wichtige Aufschlüsse über kausale Wechselwirkungen geben, wenngleich immer zu bedenken ist, dass andere Einflussfaktoren in das Ergebnis nicht eingeflossen sind.

6. Zusammenfassung

Mit den Begriffen System, Umwelt, Elemente, Komplexität, Kontingenz, Sinn, Zweck, Struktur, Prozess, Selbstreferentialität, Autopoiesis und Konstruktivismus wurde Luhmanns Theorie in ihren Grundzügen dargelegt und auf die sozialarbeiterische Handlungspraxis bezogen.

Systemakteure sind durch Rolle und Funktion in Systeme eingebunden. Die Person als solche bleibt Umwelt von Systemen. Als Umwelt von Systemen hat die Person Wahlmöglichkeiten hinsichtlich der Ausgestaltung ihrer Rollen und ihres Anpassungsverhaltens.

Psychische Systeme basieren auf einem Bewusstsein, das autopoietisch angelegt ist. Psychische Bewusstseinssysteme haben ihre je eigene Operationslogik, die eine Vielschichtigkeit hinsichtlich Wahrnehmung, Deutung und Kommunikation evoziert.

Interpersonelle Systeme, ob flüchtig oder relativ zeitstabil, sind gekennzeichnet durch persönliche Bekanntheit und darauf bezogene Kommunikation, das heißt, entsprechende Verarbeitungsmodi hinsichtlich Kommunikationsinhalten, -formen, Werten, Regeln und Sanktionsinstrumentarien bezüglich Inklusion/Exklusion.

Formal organisierte Systeme kennzeichnen sich durch Programmatiken und arbeitsteilige Spezialisierungen; bei den Mitgliedschaftsverhältnissen gibt es klare Ein- und Austrittsbedingungen. Die Mitglieder sind Funktions- und Rollenträger und werden einerseits über Regeln an die Verhaltenserwartungen des Systems angepasst, andererseits weichen sie als Umwelt des Systems von vorgegebenen Regeln und Normen ab (Normabweichung), wenn dafür ein funktionaler Sinn gegeben ist. Formale Organisationen verfügen über rationale Systemzwecke und die damit verbundenen generalisierenden Medien, um Binnen- und Außenkomplexität zu verarbeiten.

Die Besonderheiten moderner Gesellschaften werden mit den Begriffen *Komplexität, funktionale Differenzierung, Systemrationalität* und *Generalisierende Medien, Inklusion/Exklusion* beschrieben. Damit einher gehen Probleme der Teilrationalität, insbesondere das Problem der Einheit und Integration von Gesellschaft und ihren Teilsystemen und der Teilhabe. Anschlussfähig an das Gesellschaftskonzept Luhmanns sind Konzepte von jenen Autoren (z.B. Willke), die sich mit der Frage der Weiterentwicklung und Steuerung von Gesellschaften befassen. Es wurde aufgezeigt, dass in Bezug auf gesellschaftliche Entwicklungen und Prozesse weitere soziologische Konzepte einzubinden sind.

Gegenstand Sozialer Arbeit sind Individuen und soziale Systeme auf der Mikro-, Meso-, Exo- und Makroebene. Bezugspunkt Sozialer Arbeit ist die soziale Wohlfahrt. Darauf bezogen beschäftigt sich Soziale Arbeit mit materiellen, sozialen, kulturellen und ökologischen Teilhabeproblemen durch Inklusions- und Exklusionsbedingungen. Teilhabeprobleme sind nicht allein im Individuum oder im System zu lokalisieren, sondern rekurrieren aus dem Beziehungsgefüge System-Umwelt. Teilhabeprobleme sind dann gegeben, wenn die Befriedigung grundlegender Bedürfnisse und die dazu notwendigen Ressourcen nicht mehr gewährleistet oder für die Zukunft gefährdet sind. Soziale Arbeit ist Ressourcenarbeit im Sinne der Wahrnehmung, Pflege und Mobilisierung von Ressourcen im Kontext Person-Umwelt und System-Umwelt.

Soziale Arbeit hat lebensbegleitende, problemmindernde und problemlösende Aufgaben, die durch Prävention, Intervention und spezifische methodische Vorgehensweisen zusammen mit den AdressatInnen und deren relevanter Umwelt bewältigt werden.

Systemfunktional ist Soziale Arbeit auf Gesellschaft hin angelegt im Sinne der Bewältigung von Teilhabeprobleme durch Inklusion und Exklusion. Soziale Arbeit ist gegenüber dem Gesellschaftssystem autonom (nicht autark) und hat selbstreferentielle Leistungen zu erbringen, indem sie reflektiert und die Indikatoren feststellt, durch die soziale Wohlfahrt wächst oder beeinträchtigt wird. Darin besteht ihre kritische und politische Funktion.

Soziale Arbeit wird dann tätig, wenn die Betroffenen nicht aus eigener Kraft Bewältigungsstrategien entwickeln können oder wenn anzunehmen ist, dass die vorhandenen Bewältigungsstrategien für zukünftige Problembündel nicht ausreichen könnten (Prävention).

Voraussetzung für eine gelingende Soziale Arbeit ist, dass sie ihre eigenen systemspezifischen strukturellen Bedingungen reflektiert und auf neue Umweltanforderungen ausrichtet und dass Energie für die eigene Ressourcenbasis aufgewandt wird.

Die systemtheoretische Reichweite ist notwendigerweise begrenzt. Luhmanns Theorie bietet zwar einen umfassenden Erklärungsansatz wie Systeme funktionieren, nicht jedoch, wie und in welche Richtung sie verändert werden sollen. Es gibt keine Maßstäbe des Richtigen und Guten, des Zumutbaren und Anzustrebenden. Die Begriffe Exklusion/Inklusion sind theoretische Kategorien, die noch keinen Aufschluss über die tatsächliche vorhandene soziale Ungleichheit und Verteilungsgerechtigkeit geben und auch nicht die Parameter benennen, die dazu führen. Hierzu braucht es bezugswissenschaftliche Teiltheorien.

Für die Soziale Arbeit verweist das Autopoiesiskonzept notwendigerweise auf die Frage, unter welchen Bedingungen Unterstützung angeboten werden kann, wann es also für AdressatInnen Sinn macht, bestimmte Informationen zu verarbeiten und Unterstützung und Interventionen von außen zuzulassen. Soziale Arbeit muss von relativen Interventionschancen ausgehen, vor allem dann, wenn die Unterstützung und Veränderung aus der Perspektive der AdressatInnen keinen Sinn ergeben.

Der Begriff der Abweichung erhält aus systemtheoretischer Perspektiven verschiedene Facetten. Sie reichen von freiwilligen Abweichungen bis hin zu erzwungenen. Um Abweichungen zu verstehen setzt es voraus, ihren funktionalen Sinn zu erkennen. Vor allem gibt es unterschiedliche gesellschaftliche, individuelle und gruppenspezifische Konstruktionen darüber, ob eine Abweichung sinnvoll/unsinnig, legitim/illegitim etc. ist.

Der Begriff der Systemstabilität ist für die Praxis Sozialer Arbeit relativ tauglich, weil er funktional angelegt ist und keine Indikatoren für Qualität birgt. Systeme können auch über längere Zeit relativ stabil sein, obwohl dort menschenunwürdige Handlungen vollzogen werden. Hier bedarf es spezifischer Erweiterungen, um die Fragen und Qualität und Humanität miteinzubinden.

Die Ausdifferenzierung moderner Gesellschaften verlangt von Sozialer Arbeit ebenso eine Ausdifferenzierung ihrer Aufgaben und Angebote, um auf Komplexität reagieren zu können. Nicht die Bewältigung kumulativer Probleme allein umfasst ihren Aufgabenbereich, sondern ebenso Schnittstellenarbeit, Informations- und Aufklärungsarbeit, Bildungsarbeit, betriebliche Sozialarbeit, Moderationsarbeit, Sponsoring, Sozialmarketing und Fundraising. Soziale Arbeit ist die Arbeit mit AdressatInnen, für AdressatInnen und damit einhergehend politische Arbeit, Managementarbeit und wissenschaftliche Arbeit. All die genannten Bereiche produzieren Elemente im Rahmen der Funktionsbeschreibung sozialer Arbeit und wirken synergetisch.

Dritter Teil
Wertewissen

Werte sind, so Luhmann, auf der psychologischen Ebene relativ labil. „Sie werden mal benutzt, mal nicht benutzt, ohne daß man dafür eine Art psychologische Tiefenstruktur entdecken könnte" (Luhmann 1995c, 121). Anders formuliert: Individuen sind instabile Wertträger, die heute so und morgen anders entscheiden und handeln können. Je nach Situation und Lebenslage können sie ihre Werte über den Haufen werfen. Stabilität erhalten Werte erst durch kommunikative Strukturen, also Systeme. Autopoietisch geschlossen sind sie darauf angelegt, Werte zu reproduzieren. Für die Praxis Sozialer Arbeit heißt das, dass es nicht einfach genügt, wenn eine Sozialarbeiterin oder ein Sozialarbeiter ethisch-moralische Vorstellungen hat und diese konsequent lebt, sondern Werte müssen kommuniziert und strukturell verankert werden. Erst über eine strukturelle Einbettung können selbstreferentielle Leistungen erfolgen, und zwar dahingehend, ob den Werten genug Aufmerksamkeit gewidmet und Geltung verschafft wird.

Die Systemtheorien legen dar, wie Systeme im Rahmen der System-Umwelt-Differenz funktionieren. Als Erklärungstheorien bieten sie kein Wertewissen an, beispielsweise was das Gute ist, was „gute" Systeme ausmacht, was erstrebenswert ist und worauf sich menschliches Zusammenleben stützen soll. Hier stoßen wir an eine zentrale Grenze systemtheoretischer Aussagen, die immer wieder Anlass zu Kritik gegeben hat. Den Werten kommt im systemtheoretisch-selbstreferentiellen Konzept Luhmanns lediglich eine *funktionale* Bedeutung zu. Damit ist gemeint, dass Werte im System eine sogenannte Systemfunktionalität aufweisen müssen, damit sie vom System bearbeitet werden. Diese Systemfunktionalität ergibt sich aus der System-Umwelt-Differenz wie auch aus der Binnenperspektive des Systems. Anders formuliert: Aus der funktionalen Systemlogik heraus werden Werte dann verarbeitet, wenn sie einen funktionalen Sinn für die Stabilität und Identität des Systems aufweisen. Wertanforderungen aus der Umwelt, so müssen wir aus Luhmanns Konzept folgern, werden vom System eher negiert, vernachlässigt oder modifiziert, wenn sie sich als nicht funktional erweisen.

> Die Verarbeitung eines Leitwertes wie beispielsweise die *Hilfe für Arme in Not*, wie ihn u.a. die konfessionellen Anbieter sozialer Dienstleistungen anstreben, zeigt sich in der Systempraxis dann als schwierig, wenn das System nicht mehr die hinreichenden finanziellen Ressourcen zur Verarbeitung dieses Wertes hat, z.B. weil die Kosten für die konkreten Hilfsangebote durch die Kommune nicht mehr refinanziert werden. Hier gibt es dann Wertkollisionen und die Systeme sind gefordert, Modi zu finden, um dieses Problem zu lösen. Eine Lösung könnte sein, die Angebote im Asylbereich zu reduzieren, um Kosten zu sparen. Der Leitwert *Hilfe für Arme in Not* muss dadurch nicht grundsätzlich außer Kraft gesetzt werden, er wird „lediglich" den Bedingungen der Praxis angepasst. Der Leitwert kommt dann in anderen Bereichen zum Tragen, beispielsweise in der Hilfe für Wohnungslose. Die konkrete Umsetzung von Werten, so die systemtheoretische Aussage, ist also nicht abzukoppeln von systemfunktionalen Überlegungen.

Über den konstruktivistischen Zugang können wir fragen, nach welchen Systemlogiken Werte verarbeitet oder nicht verarbeitet werden, jedoch erhalten wir keine Aussagen darüber, was werthaft ist und wonach sich Handeln bemessen soll.

Sozialarbeitspraxis ist eine Handlungspraxis und da, wo gehandelt wird, bedarf es Werte und Maßstäbe, die Aussagen darüber machen, was richtiges und zumutbares Handelns ist. Für die Handlungspraxis brauchen SozialarbeiterInnen Aussagesysteme, an denen die sich orientieren können, die soziale Gültigkeit haben und unveräußerlich sind. Im Rahmen eines systemischen Denkens geht es vor allem um die Frage, welche Werte Menschen und Systeme verarbeiten müssen, damit menschenwürdiges Leben, Entwicklung und Förderung möglich sind. Diese Frage bezieht sich sowohl auf die Einzelpersonen in ihrem Handeln wie auch auf Strukturen und Handlungen des Gesellschaftssystems wie auch der Meso- und Mikrosysteme.

Die Konzeptualisierung darauf bezogener Werte erfolgt nicht in einem wertfreien Raum, sondern im Kontext von als gültig erachteten gesellschaflichen Werten und Normierungen. Diese müssen also nicht neu erfunden, sondern in Bezug auf die Fragestellung herangezogen werden.

Die Ausführungen in diesem Kapitel zielen nicht auf die Ausformulierung einer Sozialarbeitsethik. Vielmehr sollen Überlegungen und Orientierungen hinsichtlich zentraler Elemente einer Sozialarbeitsethik erfolgen. Ziel des Kapitels ist auch nicht, philosophische Wertediskurse aufzugreifen und miteinander zu vergleichen. Das sei den SpezialistInnen überlassen. So geht es im Folgenden in einem ersten Schritt um Begriffsklärungen und darauf aufbauend um die Herausarbeitung zentraler Werte und Prinzipien, die sich aus einem ethischen und systemischen Verständnis für die Soziale Arbeit als grundlegend darstellen. Konkret werden fünf Prinzipien herausgearbeitet:

Personalität – Solidarität – Subsidiarität – Gerechtigkeit – Verantwortung gegenüber der Schöpfung.

Diese Prinzipien und die ihnen zugrundeliegenden Werte werden an geeigneten Stellen für die Sozialarbeitspraxis ausbuchstabiert. Dies erfolgt nicht systematisch mit Blick auf die AdressatInnen-Ebene, die Organisations-Ebene und die politische Ebene, sondern erfolgt punktuell. Die dargelegten Praxis-Transfers sind also keinesfalls vollständig, sie sollen vielmehr Impulse und Klärungen geben, die weiter entwickelt gehören.

1. Begriffsklärungen

Werte

Werte bezeichnen etwas Gültiges, das individuelle wie kollektive Wertschätzung erfährt. Aus konstruktivistischer Sicht lassen sich Werte als Konstruktionen definieren, die aus menschlicher Erfahrung resultieren und zwar der Erfahrung gelingender menschlicher Lebens- und Seinserfahrung. Werte sind sinnstiftend und handlungsleitend. Sie steuern Handlungsziele, deren Durchführung und Bewertung. Werte sind Leitbilder für die menschliche Lebensgestaltung, beispielsweise im Hinblick darauf, wie und nach welchen Werten das soziale Zusammenleben in einer Familie, einer Gemeinschaft und Gesellschaft erfolgen soll, wie Kinder erzogen werden sollen, wie die Stellung der Geschlechter und damit verbunden die Aufgabenverteilung sein soll, wie eine sinnvolle Freizeitgestaltung erfolgen soll usf. Werte geben Antworten darauf, was ein werthaftes Tun ausmacht, was dem Leben Sinn verleiht, ob es etwa Sinn macht, sich schöpferisch zu betätigen, genussvoll zu leben, arbeitsam und strebsam zu sein oder/und sich altruistisch zu verhalten. Werte verweisen auf Lebensprinzipien und Tugenden, die für den Einzelnen und Kollektive als tragend angesehen werden; solche Tugenden sind etwa Treue, Fleiß, (Groß-)Mut, Toleranz, Solidarität, Achtsamkeit. Werte machen Aussagen darüber, wie sich das Verhältnis des Menschen zur Natur gestalten soll, ob er sich ihrer einfach bedienen kann oder ob er sorgsam und bewahrend mit der Schöpfung und mit den natürlichen Ressourcen umzugehen hat.

Werte sind kultur- und subkulturabhängig. Es gibt unterschiedliche Werte unter Nationen, Ethnien, Religionen, Schichten und Milieus. So ist für die Menschen eines Kulturkreises die Aufopferung für die Familie der größte Wert, für Angehörige eines anderen Kulturkreises dagegen steht das subjektive Streben und das erfolgsmäßige Weiterkommen im Vordergrund. Werte unterliegen dem Wandel, denn über die gelebte Erfahrung zeigt sich, inwieweit Werte im Kontext sozialer Veränderungen ihre Tauglichkeit und Gültigkeit bewahren. Der Gegenpol zum Wertewandel bildet die Garantie von Grundwerten, wie sie demokratische Verfassungen vorsehen. Den Grundwerten unterliegt die Annahme, dass es unveräußerliche Werte gibt, die Voraussetzung für ein menschenwürdiges Leben sind.

Ursprünglich kommt der Begriff des Wertes aus der Wirtschaft (Tauschwert). Erst etwa seit dem 19. Jahrhundert ist er zentraler Bestandteil philosophischer und soziologischer Diskurse und Konzepte.

Ethik

Ethik (griech. ethos = Sitte) ist die wissenschaftliche, systematische Beschäftigung mit den Werten, deren Begründung und Anwendung. In ihrer *grundlagentheoretischen Ausrichtung* hat die Wissenschaft der Ethik verschiedene Ethikkonzepte entwickelt, u.a. Tugendethiken, Gesetzesethiken, Nutzenethiken und Wertethiken.[72] Darin werden Fragen nach dem Guten und Schlechten/Bösen, nach dem Gewissen, nach Schuld und Sühne, dem Gerechten, nach dem Lebenssinn, Glück und dem rechten Tun aufgeworfen. In ihrer *anwendungstheoretischen* Ausrichtung sucht die Ethik Antworten auf die Frage, was wir tun beziehungsweise wie wir handeln sollen. Ethik als praktische Wissenschaft entfaltet sich dabei immer auch im Kontext aktueller Lebenspraxis. Daraus resultieren wiederum bereichsspezifische Ethiken, beispielsweise die Wirtschaftsethik, politische Ethik, Ethik der Medizin, Ethik der Sozialen Arbeit.

Von Ethik zu unterscheiden ist der Begriff des *Ethos*. Während die Ethik die Wissenschaft vom guten und richtigen Handelnd ist, bezeichnet das Ethos die moralische Gesamthaltung einer Person oder Gruppe. So lässt sich vom Ethos einer Sozialarbeiterin sprechen oder vom Ethos des sozialarbeiterischen Berufsstandes. Aus den bereichsspezifischen Ethiken entwickelt sich sozusagen ein Ethos.

Bereichsspezifische Ethiken liegen in der Logik moderner ausdifferenzierter Gesellschaften und deren Funktionssysteme. Das Vorhandensein eines Universalethos beispielsweise in Form der Menschenrechtskonvention der Vereinten Nationen ersetzt nicht dessen Umsetzung in die jeweiligen Funktionsbereiche. Jeder Funktionsbereich (Soziale Arbeit, Politik, Wirtschaft, Technik, Bildung, Kunst, Religion etc.) weist einen in sich geschlossenen Zusammen-

---

[72] Als Beispiele für moderne Ethiken: Habermas 1992; Jonas 1979; Fromm 1980; Küng 1992; Pieper 1998; Rawls 1992; Weiler 1991.

hang von Funktionen mit je eigenen Leitwerten auf. Zentrale Werte der Wirtschaft sind Leistung, Wettbewerb und Wertsteigerung. Für die Soziale Arbeit werden diese nur von nachrangiger Bedeutung sein. Professionelle Soziale Arbeit bedeutet unterstützen und intervenieren. Beides setzt eine Entscheidung voraus: wer soll wann, warum, wie und wodurch unterstützt werden? Wo, bei wem soll wie interveniert werden und von welchen Werten soll der Unterstützungsprozess getragen sein? Es geht also um das Ethos Sozialer Arbeit und die damit verbundenen Leitwerte und Prinzipien.

Prinzipien

Prinzipien sind keine Werte im eigentlichen Sinn, sondern Grundsätze, die Fragen der Strukturierung beinhalten, beispielsweise der Strukturierung einer Gesellschaft oder eines Hilfesystems. So wäre beispielsweise zu fragen, nach welchen Prinzipien soziale Wohlfahrt in der Gesellschaft verwirklicht werden soll? Nach welchen Prinzipien sich ein sozialer Wohlfahrtsverband strukturieren soll, ein Team usf.?

2. Sozialarbeitsethik als praktische Ethik und Sozialethik

Soziale Arbeit benötigt eine praxisbezogene Ethik, d.h. normative Orientierungen für das konkrete Handeln. Dazu sind metatheoretische Begründungsethiken wichtig und deren Ableitung für die Praxis. Konkret: es bedarf eines Wertewissens, das Orientierung gibt für die konkrete Arbeit mit AdressatInnen, für die politische Arbeit und für die Organisationsarbeit.

Aus einer systemischen Betrachtungsweise hängt die konkrete menschliche Entwicklung und die Entfaltung der vorhandenen Möglichkeiten neben den körperlichen, psychischen und seelischen Faktoren vor allem auch von der sozialen Umwelt ab, in die einzelne Personen und deren Systeme eingebettet sind, und die für die individuelle und soziale Entwicklung Ressourcen bereitstellt.

Soziale Arbeit bewegt sich im Spannungsfeld Individuum und Umwelt. In diesem Bezugsrahmen braucht es eine Sozialarbeitsethik, deren Grundlage notwendigerweise die Sozialethik ist.[73] Sie umfasst Werte und Prinzipien, die auf den Menschen, die Gemeinschaft und Gesellschaft bezogen sind. Aus der

---

[73] Vgl. dazu auch Hilpert 1997 und Zink 1988, 1994.

systemischen Perspektive richtet sich die Frage somit vor allem darauf, wie Gesellschaften, Gemeinschaften und Systeme wertmäßig zu strukturieren sind, damit ein menschenwürdiges Leben und eine daraufhin bezogene Bedürfnisbefriedigung und Entwicklung möglich sind. Daran schließt sich die Frage des Ressourcenaustausches und die Frage der Ressourcenverteilung an. Es ist zu fragen, nach welchen Kriterien Güter wie Nahrung, Arbeit, Einkommen und Vermögen zu verteilen sind, der Zugang zu Bildung und Ausbildung erfolgen soll, die Teilhabe an gesellschaftlichen Gestaltungsprozessen ermöglicht und Macht und Herrschaft verteilt werden sollen, ob und wie Menschen zu bestimmten Pflichten herangezogen werden können usf. Wenn sich Soziale Arbeit mit Teilhabeproblemen aufgrund von Inklusion und Exklusion beschäftigt, hat sie sich mit all diesen Fragen auseinander zu setzen.

3. Personalität

Die Würde der Person

Das nach langen ideengeschichtlichen Entwicklungsstufen vorliegende Ergebnis des westlich-abendländischen Kulturkreises ist die Formulierung von Menschenrechten durch die Generalversammlung der Vereinten Nationen.[74] Sie sind von der Annahme geleitet, dass Menschenrechte als personale Freiheitsforderungen ihren Grund in der Natur des Menschen, insbesondere in seiner Vernunftfähigkeit haben.

In der allgemeinen Erklärung der Menschrechte von 1948 verkündet Artikel drei das Recht auf Leben, Freiheit und Sicherheit der Person: Artikel 4 bis 21 führen unter anderem aus:

> die Freiheit von Sklaverei und Unterwerfung; die Freiheit von Folter und Grausamkeit, unmenschlicher oder degradierender Behandlung oder Bestrafung; das Recht, allerorten als Rechtsperson anerkannt zu werden; die Freiheit vor willkürlicher Verhaftung, Internierung oder Exilierung; das Recht auf ein faires und öffentliches Verfahren durch ein unabhängiges Tribunal; das Recht, solange als unschuldig angesehen zu werden, bis das Gegenteil bewiesen werden konnte; die Freiheit vor willkürlicher Einmischung in das Privatleben, die Familie, das Haus oder die Korrespondenz; die Freiheit der Bewegung der Wohnortnahme; das Recht auf Asyl; das Recht zu einer Nationalität; das Recht zu heiraten und eine Familie zu gründen; das Recht auf Besitz; die Freiheit der Meinung und Meinungsäußerung; die Freiheit der Gedanken, des Gewissens

---

[74] Zur Geschichte der Menschrechte siehe Oestreich 1982.

und der Religionsausübung; die Freiheit und das Recht zu friedlichen Versammlungen und Vereinigungen; das Recht auf Teilnahme an der Regierung des eigenen Landes. (zit. nach Kühnhardt 1988).

Die Artikel 22-27 verweisen auf die sozialen, wirtschaftlichen und kulturellen Rechte, insbesondere auf das Recht auf Freizügigkeit, das Recht auf Arbeit, das Recht auf gleiche Bezahlung für gleiche Arbeit, das Recht auf einen Lebensstandard, der für die Bewahrung der Gesundheit und für das Wohlbefinden notwendig ist, das Recht auf Erziehung und das Recht auf Beteiligung am kulturellen Leben der Gemeinschaft, des Volkes.

Artikel 28-30 verweisen auf den Anspruch eines jeden Menschen auf eine internationale und nationale Ordnung, in der die Menschenrechte erfüllt werden.

Die Erklärung umfasst somit traditionell liberale, soziale und wirtschaftliche Rechte. Ihr oberstes Prinzip ist der *Schutz der Menschenwürde* und der davon abgeleiteten *Menschenrechte*. Ihrer Rechtsnatur nach ist die Erklärung eine Empfehlung. Bewähren müssen sich die Menschenrechte vor allem in den nationalen Verfassungen und in der konkreten Praxis.

Den Erklärungen zugrunde liegen Individual- und Sozialethiken,[75] die sich im Laufe der Geschichte herausgebildet haben; sie bestimmen den ethischen Diskurs um die konkrete Ausgestaltung der Menschenrechte.

> Die Würde des Menschen liegt nach Kant in der Freiheit der Selbstbestimmung, die er qua seines Vernunftvermögens erwirbt und die unantastbar ist. Aus jüdisch-christlicher Sicht hat nicht nur der vernunftbegabte Mensch ein Recht auf seine Würde und damit ein Recht auf Freiheit und Selbstbestimmung, sondern der Mensch an sich, auch wenn er krank, behindert, notleidend oder ausgegrenzt ist (vgl. Gruber 2000).

Den Ethiken des christlichen Abendlandes liegt ein Menschenbild zugrunde, das Menschen in ihren Fähigkeiten aber auch in ihren Grenzen wahrnimmt. Unabhängig von seiner konkreten individuellen Entwicklung und Ausprägung werden dem Menschen allgemeine Dispositionen in Form von Fähigkeiten zugestanden. Gemeint sind kognitive, soziale, personale und praktische Fähigkeiten. Zu den sozialen Fähigkeiten gehört etwa die Fähigkeit zur Toleranz, die Fähigkeit Leid zu ertragen und die Bindungsfähigkeit. Die Fähigkeit, Freude, Liebe, Trauer und Humor zu leben und zu erleben gehört zu den personalen Fähigkeiten. Ebenso die Fähigkeit Individualität zu leben und sich gleichzeitig in größere Sinnhorizonte einzubinden.

---

[75] Insbesondere jüdisch-christliche Ansätze, anthropozentrische Ansätze, materialistische Ansätze. Einen Überblick dazu gibt Schlüter 1995.

Die Person wird gleichzeitig auch in ihren Grenzen wahrgenommen. Neben den positiven gibt es auch negative Grundhaltungen, die sich u.a. in Neid, Habgier, Geiz, Hass, Tyrannei und Gewalt ausdrücken. Menschsein bedeutet, in sich die Fülle konstruktiver und destruktiver Möglichkeiten zu bergen. Menschsein bedeutet darüber hinaus immer auch das Erfahren von Grenzen, beispielsweise in Bezug auf die eigenen Fähigkeiten, aber auch in Bezug auf die Möglichkeiten und Ressourcen, die andere und das soziale Umfeld haben und bereitstellen.

Die Erklärung der Menschenrechte ist heute integraler Bestandteil moderner nationaler Verfassungen und Gemeinschaften, beispielsweise der *Konvention zum Schutze der Menschenrechte und Grundfreiheiten*, die von den Regierungen der Mitgliedstaaten des Europarates unterzeichnet wurden. Alle bereichsspezifischen Ethiken und Systeme haben solchen Erklärungen Anerkennung zu verschaffen und die allgemeingültigen Grundsätze für die konkrete Praxis auszubuchstabieren.

Aktuelle Diskurse beziehen sich auf die Erweiterung der Menschenrechte, insbesondere mit Blick auf die Geschlechterfrage und damit verbunden die tatsächliche Durchsetzung von Gleichberechtigung von Frauen und Männern, den Schutz der Natur und die universelle Gültigkeit der Menschenrechte angesichts unterschiedlicher kultureller Traditionen (beispielsweise Beschneidung von Mädchen) und kollektiver Werte.

Die *Würde des Menschen* gilt als absoluter, d.h. unveräußerlicher sittlicher Wert. In enger Verbindung dazu stehen Werte wie *Selbstbestimmung, Autonomie, Verantwortung, Toleranz, Solidarität, Gleichheit, Gerechtigkeit und Eigenverantwortung*.

Individuen kennzeichnen sich durch ihre Einmaligkeit und durch ihre je spezifischen kognitiven, sozialen, personellen und praktischen Fähigkeiten. Jeder Mensch ist in seiner Einmaligkeit zu achten und darf nicht als Mittel zu einem Zweck missbraucht werden (vgl. Gruber 2000). Jede Person hat das Recht auf *Autonomie* im Sinne der Selbstbestimmung und Selbstverwirklichung, konkret: jede Person hat das Recht, ihre Fähigkeiten zu entwickeln und ein sinnerfülltes und zufriedenstellendes Leben zu führen. Selbstverständlich hat der/die Einzelne dafür auch die Verantwortung zu tragen, d.h. Verantwortung für die eigenen Konstruktionen und die daraus resultierenden Handlungen.

Personwerdung erfolgt im Kontext sozialer Eingebundenheit. Ohne das Soziale kann sich die Person nicht entwickeln und entfalten. Ihre individuelle Existenz ist abhängig von den Strukturen und Beziehungen, in die sie eingebunden ist. Von daher hat sie nicht nur *Verantwortung* für sich, sondern auch für das Soziale. Sie ist gefordert, für die Gestaltung des näheren und weiteren sozialen Umfeldes ihren Beitrag zu leisten. Die Kooperation mit anderen, der Aufbau und die Mitgestaltung von Systemen und der verantwortliche Umgang mit den vorhandenen Ressourcen ist Teil dieser Verantwortung. Sie umfasst Vergangenheit, Gegenwart und Zukunft. Vergangenheit dort, wo Unrecht wieder gut zu machen ist und Zukunft in Bezug auf die Verantwortung für zukünftige Generationen. Es handelt sich um eine Verantwortung, die lokale und nationale Grenzen übersteigt. Die Verantwortung des Subjekts hat eine Innenperspektive (das Selbst) und eine Außenperspektive (die Umwelt), sie umfasst verschiedene Zeithorizonte und ist auf die Lebenswelt, Gesellschaft und Welt bezogen. Verantwortung bezieht sich auf das soziale Zusammenleben, auf Fragen der gerechten Ressourcenverteilung und des würdigen Lebens und umfasst demzufolge soziale, politische, ökonomische, kulturelle und ökologische Fragestellungen. Menschen sind dazu angelegt, frei zu sein. Jedoch können sie nur frei sein, wenn sie sich um ein humanes Zusammenleben bemühen, dafür Verantwortung tragen und ihren Anteil übernehmen. Diese Verantwortung beginnt mit der kritischen Beobachtung dessen, was geschieht und mündet in ein konkretes Handeln im Rahmen sozialer Teilhabe, in dem Maß, wie Einzelne sie erbringen können.

Personalität als Strukturprinzip verweist darauf, dass alle sozialen Systeme der Personenwürde Rechnung zu tragen haben, unabhängig davon, welchen Zweck Systeme haben und welche Medien vorrangig verarbeitet werden. Personalität bedeutet, dass der Person in Systemen eine besondere Bedeutung zukommt, dass sie nicht einfach Teil eines Systems ist, sondern dass sie einen Eigenwert besitzt, den es zu achten und zu schützen gilt. Das Prinzip der Personalität umfasst demzufolge neben der personalen Handlungsebene zugleich die *strukturelle Ordnungsdimension* von Systemen, seien es interpersonelle Systeme, formal organisierte Systeme oder das Gesellschaftssystem. Soziale Strukturen sind danach zu bemessen inwieweit sie in der Lage sind, die Würde der Person innerhalb und außerhalb des Systems zu achten und zu schützen. Damit einher geht die Teilhabe an zentralen Gütern und die Wahrung von Rechten, insbesondere Menschenrechte, Teilhaberechte, Mitgestaltungsrechte (vgl. Baumgartner/Korff 1998).

Folgerungen für die Soziale Arbeit

Das Einmalige und die Autonomie achten

Die Würde der Person zu respektieren und ihre Autonomie zu achten bedeutet für die Soziale Arbeit, die AdressatInnen in ihrer Einmaligkeit, in ihren Fähigkeiten, Bedürfnissen und auch Grenzen wahrzunehmen und zu respektieren, – gleichgültig, ob es sich um Kinder, Jugendliche, Erwachsene, Menschen mit Behinderungen, psychisch Kranke, Straffällige oder Angehörige anderer Ethnien handelt. Die am Unterstützungsprozess Beteiligten sind aktiv in Bezug auf ihre Bedürfnisse, Interessen und Sichtweisen zu hören. Respekt vor der Autonomie der AdressatInnen vermeidet Überversorgung und belässt den Menschen das, was sie selbst für sich und andere tun können und belässt auch die Verantwortung beim Individuum.

Vor allem dort, wo Soziale Arbeit ein doppeltes Mandat vertritt, also Hilfe und Kontrolle, gilt es, die kontrollierende Funktion in Passung zu bringen mit dem Recht auf Autonomie und Selbstbestimmung. Wenn beispielsweise Kinder aus Gewaltfamilien genommen werden müssen, wenn Jugendliche im Rahmen der Bewährungshilfe Auflagen bekommen, die ihre Autonomie einschränken, wenn also Handlungen eingefordert werden, die die Betroffenen nicht wirklich wollen, gilt es einen Balanceakt zu vollziehen zwischen äußerem Zwang und Respekt der Autonomie. Es ist der Balanceakt zwischen Helfen und Kontrolle. Erst wenn die Beteiligten gehört werden, wenn ihre Belange, ihr Tun und Lassen nachvollziehbar werden, wenn ihre Bedürfnisse, Ängste und Potentiale herausgearbeitet und ernst genommen werden, kann über Verantwortung kommuniziert werden und kann Kontrolle zu einem Instrument der Hilfe werden.

Die Achtung der Person ist grundsätzlich und allumfassend. Die Achtung bezieht sich auf die Person schlechthin, unabhängig von ihrer Herkunft, Ethnie, Religion, Rolle oder ihrem Geschlecht. Menschen dürfen nicht auf ihre äußeren Merkmale reduziert werden. Wenn ein Sozialarbeiter es mit einem türkischen Mitbürger zu tun hat, dann hilft ihm zwar kulturspezifisches Wissen, um manche Handlungen besser zu verstehen, aber dieses Wissen sagt noch nichts darüber aus, wie die Person, mit der er es zu tun hat, tatsächlich denkt, fühlt und handelt. Bezögen sich SozialarbeiterInnen alleine auf Kulturwissen, stünden sie in der Gefahr, Individualität zu leugnen, indem sie eine Person auf ihre Kultur- oder Geschlechtsmerkmale reduzieren. Aufgabe ist es, die Individuen in ihrer konkreten Geschichte, in ihrem Gewordensein, in ihrer Identität, in ihrer sozialen Eingebundenheit, ihrer affektiv-emotionalen Verfassung als gewachsene Persönlichkeiten wahrzunehmen.

Das gleiche gilt für die Soziale Arbeit mit Frauen und Mädchen, Männern und Jungen. Nicht das Überstülpen von emanzipierenden Ideologien wird dem Einzelnen gerecht, sondern das gemeinsame Vorantasten in Bezug auf eine freiheitliche Entfaltung. Dazu gehört es, verschiedene weibliche wie männliche Lebensentwürfe zuzulassen, Besonderheiten dieser Entwürfe zu erkennen und sie zu berücksichtigen. Es geht darum, Differenz zwischen den Geschlechtern und innerhalb der Geschlechter zuzulassen und den oft mühsamen Weg der Identitätsentwicklung zu begleiten und sich dabei auch mit kleinen Schritten zufrieden zu geben. Es geht um die Wahrnehmung des Individuums, das in einen sozio-kulturellen Lebenskontext eingebunden ist, den man nicht einfach ablegt, wie ein Kleid.

Aufgabe Sozialer Arbeit ist, ethische Prinzipien zu *kontextualisieren*, indem Denkweisen, Sinnentwürfe, Bedürfnisse, Ängste, Handlungsweisen und Wertvorstellungen in den konkret gelebten Kontext rückgebunden werden. SozialarbeiterInnen vollziehen hier einen Verständigungs- und Verstehensprozess und sind selbst DiskursteilnehmerInnen. Die große Herausforderung dabei ist, Differenz auszuhalten; so gilt es vor allem auch AdressatInnen zu unterstützen, deren Lebensbiographien und deren Tun alles andere als identitätsstiftend sind. Trotzdem sind Fähigkeiten und Potentiale ausfindig zu machen und Sinnentwürfe mitzustricken, die man zwar selbst nicht leben könnte, die aber professionell begleitbar sind.

Personen und Handlungen verstehen - Scheitern respektieren

Achtung setzt Verstehen voraus. Erst wenn ich eine Person und eine Handlung verstehe, kann ich Achtung entwickeln. Erst wenn ich verstehe, dass ein Täter möglicherweise auch einmal Opfer war, kann ich achtungsvoll kommunizieren. Verstehen setzt Wissen, Erfahrung, Reflexion und eine ethische Haltung voraus, eine Haltung, die menschliche Schicksale, brüchige Biographien und Lebenswege als zum Menschen gehörig betrachtet. Wer dem Scheitern keine Achtung entgegenbringt, ist unmenschlich. Wer die Einzigartigkeit eines subjektiven Lebensbewältigungsversuches nicht achten und respektieren kann – auch wenn dieser Versuch noch so problematisch ist –, wird weder begreifen, mit wem er es zu tun hat, noch, was Leben an sich bedeutet. Achtung zielt nicht darauf, alles gut finden zu müssen oder gar jegliches selbstbezogene Verhalten und Tun unterstützen zu sollen, sondern Achtung ist die Achtung vor der Individualität, die Achtung des oft schwierigen Versuchs einer Person, das eigene Leben alleine oder/und zusammen mit anderen zu meistern. Achtung ist auch die Achtung vor dem Scheitern und die Achtung davor, dass Menschen nicht in jeglichen Situationen offen für Veränderungen sind, weil ihnen vielleicht die Kraft oder das Zutrauen fehlen.

Achtung vor der Würde und Autonomie des Anderen ist eine Haltung, die nichts mit „normativer Kontrolliertheit" zu tun hat. Würde man sich über eine Adressatin oder einen Adressaten nicht mehr aufregen dürfen, fehlte das „Salz" im Unterstützungsprozess. Auseinandersetzung, das Austragen von Konflikten, Abgrenzung und Konfrontation sind wichtige Elemente im Unterstützungsprozess. Die Qualität der Interaktion macht sich daran fest, ob über das durchaus konflikthaft Gelebte Entwicklung und Entfaltung möglich sind, oder ob Abhängigkeiten und Herabwürdigung daraus erwachsen.

Autonomie erweitern

Soziale Arbeit zielt auf die Förderung von Autonomie und Selbstständigkeit. Der traditionelle Begriff dafür ist die Hilfe zur Selbsthilfe, der moderne Begriff, der etwas Ähnliches meint, ist Empowerment. Empowerment will die AdressatInnen dazu bemächtigen, ihre Belange selbst gegenüber anderen zu vertreten. Eine wertorientierte, Autonomie respektierende, praktische Soziale Arbeit wird sich von entmündigenden und abhängig machenden Unterstützungen distanzieren. Gerade bei Menschen, die nur bedingt ihre Autonomie leben können, weil sie Behinderungen haben, krank, alt oder noch sehr jung sind, ist danach zu fragen, wie Autonomie und Selbstbestimmung zu erweitern sind. Oft sind nur kleine Schritte möglich, die in ihrer Bedeutung jedoch keinesfalls zu unterschätzen sind. Eine teilautonome Lebensgestaltung hat eine gänzlich andere Qualität als eine umfassende Versorgungsabhängigkeit.

Selbstwert achten und aufbauen

Eine Person, „die ihren Körper versteht, wertschätzt und entwickelt, ihn schön und nützlich findet; eine Person, die real und ehrlich zu und über sich selbst und andere ist; eine Person, die bereit ist, Risiken auf sich zu nehmen, kreativ zu sein, kompetent zu sein, sich zu ändern, wenn es die Situation erfordert, und Wege zu finden, um Neues und Verschiedenartiges aufzunehmen, den Teil des Alten, der noch nützlich ist, zu behalten und den Teil, der es nicht ist, abzulegen" ist nach Virginia Satir ein „körperlich gesundes, geistig waches, fühlendes, liebendes, spielerisches, authentisches, kreatives und produktives menschliches Wesen" (Satir 1996, 15). Es ist ein Wesen, das über Selbstwert verfügt.

Selbstwert ist nicht einfach vorhanden, sondern entwickelt sich im Kontext Person-Umwelt. Vor allem das Primärsystem Familie hat einen grundlegenden Anteil daran, ob und wie sich durch familiale Strukturen und Prozesse Selbstwert unter den Familienmitgliedern herausbilden kann. Die Gesellschaft, deren Strukturprinzipien und Muster tun das Ihrige, um bei den unterschiedlichen Mitgliedern der Gesellschaft Selbstwert zu stärken oder zu schwächen.

Selbstwert ist eine grundlegende Ressource, damit sich Menschen weiterentwickeln können, damit sie an sich und ihre Fähigkeiten glauben und damit sie es als Wert empfinden, an ihrer Situation zu arbeiten. Da, wo kein Selbstwert gegeben ist, kann auch schwerlich Wertschätzung gegenüber einer anderen Person erfolgen. Hass und Rassismus sind nicht zuletzt Ausdruck mangelnden Selbstwertes und damit verbundener struktureller Ohnmachtserfahrungen. Drogenkonsum und Suizid sind ebenfalls Ausdruck mangelnden Selbstwertes. Gerade die Soziale Arbeit hat häufig mit Menschen zu tun, die massive

Selbstwertproblematiken haben. Selbstwert zu stärken setzt voraus, dass man Hilfesuchenden achtungsvoll begegnet und sie in ihren Anliegen nicht nur ernst nimmt, sondern ihnen auch einen Rahmen bietet, der Achtung ausdrückt. Beispielsweise durch die ästhetische Gestaltung des Rahmens, durch ausreichende Zeit für den Unterstützungsprozess und durch die Qualität des Angebotes. Darüber hinaus gilt es Angebote zu machen, die Selbstwert stärken helfen, sei es über Empowerment-Prozesse, über spezifische Selbsterfahrungsangebote, Thematisierungsprozesse, erlebnispädagogische Angebote und Angebote, die Orientierungs- und Sinnfragen aufgreifen lassen.[76]

Für die eigene Autonomie sorgen

Personenwürde und Autonomie gelten nicht nur für die AdressatInnen, sondern ebenso für die Professionellen. Die eigene Personenwürde und die Autonomie über das eigene Handeln zu bewahren, sind Grundvoraussetzung für professionelles Handeln. Hilflosigkeit im Helfen, Überforderung und Ausgebranntsein sind häufig ein Zeichen mangelnder Abgrenzungsfähigkeit, deren Quellen Gutmütigkeit, Ehrgeiz, Eitelkeit, Gebraucht-werden-wollen u.a. sein können. Die Autonomie über das eigene Handeln zu bewahren, Grenzen zu setzen, Nein zu sagen, bestimmten Bedürftigkeiten von AdressatInnen nicht nachzukommen sind unabdingbare Fähigkeiten im Rahmen professionellen Handelns. Dies betrifft insbesondere Situationen, in denen AdressatInnen nachhaltigen Hilfebedarf signalisieren, wo sie bereit und willens sind, sich von einer professionellen Person abhängig zu machen und wo sie ihre Hilfebedürftigkeit einsetzen, um Druck auszuüben. Hier Grenzen zu setzen erzeugt Autonomie im doppelten Sinne: es bewahrt die Autonomie der Professionellen und gibt die Autonomie an die AdressatInnen zurück - auch dann, wenn sie diese gar nicht wollen.

Die Achtung des Einmaligen, von Autonomie, Selbstwert, Verantwortung und Selbstbestimmung sind nicht lediglich eine Frage der Haltung der Professionellen, sondern auch eine Frage der strukturellen Verankerung, beispielsweise im Rahmen von Leitbildern, Konzepten, Supervision und kollegialer Beratung.

---

[76] Zu diesem Themenkomplex siehe auch Steinforth (1998), der aus philosophischer Sicht mit Blick auf Soziale Arbeit über den Begriff der Selbstachtung reflektiert.

Toleranz

Freiheit und die Achtung des anderen setzt *Toleranz* voraus, vor allem die Toleranz gegenüber Andersdenkenden. Da, wo sie nicht gegeben ist, herrscht Besserwisserei, Gleichmacherei, Ideologisierung, Wahrheitsanspruch und Unterdrückung. In sozial ausdifferenzierten, pluralistischen Gesellschaften bedarf es der Toleranz, um die Differenz in Bezug auf Herkunft, Geschlecht, Erfahrung, Ressourcen, soziale Positionierung, Meinungen, Interessen und Werte würdig gestalten zu können. Es bedarf Toleranz dahingehend, dass Menschen aufgrund ihrer unterschiedlichen Systemeingebundenheit verschiedene Rollen und inhaltliche Positionen einnehmen und dass Systeme unterschiedliche Zwecke und Verarbeitungslogiken aufweisen. Toleranz ist eine Tugend und Aufgabe im sozialen Miteinander, Nebeneinander und Gegeneinander. Vor allem das konflikthafte Gegeneinander braucht Toleranz, um Grenzen des Anstandes und die Rechte des jeweils anderen wahren zu können. Toleranz wird dann zur Herausforderung, wenn sich Menschen in ihrem gegenseitigen Denken, Fühlen und Tun kaum mehr verstehen können. Genau hier birgt sie in sich den Auftrag, nach Verständigung zu suchen und zumindest partiell verbindende Einverständnisse zu erwirken.

Toleranz im *Miteinander* bedeutet, Differenz zuzulassen, auf andere einzugehen und das Eigene nicht zu verneinen; sie setzt Wahrnehmungsfähigkeit, Kommunikationsfähigkeit, Anpassungsfähigkeit und Konfliktfähigkeit voraus.

Die Toleranz im *Nebeneinander* ist die Fähigkeit, Andere zu lassen und trotz unterschiedlicher Meinungen und Zugangsweisen und vielleicht geringer Sympathie partiell zu kooperieren, ohne ständig Grundsatzfragen über Person/System und deren Tun zu stellen und ohne die Anderen mit der permanenten Erwartungshaltung zu konfrontieren, dass sie sich ändern sollen. Wer ein Nebeneinander nicht leben kann, läuft Gefahr, sich immer wieder aufs Neue zu verstricken, den Anderen herabzuwürdigen oder auszuschließen.

Das *Gegeneinander* erfordert, sich als Person oder System zu vertreten, und die eigenen Belange zu wahren und zu schützen. Es fordert geeignete Formen des Austragens von Meinungsstreit und Konflikten, Formen, die würdevoll und zumutbar sind und die Grenzen des Respekts und der Gewalt nicht überschreiten.

Toleranz steht immer auch in der Gefahr, durch die menschlichen Schattentugenden wie Neid, Geiz, Eifersucht, Missgunst, Konkurrenz und Rivalität veräußert zu werden. Menschen sind keine Tugendapparate, sondern immer auch darauf bedacht, durch mehr oder weniger geeignete Formen ihren Selbstwert zu stabilisieren. Toleranz ist deshalb stetige Aufgabe, die situativ einmal mehr einmal weniger gelingt.

Ein konstruktivistischer Zugang unterstützt Toleranz, weil von allgemeingültigen Wahrheiten im Sinne von richtig und falsch Abschied genommen wird. Toleranz in diesem Sinne lässt Vielheit nicht nur zu, sondern setzt sie als Folge von Freiheit voraus. Sie setzt die gegenseitige Anerkennung voraus, dass es verschiedene Sichtweisen und Werthaltungen gibt. Daraus folgt nicht, dass Werte egalisiert werden, dass alles gleich gültig ist, sondern dass eine Auseinandersetzung darüber statt zu finden hat. Schlüter formuliert dies folgendermaßen:

> „Toleranz bedeutet daher über die ursprüngliche bloße Duldung der anderen hinaus die Bereitschaft zu lernen, d.h. die Offenheit zur Auseinandersetzung, indem ich bewußt die Möglichkeit einräume, daß der Standpunkt der anderen Richtiges enthält" (Schlüter 1995, 172).

Toleranz ist auf allen Ebenen gefordert, auf denen Soziale Arbeit tätig wird: auf der AdressatInnen-Ebene, der Organisations-Ebene und der politischen Ebene. Aus systemischer Sicht wird Toleranz dort gestärkt, wo sie als normatives Element in Systemen verankert wird, z.B. im Rahmen von Leitbildern und von Team-Kontrakten. Multiprofessionelle Teams sind gefordert, Toleranz zu zeigen, um verschiedenen Sichtweisen, professionellen Zugängen und Handlungsansätzen Raum zu verschaffen. Es ist danach zu fragen, wie das gemeinsame Arbeitssystem strukturiert werden kann, um Toleranz zu leben und es sind die Momente zu benennen, die Toleranz erschweren und behindern.

Zur Toleranz gehört der Respekt vor menschlichen Biografien und vor der historischen Verankerung von Systemen, deren Wurzeln und Identitäten. Zur Toleranz gehört schließlich der Respekt vor dem autopoietischen Tun. SozialarbeiterInnen, die im Rahmen einer systemischen Vorgehensweise mit unterschiedlichen AdressatInnen arbeiten, mit Problembetroffenen, Problemproduzenten und -mitproduzenten bedürfen der Toleranz, um bestimmten Rollen, Perspektiven und Meinungen, Interessen und Ansprüchen Transparenz zu verschaffen. Die Toleranz ist verwirkt dort, wo Eigennutz, Verantwortungslosigkeit, Schuld, Ausbeutung, Gewalt und Herabwürdigung von Personen auftreten. Hier gilt es, mit Hilfe von Regeln und Gesetzen Grenzen zu setzen.

4. Solidarität

Die Personenwürde gilt als oberster Wert humaner Gesellschaften. Diesem Wert zugeordnet sind die Prinzipien der Solidarität und Subsidiarität.
Solidarität entspringt dem Bewusstsein der Zusammengehörigkeit und des Aufeinander angewiesen Seins. Es gibt viele Formen der Solidarität: die solidarische Familie, das solidarische Team, die solidarische Interessensgemeinschaft usf. Das Gemeinsame kann sich auf gemeinsam Erlebtes, Entwickeltes und Errungenes beziehen (Team) oder auch im Sinne des gemeinsam negativ Erfahrenen.
Das Solidaritätsprinzip ist mehr als die solidarische Gemeinschaft, die sich gemeinsam freut, gemeinsam leidet oder gemeinsam kämpft. Als Universalprinzip umfasst Solidarität alle Menschen und beschränkt sich nicht auf Gruppensolidarität. Ankerpunkt des universalen Solidaritätsprinzips sind die Menschenrechte. Unter dem Dach des Solidaritätsprinzips bilden sich verschiedene, gruppenspezifische Solidarformen heraus, die möglicherweise auch konkurrierend sind und die für sich Teilhaberechte geltend machen (vgl. Baumgartner/Korff 1990). Die auf die Menschenrechte bezogene Solidarität zielt auf Teilhabe, Gerechtigkeit, Gleichberechtigung, Mitgestaltung und Mitbestimmung und Chancengleichheit. Sie ist die Voraussetzung für gemeinsam getragene Sicherungssysteme und die Unterstützung Benachteiligter. Solidarität gilt jedem Menschen und ist die „politisch-gesellschaftliche Einlösung des Anspruchs der menschlichen Personenwürde" (Baumgartner/Korff 1998, 407). Solidarität ist das, was eine Gesellschaft der einzelnen Person schuldet, damit sie sich entwickeln und entfalten kann. Damit dieser Anspruch eingelöst werden kann, muss Solidarität in gesellschaftliche Strukturen überführt werden, um aus dem Prinzip gesicherte Ansprüche ableiten zu können, beispielsweise über das Steuerrecht und über die Sozialversicherung. Aus dem Prinzip erwächst die Verpflichtung zur Hilfe und zur gegenseitigen Verantwortung.
In einer ausdifferenzierten Gesellschaft sind alle Personen und Systeme gefordert, dem Anspruch einer universalen Solidarität Rechnung zu tragen und ihren Beitrag dazu zu leisten.

Bedeutung für die Soziale Arbeit

Für Benachteiligte, Schwache, Notleidende und Ausgegrenzte eintreten

Soziale Arbeit ist Anwältin für Benachteiligte, Schwache, Notleidende und Ausgegrenzte und tritt für deren Bedürfnisse ein. Sie ist Sprachrohr für jene, die durch systemrationales Agieren und durch menschliche Egoismen und Unzulänglichkeiten Benachteiligungen erfahren, in ihren Möglichkeiten eingeschränkt, ausgegrenzt und entwürdigt werden. In der konkreten Arbeit mit AdressatInnen mündet diese Haltung in eine *„reflexive Parteilichkeit"*. Damit ist gemeint, dass in der systemischen Arbeit nicht in jeder Situation Neutralität der Professionellen angebracht ist, sondern dass es Wert- und Handlungsprioritäten gibt. *Reflexive Parteilichkeit* nimmt dort Partei, wo es ethisch gefordert ist. Dabei verliert sie nicht die Strukturen und Prozesse, die Zusammenhänge und Wechselwirkungen aus dem Blick, die zu bestimmten Situationen und Problemen führen.

Solidarität einfordern

Soziale Arbeit fordert Solidarität ein, indem sie für Benachteiligte, Notleidende aktiv wird. Sie klärt über Lebenslagen auf und versucht Solidarbeiträge zu erwirken; das können monetäre oder instrumentelle Ressourcen sein, z.B. Geldspenden, Patenschaften und ehrenamtlich geleistete Hilfe; es kann die Bereitschaft von Arbeitssystemen sein, Menschen in besonderen Lebenslagen eine Chance, sprich einen Arbeitsplatz zu geben. Über die freiwilligen Solidarbeiträge hinaus hat sie sich auf der politischen Ebene dafür zu engagieren, dass die Mitglieder der Gesellschaft und die sozialen Systeme ebenso verpflichtende Solidaritätsbeiträge leisten, beispielsweise über das Steuer- und Abgabensystem.

Solidarität als Organisations- Führungs- und Kollegialprinzip

In Bezug auf die Strukturen und Prozesse der eigenen Organisation haben Anbieter sozialer Dienstleistungen ihre hauptberuflichen und ehrenamtlichen MitarbeiterInnen dort zu unterstützen, wo Benachteiligung und Lebenskrisen auftreten. Im Rahmen von Personalentwicklung, Organisationsentwicklung und Personalführung bedarf es Konzepte, die es beispielsweise Frauen und Männern ermöglichen, Familienarbeit und Beruf zu verbinden und durch die Frauen darin gefördert werden, Führungspositionen zu übernehmen.

Teammitglieder sind gefordert, Solidariät jenen Mitgliedern zu zollen, die, warum auch immer, benachteiligt oder in Krisensituationen sind.

5. Subsidiarität

Das *Subsidiaritätsprinzip* besagt, dass das, was Menschen und Gruppen aus eigener Kraft können, nicht durch übergeordnete Instanzen geregelt werden muss. Da, wo sich Menschen und Gruppen jedoch nicht mehr selbst helfen können, bedarf es Institutionen und staatlicher Maßnahmen. Das Subsidiaritätsprinzip ist ein funktionales gesellschaftliches Strukturierungsprinzip, das zum ersten Mal in der Enzyklika „Quadragesimo anno" (Pius XI. 1931) formuliert worden ist (vgl. Baumgartner/Korff 1998). Die Regeln für dieses Prinzip lassen sich wie folgt umschreiben:

Selbsttätigkeit ist das Leitziel, jedoch soll Unterstützung angefordert werden können und es soll bei Bedarf unterstützt werden. Die Unterstützung soll wiederum Selbsttätigkeit fördern und wieder herstellen. Hierfür wurde der Begriff *Hilfe zur Selbsthilfe* geprägt.

Das Subsidiaritätsprinzip beinhaltet den Wert der Autonomie, denn das, was die kleinere Einheit selbst leisten kann, darf nicht von einer höheren Einheit übernommen werden. Damit korrespondiert das Subsidiaritätsprinzip mit dem systemischen Prinzip der Selbstorganisation. Übergeordnete Systeme dürfen nicht einfach in die Autonomie kleinerer Systeme eingreifen, im Gegenteil, sie haben die Pflicht, dafür zu sorgen, dass diese ihre Fähigkeit der Selbstorganisation behalten bzw. wiedergewinnen.

Mit dem Subsidiaritätsprinzip wird die Selbstverantwortung angesprochen, die nicht einfach aus Gründen der Bequemlichkeit abgegeben werden darf. Dort, wo man andere zu Hilfe zieht, erfolgt nicht einfach eine Verantwortungsabgabe, sondern die hilfesuchende Person bleibt für ihren Teil im Rahmen des Prozesses verantwortlich. Selbstverantwortung im Kontext von Subsidiarität heißt: sich selbst weder zu über- noch zu unterfordern und sich bei Unterstützung von außen nicht zu unterwerfen. Selbstverantwortung heißt, die Hilfe von außen im Notfall nicht zu verweigern. Hilfe soll als Hilfe zur Selbsthilfe erfolgen mit dem Ziel baldmöglichster Selbsttätigkeit.

Die unterstützende übergeordnete Einheit muss Hilfe gewähren und darf die Hilfe in extremen Notsituationen nicht von sich weisen, darf also Hilfe nicht vorenthalten. Gleichzeitig darf sie Hilfe nicht aufdrängen, darf nicht abhängig machen und muss das zurückgeben, was die untere Ebene wieder selbsttätig machen kann (Brieskorn 1998).

Das Subsidiaritätsprinzip gewichtet die untere Ebene als die wichtigere und bindet die übergeordnete Ebene an Verpflichtungen nach unten. Damit sind Definitionen über Systembeziehungen vorgenommen. Die Hierarchiestufen im Rahmen des Subsidiaritätsprinzip lassen sich wie folgt ausdifferenzieren:

Person – Familie – Verein – Gemeinde – Land – Bund – Internationale Organisationen.

Das Subsidiaritätsprinzip ist im Grundgesetz nicht umfassend geregelt worden. Es regelt die Beziehung zwischen Bund und Land, schützt Einzelpersonen und Familie und formuliert Rechte des Bundes (z.B. Verstaatlichung) (vgl. von Saldern 1998, 28).

In Deutschland wurde zwischen Staat und Kommune durch die freie Wohlfahrtspflege eine mittlere Ebene eingeführt. Die freie soll gegenüber der öffentlichen (staatlichen) Wohlfahrtspflege subsidiär eingreifen. Damit hat die freie Wohlfahrtspflege einen eigenen Stellenwert, wenngleich staatliche und kommunale Aufgaben an sie delegiert werden. In der Mittlerinstanz ist sie Anwalt und Unterstützer von AdressatInnen.

Das Subsidiaritätsprinzip ist *vertikal* gefasst, entspricht also einer hierarchisch geordneten Gesellschaftsstruktur. Daraus ergeben sich Fragen, beispielsweise was auf den unteren Ebenen alles in Selbstorganisation zu machen ist und wer bestimmt, ab wann diese Selbstorganisation nicht mehr funktioniert? In modernen Gesellschaften haben sich im Rahmen der Sozialstaatsentwicklung Leistungen von unten nach oben entwickelt. Die Versorgung bei Krankheit und Alter ist nicht automatisch Aufgabe von Familien, auch nicht die Unterstützung notleidender Familienmitglieder. So gibt es eine Infrastruktur sozialer Angebote und Absicherungen, die einerseits Entlastungsfunktion für die sozialen Einheiten haben und andererseits verhindern helfen, dass immer wieder neu auszuhandeln ist, welche Leistungen im Rahmen von Selbstorganisation die jeweiligen Einheiten zu erbringen haben. Quer zum Subsidiaritätsprinzip liegen Selbsthilfegruppen, nicht verbandgebundene Vereinigungen, Bürgernetzwerke und -initiativen, die die Selbsttätigkeit der Bürger vor Ort stärken und die außerhalb der klassischen Verbände der Freien Wohlfahrtspflege soziale Wohlfahrt produzieren. Die Pluralisierung der Wohlfahrtspflege hat die klassische Dreiteilung des Subsidiaritätsprinzips (Person – Freie Wohlfahrtspflege – Staat) schon längst aufgelöst. So geht es in modernen Gesellschaften nicht ausschließlich um subsidiäre Hilfe, die bei besonderen Notfällen einsetzt, sondern die Angebote im intermediären Bereich sind zunehmend Angebote der generellen Daseinvorsorge (z.B. Kinderbetreuungseinrichtungen, Elterntreffpunkte, Lebensberatung u.a.). Vor diesem Hintergrund liegt es nahe, das klassische Subsidiaritätsprinzip neu zu überdenken und auf moderne Ausgangslagen hin anzupassen und es beispielsweise in seiner Bedeutungsstruktur horizontal zu erweitern.

Folgerungen für die Soziale Arbeit

Aushandeln des Unterstützungsbedarfs

In Achtung der gegenseitigen Autonomie sind AdressatInnen und Professionelle gefordert, den Unterstützungsbedarf im Rahmen von Aushandlungsprozessen auszuhandeln, damit AdressatInnen weder über- noch unterversorgt werden und damit ungleiche Machtbeziehungen keine Benachteiligungen nach sich ziehen. Die Angebote und Unterstützungsleistungen sollen die Selbsttätigkeit der AdressatInnen respektieren und unterstützen. Voraussetzung dazu ist, dass sie an der Gestaltung des Unterstützungsprozesses beteiligt sind und motiviert werden, für ihre Belange einzutreten.

Zwischen den intermediären Instanzen (freie und staatliche Wohlfahrtshilfe, Initiativen und Projekte) und Kommunen, Bezirken, Staat und Bund sind die Bedarfe und die notwendigen Ressourcen, um sie zu decken, partnerschaftlich auszuhandeln. Die Anbietersysteme sozialer Dienstleistungen dürfen in ihrer Selbstorganisation und in ihrem Auftrag nicht in Frage gestellt und behindert werden.

Selbstbeschränkung

Ein Merkmal von Systemen ist, sich selbst zu erhalten, sich also nicht überflüssig zu machen. In Bezug auf die Anbieter sozialer Dienstleistungen liegt es deshalb nahe, dass sie bestrebt sind genügend KlientInnen nachweisen zu können, um ihre Dienste rechtfertigen und über Refinanzierungsmöglichkeiten aufrecht erhalten zu können. Über Öffentlichkeitsarbeit wird auf Angebote aufmerksam gemacht und werden AdressatInnen geworben. Dies hat nicht nur zur Folge, dass hilfebedürftige Personen über Unterstützungsmöglichkeiten informiert werden, sondern kann auch zur Folge haben, dass Personen zu schnell ihre Autonomie abgeben und Hilfe in Anspruch nehmen, obwohl sie vielleicht darauf verzichten könnten. Die Anbietersysteme sind hier gefordert nicht lediglich für die eigene Systemstabilität zu sorgen, indem AdressatInnen dafür instrumentalisiert werden, sondern dass sie im Sinne der Selbstbeschränkung und im Sinne des Subsidiaritätsprinzips nicht dort tätig werden, wo kein wirklicher Bedarf ist.

Zur Selbstbeschränkung der organisierten freien Wohlfahrtsverbände gehört auch, Aktivitäten von Bürgern und kleineren Initiativen nicht dadurch zu untergraben, indem versucht wird, diese Aktivitäten an den Verband zu koppeln und Monopolisierung zu erwirken. Sie sind gefordert, Pluralisierung zuzulassen und auch zu fördern. Dies könnte beispielsweise durch Beratung erfolgen wie auch durch die politische Vertretung der kleineren Anbieter (vgl. Hauser 1998).

Subsidiarität als Prinzip der Selbstorganisation der Wohlfahrtssysteme

Subsidiarität bietet sich auch als Leitprinzip für die Binnenstruktur von Anbietersystemen an. So sind die Subsysteme einer Organisation in ihrer Handlungs- und Entscheidungsautonomie zu stärken. Das, was auf der unteren Ebene vollzogen werden kann, muss nicht durch eine übergeordneten Ebene übernommen werden. Strukturen und Führungsprozesse sind so zu gestalten, „dass der jeweiligen Fachkraft das angemessene „subsiduum" gewährt wird und dass diese Fachkraft zugleich weitestgehend selbst aktiv werden kann." (Hauser 1998, 65).

Kontrolle von oben nach unten und von unten nach oben sowie Kontrolle als selbstreferentielle Leistung

Die staatlichen Stellen bieten die Rahmenbedingungen für den intermediären Bereich, um subsidiär tätig zu werden. Subsidiarität hat nichts mit intransparentem Tun gemein, im Gegenteil: die Verwaltung öffentlicher Gelder, die Ausrichtung bedarfsgerechter Angebote und deren Qualität müssen von oben nach unten und von unten nach oben kontrollierbar sein, beispielsweise im Sinne von Rechenschaftsberichten und Aufsichtsgremien, in denen die verschiedenen Ebenen vertreten sind. Auch die organisierten Systeme sozialer Arbeit sind gefordert, Staat und Kommunen daraufhin zu kontrollieren, inwieweit sie ihren Verpflichtungen in Bezug auf soziale Wohlfahrt nachkommen und welche Ressourcen dafür zur Verfügung gestellt werden, welche Sozialerhebungen gemacht werden und wie die Sozialplanung darauf antwortet. Vor allem gilt es der staatlichen Selbstentpflichtung entgegen zu wirken, wenn unter dem Deckmantel des Subsidiaritätsprinzips und aufgrund finanzieller Engpässe Leistungen nicht mehr finanziert werden (vgl. Hauser 1998).

Durch interne Evaluationen ist immer wieder zu prüfen, inwieweit die vorhandenen Konzepte tatsächlich eine Hilfe zur Selbsthilfe sind, ob Menschen über- oder unterversorgt werden und wie mit der Autonomie und Selbsttätigkeit der AdressatInnen umgegangen wird.

6. Gerechtigkeit

Ein würdevolles menschliches Dasein lässt sich ohne Gerechtigkeit nicht herstellen. Es bedarf des gerechten Handelns der Einzelnen, um Egoismen Einhalt zu gewähren und es bedarf gesellschaftlicher Strukturen, die Gerechtigkeit verarbeiten und sichern helfen. Systemisch betrachtet kann sich das eine ohne das andere nicht vollziehen, oder anders formuliert: Erst gerechte Strukturen ermöglichen gerechtes Handeln Einzelner und ohne gerechtes Handeln Einzelner lassen sich keine gerechten Strukturen entwickeln. Gerechtigkeit lässt sich in folgende Kategorien einteilen:

1. *Gesetzesgerechtigkeit* und damit die Gleichbehandlung aller,
2. *Strukturelle Gerechtigkeit* im Sinne der *Verteilungsgerechtigkeit* als Aufgabe einer Gesellschaft[77] und Weltgemeinschaft, Güter, Chancen und Risiken gleichwertig zu verteilen, Menschen zu fördern und dort Wiedergutmachung zu leisten, wo durch gesellschaftliche Einwirkungen, z.B. Krieg und Vertreibung, Schäden entstanden sind (vgl. Kerber u.a. 1981, 30-59),
3. *Austauschgerechtigkeit* zwischen Personen, zwischen Personen und Systemen und zwischen Systemen.

Gesetzesgerechtigkeit

Die Gesetzesgerechtigkeit umfasst die formale und materielle Rechtsgleichheit. Die formale Rechtsgleichheit ist die Gleichheit vor dem Gesetz ohne Ansehen der Person. Niemand darf wegen seines Geschlechts, seiner Abstammung, seiner Rasse, seiner Sprache, Heimat und Herkunft, seines Glaubens, seiner religiösen und politischen Anschauung benachteiligt oder bevorzugt werden. Die inhaltliche Rechtsgleichheit bezieht sich darauf, dass gleiche Sachverhalte nicht ungleich geregelt werden dürfen.[78]

---

[77] Der Begriff steht hier für geographisch-nationale Einheiten.
[78] In der Praxis ist letzteres nicht immer eindeutig zu entscheiden. So kann eine Tat, die ein Staatsangehöriger begeht anders behandelt werden, als wenn sie von einem Ausländer begangen wird. Hier kommt es also auf die Merkmale an, unter denen ein Sachverhalt zu betrachten ist (vgl. hierzu Hesse 1999).

Strukturelle Gerechtigkeit

Gerechtigkeit zielt nicht darauf, Unterschiede zu nivellieren, jedoch zielt strukturelle Gerechtigkeit im Sinne der Verteilungsgerechtigkeit darauf, Unterschiede abzumildern und gravierende Ungleichheiten in Bezug auf Chancen, Bedürfnisbefriedigung und Teilhabe zu verhindern. Es sollen insbesondere diejenigen unterstützt werden, die durch Krankheit, Behinderung, Alter, Armut, Geschlecht, Religion oder Ethnie ungleich schwerere Ausgangsbedingungen im Bezug auf Teilhabe aufweisen. Die hier skizzierten Aussagen werden in modernen Staaten unter dem Begriff der *Sozialen Frage* diskutiert und geregelt. Dem Staat als Ordnungssystem kommt die Aufgabe zu, die in Bezug auf die Soziale Frage verfassten Grundgesetze und Abkommen auszugestalten. Nicht Gleichmacherei kann das Ziel sein, sondern Chancengleichheit, damit alle Personen und Gruppen Teilhabemöglichkeiten haben, so dass sie ihre Grundbedürfnisse befriedigen und dass sie menschenwürdig leben können.

Zur strukturellen Gerechtigkeit gehört auch die *Gerechtigkeit in Bezug auf die Geschlechter.* Die Gender-Perspektive sieht Geschlecht als soziales Konstrukt, was besagt, dass Frauen und Männer nicht lediglich als biologische Wesen gesehen werden, sondern als Personen, die ihre Identität und ihr Selbstverständnis durch historische, soziale und kulturelle Prozesse entwickelt haben. Anders formuliert: Geschlechtsidentitäten entwickeln sich im Kontext von Systemwirklichkeiten auf der Mikro-, Meso- und Makroebene. Daraus entwickeln sich Rollenfixierungen, die Teilhabemöglichkeiten und -grenzen beinhalten, z.B. die Teilhabe an gesellschaftlicher Macht und Gestaltung, an sozialen Privilegien, an der Erziehung der Kinder, an Berufen und Karrieren. Es geht also um Fragen, wer sich wann wie entwickeln und verwirklichen kann, welche sozialen Strukturen und Rollenfixierungen Teilhabemöglichkeiten fördern bzw. verhindern (vgl. dazu Cavarero 1993; Benhabib 1989).

Die Frage nach der strukturellen Gerechtigkeit vollzieht sich auch auf globaler Ebene. Angesichts der Ungleichgewichte zwischen den armen und reichen Nationen wird es für die Zukunft von immenser Bedeutung sein, die Soziale Frage als Globalisierungsaufgabe zu verankern, als Voraussetzung für Gerechtigkeit, soziale Wohlfahrt und Frieden in der Welt. So geht es um die Gestaltung ökonomischer, politischer und sozialer Strukturen, die Frieden und ein menschenwürdiges Leben auf der ganzen Welt entwickeln helfen.

Die Soziale Frage in einer (Welt-)Gesellschaft lässt sich dann weiterentwickeln, wenn sich die Gesellschaft als Solidargesellschaft zeigt, wenn sie auf Inklusion und Integration gerichtet ist und somit auch all jenen Lebens- und Überlebenschancen, Schutz und Unterstützung gewährt, die am Rande leben: Arme, Arbeitslose, Straffällige, Obdachlose, Kranke, alte Menschen, Asylsuchende und Flüchtlinge. Um dies zu bewirken, muss eine Gesellschaft auch diejenigen Kräfte unterstützen, die Motoren für soziale Wohlfahrt sind, also die Leistungsfähigen, insbesondere wirtschaftliche, soziale, politische und kulturelle Akteure, Ideenträger und ExpertInnen und deren Systeme. Auch sie brauchen strukturelle Rahmenbedingungen, um sich zu entfalten. Für jede Gesellschaft wird es stets eine große Herausforderung sein, Unterschiede aufgrund von Know-how, sozialer Positionierung, Fähigkeiten, Macht und Einfluss zu tolerieren, in Bezug auf Freiheit zu schützen und deren Leistungsergebnisse zu nutzen und gleichzeitig soziale Verwerfungen zu vermeiden. Hier gibt es keine Patentrezepte, sondern die Soziale Frage wird immer neu zu diskutieren sein und es wird aufgrund der sozialen und ökonomischen Entwicklungen immer neuen Regelungsbedarf geben.

Austauschgerechtigkeit

Auf dieser Ebene sind Beziehungen zwischen Menschen, zwischen Menschen und Systemen und zwischen Systemen gemeint. Austauschgerechtigkeit vollzieht sich auf der *Handlungsebene* im Kontext struktureller Bedingungen. Diese Bedingungen können komplementär sein (Über-/Unterordnungsverhältnisse, Mann/Frau, Eltern/Kinder) oder können symmetrisch sein (auf gleicher Ebene). Insbesondere geht es primär um die Herstellung eines gerechten und fairen Austausches von Ressourcen im Sinne des Gebens und Nehmens. Auf dieser Ebene zeigt sich ebenso die Konkretisierung von Werten wie Freiheit, Verantwortung, Toleranz, Gerechtigkeit, Solidarität und Subsidiarität.

Menschen und Systeme grenzen sich von ihrer Umwelt ab und sind gleichzeitig auf sie bezogen. Sie sind auf Austauschprozesse angewiesen, denn nur darüber bilden sie ihre Identität heraus und erhalten lebenswichtige Ressourcen. Menschen und Systeme sind sowohl Ressourcengeber wie auch Ressourcenempfänger. Damit wird das *Prinzip des Gebens und Nehmens*[79] angeschnitten.

Auf der Beziehungsebene kommt dann ein Ausgleich zustande, wenn unter den Beteiligten Geben und Nehmen ausgeglichen ist. Wissen, Zuneigung, Fairness, Fürsorge und Unterstützung, Geld, instrumentelle Hilfeleistung sind gängige Austauschinhalte. Die Austauschbalance ist nichts Statisches, sondern dynamisch und muss immer wieder neu seitens der Betroffenen ausgehandelt werden (vgl. Emlein 1995, 4). Geben und Nehmen ist auf Passung

---

[79] Systemische insbesondere systemtherapeutische Fachdiskurse in Bezug auf das *Prinzip des Gebens und Nehmens* siehe bei Boszormenyi-Nagy/Spark 1981; Emlein 1995; Irmler/Miller 2000. Silvia Staub-Bernasconi (1994, 20ff.) beschreibt dieses Prinzip unter dem Begriff der „Austauschprobleme".

gerichtet. Geben muss für den Nehmer passen, darf nicht zuviel und nicht zu wenig sein. Erst wenn das Geben in der Passung mit den Nehmen ist, kommt die nehmende Seite ins Geben. Ist es nicht in einer Passung, wird es als ungerecht empfunden.

Geben und Nehmen kann zeitversetzt erfolgen. Eltern geben in bestimmten Lebensphasen ihren Kindern mehr als dass sie nehmen; im Alter der Eltern kann durch die Kinder dann möglicherweise ein Ausgleich erfolgen. Einen Ausgleich zu schaffen und dadurch eine Austauschbalance herzustellen bedeutet nicht, dass die Austauschinhalte identisch sein müssen. Materielle Unterstützung bedarf als Gegenleistung nicht unbedingt wiederum der materiellen Unterstützung, sondern es reichen gegebenenfalls geeignete Formen der Anerkennung. Ob eine Austauschbalance gegeben ist, darüber ist zwischen den Beteiligten zu kommunizieren und Einvernehmen herzustellen. Wodurch Austauschgerechtigkeit hergestellt werden kann, was sie behindert und fördert, auch darüber bedarf es unter den Beteiligten eines Prozesses der Verständigung. Viele Konflikte zwischen Menschen, zwischen Menschen und Systemen und zwischen Systemen rühren daher, dass die Austauschbalance gestört ist. Menschen und Systeme, die nur einseitig geben, laufen Gefahr, ausgenutzt zu werden; umgekehrt: Menschen und Systeme, die einseitig darauf ausgerichtet sind, nur zu nehmen, stabilisieren sich auf Kosten anderer. Ein fairer Austausch braucht geeignete Strukturen und Regeln und braucht wertbezogene Haltungen der Akteure. Zu einer solchen Haltung gehört beispielsweise die Selbstbeschränkung in Bezug auf die gezielte Anwendung verfügbarer Machtressourcen, damit sie nicht zum bloßen Eigennutz und zum Nachteil anderer gereichen.

Folgerungen für die Soziale Arbeit

Die Systeme der Sozialarbeitspraxis (Verbände, Einrichtungen, Projekte) haben Grundsätze, die den *Gleichheitsgrundsatz* und die strukturelle Gerechtigkeit betreffen, in ihre Leitbilder und Leitlinien aufzunehmen, beispielsweise Leitsätze in Bezug auf Frauenförderung. Die Akteure Sozialer Arbeit (WissenschaftlerInnen, DozentInnen, SozialarbeiterInnen, Hochschulen und Verbände) sind aufgerufen, gesellschaftliche und politische Prozesse dahingehend zu beobachten und zu deuten, ob sie mehr soziale Gerechtigkeit oder mehr Ungerechtigkeit produzieren, ob Energien darauf verwendet werden, soziale Teilhabeprobleme zu mindern oder ob sie diese durch politisches Handeln, durch politische Entscheidungen und Strukturen vergrößert werden, und ob die soziale Randgruppenbildung und Armut zunehmen. Soziale Arbeit ist Agentin von Menschenwürde, Autonomie und Sozialstaatlichkeit - durchaus in kritischer Distanz zur Gesellschaft, zum Staat und zur Kommune. Im Rahmen von Berufsverbänden, Trägerverbänden und Arbeitskreisen entfaltet sie ihre Aktivitäten auf lokaler, nationaler und globaler Ebene.

Die sozialarbeitsethische Beschäftigung auf der (welt-)gesellschaftlichen Ebene umfasst viele Aspekte: Ausländer-, Asyl- und Flüchtlingsfrage, Aidspolitik, Armutspolitik, Kinder- und Jugendhilfe und Hilfe für alte Menschen, Frauen- und Familienpolitik, Fragen der sozialen Sicherung u.a.m.

Die *Austauschgerechtigkeit* vollzieht sich in der Sozialen Arbeit im interaktiven Bereich auf den verschiedenen Ebenen[80]:

- auf der Ebene SozialarbeiterInnen-AdressatInnen
- auf der KollegInnen-Ebene
- auf der Ebene SozialarbeiterInnen-Arbeitgeber
- auf der Ebene der Sozialarbeitssysteme (Träger, Arbeitsgruppen, Berufsverbände etc.) im gegenseitigen Austausch und im Austausch mit ihrer Umwelt.

Auf der *Ebene SozialarbeiterInnen-AdressatInnen* geht es insbesondere um die gegenseitige Achtung der Person, der jeweiligen Autonomie und Selbstverantwortung. Der Austausch soll darauf gerichtet sein, ein würdiges Miteinander, Nebeneinander und Gegeneinander zu ermöglichen. Selbstwert und Bedürfnis spielen hier eine wichtige Rolle. Der Unterstützungsprozess ist geprägt von einem permanenten Geben und Nehmen in Bezug auf Zeit, Informationen, Zuwendung, Wertschätzung, Verantwortung, Vertrauen. Um Geben und Nehmen auszubalancieren, bedarf es immer auch der Grenzöffnung und Grenzziehung. Da wo kein Vertrauen gegeben ist, werden sich AdressatInnen vielleicht aus Scham über ihre Situation auch nicht öffnen und Informationen über ihre gefühlte und erlebte Situation geben. Der gegenseitige Austausch bedarf immer auch Grenzziehungen; SozialarbeiterInnen können beispielsweise nicht die Lebenslast von AdressatInnen tragen, dürfen sich nicht für bestimmte Wünsche und Neigungen instrumentalisieren lassen. Das Respektieren von Grenzen, gegenseitige Rücksicht, Diskretion, professioneller Einsatz von Wissen und Können, Toleranz, Offenheit, Transparenz, die Ausbalancierung von Macht, Spass und Freude sind wichtige Elemente, um die Austauschbalance zu gestalten.

---

[80] Vgl. hierzu auch den Code of Ethics „Aus der Internationalen Vereinigung der Sozialarbeiter" 1977.

Das Gleiche trifft auf *die KollegInnen-Ebene* zu. Das Einbringen unterschiedlicher Fähigkeiten, gegenseitige Information und Transparenz, Diskretion, Toleranz und gegenseitige Unterstützung sind wichtige Elemente, um die Austauschbalance in der Zusammenarbeit herzustellen.

Auf der *Ebene SozialarbeiterInnen-Arbeitgeber* geht es insbesondere um gegenseitige Loyalität, um Leistungswerte wie Professionalität, Leistungs- und Entwicklungsbereitschaft der MitarbeiterInnen einer Organisationen. Die Frage ist, wie werden MitarbeiterInnen durch den Arbeitgeber unterstützt, um sich weiter zu qualifizieren, um Krisensituationen zu bewältigen und um Motivation und Identifikation aufzubauen? Umgekehrt, welche Leistungen und Loyalitäten werden zurückgegeben, um das System qualitativ funktionsfähig zu halten?

Auf der *Ebene der Sozialarbeitssysteme* geht es um ein professionelles, politisch-kritisches Vorgehen im Sinne legitimer Zielsetzungen. Austauschpartner sind die Kommunen und andere politische Systeme, Kostenträger, die Polizei und Gerichte sowie andere Sozialarbeitssysteme.

Auf dieser Ebene geht es um die Herstellung einer Austauschbalance unter kooperativen, konkurrierenden wie auch konflikthaften Bedingungen. Aufgrund verschiedener Systemaufgaben und daraus resultierender Interessensgegensätze und Machtressourcen ist die Ausbalancierung häufig ein Balanceakt. Sie gelingt um so besser, je mehr bei den beteiligten Systemen eine Systemkompetenz dahingehend vorhanden ist, Akteure anderer Systeme in ihrem rollenspezifischen Tun zu akzeptieren und darauf aufbauend einen gelingenden Dialog zu konstruieren.

Die Professionellen bewegen sich auf den verschiedenen Interaktionsebenen. All diese Ebenen bedürfen fairer Austauschprozesse, um Geben und Nehmen im Kontext von Differenz auszubalancieren. Damit dies gelingt, bedarf es werthafter Haltungen der Akteure sowie normativer Leitsätze im Rahmen von Leitbildern und Leitsätzen. Darüber hinaus bedarf es selbstreferentieller Leistungen, um immer wieder zu reflektieren, wie sich der Austausch tatsächlich gestaltet, welche Muster sich gebildet haben, wie diese zu bewerten und ggf. zu verändern sind.

7. Verantwortung gegenüber der Schöpfung

Menschliches Leben und Entwickeln vollzieht sich nicht nur innerhalb eines sozialen, sondern auch innerhalb eines ökologischen Kontextes. Die Qualität sozialer Bedingungen ist nicht abzukoppeln von der Qualität ökologischer Bedingungen. Systemisch betrachtet interagieren die beiden Systemebenen. Die sozialethischen Prinzipien der Personalität, Solidarität und Subsidiarität umfassen die ökologische Dimension nicht. Gleichzeitig gehört sie aber zu einer ganzheitlichen Betrachtungsweise des Menschen. Zu einem psychischen und sozial gelingenden Leben gehört eine intakte Natur. Eine Destabilisierung der natürlichen Umwelt begünstigt eine Destabilisierung menschlichen Lebens und menschlicher Gesundheit. Die Sorge um den Menschen geht einher mit der Sorge um die Natur. *Umweltschutz* ist gleichzeitig auch Schutz des Menschen.

Aufgabe und die Verantwortung der Gesellschaft und ihrer Mitglieder ist es, Tiere und Pflanzen zu schützen, mit den natürlichen Ressourcen hauszuhalten und naturverträgliche Produktions-, Konsum- und Lebensprozesse zu gestalten. Umweltschutz ist als verbindliche und akzeptierbare Norm im Bewusstsein der Menschen und in die Systeme zu integrieren. Kriterium dafür ist nicht nur die Verantwortung für gegenwärtige und zukünftige Generationen, sondern auch die Moralität im Umgang mit allen lebenden Geschöpfen.

Vertreter einer anthropozentrischen Ausrichtung, die von der christlichen Soziallehre inspiriert sind, versuchen, diese zu einer ökologischen Sozialethik zu erweitern, mit dem Argument, dass die „natürlichen Ökosysteme Lebensgrundlage des Menschen sind" (Hausmanninger 1999, 369). Aus „Sorge", dass mit der Aufwertung der Natur eine Abwertung des Menschen einhergehen könnte, wird den anderen Lebewesen kein eigener Status zugewiesen.[81] Anders wird im Zuge ökologischer bzw. biozentrischer Ethiken argumentiert. Hier wird allem Lebendigen ein Eigenwert zugesprochen, den es zu schützen gilt. Natur wird als Mitwelt betrachtet (vgl. Meyer-Abich 1990). Hier geht es also nicht ausschließlich um die Frage, wie der Mensch mit der Natur umgehen muss, damit es zweckdienlich im Sinne des Überlebens ist, sondern es ist danach zu fragen, welches Handeln der Natur gegenüber moralisch zu rechtfertigen und angemessen ist. Die Nutzbarmachung der Natur einerseits und der verantwortliche und moralische Umgang mit ihr andererseits wird eine stetige Herausforderung und ein Balanceakt sein. Dieser Balanceakt kann gelingen, wenn er zur Aufgabe von Menschen und Systemen wird. Das wie-

---

[81] Dies wird mit spitzfindigen Argumentationen untermauert, da man etwa Viren schließlich nicht als schützenswert einstufen könne (vgl. Hausmanninger 1999).

derum setzt voraus, dass die Verantwortung gegenüber der Schöpfung als Wert in das Bewusstsein der Menschen gelangt und als Wert- und Strukturmuster von den Systemen verarbeitet wird.

Folgerungen für die Soziale Arbeit

Zum professionelles Handeln gehört die Berücksichtigung der ökologischen Komponente im Rahmen des Unterstützungsprozesses und im Rahmen von Organisation und Management. Die Gesundheit von AdressatInnen und ihre Entwicklungsmöglichkeiten sind vor dem Hintergrund zu reflektieren, unter welchen Umweltbedingungen sie leben, welchen Belastungen sie ausgesetzt sind, sei es im Bezug auf das Arrangement der natürlichen Umgebung, in Bezug auf Schadstoffbelastungen in der Luft oder in der Nahrung. Lebenslagen verbessern bedeutet auch, die natürliche Lebenslage zu verbessern.

Ökologisches Wertewissen gehört mit zum Aufklärungsprogramm Sozialer Arbeit. Erlebnispädagogische Maßnahmen mit Jugendlichen in der Natur bleiben fragwürdig, wenn dieses Wertewissen im Rahmen solcher Maßnahmen keinen Bezugspunkt findet.

Die ökologische Dimension erfährt ihre Bedeutung im Rahmen von Beschäftigungsprogrammen. Wenn in diesen Programmen lediglich das Beschäftigtsein im Mittelpunkt steht, ohne die Sinnhaftigkeit des Tuns in Bezug auf die Natur zu reflektieren, wird diese Dimension nicht zureichend gewürdigt. Ebenso bedeutsam ist die ökologische Dimension beispielsweise im Rahmen von Stadtteilprojekten, in denen BürgerInnen und Jugendliche ihre natürliche Umwelt verbessern und verschönern.

8. Funktion von Werten für die Soziale Arbeit

Fragt man nach dem Medium Sozialer Arbeit, so liegt es nahe, die Antwort in Begriffen wie Unterstützung oder Hilfe zu suchen. Beide Begriffe basieren auf werthaften Annahmen, dass Menschen im Kontext ihrer Systemeingebundenheit Hilfe und Unterstützung benötigen und dass sie als Menschen ein Anrecht darauf haben. Das Medium Sozialer Arbeit ist wertgebunden. Werte bestimmen nachhaltig die Ausrichtung und das Tun Sozialer Arbeit. Die

Funktion von Wertewissen für die Soziale Arbeit lässt sich wie folgt umschreiben:

- sie haben Orientierungsfunktion in der Kennzeichnung des Aufgabenspektrums;
- sie haben identitätsstiftende Funktion für die SozialarbeiterInnen;
- sie sind Grundlage für die Kontrollfunktion, die Soziale Arbeit gegenüber gesellschaftlichen Strukturen und Prozessen hat;
- sie sind Grundlage für Prozesse der Selbstorganisation (Leitbild, Konzepte, Strukturen);
- sie sind Grundlage für das konkrete Handeln im Sinne der Ziele, der Kommunikation und Wahl der Vorgehensweisen und Mittel;
- sie sind Grundlage für die Reflexion von Dienstleistungsangeboten und des fachlichen Handelns und damit Grundlage für selbstreferentielle Leistungen.

Die Werte sind die tragenden Elemente Sozialer Arbeit. Die Sozialarbeitssysteme kennzeichnen sich gegenüber anderen Systemen (z.B. politischen Systemen, Wirtschaftssystemen) vor allem durch ihre Werthaftigkeit. Dies drückt sich in Ansprüchen, in der Kommunikation und im Handeln aus. Der Anspruch hinsichtlich einer werthaften Praxis ist dadurch ungleich höher als in vielen anderen Systemen. Die Spanne zwischen Anspruch und Wirklichkeit wird strenger wahrgenommen als woanders. Gehen Anspruch und Wirklichkeit diametral auseinander, wird dies als umso schmerzhafter, enttäuschender und unprofessioneller von den Systemmitgliedern empfunden. Erschwerend kommt hinzu, dass die Sozialarbeitssysteme in Bezug auf ihre Systemstabilität und im Austausch mit ihrer Umwelt weitere Elemente verarbeiten müssen, z.B. Leistung, Effektivität, Effizienz, Geld, Macht. Dadurch entstehen häufig schwierige innere Abstimmungsprozesse, und eine Ausbalancierung zwischen den verschiedenen Elementen ist manchmal nur schwer zu erreichen. Gelingt eine solche Ausbalancierung nicht, besteht die Gefahr des Abdriftens in Extreme. Die Folge können Ideologisierungen und damit verbunden Feindbilder und Vorurteile gegenüber der Gesellschaft und den politisch Verantwortlichen sein. Oder aber die humanen Werte werden zugunsten von Leistung und Effizienz zurückgedrängt. Damit erfolgt eine Ökonomisierung Sozialer Arbeit, indem sie funktionalen Kriterien eines Wirtschaftsunternehmens untergeordnet wird.

In der Systempraxis, gleichgültig ob es sich um große Anbietersysteme oder kleine Projekte handelt, werden die Akteure stets gefordert sein, ihr humanes Wertefundament zu vertreten und es so zu verarbeiten, dass ihre Systeme im

Austausch mit ihrer Umwelt eine relative Stabilität behalten. Für die Bewältigung dieser Prozesse wird die Verbindung von ethischer Grundhaltung, Augenmaß und Pragmatismus eine wichtige Voraussetzung sein und es sind selbstreferentielle Leistungen hierüber gefordert.

Die Funktion von Werten für die Soziale Arbeit gilt es strukturell zu verankern. Konkret bedeutet das, sie müssen Teil von Konzepten, Leitbildern und Qualitätsstandards sein: ebenso müssen sie Teil von selbstreferentiellen Prozessen beispielsweise im Rahmen von Supervision, kollegialer Beratung, Evaluation, Controlling und Prozesssteuerung sein. Über die strukturelle Verankerung kommen die Werte tatsächlich zur Verarbeitung.

Im Zuge des Zusammenspiels der Systeme in der (Welt-)Gesellschaft kommt Sozialer Arbeit die besondere Aufgabe zu, im Rahmen ihres Tuns die Werte, die sich um den Menschen und die Soziale Wohlfahrt gruppieren, zu kommunizieren und vor allem dort eine Gegenkommunikation aufzubauen, wo sich Systeme vorrangig Leistungs- und Effizienzkriterien verschreiben. Vor diesem Hintergrund wird anschaulich, wie gefährdet Soziale Arbeit in Bezug auf ihren Zweck ist, wenn sie sich dahingehend entwickeln muss, für sich selbst vorrangig Effizienzkriterien im Sinne des bloßen Überlebens und marktwirtschaftlichen Konkurrierens verarbeiten zu müssen. So hat die ganze Diskussion um Qualitätsmanagement dort ihren Sinn, wo Soziale Arbeit durch moderne Managementmethoden innere Strukturen und Prozesse effektiver und effizienter gestalten kann. Sie wird kontraproduktiv, wenn Soziale Arbeit dadurch ihren Zweck und ihre Aufgaben nicht mehr zureichend verarbeiten kann.

9. Zusammenfassung

Das Kapitel Wertewissen zielte darauf, grundlegende Elemente einer Sozialarbeitsethik heraus zu arbeiten. Dargelegt wurden die Prinzipien der Personalität, Solidarität Subsidiarität und Gerechtigkeit sowie das Prinzip der Verantwortung gegenüber der Schöpfung. Die Prinzipien entspringen der jüdisch-christlichen Denk- und Werttradition. Gerade weil es sich hier um Strukturprinzipien handelt, ist deren Integration in eine systemtheoretische / systemische Denkweise naheliegend. Ein Denken in Strukturen und Prozessen kann sich nicht lediglich mit ethisch-moralischen Haltungen zufrieden geben, sondern fragt danach, wie Systemstrukturen zu gestalten sind, damit ein menschenwürdiges Leben und damit personale und soziale Entwicklung und Entfaltung gelingt. Es wurde dargelegt, dass die Sozialarbeitssysteme ihren

Zweck und ihre Aufgabenbestimmung nachhaltig aus Werten und Wertprinzipien beziehen. Sie haben Orientierungsfunktion, eine identitätsstiftende Funktion, Kontrollfunktion, Strukturierungsfunktion im Sinne der Selbstorganisation, Kommunikations- und Handlungsfunktion und ebenso sind sie Grundlage selbstreferentieller Leistungen. Werte und Wertprinzipien sind Grundelemente sozialer Arbeit, und weil das so ist, wird den Systemen von ihren Mitglieder her eine hohe Erwartungshaltung entgegengebracht. Dieser wird in der Praxis immer nur bedingt entsprochen werden können, da die Sozialarbeitssysteme ihrerseits nicht nur ethische Werte zu verarbeiten haben, sondern auch Leistungswerte. Der Akt der Ausbalancierung wird aufgrund des Umweltdrucks (Sozialabbau, Schuldenkrise) ein zunehmend schwierigerer, da mit weniger Mittel ein verbessertes Angebot erfolgen soll. Soziale Arbeit wird deshalb sehr gefordert sein, vor allem auch im Rahmen ihrer politischen Arbeit ihre eigenen normativen Grundlagen zu sichern.

Vierter Teil
Verfahrenswissen

Mit *Verfahrenswissen* sind Arbeits- und Vorgehensweisen, Methodiken und Werkzeuge gemeint. Systemische Soziale Arbeit sieht Sachverhalte und Probleme in einem umfassenden Wirkungszusammenhang. Dies betrifft nicht ausschließlich die Arbeit mit den AdressatInnen, sondern auch die Alltagspraxis der SozialarbeiterInnen in Bezug auf Management und in Bezug darauf, die eigenen Arbeitsgrundlagen zu sichern. In das Problemverstehen wird die Mikro-, Meso-, Exo- und Makroebene miteinbezogen. Die direkte Handlung in der Praxis vollzieht sich auf der Mikro- und Mesoebene und konzentriert sich vor allem auf folgende Bereiche:

- auf die direkte Unterstützung von AdressatInnen im engeren und weiteren Unterstützungssystem;
- auf die politische Arbeit;
- auf das Management von Unterstützungssystemen, von Anbietersystemen und deren Organisationsentwicklung.

Die Bereiche überlappen sich. Politische Arbeit auf der AdressatInnen-Ebene erfolgt über Gemeinwesenarbeit und Gremienarbeit. Auf der Management-Ebene werden u.a. Selbsthilfe-Netzwerke aufgebaut oder Netzwerke, in denen Bürgerarbeit geleistet wird.

Nicht die Darlegung einzelner Arbeitsweisen und Werkzeuge stehen im Folgenden im Mittelpunkt, sondern es werden diejenigen Aspekte im Bezug auf Verfahrenswissen dargelegt, die eine grundlegende Orientierung für das systemisch-methodische Arbeiten bieten. Am Ende des Kapitels stehen Überlegungen zur Netzwerkarbeit und zur Kommunikation. Es handelt sich hier um Inhalte und methodische Zugänge, die sowohl für die Arbeit mit AdressatInnen, für die politische Arbeit und Managementarbeit von zentraler Bedeutung sind.

1. Die Arbeit mit AdressatInnen

Die Arbeitsweisen auf AdressatInnen-Ebene sind insbesondere die Arbeit mit Einzelnen und Familien, die Arbeit mit Gruppen und die Gemeinwesenarbeit. Beraten, Bilden, Erziehen, Fördern, Vermitteln, Begleiten, Betreuen, Vertreten, Intervenieren sind Begriffe, die den methodischen Aufgabenbereich Sozialer Arbeit im Rahmen ihrer Unterstützungsfunktion umschreiben. Mit diesen Aufgaben einher gehen Öffentlichkeitsarbeit und Netzwerkarbeit.

Systemische Sozialarbeit führt notwendigerweise zu der Einsicht, dass bezüglich der Arbeitsweisen ein feldübergreifender, integrativer Ansatz notwendig ist. Wenn Probleme vernetzte Ursachen auf den verschiedenen Systemebenen haben, dann ist auch auf den verschiedenen Ebenen zu arbeiten. Die Akzentsetzung, auf welchen Ebenen tatsächlich gearbeitet wird, hängt von feld-, träger-, konzept- und aufgabenspezifischen Aspekten ab.

Die Arbeitsweisen im Rahmen von Beratung, Bildung, Gruppen- und Gemeinwesenarbeit konzentrieren sich vor allem auf die direkte Unterstützungsarbeit der AdressatInnen. Die Arbeitsweisen ergänzen einander und überschneiden sich. Gemeinwesenarbeit vollzieht sich häufig in Gruppen; Einzelberatungen gehen über in Paar-, Familien- und Gruppenarbeit oder sind wiederum Teil davon.

Über die klassischen Arbeitsweisen und die damit verbundenen Methoden der Arbeit mit Einzelnen und Familien, der Arbeit mit Gruppen und der Gemeinwesenarbeit gibt es mittlerweile eine Fülle von Fachliteratur[82], auf die hier nicht weiter eingegangen wird.

1.1 Das Unterstützungssystem konfigurieren

Wenn SozialarbeiterIn und AdressatInnen einen gemeinsamen Arbeitsprozess eingehen, bilden sie ein eigenes System, das sogenannte *Unterstützungssystem*. Der Begriff fungiert als Überbegriff für unterschiedliche Unterstützungssystemtypen:

- Beratungssystem (z.B. Einzel-, Paar-, Familien-, Erziehungsberatung),

---

[82] Für Beratung siehe Germain/Gitterman 1988; Methodische Grundlagen für soziale Familienarbeit siehe bei Oswald 1988; Grundlagen für die Gruppenarbeit siehe bei Antons 1976; Berne 1986; Bernstein/Lowy 1975 u. 1976; Cohn 1980; Hinte 1989; Northen 1977.

- Gruppensystem (z.B. im Rahmen von Bildung, Freizeit, einer Wohngruppe),
- therapeutisches System,
- Netzwerksystem (z.B. Beziehungsnetzwerke, Hilfenetzewerke, Netzwerke im Rahmen von Gemeinwesen- und Stadtteilarbeit).

Die ersten drei Unterstützungssystemtypen kennzeichnen sich in der Regel durch Überschaubarkeit, direkte Interaktion und Kommunikation. Bedeutend komplexer sind die Netzwerksysteme, weil sie zum Teil sehr unterschiedliche Netzwerkpartner auf der Mikro- wie auch auf der Mesosystemebene umfassen. Sie bestehen aus Einzelpersonen, ExpertInnen, Gruppen (z.B. Selbsthilfegruppe), Funktionssystemen wie Soziale Dienste, politische Gremien, Bürokratien, Gerichte, usf. Daraus formieren sich wiederum Beratersysteme, Gruppensysteme und therapeutische Systeme. AdressatInnen und Professionelle haben häufig zu den Netzwerkpartnern einen unterschiedlichen direkten oder indirekten Kontakt. Auch unterscheiden sich die Netzwerkpartner in ihrer Bedeutung für den Unterstützungsprozess. Je nach Ressourcen und Einflusskraft gibt es wichtigere und weniger wichtige Netzwerkpartner. Das Netzwerksystem ist häufig ein loses Interaktionssystem und kein Funktionssystem mit einem übergeordneten Zweck. Als Interaktionssystem ist es darauf angelegt, den Unterstützungsprozess zu stabilisieren, indem es wichtige Ressourcen zur Verfügung stellt.

Das *Unterstützungssystem* ist der tragende Rahmen, innerhalb dem professionelle Hilfe angeboten wird. Es ist ein Rahmen, der menschliche Entwicklung und Systementwicklung fördern wie auch hemmen kann, je nach dem, wie professionell dieser Rahmen aufgebaut und gelebt wird.

Das *Unterstützungssystem,* egal, um welchen Typus es sich handelt, wird zielgerichtet aufgebaut. Zu fragen ist: Was wird angestrebt? Was soll erreicht, verhindert, gemindert werden? Bezogen auf die Ziele und die Ressourcen, die für den Prozess gebraucht werden ist zu fragen, wer im Unterstützungssystem vertreten sein soll? Unterschieden wird zwischen dem *engeren und dem weiteren Unterstützungssystem*. Das engere Unterstützungssystem ist das Kernsystem, in dem kontinuierlich mit den Beteiligten gearbeitet wird. Das kann eine Familie und die Beraterin sein, eine Jugendgruppe im Freizeitzentrum usf. Das weitere Unterstützungssystem umfasst Beteiligte, die sporadisch miteingebunden werden, bei der Familie beispielsweise die Nachbarn oder entfernte Verwandte. In der Jugendgruppe andere Jugendliche im Freizeitheim, die Jugendseelsorge u.a.

Zusammen mit den Beteiligten werden *Vorgehensweisen* konstruiert (Schrittfolgen und Aufgabenverteilungen); es werden *Regelungen und Vereinbarun-*

gen getroffen, zum Beispiel über die Häufigkeit von Sitzungen, wer zum *engeren* und wer zum *weiteren Unterstützungssystem* gehören soll, mit wem kommuniziert, wer an Entscheidungen beteiligt werden, wie lange der Unterstützungsprozess dauern und was dessen Ergebnis sein soll; es werden *Rollen* und damit verbundene *Erwartungen* geklärt.

Im Rahmen von Bildungsarbeit erübrigt sich häufig die Frage des weiteren Unterstützungssystems. Jedoch sind Vereinbarungen zu treffen, wie man gemeinsam arbeiten will, wie sich die Gruppe organisiert und wie die Rahmenbedingungen sind, welche Aufgaben die Leitung und die TeilnehmerInnen haben, was das Ziel des Seminars ist und an welchen Inhalten und Fragen gearbeitet werden soll.

Im Rahmen von Gemeinwesenarbeit sind die Vorgehensweisen mit der Kerngruppe zu vereinbaren, wichtige Netzwerkpartner und Strategien sind zu überlegen.

Mit diesen Definitionen wird das Unterstützungssystems gezielt zum System transformiert, indem Ziele, Strukturen, Teilnahme, Rollen, Umgangsweisen und Vorgehensweisen vereinbart und offengelegt werden. Dieses Vorgehen hat ordnende und abgrenzende Funktion. Die Vereinbarungen werden in einem *Kontrakt* (Vereinbarung) gebündelt, der zwischen den Beteiligten mündlich oder schriftlich geschlossen wird. Der Kontrakt dient der Orientierung und Verbindlichkeit.

Wenn Ziele gesetzt, deren Prioritäten benannt, Vorgehensweisen festgelegt und anzustrebende Ergebnisse formuliert werden, sind *Indikatoren* zu benennen, die Aufschluss geben, woran die Ergebnisse gemessen werden.

Wenn das Ziel heißt, die Kommunikation zwischen Eltern und Kindern zu verbessern, geben Indikatoren Aufschluss darüber, woran zu merken ist, dass sich die Kommunikation tatsächlich verbessert hat. Indikatoren müssen gemeinsam entwickelt werden. Beispielsweise könnten Indikatoren für das genannte Beispiel lauten:

- Eltern nehmen sich Zeit für die Probleme der Kinder;
- Mindestens einmal in der Woche erfolgt eine gemeinsame Unternehmung;
- vereinbarte Aufgaben werden ohne Murren übernommen.

Die Professionellen haben durch ihre herausgehobene Position entscheidenden Einfluss auf die Strukturgestaltung, denn sie können Rahmenbedingungen setzen und Regeln aufstellen, wenngleich sie diese nicht ausschließlich bestimmen können. Die entwickelte Struktur wird immer ein Konglomerat dessen sein, was die Beteiligten denken, fühlen und tun. Wichtig ist, dass die SozialarbeiterInnen ihren Anteil an der Gestaltung der Struktur übernehmen (vgl. Kontraktbildung) und für ihren Teil Professionalität zeigen.

1.2 Eine tragfähige und entwicklungsfördernde Kommunikation herstellen

Die Mitglieder im Unterstützungssystem bedürfen einer tragfähigen Kommunikation und akzeptabler Interaktionsformen. SozialarbeiterInnen können zwar Regeln und Rahmenbedingungen initiieren, inwieweit diese jedoch angenommen werden, hängt von spezifischen Kommunikationsstilen, -mustern, -traditionen und Interaktionsroutinen der Beteiligten ab. Kulturelle und subkulturelle Einflüsse können hier von großer Bedeutung sein. Das Unterstützungssystem stellt ein neues Gebilde dar, das einerseits aus für die Beteiligten gewohnten Kommunikations- und Interaktionselementen besteht und das andererseits neue Muster und Elemente enthält.
SozialarbeiterInnen, die mit Jugend-Klicken arbeiten, werden sich bestimmten Umgangsformen, habituellen und rituellen Gepflogenheiten anpassen müssen, um akzeptiert und gehört zu werden. Umgekehrt werden Jugendliche auf Regeln verpflichtet, auf die SozialarbeiterInnen bestehen (z.B.: „In dieser Gruppe wird nicht geschlagen!"). SozialarbeiterInnen und AdressatInnen sind also gefordert, gemeinsam Kommunikations- und Interaktionskodizes zu entwickeln, die auf Akzeptanz stoßen und eingehalten werden können. Gleichzeitig ist zu klären, wie damit umgegangen wird, wenn Regeln durchbrochen werden. Auch kann sich herausstellen, dass bestimmte Regeln auf Dauer nicht tauglich sind und verändert werden müssen. All dies ist Teil des Kontraktes.

Die im Unterstützungssystem gelebte Kommunikation ist Ausdruck der Struktur des Unterstützungssystems. Über Kommunikation zeigen sich Konkurrenzen, Hierarchien und Machtgefälle, Sympathien, Toleranz und Freude. Die Struktur des Systems (dazu gehören auch die Werte) und die Kommunikation sind die basalen Elemente, die entwicklungsfördernd oder -hemmend sein können. Sie stellen einen Rahmen dar, in dem beispielsweise gelernt werden kann, seine Gefühle auszudrücken, Konflikte zu bearbeiten und sinnvolle Erlebnisse mit anderen zu haben. Es kann Schutz und Fürsorge erfahren werden, ebenso Anforderung und Ansporn. Es können Fähigkeiten entdeckt und entwickelt werden.
Das Unterstützungssystem stellt in der Struktur und Kommunikation häufig etwas gänzlich anderes dar, was AdressatInnen im Alltag erleben, z.B. in ihren Familien, Partnerschaften, im Freundeskreis, in der Schule, im Betrieb. Es ist ein Interaktionsraum, in dem sich Neues erleben und erfahren lässt, auch dann, wenn AdressatInnen in das Gewohnte wieder zurückkehren. Es ermöglicht, dass neue Wahrnehmungen, Erfahrungen und tauglichere Muster aufgebaut werden können. Manchmal ist das Unterstützungssystem eine Art Gegenwelt zum Gewohnten, eine Nische, die aufgrund der Kontextbedingungen

von AdressatInnen und ihrer Persönlichkeit mehr oder weniger nachhaltig wirken kann.

Kommunikation ermöglichen

Individuen interagieren über Sprache. Sprache ist ein Vorrat kultureller Symbole, der sich verbal wie nonverbal äußert. Sprache ist ein zentrales Element von Kommunikation, weil über Sprache Gefühle, Wünsche, Anliegen und Interessen sowie Sichtweisen und Wille ausgedrückt wird. Kommunikation gelingt erst dann, wenn Menschen in der Lage sind, sich so auszudrücken, dass sie sich gegenseitig verstehen können.

SozialarbeiterInnen sind gefordert, sprachliche Anpassungsleistungen gegenüber AdressatInnen zu vollziehen, damit eine Verständigung gelingt. Dazu gehört nicht nur die Fähigkeit zur Alltagskommunikation und damit verbunden die Fähigkeit, fachliche Aussagen verständlich zu kommunizieren. Zur Anpassung gehört beispielsweise auch Kulturwissen, indem kritisch überprüft wird, inwieweit kulturspezifische Kommunikationsformen, z.B. direktes Fragen und direktes Ansprechen eines Problems, für Angehörige anderer Kulturkreise zumutbar ist und welche Irritationen gegebenenfalls damit verbunden sein können. Im Rahmen von Bildungsprozessen irritiert es möglicherweise Personen, die in hierarchischen Kontexten aufgewachsen sind, wenn die Seminarleitung partnerschaftlich und nicht direktiv kommuniziert.

Darüber hinaus gibt es im Rahmen Sozialer Arbeit Situationen, in denen Sprache nicht das geeignete Interaktionsmedium ist. Sprache stößt dort an ihre Grenzen, wo körperliche und geistige Behinderungen die Sprachfähigkeit einschränken oder wo Menschen es nicht gelernt haben, ihre Gefühle über Sprache auszudrücken oder wenn durch eine differenzierte Sprachfähigkeit, über einen elaborierten Code, Emotionen rationalisiert werden. Das Medium Sprache verliert dort seine Tauglichkeit, wo MigrantInnen und Flüchtlinge die Sprache des Aufnahmelandes nicht oder nicht zureichend sprechen. Sprache ist dort nur noch bedingt möglich, wo psychisches und seelisches Leid, Traumata und Angst Menschen verstummen lassen. Da, wo emotionale Erlebnisse verdrängt werden, wird auch Sprache verdrängt. In all den genannten Fällen sind andere Möglichkeiten zu finden, um zu kommunizieren und um das Innere nach außen zu bringen. Soziale Arbeit hat hierzu ein breites methodisches Repertoire, um Passung in Bezug auf Kommunikation herzustellen: z.B. Malen und kreatives Gestalten, Musizieren, Körperarbeit und erlebnispädagogische Maßnahmen, Skulpturarbeit, Pantomime, Theaterarbeit, Schreibwerkstatt oder Literaturarbeit, wo Texte das auszudrücken vermögen, was man selbst nicht auszudrücken vermag.

Ressourcenorientiert kommunizieren

Von ihrer funktionalen Logik her hat Soziale Arbeit einen Defizitblick, denn es wird der Blick auf Teilhabeprobleme gerichtet, also auf das, was fehlt oder zukünftig fehlen könnte. Sozialhilfe wird dann gewährt, wenn bestimmte Defizite auszumachen sind. Die Aufnahme in eine therapeutische Wohngruppe erfolgt dann, wenn bestimmte Merkmale (Defizit-Merkmale) erfüllt sind. Für die Funktionsbeschreibung Sozialer Arbeit mag ein solcher Zugang noch hinreichend sein, für verwaltungsbürokratische Abläufe, die Kriterien für Zuweisungen benötigen, möglicherweise auch. Für die Praxis Sozialer Arbeit ist der Defizitblick keinesfalls hinreichend. Systemisch gesehen haben Menschen und Systeme zahlreiche Ressourcen, um ihr Leben und um das System einigermaßen in Balance zu halten, auch wenn das Ergebnis möglicherweise alles andere als optimal ist. Menschen haben Stärken und Fähigkeiten, die ihnen helfen, erschwerte Lebensbedingungen zu meistern oder auszuhalten. Um die menschliche Lebenswirklichkeit und die Systemwirklichkeit verstehen, und um Weiterentwicklung initiieren zu können, braucht es vor allem auch den Blick auf die Ressourcen. Erst dadurch entsteht ein ganzheitliches Bild. Erst dadurch können Fähigkeiten und Stärken benannt werden, die den AdressatInnen Mut machen, ihren Selbstwert stärken und die Grundlage für die weitere Entwicklung sind (vgl. Irmler/Miller 2000).

Fragen zur Ressourcenorientierung

Was funktioniert, ist gut und nützlich?
Wann hat es schon mal gut funktioniert, woran haben Sie das gemerkt?
Was könnte getan werden, damit es besser funktioniert?
Wer unterstützt und hat Verständnis für die Situation?
Wie gelingt es Ihnen, bei der größten Anstrengung die Nerven zu behalten?
Was hat Ihnen geholfen, die Situation zu meistern?
Was sind die Vorteile davon, wenn das so gemacht wird?

Ressourcenorientierte Kommunikation ist *positiv konnotiert*. Es werden Probleme nicht lediglich als belastend und schwierig kommuniziert, sondern ebenso als Chance zur Weiterentwicklung. Das, was in einem System geschieht, wird nicht einfach als dysfunktional kommuniziert, sondern es werden auch die Vorteile, die damit verbunden sind, herausgearbeitet. Ein Sündenbock kann den Vorteil haben, dass auf ihn alle Wut projiziert werden kann und dass man sich in der Gruppe weniger streiten muss, weil man einen Schuldigen hat. Eine Gruppe, die daran arbeitet, keinen Sündenbock mehr zu brauchen, muss auch um die Vorteile dieses Konstruktes wissen, um sich davon bewusst verabschieden zu können. *Positiv konnotiert* bedeutet, weniger nach den Ursachen und Fehlerquellen zu forschen und damit Schuldige zu suchen, sondern nach den Bedingungen zu fragen, die eine Situation herstellen: *Wie gelingt es, dass eine bestimmte Situation immer wieder hergestellt wird? Was tun die*

Einzelnen, damit es so ist, wie es ist? Was muss geschehen, damit die Tochter in Wut gerät? Erst wenn die Bedingungen erhellt werden, die zu einer Problemsituation oder zu einem unerwünschten Verhalten führen, kann daran gearbeitet werden.

Über Kommunikation Macht abbauen und aufbauen

Unterstützungsprozesse im Rahmen von Beratung, Erziehung, Bildung, Betreuung und Begleitung kennzeichnen sich durch Komplementarität. Die SozialarbeiterInnen verfügen in der Regel über mehr Machtressourcen als die AdressatInnen. Ihre Machtressourcen sind u.a. Wissen, methodische Fähigkeiten, Wahrnehmungs-, Reflexions- und Deutungsfähigkeit, Sprache und Position. SozialarbeiterInnen, die präventiv, lebensbegleitend und problembewältigend unterstützen wollen und sollen, entwickeln über diese Machtressourcen eine sogenannte *Prozessmacht*, die sie brauchen, um Unterstützungsprozesse zu initiieren, zu begleiten und zu steuern. Im Rahmen dieser Prozessmacht werden Kontrakte geschlossen, werden Vorschläge und Angebote gemacht, wird interveniert, reflektiert, werden Regeln aufgestellt und Grenzen gesetzt, werden Zustimmung und Erlaubnis gegeben (z.B. bei Jugendlichen), und es wird sanktioniert.

Die Prozessmacht wird, je nach Feld, durch strukturelle Macht unterstützt, indem SozialarbeiterInnen Kontrollen über Handlungsweisen von AdressatInnen ausüben (Jugendhilfe, Bewährungshilfe) und Aufsichtspflichten haben. Die Machtposition der Professionellen verstärkt sich, wenn AdressatInnen durch individuelle oder soziale Lebenslagen (Fremdsein, Behinderung, Ausgrenzung, Armut) ihre Bedürfnisse und Anliegen nicht zureichend artikulieren können oder wenn sich etwa durch Selbstwertprobleme und Unsicherheiten das Angewiesensein auf fremde Hilfe verstärkt. Die Machtposition der SozialarbeiterInnen verstärkt sich auch, wenn sie für AdressatInnen eine Identifikationsfigur darstellen und dadurch Möglichkeiten haben, ihr Gegenüber im Denken, Fühlen und Handeln zu beeinflussen.

AdressatInnen und SozialarbeiterInnen kommunizieren komplementär. Macht ist unterschiedlich verteilt, auch dann, wenn Soziale Arbeit freiwillig in Anspruch genommen wird und keine behördlichen Kontrollaufgaben hat. Zum professionellen Handeln gehört das Bewusstsein in Bezug auf dieses Machtgefälle und es bedarf der Handlungskompetenz um damit konstruktiv umzugehen. Konkret geht es um das *Ausbalancieren des Machtgefälles* im Sinne eines partnerschaftlichen und gleichwertigen Umgangs.

> Zur Ausbalancierung von Macht ist es wichtig, dass
> - die Rolle und Aufgabe der Professionellen und die Art und Weise, wie diese wahrgenommen werden, transparent sind,
> - Empfehlungen, Sichtweisen und Auflagen von AdressatInnen in Frage gestellt werden und auch abgelehnt werden dürfen,
> - das Vorgehen im Unterstützungsprozess, da, wo es möglich ist, gemeinsam erarbeitet und transparent gemacht wird,
> - Empfehlungen begründet werden,
> - unterschiedliche Sichtweisen nicht nur erlaubt, sondern erwünscht sind,
> - Bereitschaft zum Aushandeln gegeben ist,
> - Autonomie respektiert wird,
> - verschiedene Konstruktionen respektiert werden,
> - gemeinsam reflektiert wird, wie miteinander kommuniziert wird (Metaebene).

In Systemen, beispielsweise in Familien und Gruppen, gibt es unterschiedliche Machtgefälle. Im Rahmen professioneller Unterstützung ist es wichtig, erlebte Ohnmacht nicht zu verstärken, sondern für AdressatInnen Verbündete zu suchen und als Professionelle parteiliche Unerstützung zu gewähren (vgl. reflexive Parteilichkeit).

Vor allem in der interkulturellen Sozialen Arbeit ist das Wissen über kulturelle Machtregeln bedeutsam, um die eigenen Position zu reflektieren und um nicht Kommunikationen aufzubauen, die von vornherein zum Scheitern verurteilt sind.

Empowerment[83] in der Sozialen Arbeit zielt darauf, AdressatInnen auf der individuellen Ebene, Gruppen- und Gemeinwesenebene zu „bemächtigen", um ihre Interessen und Belange umzusetzen und um sich bei Ressourcenmächtigeren Gehör zu verschaffen. Die Empowermentansätze delegieren das Empowern an die ExpertInnen Sozialer Arbeit. Damit wird ein pädagogischer Auftrag formuliert, der ohne Zustimmung der AdressatInnen seine Richtigkeit in Anspruch nimmt. Auf der abstrakten Ebene mag ein solcher Zugang normativ begründbar sein. Auf der Praxisebene muss diese Richtigkeit mit den Betroffenen diskursiv verhandelt werden, und es sind die verschiedenen Aspekte zu berücksichtigen, die sich im praktischen Handlungsprozess ergeben können. Es kann nicht darum gehen, AdressatInnen gegen ihren Willen zu empowern oder sie von Empowermentstrategien zu überzeugen, die nicht die ihren sind. Vielmehr sind die Bedingungen der Praxis zu erurieren (Kontext)

---

[83] Vgl. hierzu Herriger 1997; Miller/Pankofer 2000; Stark 1996.

und ebenso die Bedingungen und Befindlichkeiten der AdressatInnen in Bezug darauf, ihre Macht erweitern zu können und zu wollen. Zu diesem Zweck ist, wie beispielsweise Glasl (1997, 2000) und Sandner (1993) herausgearbeitet haben, die Prozessebene genau zu reflektieren.

> Fragen zum Ermächtigungs-Prozess:
>
> - Welche Bedeutung spielt die Angst bei AdressatInnen, wenn sie ihre Macht erweitern (sollen)? Ggf. können subjektive Konstruktionen die Wahrnehmung der ersten Ordnung (Watzlawick) verzerren, so dass dem Gegenüber möglicherweise Machtressourcen unterstellt werden, die de facto zwar nicht gegeben sind, die AdressatInnen aber einschüchtern und beängstigen.
>
> - Welche tatsächliche Bereitschaft ist vorhanden, im Rahmen des prozessualen Machtgeschehens Risiken (Konfrontationen und Konflikte, Ausgrenzungen) einzugehen?
>
> - Welche Fähigkeiten sind gegeben, mit Kontingenzen umzugehen und sich auf Folgewirkungen einzustellen, die weder geplant noch erwünscht sind?
>
> - Welche optionalen Handlungsstrategien in Bezug auf Beeinflussung des Gegenübers sind durch die AdressatInnen konkret realisierbar, d.h. was sind sie bereit zu tun, was können/wollen sie nicht tun?
>
> - Welches Handlungs-Know-how ist gegeben, z.B. in Bezug auf Kommunikationsfähigkeit, Strategienwissen, Duchsetzungsfähigkeit, Durchhaltevermögen?
>
> - Wie werden die Machtkosten eingeschätzt, d.h. lohnt sich der Aufwand aus der Sicht der AdressatInnen? Welche möglichen Verluste stehen möglichen Gewinnen gegenüber?

Empowermentprozesse sind mit den Beteiligten sorgfältig vorzubereiten, um Ängste und situative Befindlichkeiten nicht einfach zu übergehen.

Metareflektieren

SozialarbeiterInnen sind gefordert, die Kommunikationsstrukturen, die sie mitaufgebaut haben und an denen sie beteiligten sind, zu reflektieren. Dies geschieht über Selbstreflexion, über gemeinsame Reflexion der Beteiligten und über Fremdreflexion (z.B. Supervision). Es ist zu prüfen, inwieweit komplementäre Kommunikationsstrukturen vorhanden sind, die Einseitigkeiten und Benachteiligungen oder Belastungen erzeugen (wer spricht und wer hört zu? Wer gibt Ratschläge, oder sagt, was zu tun ist? Wer sanktioniert?). Kommunikationsstrukturen sind immer auch vor dem Hintergrund des Systems zu reflektieren, in dem kommuniziert wird. Da, wo in hierarchischen Organisationen direktive Kommunikationsmuster produziert und reproduziert werden, ist zu fragen, inwieweit solche Kommunikationsmuster auch die Kommunikation mit AdressatInnen oder im Team bestimmen und wie es „gelingt", diese zu reproduzieren bzw. wie es gelingen kann, diese in konstruktive Kommunikationsmuster zu überführen?

1.3 Die Beziehung zwischen SozialarbeiterInnen und AdressatInnen

Die professionellen UnterstützerInnen begeben sich mit ihrer Persönlichkeit, ihrer beruflichen Identität, ihrem Wissen und Können, ihren Vorstellungen und Ideen, ihrem Wertekodex, ihrem Temperament und ihren Charaktereigenschaften in die Unterstützungssituation. Dasselbe gilt für die AdressatInnen. SozialarbeiterIn und AdressatInnen sind jeweils autonome Persönlichkeiten mit ihrer je eigenen Art und Weise, Umweltinformationen zu verarbeiten, spezifische Fokussierungen vorzunehmen, gewisse Empfindlichkeiten zuzeigen und einen gewissen Kommunikations- und Umgangsstil zu praktizieren.

Die Begriffe der Autopoiesis/Selbstreferenz/Selbstorganisation führen notwendigerweise zu der Annahme, dass der/die SozialarbeiterIn von den Beteiligten des Unterstützungssystems unterschiedlich wahrgenommen, das heißt unterschiedlich konstruiert wird. Es kann also nicht angenommen werden, auf eine ähnliche Sympathie oder Ablehnung bei den Beteiligten zu stoßen, wenngleich dies grundsätzlich nicht ausgeschlossen ist.

Im Unterstützungssystem existieren in der Regel verschiedene Vorstellungen über die Person der/des Professionellen; daraus resultierend werden ihr gegenüber unterschiedliche Erwartungen und Verhaltensweisen an den Tag gelegt werden. Beeinflussen können hier auch Status und Rolle der/des Professionellen, auf die AdressatInnen unterschiedlich reagieren. Mit Reaktionen wie Scham („*Es ist beschämend, dass wir Hilfe von außen brauchen*"), Ablehnung („*Wir brauchen keine Hilfe von außen*"), Zorn („*Was bildet sich der Klugschwätzer eigentlich ein*") oder der Erwartung eines Retters („*Rette uns aus unserer misslichen Lage*") ist zu rechnen. Erfahrende SozialarbeiterInnen wissen sehr wohl, zu welchem AdressatenInnen-„Typus" sie in der Regel einfacher oder schwieriger Zugang bekommen, wo weniger oder stärkere Kommunikationsbarrieren auftreten, wo Abgrenzungen leichter möglich sind oder wo Verstrickungen lauern, weil im Unterstützungssystem Muster gelebt werden, die für einzelne SozialarbeiterInnen biographisch relevant sind.

Grenzen ziehen und für Transparenz sorgen

SozialarbeiterInnen haben darauf zu achten, dass sie ein klares Gegenüber im Rahmen des engeren und weiteren Unterstützungssystems sind, dass *Persönlichkeits-* und *Systemgrenzen* innerhalb des Unterstützungssystems nicht verwischen und Diffusionen bei den Beteiligten oder Überforderungen der Professionellen entstehen. Überidentifikation, Helfersyndrom, Überengagement und damit eine Art Rund-um-die-Uhr-Betreuung sind Phänomene, deren Ursachen in mangelnder Fähigkeit der Abgrenzung zum Unterstützungssystem und zu den AdressatInnen zu suchen sind.

Voraussetzung für die Abgrenzung der Professionellen ist deren *Identitätsdarstellung* gegenüber AdressatInnen, die auch die Rolle im System kennzeichnet: wer bin ich, welche Einrichtung repräsentiere ich, wie sehe ich meine Rolle. Es gilt, Konturen zu zeichnen!

Zur Identitätsdarstellung gehört auch die Information darüber, mit welchem Ansatz gearbeitet wird, auch wenn die Aussagen von den Beteiligten möglicherweise nicht in allen Details verstanden werden oder verstanden werden können. Doch die Information darüber bewirkt Transparenz und im Zuge des Hilfeprozesses kann immer wieder verdeutlicht werden, was unter dem Gesagten nun tatsächlich zu verstehen ist. Ebenso wird von vornherein klargestellt, dass der/die SozialarbeiterIn weder Allzuständige/r, noch MacherIn ist und schon gar nicht passende Problemlösungen parat hält. Im Gegenteil: alle Beteiligten erhalten die Botschaft, für das Gelingen der gesteckten Ziele verantwortlich zu sein.

Die Information, mit welchem Ansatz gearbeitet wird, könnte beispielsweise wie folgt lauten:

„Ich arbeite nach einem systemischen Ansatz. Dieser geht davon aus, dass auftretende Schwierigkeiten nicht alleine dadurch gelöst werden, dass sich eine Einzelperson verändert, etwa in dem Sinne: wenn Kurt besser lernen würde, wären seine Lernstörungen behoben; vielmehr werden nach diesem Ansatz Probleme als Ergebnis des Zusammenspiels von Menschen und deren Lebensbedingungen gesehen. Ich frage also nicht nach dem ‚Schuldigen', sondern danach, wie das Problem überhaupt auftreten konnte und wie es mit Unterstützung der Beteiligten gelingen kann, das Problem zu bewältigen. Dazu brauche ich viele Informationen, muss viele Fragen stellen, und ich brauche die Bereitschaft der Beteiligten, lösungsorientiert an der Bewältigung mitarbeiten zu wollen ..."

Klarheit und Transparenz der Professionellen sind unabdingbare Voraussetzungen dafür, um im Unterstützungssystems Klarheit und Transparenz zu erwirken.

Reflexive Parteilichkeit

In der systemischen Fachliteratur spielt der Begriff der *Neutralität* eine wesentliche Rolle. Schlippe/Schweitzer (1996, 120) sprechen von der Neutralität gegenüber Personen, der Neutralität gegenüber Problemen und Symptomen und der Neutralität gegenüber Ideen. Der Begriff ist häufig missverstanden worden und ist grundsätzlich erklärungsbedürftig. Ein Synonym zur Neutralität wäre „Allparteilichkeit".[84] Sie zielt darauf, im Unterstützungssystem die unterschiedlichen Konstruktionen ernst zu nehmen und Geben und Nehmen auf das Ganze bezogen zu thematisieren. Neutralität soll Verstrickungen und Einseitigkeiten im Unterstützungsprozess vermeiden.

Der Begriff kommt an seine theoretischen und praktischen Grenzen, wenn es um gravierende Probleme geht. Insbesondere aus feministischer Sicht (vgl. Schöll 1992) wurde er infrage gestellt, weil er, so scheint es, zunächst einmal nicht mit dem Begriff der Parteilichkeit in Einklang zu bringen ist. Wie kann man/frau neutral bleiben, wenn es um Gewalt, Unterdrückung, Missbrauch, Benachteiligung, Diskriminierung, Randständigkeit geht?! Wie können Sozialarbeiterinnen neutral sein, wenn sie eigene weibliche Ohnmachterfahrungen nun im Unterstützungssystem wiederfinden?!
Feministische Soziale Arbeit legitimiert sich ja gerade durch den Tatbestand gemeinsamer Betroffenheiten von Sozialarbeiterinnen und Adressatinnen, wenn auch in unterschiedlichem Maße.[85] Parteilichkeit aus einem normativen Verständnis heraus darf im Rahmen eines systemischen Verständnisses Sozialer Arbeit nicht *durch* Neutralität aufgehoben werden; Parteilichkeit lässt sich aber *in* den Begriff der Neutralität integrieren. Parteilichkeit und Neutralität lassen sich in Einklang bringen durch den Begriff der *„reflexiven Parteilichkeit"*. Situationsspezifisch kann sehr wohl gefordert sein, im Sinne der Parteilichkeit diejenigen Personen vorrangig und mit aller Nachhaltigkeit zu unterstützen, die besonders benachteiligt, bedroht und/oder von akuten Notlagen betroffen sind. Reflexive Parteilichkeit setzt aber gleichzeitig voraus, die Interaktionszusammenhänge nicht aus dem Blick zu verlieren.

Neutralität bedeutet also keinesfalls: jede und jeder und alles (z.B. Konstruktionen) ist gleich, gleichrangig und gleich gültig. Es gibt sehr wohl Wert- und Handlungsprioritäten, es gibt TäterInnen und Opfer, es gibt das Prinzip der Verantwortung und es gibt Schuld. Würde dies nicht mitbedacht werden, entstünde ein hoffnungsloser und verantwortungsloser systemischer Relativismus. *Reflexive Parteilichkeit* nimmt Partei, aber nicht auf Kosten anderer, und

---

[84] Siehe dazu Stierlin u.a. 1977; Schlippe/Schweitzer 1996, 119ff.; Pfeiffer-Schaupp 1995, 202.
[85] Siehe dazu auch Tatschmurat 1996.

sie setzt die Fähigkeit voraus, das Unterstützungssystem als Ganzes zu betrachten, Interaktions- und Problemzusammenhänge zu erkennen und auf diesem Hintergrund zu handeln. Würde sie das außer Acht lassen, würde sie Gefahr laufen, vorhandene Ressourcen nicht zu nutzen.

1.4 Komplexität aufbauen und Komplexität reduzieren

Systemisch orientierte Soziale Arbeit sieht Menschen im Kontext ihrer Umwelt, insbesondere ihrer Systemumwelt. Im Mittelpunkt dieser Betrachtungsweise stehen die Qualität von Austauschbeziehungen, von Austauschinhalten im Sinne von Ressourcen, Bewältigungsmustern und die Qualität der Stabilität und Autonomie von Personen und deren Systemen.

Wenn aber nun alles mit allem zusammenhängt und sich gegenseitig bedingt, wo fängt Soziale Arbeit vor Ort an? Wie bewältigt sie das Problem der Komplexität im Unterstützungsprozess, wo immer wieder neue Entwicklungen, Informationen und Zusammenhänge aufscheinen? Sie bewältigt es, indem sie *Komplexität aufbaut*, um einen Inhalt oder ein Problem zu verstehen. Komplexität aufbauen kann dabei immer nur relativ sein, denn der/die Sozialarbeiter/in und die AdressatInnen können nicht alles erfassen, sondern immer nur Teilausschnitte der Wirklichkeit; vieles bleibt kontingent.

Im Zuge des Komplexitätsaufbaus hat Soziale Arbeit in der Praxis den *Problemkontext* zu ermitteln. Unter Kontext sollen die mit dem Problem befassten Personen, Systeme und deren Umwelt verstanden werden. Kontext meint nicht nur den Nahbereich, sondern auch gesellschaftliche, ökonomische, politische und kulturspezifische Faktoren; er umfasst demzufolge die Mikro-, Meso-, Exo- und Makroebene.

So genügt es beispielsweise im Rahmen von Beratung nicht, den Kontext dahingehend zu erweitern, dass nun auch die Familie miteinbezogen wird. Dies wäre nach wie vor reduktionistisch, würden darüber hinaus nicht noch weitere Problemzusammenhänge erforscht werden.[86]

Dass auch unter dem Deckmantel systemischer Arbeitsweisen vorschnelle Reduktionen bereits in der Problemanalyse und Hypothesenbildung vorgenommen werden können, bestätigt eine Umfrage. So gibt es beispielsweise Aussagen von PraktikerInnen, dass ca. 80 Prozent von Schulstörungen das Resultat von Familienstörungen seien (s. Brunner 1991, 232). Hier werden

---

[86] In Zusammenhang mit Familienarbeit thematisiert Evan Imber-Black (1992) dieses Problem und macht deutlich, warum es notwendig ist, familienübergreifende Systeme miteinzubinden.

aus alltäglichen Beobachtungen heraus mono-kausale Ursache-Wirkungszusammenhänge konstruiert, deren Aussagewert wissenschaftlich zu überprüfen wäre.
Auch die systemische Soziale Arbeit im Bereich Sucht fokussiert mittlerweile zunehmend auf den Familienbereich. Diese Fokussierung bliebe mono-kausal-reduktionistisch, würden die Ursachen, Bedingungen und Verstärker von Sucht nicht auch außerhalb des familialen Nahbereichs gesucht werden, beispielsweise durch Bedingungen der Arbeitslosigkeit, Armut, Langeweile, Leistungsdruck und Konsumorientierung als Merkmale moderner Gesellschaften.

Im Rahmen von Bildungsarbeit bedeutet Komplexitätsaufbau, die Fragen und Probleme der TeilnehmerInnen zu eruieren, sich im Vorfeld problemspezifisch kundig zu machen und den Inhalt in seinen systemischen Bezügen (Mikro-, Meso-, Makroebene) zu erfassen. Die Fülle ist dann im Rahmen didaktischer Vorgehensweisen auf das Wesentliche zu reduzieren, ohne jedoch das Systemische aus dem Blick zu verlieren.

Kontextklärung, und damit Analyse eines Sachverhalts, geht zunächst einmal einher mit *Komplexitätsaufbau*, der konkrete Handlungsvollzug dagegen mit *Komplexitätsreduktion*. Komplexitätsaufbau und Komplexitätsreduktion sind die Pole, zwischen denen sich Soziale Arbeit in der Praxis bewegt. Die Kunst professionellen Sozialarbeitshandelns liegt darin, einen Sachverhalt in den vielschichtigen Facetten und Zusammenhängen zu ergründen und diese Komplexität dann so zu reduzieren, dass im Rahmen der gegebenen Möglichkeiten und Bedingungen gearbeitet werden kann.

1.5 Probleme definieren und Hypothesen bilden

Hypothesen, auf deren Grundlage die Professionellen einen begründeten Unterstützungsprozess einleiten und begleiten, basieren auf *Problemdefinitionen*. Es sind Definitionen im Sinne von Konstruktionen. Sie werden von den Akteuren eines Problemkontextes, also von AdressatInnen und professionell Unterstützenden, vorgenommen.
Demzufolge gibt es nicht *die* Problemdefinition, sondern verschiedene Problemdefinitionen, das heißt *Konstrukte* (Versionen) über das Ausmaß einer Situation oder eines Problems und die möglichen Ursachen.

Alle vorgetragenen Konstruktionen sind für die Professionellen wichtig, um erste Hypothesen zu formulieren. Auch trägt der/die SozialarbeiterIn dem Prinzip der Autonomie Rechnung, indem Betroffene und Beteiligte gehört werden. Zugleich wird ersichtlich, wie Autonomie gelebt wird, ob eigene

Meinungen und Standpunkte offen dargelegt werden (können) beziehungsweise wer sie darlegt und wer sie zurücknimmt.
Im Rahmen ihrer System-Eingebundenheit haben AdressatInnen unterschiedliche Rollen und Austauschbeziehungen, und es werden unterschiedliche Rollenerwartungen und Umweltanforderungen an sie herangetragen. Notwendigerweise reagieren sie darauf mit je eigenen Handlungsmustern und Problem-Sichtweisen (Konstruktionen), beispielsweise dahingehend, wie sich eine Situation darstellt, in welchem Ausmaß sich das Problem zeigt, wer wie betroffen ist, wer das Problem (mit-)verursacht hat oder gar wer „schuldig" ist und wie das Problem gegebenenfalls lösbar ist.

Kommen professionelle UnterstützerInnen hinzu, können vor allem zu Beginn des Unterstützungsprozesses *Konstruktionsdynamiken* entstehen, indem möglicherweise Probleme übersteigert oder verharmlost werden, die „heile" Familie dargestellt wird oder ähnliches. Beteiligte geben unter Umständen eine Stabilität vor, die der gefühlten und gelebten nicht entspricht. Häufig ist Vorsicht und Angst das Motiv solcher Konstruktionsdynamiken. Möglicherweise soll die/der Professionelle zunächst nur wenig informiert werden, zumal zu Beginn des Unterstützungsprozesses in der Regel noch kein stabiles Vertrauensverhältnis gegeben ist. Vielleicht muss der/die SozialarbeiterIn in Bezug auf Vertrauenswürdigkeit erst „getestet" werden, oder es kommen Systemregeln zum Tragen, beispielsweise „wir brauchen keine Hilfe!".
Möglicherweise werden Koalitionsangebote gemacht, um die professionellen UnterstützerInnen gegen andere Beteiligte als „MitstreiterInnen" zu gewinnen. Vor allem auch Situationen nicht-freiwilliger Unterstützung, wo also AdressatInnen von autorisierter Seite sozialarbeiterische Hilfe auferlegt bekommen, sind häufig durch besondere Konstruktionen den Professionellen gegenüber gekennzeichnet, etwa *„der will mich kontrollieren"* oder *„ich werde ihr schon klarmachen, dass ich niemanden brauche"*.
Erst über die verschiedenen Konstruktionen erfolgt eine Art *Neudefinition* eines Sachverhalts oder Problems (vgl. Andolfi 1992, 98; Watzlawick/Weakland/Fisch 1974).

Im Zuge systemisch orientierter Problemdefinitionen und Hypothesenbildungen ist es wichtig, die AdressatInnen im Unterstützungsprozess nach ihren Funktionen und Rollen zu unterscheiden. Dafür lässt sich eine eigene *Typologie* entwickeln, die Problemzuträger, Betroffene, Produzenten und RessourcengeberInnen unterscheidet.

Problemzuträger sind diejenigen, die einen Sachverhalt, ein Problem benennen;
Betroffene sind diejenigen, die unmittelbar oder mittelbar von einem Sachverhalt/Problem betroffen sind;
Problem-Produzenten sind diejenigen, die ein Problem direkt oder indirekt

(mit-)produzieren;
RessourcengeberInnen sind diejenigen, die Ressourcen einbringen (können), professionell wie nicht-professionell.

Die Adressatentypen lokalisieren sich auf verschiedenen Systemebenen. Problemzuträger kann ein Elternteil (Persönlichkeitssystem) sein oder auch das Jugendamt (formal organisiertes System). Problemproduzenten können Persönlichkeitssysteme, Gruppen, Unternehmen oder auch die Gesellschaft sein. In der Praxis treffen wir sehr wohl auf *Mischrollen*, das heißt ProblemzuträgerInnen können gegebenenfalls auch ProblemproduzentInnen sein (z.B. wenn Eltern wegen der Lernstörungen ihres Kindes eine Erziehungsberatungsstelle aufsuchen und diese Lernstörungen zugleich durch übertriebenen Leistungsdruck mitproduzieren). Im Zuge des Unterstützungsprozesses können die Rollen auch wechseln. Ein Problemproduzent wird möglicherweise zum Ressourcengeber.

Systemisch betrachtet ergeben sich verschiedene Konstruktionen über ein Problem oder eine Situation aus der Rolle, aus der heraus sie gesehen werden. ProblemzuträgerInnen sehen sich nicht unbedingt als mitverantwortlich für ein Problem. Wie auch immer, die Konstruktionen der AdressatInnen sind ernst zu nehmen, auch wenn sich aus der Sicht der Professionellen andere Einschätzungen ergeben. Konstruktionen sagen nichts über richtig oder falsch aus, sondern geben Hinweise auf subjektive Befindlichkeiten, Interaktionen, Wahrnehmungen, Betroffenheiten, Deutungen und Strategien, die auf je spezifischen Erfahrungen, Sichtweisen und Logiken beruhen.

Die unterschiedlichen Konstruktionen sind für die Professionellen wichtig, um erste Hypothesen über einen Sachverhalt beziehungsweise über vorliegende Probleme zu formulieren. Die SozialarbeiterInnen sollten es tunlichst vermeiden, sich bestimmten Konstrukten zu verschreiben, weil sie dann Gefahr laufen, Allianzen zu verstärken und Spaltungen zu provozieren; vielmehr haben sie darauf zu achten, dass verschiedene Sichtweisen offengelegt und aufeinander bezogen werden. Wenn bestimmte Beteiligte nicht anwesend sind oder sein können, übernimmt der/die SozialarbeiterIn eine Art *StellvertreterInnenfunktion* und konstruiert quasi die Position zum Beispiel des Symptomträgers, des Ausgegrenzten, des Beschuldigten, Beleidigten etc., um mögliche Sichtweisen und Empfindungen transparent zu machen. In dieser Rolle ist ein hohes Maß an Empathie gefordert. Empathie meint hier die Fähigkeit, aus einer Fremdperspektive heraus das Denken, Fühlen, Handeln einer anderen Person oder eines Systems zu erfassen.

Im Rahmen von Gruppen- und Bildungsarbeit ist darauf zu achten, dass sich in der Gruppe keine dominanten Konstruktionen einschleichen, die den Prozess einseitig bestimmen und durch die ein Teil der Gruppenmitglieder nicht repräsentiert ist.

Die professionellen UnterstützerInnen sind als KonstrukteurInnen funktional gefordert, jedoch mit dem Wissen, dass sie, genauso wie AdressatInnen, die Wirklichkeit durch den Filter ihrer eigenen Erfahrungen, Welt- und Selbstbilder, ihrer Sozialisation und Lebenskontexte, ihrer Werte und Sinnprämissen, ihres Temperaments und ihrer Eigenschaften wahrnehmen.

Einen konstruktivistischen Ansatz zu vertreten gründet in der Annahme, dass die Professionellen das Bild von den AdressatInnen und deren Systemeingebundenheit mitkonstruieren und gegebenenfalls Wirklichkeiten produzieren, die denen der AdressatInnen diametral entgegenstehen können.

In diesem Bewusstsein ist es insbesondere Aufgabe der Professionellen,

- ihre eigenen Konstruktionen zu reflektieren,

- diese mit den Konstruktionen der AdressatInnen zu vergleichen,

- eine Konstruktionsfülle zu suchen und diese gemeinsam zu bearbeiten, was auch bedeutet, Verständnis für den funktionalen Sinn der jeweiligen Konstruktionen entwickeln zu helfen.

Hypothesen als Grundlage des Unterstützungsprozesses

Auf der Grundlage von konstruierten Problemdefinitionen erfolgt in Beratungssystemen und therapeutischen Systemen die *Hypothesenbildung*. Darauf aufbauend wird zusammen mit den Beteiligten ein Unterstützungsplan entwickelt, aus dem konkrete Ziele, Zeitvereinbarungen und Vorgehensweisen hervorgehen. Auch in der Gemeinwesenarbeit bedarf es bei Aktionen bestimmter Hypothesen, z.B. wer im Stadtteil wichtig für das Ziel ist, wer welche Ressourcen bereitstellen kann, wer wie Einfluss nehmen kann usf.

Erst der Unterstützungsprozess wird zeigen, ob sich die Hypothesen als tauglich erweisen, modifiziert oder verworfen werden müssen. Modifizierte beziehungsweise neue Hypothesen bedürfen dann in der Regel wiederum neuer Handlungsstrategien, was bedeutet, den ursprünglich gefassten Unterstützungsplan zu verändern.

> Das Hypothetisieren lässt sich auf Selvini Palazzoli u.a. (1981) zurückführen, die die ordnende und anregende Funktion von Hypothesen herausgearbeitet haben. Die Komplexität der Informationen wird auf zentrale Grundannahmen hin gebündelt. Hypothesen sollen auch neue Sichtweisen und Annahmen anbieten, um gewohnten Konstruktionen und damit Denkgewohnheiten etwas entgegenzusetzen (s. dazu auch Schlippe/Schweitzer 1996, 177f.).

Professionelles Handeln zeigt sich nicht darin, von Anfang an die „richtige" Hypothese zu entwickeln, sondern aus einem bestimmten Kenntnisstand heraus fachlich begründete und schlüssige Hypothesen zu formulieren. Im Laufe des Unterstützungsprozesses können sich dann sehr wohl Sachverhalte ergeben, die alles in einem anderen Licht erscheinen lassen. Sozialarbeiterisches Unterstützen geht immer einher mit dem Problem der Kontingenz und ist ein Suchprozess, der fachlich begründet, wachsam und flexibel zu bewältigen ist.

1.6 Ressourcen, Muster und Symptom erfassen und bearbeiten

Jeder Fall hat seine Spezifika. Selbstorganisation/Autopoiesis/Selbstreferentialität führen notwendigerweise zu der Annahme, dass es keine standardisierten Fälle und keine standardisierten Bewältigungsmuster gibt. So können Problemanalysen zwar in der Vorgehensweise standardisiert sein, jedoch nicht in der inhaltlichen Konstruktion. Der fallspezifischen Komplexität ist gerecht zu werden.

Die *systemische Analyse* hat herauszufinden,

- welche (Bewältigungs-)*Ressourcen* bei Personen und Systemen vorhanden sind, welche Ressourcen ausgetauscht werden, welche brachliegen, verweigert werden oder gar nicht oder nur bedingt vorhanden sind;
- welche entwicklungsfördernden *Muster* hinsichtlich Kommunikation und Handeln gegeben sind;
- wie sich Probleme und destruktive Muster im Kontext von Systemen und Umwelt durch zirkuläre Kommunikations- und Handlungsweisen immer wieder neu hervorbringen; welchen funktionalen Sinn diese Muster im Sinne der System- bzw. Teilsystemstabilität haben, wer davon profitiert und wer oder was geopfert wird;
- welche *Symptome* gegeben sind und welchen funktionalen Sinn sie haben;
- welches Bewältigungsverhalten gegeben ist und was bereits getan wurde;
- wie sich Autonomie und Identität von Personen und Systemen im Kontext ihrer Umwelt bewahren, erweitern und stabilisieren lassen.

Muster sind Denk- und Handlungsprogramme, die von Personen und sozialen Systemen immer wieder aufs Neue reproduziert werden. Sie steuern Wahrnehmung, Denken, Erleben, Kommunikation, Interaktionen, Handeln, Wertüberzeugungen und Prioritätensetzungen, Deutungen, Konfliktverhalten und Formen der Problembewältigung. Muster sind systembedingt und häufig ein Spiegel (sub-)kultureller Festlegungen. So sind beispielsweise geschlechtsspezifische Muster hinsichtlich Position und Rollenhandeln nicht abzukoppeln von kulturellen und gesellschaftlichen Definitionen.

Das *Symptom* ist häufig Anlass für AdressatInnen, sozialarbeiterische Unterstützung in Anspruch zu nehmen. Irgendetwas funktioniert nicht mehr, irgendjemand zeigt Auffälligkeiten. Personen sind häufig Symptomträger, das Symptom ist systemisch gesehen jedoch nicht Problemursache, sondern bestenfalls ein Hinweis auf die Person-Umwelt-Relation wie überhaupt die Befindlichkeit von Personen und sozialen Systemen.

Über das Symptom ist vor allem in der systemtherapeutischen Literatur reflektiert worden (siehe Schlippe/Schweitzer 1996, 108ff.; Boeckhorst 1988, 24ff.). Dort wird darauf hingewiesen, dass Symptome

- auf eine ineffektive Lösung eines Problems hinweisen,
- Schutzfunktion mit Blick auf die Stabilität eines Systems haben,
- die Aufmerksamkeit vom eigentlichen Problem ablenken,
- nicht nur Nachteile, sondern auch Vorteile für Beteiligte nach sich ziehen,
- Macht und eine Kontrollmöglichkeit für den Symptomträger ermöglichen,
- ein Motor sein können, um Veränderungsprozesse anzuregen, vor allem, wenn das Symptom für Beteiligte und Betroffene nicht mehr erträglich erscheint.

Sozialarbeitshandeln ist darauf gerichtet, die Einbettungsstruktur und den funktionalen Sinn eines Symptoms zu erarbeiten, um zum sozialen Problem, das heißt zum Eigentlichen vorzustoßen. Freilich kann das Symptom derart ausgeprägt sein, dass Unterstützung gegeben wird, um es abzuschwächen. Vielleicht muss gerade als erstes am Symptom gearbeitet werden, um eine Basis für einen systemisch orientierten Unterstützungsprozess zu schaffen. Beispielsweise kann es im Rahmen von Familienarbeit sinnvoll sein, einem verhaltensauffälligen Kind mit hoher Aggressivität verhaltenstherapeutische Unterstützung zukommen zu lassen, um für alle Beteiligten eine konstruktivere Kommunikationsbasis zu schaffen.

Dieses Beispiel zeigt gleichzeitig, dass im Rahmen systemischer Arbeitsweisen auch nicht-systemische Konzepte im Sinne eines ressourcenorientierten Unterstützungsprozesses ihren Stellenwert haben und sehr wohl integriert werden können. Es kann auch zeigen, dass eine rigorose Feststellung, keinesfalls am Symptom „herumzudoktern", im Einzelfall nicht trägt. Vielmehr ist situationsspezifisch zu entscheiden und zu begründen, woran zuerst zu arbeiten ist.

Grundsätzlich jedoch werden die Ursachen von Symptomen nicht in linearen Ursache-Wirkungsketten gesucht, sondern in vernetzten Wirkungszusammenhängen. Die Ursache von Lernstörungen eines Schülers werden im Kontext eines systemischen Sozialarbeitsverständnisses nicht in der Person des Schülers allein gesucht, sondern im Interaktionszusammenhang Person-Umwelt, und dazu gehören in diesem Fall unter anderem Gesellschaft, Schule, Schüler, Schulklasse, Familie, Eltern, Geschwister, peergroup. Es ist im Kontext Person-Umwelt nach individuellen wie systembezogenen Mustern zu fragen, die Rückschlüsse auf das Symptom zulassen. Das Symptom ist noch nicht das Problem, sondern lediglich ein Aspekt davon.

Herauszufinden ist primär, wie sich problemproduzierende, problemverstärkende und -bewältigende Muster im Kontext von Systemen und Umwelt durch zirkuläre Kommunikations- und Handlungsweisen immer wieder neu hervorbringen (Autopoiesis). Herauszufinden ist ebenfalls, welchen funktionalen Sinn diese Muster mit Blick auf Systemstabilisierung haben und wer davon profitiert.

1.7 Beobachtung stärken und Perspektiven erweitern

Das Ausfindigmachen von Mustern, Ressourcen und Symptomen ist die Aufgabe aller Beteiligten im Unterstützungsprozess. Die Qualität von Beziehungen und die Art und Weise, wie Personen und Systeme in der Praxis operieren, lässt sich anhand der praktizierten Kommunikation und den damit verbundenen Handlungsweisen beobachten. Kommunikation ist sozusagen die Oberflächenstruktur von Bewusstsein und emotionaler Befindlichkeit und die Oberflächenstruktur von Systemwirklichkeit. Ein systemischer Satz könnte deshalb lauten: Beobachte, wie Menschen und Systeme kommunizieren, und du bekommst Aufschluss darüber, was ist. Beobachtung hat eine Doppelperspektive, umfasst Selbst- und Fremdbeobachtung, geht also nach außen und nach innen. Sowohl Professionelle wie auch AdressatInnen sind Beobachter.

Beobachtung gewinnt vor allem dann an Bedeutung, wenn Veränderungen angestrebt werden und die AdressatInnen darin unterstützt werden, das eigene Denken, Fühlen, Beobachten und Handeln zu beobachten und zu beobachten, wie sich Interaktionen, Muster und Systemreaktionen darstellen. Es geht um ein bewusstes Wahrnehmen und Beobachten dessen, was ist und dessen, was passiert, wenn Veränderungen angestrebt werden.

Zur Stärkung der Selbst- und Fremdwahrnehmung der AdressatInnen dienen Beobachtungsaufgaben und -fragen, die SozialarbeiterInnen an die AdressatInnen weitergeben. Beobachtungsaufgaben zählen zu den selbstreferentiellen

Leistungen von Personen und sozialen Systemen. Diese beziehen sich auf die eigene Person, auf Interaktionen, auf das System und dessen Umwelt.

Beobachtungsfragen

- *in Bezug auf die eigene Person*, z.B.: Wie reagiere ich in bestimmten Situationen? Welche Gefühle teile ich mit, welche nicht? Wie drücke ich aus, was ich will bzw. nicht will, wie drücke ich meinen Ärger aus? Wie reagiere ich auf bestimmte Verhaltensweisen?
- *in Bezug auf Interaktionen*, z.B.: Worauf achte ich bei anderen? Wie nehme ich Einfluss? Wer unterstützt mich und wer nicht, wen unterstütze ich wodurch und wen nicht? Wie lebe ich Freundschaften und Kooperationen? Wir drücke ich Sympathie und Ablehnung aus? Wie reagiere ich auf Konflikte? Was bringt mich an meine Toleranzgrenze?
- *in Bezug auf das System*, z..B.: Welche Kommunikationsregeln gibt es im System? Was geschieht, wenn Systemregeln verletzt werden? Wie werden Entscheidungen getroffen? Worüber wird am meisten gesprochen und worüber wird nicht gesprochen? Wer spricht mit wem, wer spricht nicht oder kaum miteinander? Wie werden Konflikte ausgetragen? Wie erfahren Systemmitglieder für sie wichtige Informationen? Wodurch kann man sich im System Anerkennung verschaffen? Wodurch kann man sich im System eine Machtposition verschaffen? Wofür werden die Systemmitglieder belohnt, wofür bestraft?
- *in Bezug auf die Umwelt*, z.B.: Wie reagiert die Umwelt auf Veränderungen im System? Wie versucht die Umwelt, das System anzupassen? Welche Anpassungsleistungen erbringt die Umwelt?

Beobachten ist ein kontinuierlicher Bestandteil des ganzen Arbeits- und Unterstützungsprozesses. Beobachtungsaufgaben können helfen, Befindlichkeiten, Strukturen und Prozesse transparent und nachvollziehbar zu machen, ebenso lassen sie Einflussmöglichkeiten, Handlungsansätze wie auch subjektive und äußere Barrieren erkennen. Insgesamt geht es um Perspektivenerweiterung, das Einfühlen in die eigene Person, aber auch in andere Rollen und das Erkennen von Zusammenhängen und Wechselwirkungen und von Ansatzpunkten; durch Beobachten lässt sich Sicherheit entwickeln, um sich in Systemkontexten adäquater bewegen zu können.
Beobachtungsaufgaben sind entsprechend zu dosieren und den Beobachtungskapazitäten der Personen anzupassen, damit keine quantitativen und qualitativen Über- und Unterforderungen entstehen.
Beobachtung ist eine selbstreferentielle Leistung auch der Professionellen. Sie beobachten ihre AdressatInnen und deren Systemkontext, sie beobachten sich und ihren Systemkontext, beobachten, was sie beobachten und was womöglich ausgeblendet wird oder werden muss, und sie sorgen für Perspektivenerweiterung, in dem Fremdbeobachtungen herangezogen werden, bei-

spielsweise über kollegiale Beratung, Fallbesprechungen und Supervision, Team- und Organisationsberatung.

Perspektiven erweitern

Personen entwickeln im Laufe ihrer biographischen Entwicklung und im Zuge ihrer Systemeingebundenheit spezifische Beobachtungsmuster. Positive und negative Vorurteile sind Aspekte solcher Beobachtungsmuster. Man sieht das, was man immer schon weiß. Soll der Beobachtungshorizont erweitert werden, sind neue Perspektiven aufzunehmen: Perspektiven von Beteiligten, Rollenperspektiven und Perspektiven verschiedener Funktionssysteme. Erst die Fähigkeit, mit den Augen anderer eine Situation zu betrachten, ermöglicht einen Verständigungsprozess und neue Einsichten.

Ein systemisches Werkzeug zur Erweiterung von Perspektiven ist das *Reframing*. Durch Reframing wird versucht, das Gedachte und Konstruierte in einen neuen Rahmen zu setzen, um ihm neue Bedeutungen zu geben.

> Ursprünglich kommt die Methode aus dem Neuro-Linguistischen Programmieren (NLP), in der auch die Hypnotherapie Milton H. Ericksons eine große Rolle spielt. Es geht um neue Konstruktionen und neue Bewertungen.[87] Vor allem im *Umdeuten* von Interaktionen und Motiven findet die Methode ihre Anwendung.

Reframing kann auf Einzelpersonen wie auf Systemzusammenhänge bezogen werden. Dazu zwei Beispiele[88]:

Mutter einer magersüchtigen Tochter: *„Meine Tochter zerstört sich selbst!"*
Sozialarbeiterin: *„Ihre Tochter hat einen eisernen Willen."*
oder
Sohn: *„In unserer Familie wird ständig gestritten."*
Sozialarbeiterin: *„Die Familienmitglieder haben sehr viel Kontakt zueinander."*

Die ursprünglich kommunizierten Aussagen und Deutungen werden von der Sozialarbeiterin umgedeutet. Häufig zeigt sich der ursprüngliche Referenzrahmen als nicht tauglich, um Probleme zu bewältigen, weil Zu- und Festschreibungen erfolgen, die Entwicklungen blockieren. Mit Hilfe eines neuen Referenzrahmens werden andere Seiten beleuchtet, und es entstehen möglicherweise neue Ansatzpunkte für Betrachtungen. Das Verhalten von Eltern, die akribisch überwachen, was ihr pubertierender Sohn macht, lässt sich negativ als kontrollierend und ausspionierend und positiv als interessiert und be-

---

[87] Ausführungen dazu siehe auch bei Pfeifer-Schaupp 1995, 167ff.
[88] Siehe dazu auch Schlippe/Schweitzer 1996, 177ff.

sorgt deuten.
Die Reframing-Methode ist laufend weiterentwickelt worden und zeigt mittlerweile eine Typologie ganz unterschiedlicher Zugangsweisen (vgl. König/Volmer 1994, 132ff. und Bandler/Grinder 1995).
Es gibt verschiedene Möglichkeiten, Reframing zu initiieren: Entweder verändern die Beteiligten selbst den Referenzrahmen und finden neue Konstrukte, oder der/die Professionelle gibt neue Konstrukte vor oder Reframing ergibt sich aus dem Interaktionsprozess, in dem ohnehin unterschiedliche Konstrukte vorgetragen werden.
Die Erfahrungen im Zusammenhang mit Reframing zeigen, dass die praktische Umsetzung alles andere als einfach ist. Beobachtungsroutinen und Deutungen haben Orientierungsfunktion; werden sie umgedeutet, droht zunächst einmal Orientierungsverlust, und das bedeutet Angst. Menschen und soziale Systeme vollziehen Operationen im Sinne von Systemerhalt und Stabilität, was häufig bedeutet, Beobachtungsroutinen und Deutungsmuster aufrecht zu erhalten und „Widerstand" gegenüber neuen Sichtweisen zu leisten. Hier bedarf es besonderer systemisch-methodischer Kompetenzen, um als Professionelle/r mit Widerständen, vor allem wenn sie auf Angst beruhen, umzugehen. Der Erfolg von Reframing hängt nicht ausschließlich von dem methodischen Vorgehen ab, sondern von der Bereitschaft und dem Vermögen der Beteiligten, auf neue Sichtweisen einzugehen.
Die hier gemachten Aussagen gelten gleichermaßen für die Professionellen. Sie haben fachliche und erfahrungsgestützte Blickwinkel, die Bestimmtes fokussieren und anderes ausblenden. Das Beobachtete wird in gewohnte Erklärungszusammenhänge gebracht. Folge davon ist, dass AdressatInnen und spezifische Problemsituationen mit der gleichen Schablone betrachtet werden. Über Fallbesprechungen, Supervision und kollegiale Beratung können solche Routinen hinterfragt und das Wahrgenommene in einen anderen Rahmen gestellt werden.
Ein weiteres Werkzeug, um Perspektiven erweitern zu helfen, ist das *zirkuläre Fragen*. Das zirkuläre Fragen ist eine Art der Informationsgewinnung, durch die unterschiedliche Sichtweisen innerhalb von Beziehungskontexten erfragt werden. Vor allem im Rahmen der Exploration und Problemdefinition spielt zirkuläres Fragen eine zentrale Rolle.[89]

> Der Begriff der Zirkularität hat sich vor allem im Kontext therapeutischer Arbeit entwickelt. Zu nennen sind in diesem Zusammenhang insbesondere Maria Selvini Palazzoli[90], Luigi Boscolo, Gianfranco Cecchin und Giuliana Prata

---

[89] Ausführungen dazu siehe auch bei Schlippe/Schweitzer 1996, 118 u. 137ff.; Pfeifer-Schaupp 1995, 175ff..
[90] Siehe Selvini Palazzoli u.a. 1981.

("Mailänder Modell").[91] Mittlerweile ist eine ganze Typologie von zirkulären Fragen herausgearbeitet worden, die bei Pfeifer-Schaupp (1995, 175ff.) nachzulesen ist.

> Beispiele für zirkuläres Fragen:
> *Wenn ich Ihren Sohn fragen würde, welche Fähigkeiten Sie haben, was würde er sagen?*
> *Was würde die Mutter tun, wenn der Vater plötzlich nicht mehr trinken würde?*
> *Wer von Ihrer Familie würde Sie in dieser Entscheidung am meisten unterstützen?*
> *Wenn jemand behaupten würde, dass sie dem Problem aus dem Weg gehen, wer würde aus Ihrer Familie dieser Aussage zustimmen?*

Mit Hilfe zirkulären Fragens sind die AdressatInnen gefordert, sich in andere Rollen und Perspektiven zu versetzen und andere Blickwinkel aufzubauen.

Die Effekte zirkulären Fragens werden in der Möglichkeit gesehen,

- „innere affektiv-kognitive Landkarten" zu verändern;
- neue Kontexte im Zuge von Wahrnehmen und Denken aufzubauen und unverbunden Erlebtes in Sinnzusammenhänge zu konstruieren;
- zirkuläres Denken einzuüben, indem immer wieder Rückkoppelungsschleifen bewusst gemacht und kommuniziert werden.

(Vgl. Böse/Schiepek 1994, 200).

1.8 Ansatzmöglichkeiten finden

Die systemische Perspektive verweist auf verschiedene Handlungsebenen und auf Komplexität. Die Praxis setzt dem Handeln notwendigerweise Grenzen. SozialarbeiterInnen können nicht auf allen möglichen Ebenen arbeiten. Das würde zwangsläufig zu Kapazitätsproblemen führen (Fachlichkeit, Zeit, Personal, Geld, Zuständigkeit). Wenn der Problemanalyse eine komplexe Kontextanalyse vorausgeht, wenn Zusammenhänge und Wechselwirkungen herausgearbeitet werden, dann kann in der Praxis nicht diese ganze Fülle bearbeitet werden, sondern diese muss reduziert werden. Es gilt, diejenigen System-Umweltbeziehungen und Muster herauszufiltern, die

---

[91] Ausführungen dazu siehe bei Schlippe/Schweitzer 1996, 26ff.

1. eine dominante Einflusskraft vermuten lassen und

2. eine realistische Bearbeitungsmöglichkeit hinsichtlich der vorhandenen Ressourcen aufweisen.

Nicht alle Beziehungen und Muster sind gleichbedeutend. Bei einem pubertierenden Schulschwänzer kann die Interaktionsebene mit seiner Klicke möglicherweise relevanter sein als die Interaktionsebene mit der Lehrerin oder den Geschwistern. Das gelebte Chaos in einer Familie kann unter Umständen weniger bedeutsam sein als die Regel: von dem was wir tun, dringt nichts nach draußen! Es gilt also herauszuarbeiten, an welchen Strängen anzusetzen ist, welche „Hebel" gegeben sind, um etwas zu verändern und in Bewegung zu bringen. Die systemtheoretische/systemische Zugangsweise bietet Begriffe und Aussagen, um solche möglichen Hebel im Kontext System-Umwelt oder Person-Umwelt zu benennen:

- Personen und Systeme, die Einfluss haben

- Personen und Systeme, die Macht haben und über Machtressourcen verfügen

- Werte

- Strukturmuster

- Wahrnehmungs-, Denk-, Gefühls- und Handlungsmuster

Zusammen mit den AdressatInnen bedarf es eines Verständigungsprozesses, an welchen Inhalten, Beziehungen, Mustern und Systemen anzusetzen ist und welche zunächst außer Acht bleiben sollen. Die Entscheidungen über den Ansatz basieren auf Konstruktionen und Hypothesen. Die daraus hervorgehenden Dynamiken können sich sehr unterschiedlich darstellen. Der Ansatz kann wirken, indem das Gewohnte gestört wird, indem Personen und Systeme reagieren und diese Reaktion zu einem gemeinsamen Lern- und Entwicklungsprozess führen kann. Entwicklungen können auch verweigert und blockiert werden. Oder aber, es sind kaum Reaktionen zu beobachten, Personen und Systeme verharren in ihrem Zustand. Oder sie reagieren auf den Ansatz und aktivieren ihre Kräfte, um alles so zu belassen, wie es ist. Die geschilderten Reaktionen können vorübergehender Natur sein und sich im Laufe des Prozesses verändern. Gemachte Entwicklungen können durch alte Muster eingeholt werden, oder anfängliche Blockaden wandeln sich in Entwicklungen.

2. Politische Soziale Arbeit

Soziale Arbeit hat, das wurde bereits an anderer Stelle herausgearbeitet, eine politische Aufgabe. Sie dimensioniert sich auf verschiedene Ebenen.

StellvertreterInnenfunktion und Initialfunktion

Die *StellvertreterInnenfunktion* erfolgt im Sinne von Lobbyarbeit. Es gilt, die Interessen von AdressatInnen zu vertreten, wenn sich diese nicht selbst vertreten oder wenn sie nicht direkt Einfluss nehmen können. Vorrangig handelt es sich in diesem Zusammenhang um die Arbeit in politischen Gremien, Ausschüssen und Arbeitskreisen, Arbeitsgemeinschaften (z.B. Bezirksausschuss, Sozialhilfeausschuss, überregionale Arbeitsgemeinschaften in spezifischen Feldern). In dieser Funktion hat Soziale Arbeit aufklärende, informierende, initiierende und entwickelnde Funktion.

Soziale Arbeit hat darüber hinaus politische *Initialfunktion*, indem sie AdressatInnen darin unterstützt, ihre Interessen selbst zu vertreten und aktiv zu werden.

In diesem Zusammenhang hat die Entwicklung der Gemeinwesenarbeit[92] zentrale Bedeutung gewonnen. Sie ist eng mit den Prinzipien der „Hilfe zur Selbsthilfe" und des Empowerment verbunden.

Von der systemischen Perspektive her ist die Gemeinwesenarbeit nicht nur eine theoretisch ankoppelbare, sondern eine aus der theoretischen Folgerichtigkeit notwendige und logische Arbeitsweise. Mit den Ressourcen der Betroffenen und denen der UnterstützerInnen werden weitere Ressourcen mobilisiert. Prinzipien der Ressourcenorientierung, Autonomie und Selbstorganisation kommen hier zum Tragen, ebenso Lebenswelt- und Situationsbezug. Gemeinwesenarbeit initiiert Betroffenengruppen, die auf Aspekte ihrer Lebensbedingungen vor Ort gestaltend Einfluss nehmen; es geht um ressourcenorientierte Anpassungs- und Veränderungsprozesse im Kontext Person-Umwelt, zum Beispiel: Betroffene-Stadtteil, Betroffene-direktes Wohnumfeld. Die Zielrichtung reicht vom Aufbau von Selbsthilfenetzen, Kinderbetreuungseinrichtungen bis zur Verhinderung von Bauprojekten und zur Gestaltung der Wohnumwelt.

Aufgabe von Sozialer Arbeit ist es, Betroffenen in ihren Zielformulierungsprozessen zu unterstützen und in ihren Vorgehensweisen zu begleiten. Ebenso gestaltet Soziale Arbeit in diesem Zusammenhang im Rahmen von Netzwerk-

---

[92] Vgl. hier u.a. Hauser/Hauser 1971; Hinte 1989.

arbeit *trägerübergreifende Kooperationen* (öffentliche und freie Anbieter sozialer Dienste, Kirchengemeinde u.a.) im Gemeinwesen, um spezifische Interessen zu bündeln und auf fachlicher wie kommunalpolitischer Ebene weiterzuverarbeiten.

Eigene Ressourcen sichern

Politische Arbeit erfolgt des weiteren mit Blick auf die Ausgangslage derjenigen, die professionelle Unterstützung anbieten, ist also auf den *Träger, Verband* oder das *Projekt* gerichtet. Es geht um Selbstorganisation und damit verbunden um die eigenen Ressourcen (Geld, Sachmittel, Aufträge, Kontakte, Know-how, Personal). Da Soziale Arbeit nachhaltig von der Umwelt als Ressourcengeber abhängig ist (Staat, Kommune, Kostenträger etc.) und die Umwelt immer wieder Anpassungsleistungen abverlangt, hat Soziale Arbeit politisch darauf zu reagieren: Beispielsweise auf neue gesetzliche Auflagen, auf geforderte Qualitätssicherungssysteme, die Veränderung von Fallzahlen oder die Veränderung kommunaler Sozialpolitik in Bezug auf die Refinanzierung sozialer Dienstleistungen.

Das politische Handeln Sozialer Arbeit ist darauf gerichtet, Umwelt an die eigenen Belange anzupassen. Dies geschieht durch informieren, sich präsentieren, argumentieren und verhandeln, koalieren wie insgesamt durch spezifische Formen politischer Strategien.

Politische Arbeit orientiert sich nicht nur nach außen, sondern ebenso *nach innen*, und zwar dort, wo MitarbeiterInnen oder Organisationseinheiten (Abteilungen, Sachgebiete etc.) der Trägerin gegenüber ihre spezifischen Belange zu vertreten haben. So kann es darum gehen, vom Vorstand Ressourcen einzufordern, Akzeptanz für neue Konzepte zu erwirken, personalpolitische Fragen zu verhandeln, auf Organisationsentwicklungsmaßnahmen zu reagieren oder sie zu initiieren, zum Beispiel mit Blick auf neue Kooperations- und Aufgabenregelungen, Dezentralisierung von Macht und Entscheidungen.

Berufspolitik

Schließlich erfolgt politische Arbeit auf der Ebene des *Berufsverbandes*. Hier sind fachspezifische, sozial- und berufspolitische, tarif-, besoldungs- und arbeitsrechtliche Belange der Mitglieder zu klären.[93] Es geht um Identität und Image, um Ressourcensicherung (ideell, personell, finanziell) der eigenen Profession. Spezifische Fragen neben den genannten Inhalten sind Qualifizie-

---

[93] Vgl. dazu auch Naleppa 1992; Reinicke 1988.

rung, Professionalisierung, Berufsethik, Sozial- und Gesellschaftspolitik. Diese Form der politischen Arbeit drückt sich aus durch Arbeitsgruppen-, Gremien- und Ausschussarbeit bis hin zur Übernahme von Ämtern.

Die politische Arbeit auf den verschiedenen Ebenen kennzeichnet sich vor allem durch Strategiearbeit und Netzwerkarbeit. Diese erfordern zielorientiertes Handeln und die Berücksichtigung von Systemkomponenten. Nicht nur die eigenen Interessen sind zu vertreten, sondern es ist darauf zu achten, wie die verschiedenen Interessen kompromissfähig gemacht werden können und welche gegenseitigen Anpassungsleistungen möglich und realistisch sind, um trotz unterschiedlicher Interessen und Rollen gemeinsame Lösungen anstreben zu können. Die politischen Akteure brauchen klare zweck- und zielgerichtete Handlungssysteme, darauf abgestimmte Strukturen sowie Kontrakte unter den Beteiligten.

Systemisch gesehen funktioniert politische Arbeit nicht nach dem Modell: Ziel – Vorgehensweise – Zielerreichung. Vielmehr ist davon auszugehen, dass sich im Laufe des politischen Prozesses neue Ausgangslagen und Konstellationen ergeben (Kontingenz), die es notwendig machen, Vorgehensweisen, möglicherweise auch Zielsetzungen, immer wieder zu überprüfen und gegebenenfalls anzupassen.[94]

3. Management und Organisationsentwicklung

Kennzeichen moderner Gesellschaften ist die Überführung sozialer Probleme in soziale Organisationen, die sich auf spezifische soziale Unterstützungsangebote spezialisiert haben.
Soziale Organisationen sind formal organisierte Systeme mit Zielen, Arbeitsteilungen, Entscheidungs-, Mitbestimmungs- und Verantwortungsregelungen, Über- und Unterordnungsverhältnissen, Führung, Regeln und Sanktionsinstrumentarien, Leitbildern, Qualitätsverständnissen und ökonomischen Vorgaben.

Soziale Organisationen, sprich die Träger der öffentlichen und freien Wohlfahrtspflege, sind Umwelt von AdressatInnen, SozialarbeiterInnen, anderen sozialen Diensten, Kommunen wie überhaupt Gemeinwesen. Soziale Arbeit vollzieht sich innerhalb organisierter und strukturierter Rahmenbedingungen, deren Qualität auf die direkte Soziale Arbeit Einfluss nimmt.

---

[94] Ein systemisches Modell für die politische Praxis siehe bei Miller 1995a.

Soziale Organisationen müssen sich daran messen lassen

- welche Qualität sie gegenüber AdressatInnen anbieten und welche fachlichen Qualifikationen in der Organisation abrufbar sind;
- wie effektiv[95] und effizient[96] sich die interne Aufgabenverteilung und Arbeitsformierung (z.B. Team, Projekte, Dezentralisierung) darstellen;
- welche Organisationskultur gegeben ist (Menschenbild, Führen, Ressourcen-Management, Werte);
- welche Anpassungsfähigkeit eine soziale Organisation gegenüber neuen Umweltanforderungen zeigt und schließlich
- wie die öffentlichen Mittel eingesetzt werden und wie darüber Rechenschaft gegeben wird (vgl. dazu Gehrmann/Müller 1993, 35).

Unterstützungsleistungen sind Outputs organisierter Einheiten, und ihre Qualität hängt sehr stark von der Qualität des Organisationssystems ab. So ist davon auszugehen, dass organisierte AnbieterInnen sozialer Dienstleistungen nicht nur soziale Probleme bewältigen helfen, sondern dass von ihrer Seite auch Entscheidungen und Handlungen erfolgen, die soziale Probleme verkennen, (mit-)produzieren und gegebenenfalls verstärken.

Die problematischen Aspekte sozialer Organisationen zeigen sich unter anderem dann,

- wenn auf einen sozialen Bedarf nicht adäquat reagiert wird;
- wenn Konzepte nicht auf neue Anforderungen ausgerichtet sind;
- wenn der Auftrag zu eng oder zu weit gefasst ist, so dass einerseits unnötige Zugangsprobleme für AdressatInnen geschaffen werden oder andererseits ein Bauchladen von Unterstützungen angeboten wird, nach dem Motto: wir können alles;
- wenn innerorganisatorische Hierarchien und hierarchische Kommunikationsweisen auch die Arbeit mit AdressatInnen kennzeichnen (Muster);
- wenn Bevormundungshilfe statt Hilfe zur Selbsthilfe gegeben wird;
- wenn SozialarbeiterInnen ressourcenmäßig in ihren Aufgabenstellungen vom Organisationssystem nicht zureichend unterstützt werden;
- wenn nicht effizient gewirtschaftet wird;

---

[95] Effektivität meint Wirksamkeit.
[96] Effizienz meint Wirtschaftlichkeit.

- wenn Arbeitsstrukturen und Arbeitsweisen nicht effektiv sind;
- wenn wenig Innovationskraft und Flexibilität vorhanden sind;
- wenn das Betriebsklima schlecht ist und es die Arbeitsmotivation der MitarbeiterInnen sowie ihre Identifikation mit dem Träger beeinträchtigt.

Organisationsentwicklung steht als Begriff und Konzept insbesondere für die strukturelle Weiterentwicklung sozialer Organisationen, deren professionellen Umgang mit Veränderungsprozessen, für die Gestaltung einer Corporate Identity,[97] die tatsächlich gelebt wird und die auch Grundlage dafür ist, sich vom Leistungsprofil anderer Einrichtungen abzugrenzen.

Neben der direkten Unterstützungsarbeit von SozialarbeiterInnen gegenüber AdressatInnen und neben der politischen Arbeit stellt Organisationsentwicklung und Management eine weitere tragende Säule Sozialer Arbeit dar. Alle Säulen sind aufeinander bezogen und beeinflussen sich wechselseitig. Lebensbedingungen von AdressatInnen zu verbessern setzt voraus, auch die unterstützenden Organisationen in ihren Bedingungen aufgabenorientiert zu gestalten (Struktur und Prozess) und für sie zureichende Ressourcen zu erschließen.

Das geschieht aus systemtheoretischer Sicht im Rahmen von *Selbstorganisation* sowohl in Bezug auf die Gesamtorganisation als auch auf deren Subeinheiten (Abteilungen, Beratungsstellen etc.). Es geht um offene Prozesse der Organisationsentwicklung, um die Konstruktion von Zukunftsperspektiven, an denen Führungskräfte, MitarbeiterInnen und gegebenenfalls auch die AdressatInnen (z.B. in geschlossenen Einrichtungen) beteiligt sind.

Selbstorganisation und Beteiligung setzen voraus, dass MitarbeiterInnen Organisationen als zielorientierte Gebilde mit komplexen Strukturen und Prozessen und im Kontext ihrer Umwelt erfassen können. Der systemische Zugang ermöglicht den Blick sowohl auf Beharrungstendenzen von Organisationen als auch auf deren Anpassungs- und Entwicklungspotentiale.

---

[97] Corporate Identity ist Ausdruck für das gezielte Bemühen eines Unternehmens, Angebot, Entscheidungen, Verhaltensweisen, Grundsätze, Kommunikation und Design unter ein einheitliches, abgestimmtes Konzept zu stellen (vgl. dazu Birkigt u.a. 1995; Kiessling/Spannagl 1996).

4. Netzwerkarbeit

Wenn Probleme, so die systemische Annahme, nicht primär im Individuum lokalisiert sind, sondern durch das Zusammenspiel mit der Umwelt entstehen, und wenn die Bewältigung deshalb notwendigerweise eine vernetzte sein muss, liegt es nahe, in Kategorien von Netzwerken beziehungsweise Unterstützungs-Netzwerken zu denken. Für alle genannten Aufgabenbereiche, die Arbeit mit AdressatInnen, die politische Arbeit und die Managementarbeit, ist Netzwerkarbeit von zentraler Bedeutung für den Entwicklungsprozess.

In Bezug auf die AdressatInnenebene gewinnt Netzwerkarbeit vor allem unter dem Blickwinkel von Exklusionsrisiken und -problematiken Bedeutung, weil über Netzwerkarbeit Inklusion in gesellschaftliche Teilsysteme und damit zusammenhängend Zugang zu Ressourcen erreicht werden soll. Nicht von ungefähr ist die Netzwerkarbeit seit den 80er Jahren zu einem zentralen Bestandteil sozialarbeiterischen Handelns in Theorie und Praxis geworden.

Die politische Arbeit lebt von der Netzwerkarbeit. Einfluss und Macht lässt sich über geeignete Netzwerke sichern, aus denen Solidarität, Informationen und Unterstützung bezogen wird.

Im Bereich Management sind Netzwerke im Rahmen der Kooperation sozialer Dienste von zentraler Bedeutung, um beispielsweise in einer Region oder einem Stadtteil Angebotsstrukturen zu sichern.

Netzwerkbegriff

Die Forschungslinien und -bereiche um den *Netzwerkbegriff* herum sind vielfältig und möglicherweise auch die Ursache dafür, dass der Begriff als solcher vage geblieben ist (Miller 1997). Der Begriff des Netzwerkes umschreibt ursprünglich ein soziales Beziehungsgeflecht zwischen Individuen oder auch Gruppen. Ziegler (1984, 435) definiert Netzwerk als soziale Einheit, in der

> „Ressourcen getauscht, Informationen übertragen, Einfluss und Autorität ausgeübt, Unterstützung mobilisiert, Koalitionen gebildet, Aktivitäten koordiniert, Vertrauen aufgebaut oder durch Gemeinsamkeit Sentiments gestiftet werden."

Die Netzwerkorientierung im Kontext Sozialer Arbeit korrespondiert eng mit sozialpsychologischen Ansätzen,[98] weil hier *Netzwerke als Unterstützungssysteme* in den Vordergrund rücken. Die Kooperation Sozialer Dienste, die Ent-

---

[98] Siehe u.a. Keupp/Röhrle 1987; Röhrle/Stark 1985.

wicklung von Nachbarschaftshilfe und Selbsthilfe wie überhaupt eine Netzwerkarbeit unter aktiver Beteiligung von AdressatInnen stehen im Mittelpunkt (s.u.a. Wendt 1988; Pankoke 1985).

Der angenommene Nutzen von Netzwerken lässt sich wie folgt umschreiben:

- Netzwerke gelten als „Kapital", als Ressource für private und berufliche Aufgabenbewältigungen;

- sie geben Rückhalt und schaffen Vertrauen in die eigene Person und ermöglichen neue Kreativitätspotentiale;

- sie bieten Gestaltungsfreiräume und Möglichkeiten zur Selbstorganisation und die Chance, die Zugehörigkeit zu jeweiligen Netzwerken frei zu wählen;

- Netzwerke passen in das Konzept „pluraler Lebenswelten" und „pluraler Organisationswelten" und schließlich

- dienen sie auch zur Entlastung des Sozialstaates, indem sich Solidargemeinschaften herausbilden, die sich gegenseitig unterstützen.

Umwelt als Ressourcenpool

Auffallend in der Rezeption von Netzwerk-Ansätzen ist, dass Umwelt ausschließlich als Ressourcenpool für AdressatInnen verstanden wird. Umwelt, das heißt Personen und soziale Systeme, wird danach ausgelotet, welchen Ressourcenbedarf von Unterstützungsbedürftigen sie erfüllen kann. Aus systemtheoretischer Sicht ist ein solcher Zugang geradezu naiv, wenn nicht gleichzeitig die System-Umwelt-Dimension in die Netzwerkarbeit miteingeblendet wird. So ist zu fragen, wie ein Ressourcenaustausch gelingen kann, so dass Geben und Nehmen aufeinander abgestimmt sind. Nicht nur in der Sozialen Arbeit, sondern in der gesamten ressourcenorientierten Netzwerkliteratur ist dieser Aspekt jahrelang vernachlässigt worden und gewinnt erst seit den letzten Jahren an Bedeutung (vgl. Laireiter 1993b; Miller 1997).

Belastende Netzwerk-Faktoren

Die belastenden, das heißt Stress verursachenden Faktoren von Netzwerken verweisen auf Faktoren, die Dysfunktionalität erzeugen.

Die vorliegenden Forschungsergebnisse erlauben erste Schlussfolgerungen und rekurrieren aus Beobachtungen und Erfahrungen wie auch aus einzelnen

Forschungsprojekten. Weitere wissenschaftliche Untersuchungen sind notwendig, um die Ergebnisse abzusichern und weiterzuentwickeln.

Die *Größe* eines Netzwerkes kann sich als belastend herausstellen, insbesondere dann, wenn es sehr klein ist und einer intensiven Pflege bedarf, damit es funktionsfähig ist. Kleine Netzwerke von bis zu drei Bezugspersonen gehen auch eher mit psycho-somatischen Belastungssymptomen einher (Laireiter/Lettner 1993). Große Netzerke wiederum absorbieren Zeit und Energie, damit bestimmte Vorhaben und Zielsetzungen realisiert werden können.

Familientherapeutische Beobachtungen geben Hinweise darauf, dass *Familiennetzwerke* dazu neigen können, die Beteiligten von der Umwelt abzuschotten und den Austausch zu marginalisieren. Folgen können sein: Abhängigkeiten, Konfliktpotenzierung in der Familie und gleichzeitige Konfliktvermeidungsstrategien aufgrund von Bedrohungsängsten, ein hoher Rollen- und Anpassungsdruck, der individuelle Entwicklungsmöglichkeiten beeinträchtigt (Minuchin u.a. 1981).

Konflikte erzeugen vor allem auch *emotionale, kognitive und ideologische Inkongruenzen* zwischen den Beteiligten im Netzwerk. Als belastend können sich darüber hinaus die *Interaktionsmuster* und *Strukturmerkmale* in den Systemen erweisen (z.B. ausbeuterische Beziehungsmuster, Überkontrolle, geringe Wertschätzung, Leistungsdruck).

Der Belastungsfaktor im Netzwerk ist keine Einbahnstraße und betrifft sowohl GeberIn als auch NehmerIn.[99] Auf Seiten der NehmerIn können Belastungen auftreten, weil die Unterstützung nicht adäquat erscheint, weil Erwartungen enttäuscht werden, weil die Unterstützung sich als exzessiv darstellt, die Beziehung zur unterstützenden Person in sich problematisch ist oder wenn die Unterstützung sich als ineffektiv erweist. Es können Selbstwertproblematiken, Versagens- und Unterlegenheitsgefühle auftreten.

Begriffe, die mit *Beziehungsbelastung* einhergehen, sind *Mangel an Reziprozität*, das heißt *Geben und Nehmen* sind nicht ausbalanciert und erzeugen Einseitigkeiten und Abhängigkeiten, des weiteren Begriffe wie *Kontrolle, Ablehnung, Abwertung* und *Angst*. Die Gefahr negativer Belastungen durch Unterstützung ist meist dann am höchsten, wenn dringend Unterstützungsbedarf vorhanden ist (Laireiter/ Lettner 1993, 109).

Belastungen auf der UnterstützerInnen-Seite können auftreten, wenn das Geben nicht belohnt wird, beispielsweise durch Anerkennung und Dankbarkeit, wenn Bemühen und Kooperation nicht folgen wollen.

Netzwerkarbeit zeigt sich auch dann problematisch, wenn sie übersieht, dass

---

[99] GeberIn und NehmerIn können Einzelpersonen oder soziale Systeme sein: Paare, Familien, Gruppen, eine Abteilung etc.

es wohl vorrangig die Frauen sind, die im Alltagsbereich Netzwerke knüpfen, scheinen sie doch prädestiniert für Kommunikations- und Beziehungsarbeit. Frauen pflegen und unterstützen Angehörige, halten bis zur Selbstaufgabe Familien zusammen, engagieren sich im Ehrenamt. So sind Netzwerk-Forschung, Sozialstaatskonzepte und praktisches Handeln daraufhin zu prüfen, ob hier die *geschlechtsspezifische Arbeitsteilung* durch die Hintertür wieder eingeführt wird (Miller 1997, 40).

Netzwerkarbeit ist eine zentrale Arbeitsweise Sozialer Arbeit,[100] um Ressourcen zu pflegen, zu erweitern und zu mobilisieren. Sie kann aber auch zu einem belastenden Faktor für die Beteiligten werden. Deshalb ist es wichtig, die Reaktionen der Beteiligten wahrzunehmen und die spezifischen Umstände und emotionalen Verarbeitungen von Netzwerk-Unterstützung zu thematisieren.

Netzwerkarbeit orientiert sich an folgenden *Leitfragen*:

- Welche Personen und Systeme können welche Ressourcen bereitstellen?
- Was wird im Gegenzug erwartet?
- Können die Erwartungen von den Ressourcen-EmpfängerInnen erfüllt werden?
- Wie kann überhaupt ein Ausgleich zwischen Geben und Nehmen geschaffen werden?
- Entstehen besondere Formen der Abhängigkeit oder belastende Gefühle zwischen den Beteiligten?
- Ist die Größe des Netzwerkes funktional?
- Ist der Aufbau und die Pflege des Netzwerkes verteilt oder gibt es rollenspezifische Fixierungen?

Nicht nur AdressatInnen brauchen Netzwerke, sondern auch diejenigen, die professionelle Unterstützung anbieten. Auch sie brauchen NetzwerkpartnerInnen, um ihren Ressourcenbedarf (Geld, Sachmittel, Know-how etc.) zu decken. Auch hier geht es um die gleichen Überlegungen, und es geht nicht nur darum, Ressourcen von außen zu holen, sondern auch selbst RessourcengeberIn zu sein und Netzwerke funktionsfähig zu gestalten.

---

[100] Zur Theorie und Praxis von Netzwerkarbeit in der Sozialen Arbeit siehe auch Bullinger/Nowak 1998 und Miller 2001.

5. Zusammenfassung

In diesem Kapitel wurden grundlegende Überlegungen in Bezug auf die Arbeit mit AdressatInnen, die politische Arbeit, die Managementarbeit und die Netzwerkarbeit gegeben. Die Handlungen von SozialarbeiterInnen sind u.a. auf das Unterstützungssystem bezogen, das als System konfiguriert werden muss. Zweck, Ziele, Vorgehensweisen, Regelungen und Vereinbarungen wie auch Rollen und Rollenerwartungen sind offen zulegen und unter den Beteiligten auszuhandeln. Dies ist die Basis für einen gemeinsamen Kontrakt.

Im Unterstützungssystem kommen routinierte Kommunikations- und Interaktionsmuster der Beteiligten zum Tragen, es werden aber auch neue Muster vereinbart und auf deren Einhaltung geachtet.

Beide, SozialarbeiterIn und AdressatIn, sind KonstrukteurInnen von Problemdefinitionen, die wiederum Grundlagen für Hypothesen sind. Hypothesen sind Teil eines Suchprozesses mit Blick auf die Problembewältigung und müssen immer wieder auf ihre Tauglichkeit hin überprüft werden.

In der Arbeit mit AdressatInnen ist es wichtig, dass SozialarbeiterInnen eine tragfähige Kommunikation aufbauen, dass sie Transparenz schaffen und dass sie ihre Grenzen wahren, was durch Identitätsdarstellung und Rollenabgrenzung erfolgt.

Der Begriff der „reflexiven Parteilichkeit" ermöglicht eine professionelle Haltung, sich parteilich besonders für Benachteiligte im System einzusetzen, ohne die Belange des Gesamtsystems aus dem Blick zu verlieren.

Zentrale Aspekte des Unterstützungsprozesses sind Komplexitätsaufbau in der Problemanalyse und Komplexitätsreduktion auf der Handlungsebene. Es gilt den Ressourcenbedarf festzustellen, vorhandene Ressourcen zu erkennen, konstruktive und destruktive Muster herauszuarbeiten und das Symptom in seiner Funktion zu verstehen.

Die Typologie differenziert die AdressatInnen und professionellen UnterstützerInnen in Problemzuträger, mittelbar und unmittelbar Betroffene, ProblemProduzentInnen und RessourcengeberInnen. In der Praxis sind Mischrollen zu beobachten. Auch der/die SozialarbeiterIn kann ProblemproduzentIn sein.

Die Arbeitsweisen Sozialer Arbeit (die Arbeit mit Einzelnen, Familien und Gruppen, Gemeinwesenarbeit, Öffentlichkeitsarbeit und Netzwerkarbeit) erfolgen methodenintegrativ, und zwar auf der Ebene der AdressatInnen, auf der politischen Ebene und auf der Management- und Organisationsebene.

Die politische Soziale Arbeit bezieht sich auf StellvertreterInnenfunktion und Lobbyarbeit für die AdressatInnen sowie auf Initialfunktion, damit sie ihre Interessen selbst aktiv vertreten können. Darüber hinaus ist sie auf den Träger,

Verband, das Unternehmen, das Projekt selbst gerichtet, um Ressourcen zu sichern. Schließlich erfolgt politische Soziale Arbeit auf der Berufsverbandsebene.

Arbeitsweisen auf der Organisationsebene umfassen Management, das heißt Führen, Planen, Entscheiden, Durchführen und Kontrollieren und die Weiterentwicklung der Organisation und ihrer Subeinheiten. Struktur, Kultur und Effektivität der Organisation bestimmen wiederum die Qualität des Dienstleistungsangebots.

Netzwerkarbeit hat neben den entlastenden Effekten auch die belastenden zu prüfen. Insgesamt ist eine Balance zwischen Geben und Nehmen der RessourcengeberInnen und -nehmerinnen anzustreben.

Fünfter Teil
Evaluationswissen

1. Systemische Evaluation

Evaluationswissen bezieht sich auf den Anspruch und auf Verfahrensweisen, Handeln in der Praxis zu bewerten. Damit einher geht das Interpretieren von Prozessen der Zielerreichung und des Erfolgs sowie der Bedingungen der Interaktion und Kommunikation. Nicht ausschließlich das Gewesene, das Geschehene ist Gegenstand der Reflexion, sondern auch das Zukünftige, also das, was folgen könnte, wird miteinbezogen.

Evaluation erforscht die Wirkung professionellen Handelns hinsichtlich Input und Output. Die *Inputebene* umfasst diejenigen Aktivitäten, die eingesetzt wurden, um einen Unterstützungsprozess zu initiieren und zu begleiten (Methoden und Techniken, Haltung der/des Professionellen, zeitliche, materielle und immaterielle Ressourcen); die *Outputebene* umfasst das Resultat des Hilfeprozesses, ob die gesteckten Ziele erreicht, das Problem gelöst, gemindert oder gar verstärkt wurde und ob die AdressatInnen zufrieden sind.

Das Bewerten und Auswerten von Handlungen und Verfahrensweisen vollzieht sich in der Sozialarbeitspraxis auf den verschiedenen Ebenen:

- auf der personalen Ebene der Professionellen,
- auf der Ebene des Unterstützungsprozesses und seines Ergebnisses,
- auf der Ebene der politischen Sozialen Arbeit sowie
- auf der Organisationsebene.

Evaluation erfolgt als *Selbstevaluation* und als *Fremdevaluation*. Praxisforschung[101] gehört in die Kategorie Fremdevaluation, wenn sie Wirkungskontrollen von Konzepten, Projekten und methodischen Vorgehensweisen vornimmt. Diese Wirkungskontrollen erfolgen häufig auch unter dem Stichwort „Begleitforschung", die federführend von ExpertInnen (z.B. aus dem Hoch-

---

[101] Vgl. hierzu Heiner 1988b.

schulbereich) durchgeführt werden. Das Ergebnis der Evaluation ist sowohl für die Praxis als auch für die Wissenschaft von Interesse. Darüber hinaus gibt es gesellschaftliche Evaluations-Interessen, beispielsweise seitens der Kostenträger. Hier müssen in der Sozialarbeitspraxis vor allem fachliche Kompetenz und die Verwendung der Mittel dargelegt werden.

Von besonderem Interesse in Bezug auf professionelles Alltagshandeln ist die *Selbstevaluation*. Fachkräfte dokumentieren und bewerten ihr Handeln nach geeigneten Kriterien.

Die Evaluationsperspektive umfasst nicht nur die der professionell Handelnden, sondern auch die der AdressatInnen. Ziel der Evaluation ist es, Stärken und Schwächen professionellen Handelns und die damit einhergehenden Rahmenbedingungen nicht nur herauszufinden, sondern die Ergebnisse als Basis und Motor für innovative Handlungen und Veränderungsprozesse zu sehen.

Vor allem Maja Heiner und andere AutorInnen (1994; 1988a) haben sich in den letzten Jahren intensiv mit dem Thema Evaluation beschäftigt und Grundlegendes für die Soziale Arbeit entwickelt.

Im Folgenden werden nicht detaillierte Vorgehensweisen der Evaluation oder Evaluationsbögen[102] dargestellt, sondern einige grundlegende Ausführungen zur systemischen Evaluation wiedergegeben. Es werden Kategorien und Fragen entwickelt, die dazu anregen sollen, feldspezifische Adaptionen und Weiterentwicklungen vorzunehmen.

Evaluation gehört zu den selbstreferentiellen Leistungen professioneller Sozialer Arbeit. Personen und Systeme beobachten und reflektieren ihre Handlungen zum Zwecke der eigenen Stabilität und Optimierung. Aus dieser Perspektive und mit Blick auf das Autopoiesis- und Konstruktivismus-Konzept ist es zunächst einmal unmöglich, dass diejenigen, die am Reflexions- und damit Deutungsprozess beteiligt sind, zu identischen Ergebnissen kommen. Die Ergebnisse sind an die jeweiligen Verarbeitungslogiken der Systeme gebunden. So macht beispielsweise die Praxis der Fallbesprechung deutlich, welch unterschiedliche Sichtweisen zu ein und demselben Fall formuliert werden. Es geht hier nicht um richtig und falsch, sondern um begründete Sichtweisen im Sinne von Konstruktionen. Es geht um Deutungsvielfalt und Komplexitätsaufbau. Erst über die Fülle von Konstruktionen ergeben sich plausible und begründete Deutungszusammenhänge und Handlungswahlen. Aus systemischer Sicht ist Evaluation *dialogisch* angelegt. Es bedarf der Leitfragen, damit die Beteiligten in einen Dialog treten können. Aus dem Dialog, das ist die

---

[102] Ideen und Hilfestellung für Evaluationsbögen geben Pfeifer-Schaupp 1995 und Heiner 1994b.

Annahme in Bezug auf Evalulation, entspringt die Chance konstrutiver Entwicklungsprozesse.

Evaluationen begleiten den ganzen Unterstützungsprozess, ebenso die politische Arbeit und die Arbeit im Bereich Management und Organisationsentwicklung. Sie stellen sich als systematische, kommunikative Suchbewegungen der Beteiligten dar, um Handlungen und Ergebnisse zu bewerten. Evaluationen sollen in festen Zeitabständen erfolgen, zum Beispiel monatlich, alle drei Monate oder ähnlich, und sollen gleichzeitig situationsspezifisch ad hoc erfolgen. Selbstevaluation ist ein permanentes Reflektieren.

2. Evaluation auf der Ebene der Unterstützungsprozesses

Mit Evaluation unerfahrene SozialarbeiterInnen messen die Wirkung, den Erfolg ihres Tuns häufig am Output, das heißt lediglich an der Zielerreichung. Ein solches Verständnis ist unprofessionell, da das, was den Erfolg ausmacht, viel differenzierter anzulegen ist.

Erfolgreiche Sozialarbeit resultiert aus dem Zusammenspiel zwischen Professionellen und AdressatInnen. Damit sind zwei Richtungen der Evaluation angegeben. Zum einen bestimmt das Sozialarbeitssystem und der/die SozialarbeiterIn die Erfolgskriterien, zum anderen haben die AdressatInnen des Unterstützungsprozesses ihre eigenen Erfolgskriterien hinsichtlich der Zielerreichung, der damit verbundenen Schritte und der neuen Lebensqualität. Dies erklärt sich aus dem Autopoiesis-Konzept.

Im Folgenden sind *Evaluations-Kategorien* nebst den zugehörigen Fragen benannt, die anregen sollen, feldspezifische Selbstevaluationen vorzunehmen und entsprechende Evaluationsbögen zu entwickeln. Die Kategorien resultieren aus dem bisher in dieser Arbeit Entwickelten und umfassen Ziele, Professionalität (im Sinne von fachlichem Handeln in der Praxis), Ressourcen, Beziehungen, Person der Sozialarbeiterin/des Sozialarbeiters, Folgen und Nebeneffekte.

Ziele: Erfolg auf der Zielerreichungsebene ist dann gegeben, wenn der Unterstützungsprozess angestrebte Veränderungen bei den AdressatInnen und deren Umwelt einzuleiten vermochte, die von einer relativen Zeitstabilität sind.[103]

---

[103] Vgl. hierzu auch Steiner 1991, 253.

Fragen dazu lauten:

- Waren die Ziele den Beteiligten klar?
- Waren meine Ziele auch die der AdressatInnen?
- Wie erfolgte der Zielfindungsprozess?
- Konnten Ziele während des Prozesses verändert werden?
- Wurden die gesteckten Ziele (Teilziele, kurz-, mittel-, längerfristige Ziele) ganz oder zumindest teilweise erreicht?

Professionalität: Professionalität bezieht sich auf Fragen der Fachlichkeit und Qualität, damit einher gehen Fragen von Konzepten und Programmen wie auch die Aspekte Effektivität (Wirkung) und Effizienz (Aufwand der Mittel) und des Einbezugs von Experten und sozialen Diensten.

Fragen dazu lauten:

- Kamen wissenschaftliches Erklärungswissen und berufliches Erfahrungswissen zum Tragen?
- Waren die Konzepte und Programme geeignet?
- Erfolgte ein qualifizierter Einsatz von Arbeitsweisen, Methoden und Werkzeugen in Bezug auf kontaktieren, unterstützen, planen, moderieren, verhandeln, darstellen, begleiten, intervenieren, dokumentieren, evaluieren?
- Gab es Standards für Qualität?
- Waren Aufwand und Nutzen verhältnismäßig?
- Auf welchen Systemebenen wurde vorrangig gearbeitet und waren diese Ebenen adäquat?

Ressourcen: Der Unterstützungsprozess erfolgt ressourcenorientiert. Nicht nur die Unterstützungsbedürftigen brauchen Ressourcen, sondern auch die Professionellen, um unterstützen zu können.

Fragen dazu lauten:

- Welche Ressourcen wurden für wen aktiviert, gepflegt, mobilisiert?
- Wurden Eigenkräfte der Systeme und ihrer Mitglieder genutzt?

- Wer profitierte davon, wer hatte das Nachsehen (Stabilisierung / Destabilisierung)?
- Erfolgte Geben und Nehmen in einem für die Beteiligten akzeptablen Verhältnis?
- Wie hat sich die Ressourcenbasis im Unterstützungssystem während des Unterstützungsprozesses insgesamt verändert?
- Auf welchen Ebenen (Mikro-, Meso-, Exo-, Makroebene; emotional, kognitiv, instrumentell) wurde schwerpunktmäßig gearbeitet, welche wurden warum eher vernachlässigt und wie ist dies zu bewerten?
- Wurde fachliche Unterstützung von außen geholt wo es notwendig war? (ExpertInnen, VermittlerInnen, ÜbersetzerInnen, Supervision, Fallbesprechungen im Team)
- Gab es Kooperationen mit anderen Personen, Gruppen, sozialen Diensten?
- Erfolgte fachliche Weiterentwicklung (Fort- und Weiterbildungen, Selbstlernen)?

Beziehungen: Bedeutsam auf der Beziehungsebene sind Interaktion und Kommunikation zwischen den AdressatInnen und deren jeweiliger Umwelt, zwischen AdressatInnen und SozialarbeiterInnen sowie zwischen Unterstützungssystem und Umwelt.

Fragen dazu lauten:

- Gab es einen Kontrakt zwischen den Beteiligten?
- Hat sich der Kontrakt im Laufe der Zeit verändert?
- Wurde der Kontrakt eingehalten?
- Waren Offenheit, Kontinuität, Vertrauen, Verlässlichkeit, Feedback und Flexibilität gegeben?
- Welche Interaktions-, Kommunikations- und Handlungsmuster setzten sich durch? Waren sie den AdressatInnen und der Situation angemessen?
- Wie beeinflussten Umweltbedingungen den Unterstützungsprozess; wer/ was war hinderlich, förderlich?
- Wurde die Autonomie von Systemen respektiert?
- Konnte Macht ausbalanciert werden?

- Wie kamen AdressatInnen mit veränderten Einstellungen und Handlungsweisen innerhalb des Unterstützungssystems und mit ihrer Umwelt zurecht?
- Wie kam die Umwelt damit zurecht?

Person der Sozialarbeiterin, des Sozialarbeiters: Professionelle bedürfen der Fähigkeit, Distanz zu sich selbst einzunehmen, um sich kritisch in ihrem Tun betrachten zu können.

Fragen dazu lauten:

- War ich offen, transparent in meinem Tun, tolerant, geduldig, vertrauenswürdig, glaubwürdig?
- Vermochte ich mich abzugrenzen, zeigte ich Ambiguitätstoleranz, Frustrationstoleranz und Konfliktfähigkeit?
- War ich manipulierbar (z.B. durch Lob, Schmeichelei, die Botschaft gebraucht zu werden)?
- Konnte ich mit Kontingenz umgehen?
- Wie beeinflussten eigene Denkweisen und Konstruktionen, Werte und Weltbilder den Unterstützungsprozess, ebenso meine besondere Stellung, mein Geschlecht, mein Status? Wie ist das zu bewerten?
- Konnte ich meine Prozessmacht konstruktiv nutzen und ausbalancieren?
- Was habe ich im Kontext des Unterstützungsprozesses gelernt?
- Was möchte ich entwickeln?

Folgen/Nebeneffekte: Die Vorwegnahme von Folgewirkungen sozialarbeiterischen Handelns und von Hilfeplänen kollidiert mit dem Problem der Kontingenz. Vorhersagbarkeit ist unmöglich! Trotzdem müssen Prognosen gestellt werden, die aus Erfahrungswerten und begründeten Annahmen resultieren, beispielsweise wie sich angestrebte Veränderungen oder Interventionen auswirken könnten. Dazu sind Szenarien zu entwickeln, ohne die Gewähr zu haben, dass diese in der gedachten Form auch genauso eintreten.

Fragen dazu lauten:

- Welche Folgen und Nebeneffekte wurden bedacht, welche nicht?
- Welche traten ein?

- Was wurde nicht adäquat eingeschätzt und was ist daraus zu folgern?

3. Evaluation auf der politischen Ebene Sozialer Arbeit

In der politischen Sozialen Arbeit werden Belange von AdressatInnen vertreten, ebenso sozialarbeiterische Belange innerhalb der Organisation oder des Berufsverbandes. Die dafür infrage kommenden Interaktionsorte sind beispielsweise Gremien, Ausschüsse, Arbeitsgemeinschaften und Arbeitsgruppen.

Fragen zu dieser Evaluationsebene lauten wie folgt:

Ziele:
- Waren die Ziele klar formuliert?
- Wer hat sie formuliert beziehungsweise wer war an der Zielformulierung beteiligt?
- Wurden die Ziele akzeptiert?
- Gab es Zielkonflikte (allgemeine Ziele, spezifische Ziele)?
- Wurden die Ziele neuen Entwicklungen während des Prozesses angepasst?
- Wurden die gesteckten Ziele ganz oder zumindest teilweise erreicht?

Professionalität:
- Ist/war das System (Arbeitskreis, Ausschuss etc.) professionell strukturiert und organisiert (Ziele, Kontrakt, Struktur und Aufgabenverteilung, Vorgehensweisen, Werte und Normen, Kontrolle)?
- Erfolgten die Handlungsweisen politisch professionell (rhetorisch, argumentativ, öffentlichkeitswirksam, zielgruppengerecht)?
- Wurden die Ergebnisse dokumentiert?
- Waren Konzepte und Programme geeignet?

Ressourcen:
- Welche Ressourcen konnten erwirkt werden?

- Welche wurden von wem eingebracht?
- Waren Aufwand und Nutzen verhältnismäßig?
- Wurden die Ressourcen verantwortlich genutzt?
- Auf welchen Systemebenen wurden vorrangig Ressourcen mobilisiert?
- Wurde Rat von ExpertInnen eingeholt, wenn es notwendig war?
- Wurden Schnittstellen zu anderen Organisationen und Gruppen eingerichtet?

Beziehungen:
- Welche Kommunikations-, Entscheidungs-, Hierarchiestrukturen- sind/waren gegeben?
- Wie wurde damit umgegangen?
- Wurden Kontrakte eingehalten?
- Welche Interaktions-, Kommunikations- und Handlungs-Muster waren gegeben? Wie verliefen Aushandlungsprozesse?
- Waren Offenheit, Kontinuität, Vertrauen, Verlässlichkeit, Feedback und Flexibilität gegeben?
- Wurden die Autonomie der Beteiligten und ihre unterschiedlichen Interessenlagen respektiert?
- Konnten spezifische Interessen in allgemeine Interessen überführt werden?
- Wie beeinflussten Umweltbedingungen die gemeinsame Arbeit?

Person der Sozialarbeiterin, des Sozialarbeiters:
- War ich zielgerichtet, klar und transparent in meinem Tun, tolerant, geduldig, vertrauenswürdig, glaubwürdig, kompromissbereit und koalitionsfähig, argumentations- und durchsetzungsfähig?
- Habe ich meine Aufgaben und meine Rolle übernommen?
- Respektierte ich die Autonomie und spezifische Rolle und Funktion der MitstreiterInnen? Vermochte ich mich abzugrenzen, zeigte ich Frustrationstoleranz und Konfliktfähigkeit?

- Wie haben eigene Denkweisen und Konstruktionen, Werte, Weltbilder und Handlungsweisen den politischen Prozess beeinflusst, ebenso meine besondere Stellung, mein Geschlecht, mein Status?
- Was habe ich im Kontext der politischen Arbeit gelernt?
- Was möchte ich entwickeln?

Folgen und Nebeneffekte:
- Gab es Folgewirkungen aufgrund von Programmen oder Handlungsweisen?
- Wurden diese im vorhinein bedacht, welche wurden nicht bedacht?
- Welche Folgen traten ein und wie wurde darauf reagiert?

4. Evaluation auf der Organisationsebene

Das Anbietersystem beeinflusst den Unterstützungsprozess positiv oder negativ. Ebenso beeinflusst es die Subeinheiten der Organisation, beispielsweise Abteilungen, Sachgebiete, Teams.

Evaluation auf der Organisationsebene fragt nach
- Effektivität der Organisationsstruktur
- Unternehmenskultur und Leitbild
- Information, Kommunikation und Handeln
- Qualitätsprofil der MitarbeiterInnen
- Qualität des Angebots (Konzepte, Programme und deren Umsetzung)
- Klima
- Ressourcen (Kollegiale Unterstützung, Supervision, Personal- und Sachmittel, Vernetzung)
- Effizienz

- Controlling[104]

Diese Fragen beziehen sich sowohl auf das Gesamtsystem als auch auf die Subsysteme.

Insbesondere sind konstruktive, aber auch pathologische Muster ausfindig zu machen, die möglicherweise auf die direkte Arbeit mit AdressatInnen und deren Systemumwelt wirken. Zu nennen sind hierarchische Kommunikationsmuster oder normative Vorgaben (beispielsweise in Bereichen der Familienarbeit und Schwangerschaftsberatung), Entscheidungsmuster, Führungsmuster, Konfliktlösungsmuster, Kooperationsmuster, Muster in Bezug auf Freund-/Feindbilder, Muster in der Typisierung von Berufsgruppen (z.B. *„Sozialarbeiter sehen überall Probleme"*), Wertmuster (z.B. *„Wenn du leistest, bist du anerkannt"*).

SozialarbeiterInnen sind nicht nur BeobachterInnen solcher Organisationsmuster, sondern sie produzieren sie gleichzeitig mit. Selbst-Evaluation hat nicht nur danach zu fragen, welche Muster vorhanden sind, sondern auch danach, wie es gelingen kann, dass spezifische Muster auf den verschiedenen Ebenen immer wieder reproduziert werden und was die eigenen Anteile daran sind.

Weil sie BeobachterInnen und gleichzeitig (Mit-)ProduzentInnen von Mustern sind, liegt die Frage nahe, ob die Betreffenden durch diese Doppelrolle überhaupt realitätsnahe Konstruktionen der Art und Weise von Mustern in den jeweiligen System vornehmen können. Der Austausch von Konstruktionen zwischen Systemmitgliedern wie auch die Metaperspektive von außen, zum Beispiel durch SupervisorInnen, erscheint vor diesem Hintergrund sinnvoll.

Die Praxis zeigt, dass es häufig sehr schwer ist, destruktive Muster in konstruktive umzuwandeln. Selbst nach jahrelanger Begleitung durch ExpertInnen von außen (Organisationsberatung) ist der Erfolg nicht zwingend. Trotzdem ist es für die SozialarbeiterInnen wichtig, die Muster in der Organisation zu reflektieren, um die Chance zu haben, auf der direkten Handlungsebene, die SozialarbeterInnen ja bewusst gestalten können, diese Muster abzuschwächen oder gar nicht zum Tragen kommen zu lassen. Bewusstsein darüber ist sozusagen die Voraussetzung, um untaugliche Muster zumindest im eigenen Wirkungsbereich zu durchbrechen.

---

[104] Controlling ist ein umfassendes Steuerungs- und Informationssystem und nicht mit Kontrolle zu verwechseln. Operatives Controlling umfasst die Analyse und Verbesserung der Arbeit eines Unternehmens auf der Grundlage bestehender Planungen, Strukturen und Arbeitsweisen. Strategisches Controlling umfasst die Unternehmensentwicklung und die Zukunftsplanung im Hinblick auf gewünschte Ziele. Siehe dazu auch Kübler 1994.

Zu den einzelnen Evaluationskategorien lassen sich folgende Fragen entwickeln:

Ziele:

- Sind die Unternehmens-/Einrichtungsziele allen Systemmitgliedern bekannt?
- Sind allgemeine und bereichsspezifische Ziele aufeinander abgestimmt?
- Wer stellt Ziele auf?
- Wurden die gesteckten Ziele erreicht?

Professionalität:

- Hat das System eine auf die soziale Dienstleistung hin adäquate Struktur und personelle Besetzung?
- Hat es adäquate Programme und Konzepte?
- Erfolgt eine adäquate Aufgabenverteilung?
- Sind Arbeitsabläufe klar, kurz, effektiv?
- Gibt es ein Leitbild und damit ein klares Profil nach innen und außen?
- Wird dieses Leitbild nach innen und außen umgesetzt?
- Ist das System auf Qualität, Qualifizierung und Entwicklung ausgerichtet?
- Gibt es geeignete Planungs-, Durchführungs-, Dokumentations- und Evaluationsmethoden und -techniken sowie zielgerichtetes Controlling?
- Ist das System auf Umwelt hin ausgerichtet?
- Wird auf Anforderungen der Umwelt innovativ und flexibel reagiert?

Ressourcen:

- Sind grundlegende Ressourcen gesichert (Geld, Personal, Räumlichkeiten, Wissen)?
- Nutzt das System vorhandene Ressourcen nach innen und außen?
- Werden neue Resscourcenquellen erschlossen (Sozialmarketing, Sponsoring, Fundraising)?

- Für wen ist das System Ressourcenquelle?
- Werden Ressourcen effektiv und effizient genutzt?
- Holt das System Unterstützung von außen (Organisationsberatung, Supervision, andere soziale Einrichtungen)?

Beziehungen:

- Gibt es eine effektive Kooperation der Subsysteme innerhalb der Organisation?
- Welche unterstützenden und belastenden Beziehungen zur Umwelt innerhalb und außerhalb des Systems sind gegeben?
- Wie ist das Betriebsklima, wie ist das Klima in den Subsystemen?
- Ist Transparenz, Verlässlichkeit, Orientierung, Information, Kommunikation gegeben?
- Welche Muster setzen sich durch?
- Wie ist das Verhältnis Führende-Geführte?
- Hat das System Netzwerke nach innen und außen aufgebaut?
- Werden diese Netzwerke gepflegt?
- Erfolgt ein adäquates Geben und Nehmen?
- Wie beeinflusst die Umwelt das System und wie wird darauf reagiert?

Person der Sozialarbeiterin, des Sozialarbeiters:

- Welche Rolle, welche Stellung habe ich im System?
- Was tue ich für die Weiterentwicklung des Systems?
- Welche Ressourcen bekomme ich und stelle ich zur Verfügung?
- Mache ich transparent, was ich will und was ich tue?
- Kann ich führen, kooperieren, delegieren, informieren, kommunizieren, motivieren, planen, organisieren?
- Bin ich konfliktfähig?
- Kann ich mich abgrenzen?

- Decken sich meine Werte, mein Menschen- und Weltbild mit dem Leitbild der Organisation?

Folgen/Nebeneffekte:

- Gab es Folgewirkungen aufgrund von Programmen, Umstrukturierungen, Innovationen und spezifischen Handlungsweisen?
- Wurden diese im vorhinein bedacht, welche wurden nicht bedacht?
- Welche traten ein?
- Wie wurde darauf reagiert und welche Konsequenzen wurden gezogen?

5. Zusammenfassung

Evaluation gehört zu den selbstreferentiellen Leistungen von Sozialarbeitssystemen und deren professionellen Mitgliedern. Sie zielt darauf ab, Handeln in der Praxis zu bewerten, und zwar auf folgenden Ebenen:

- auf der personalen Ebene der Professionellen,
- auf der Ebene des Unterstützungsprozesses,
- auf der Ebene der politischen Sozialen Arbeit und schließlich
- auf der Organisationsebene.

Evaluation erfolgt als Fremd- und Selbstevaluation, wobei letztere von besonderem Interesse ist, da hier Fachkräfte ihre Arbeit nach spezifischen Kriterien bewerten. Diese Kriterien sind: Ziele, Professionalität, Ressourcen, Beziehungen, Person der Sozialarbeiterin/des Sozialarbeiters, Folgen/Nebeneffekte.

Zusammenfassung und abschließende Diskussion

Für die Konzeptualisierung einer systemtheoretisch fundierten Handlungstheorie Sozialer Arbeit wurde ein interdisziplinär anerkanntes Paradigma zugrundegelegt. Systemtheorien sind Universaltheorien; diese bereichsspezifisch nutzbar zu machen zählt zur systemtheoretischen Grundidee (Bertalanffy). Wenn also eine Systemtheorie Luhmannscher Provenienz für die Soziale Arbeit nutzbar gemacht wird, dann liegt dieses Ansinnen durchaus in der Logik der Theorie selbst. Komplexität, so Luhmann, wird systemspezifisch (hier: sozialarbeitsspezifisch) verarbeitet. Das abstrakte Theoriegebäude wurde mit der Handlungsebene verknüpft. Nicht der Theorie sollte in allen Facetten Rechnung getragen werden, sondern sie sollte Basis für darauf aufbauende sozialarbeitstheoretische Konstruktionen sein.

Der sozialarbeiterischen Handlungstheorie wurden vier Wissens-Ebenen zugrunde gelegt: *Erklärungswissen, Wertewissen, Verfahrenswissen und Evaluationswissen.*

Diese Ebenen sind grundsätzlich nicht neu. Professionelles Handeln wird seit jeher mit den Begriffen Erklären, Bewerten, Handeln, Reflektieren in Verbindung gebracht. Auch Silvia Staub-Bernasconi gebraucht in ihrer Dimensionierung einer Sozialarbeitstheorie ähnliche begriffliche Kategorisierungen.

Neu ist, dass die herangezogenen Wissensebenen zum einen aus dem Handlungsbegriff hergeleitet und zum anderen konsequent anhand systemtheoretischer Vorgaben gefüllt werden. Die Reichweite der Systemtheorie hinsichtlich der vier Wissensebenen ist unterschiedlich. Keinesfalls macht sie allumfassende Aussagen. Es werden Schnittstellen aufgezeigt, wo Anschlussmöglichkeiten zu anderen Theorieschulen und Einzelwissenschaften gegeben sind und wo deren Einbezug notwendig ist. Alle Wissensebenen werden von einem systemtheoretischen Blickwinkel aus betrachtet, der sich insbesondere durch die Begriffe Komplexität, Kontingenz, Kommunikation, Struktur, Prozess, Sinn, Funktion, Konstruktion, Autopoiesis, Selbstreferentialität und Selbstorganisation kennzeichnet. Damit wird in Bezug auf die theoretische und praktische Verortung Sozialer Arbeit der Fokus für Wahrnehmen, Erklären, Verstehen, Bewerten, Handeln und Reflektieren angezeigt.

Die Konzeptualisierung einer Handlungstheorie Sozialer Arbeit ist nicht mit einer Einzeltheoriebildung vergleichbar. Die stringente theoretische Argumentation gelingt nicht durchgehend, da die Erklärungs-, Wert- und Handlungsebenen aufeinander zu beziehen sind. Jedoch ist Theoriebildung auch in den Einzelwissenschaften in gewisser Weise Patchwork-Arbeit. Ein Beispiel ist wiederum Luhmann, der autopoietische und konstruktivistische Konzepte in seine Theorie integrierte.

Die Begriffe systemtheoretisch und systemisch werden in ihrem Bedeutungshorizont voneinander abgegrenzt: *Systemtheoretisch* umfasst das Erklären von Systemen, deren Eigenschaften, Verhaltensweisen und Mechanismen im Kontext der System-Umwelt-Differenz. Systemtheoretisches Wissen stellt sozusagen ein Modellwissen dar, um Wirklichkeit zu beschreiben. Dagegen bezieht sich der Begriff des *Systemischen* auf das Handeln.

Die Schnittstelle zwischen beiden Begriffen begründet folgende Annahme:

1. Systeme sind empirisch vorhanden (Luhmann);
2. Systeme zeigen gewisse Verhaltensweisen und Mechanismen;
3. Systemmodelle eignen sich als Instrument, soziale Wirklichkeit im Sinne der System-Umwelt-Differenz zu erfassen und zu gestalten.

Von einer *systemischen Sozialen Arbeit* ist dann zu sprechen, wenn Erklärungs-, Werte-, Verfahrens- und Evaluationswissen systemtheoretisch fundiert und auf Praxis bezogen sind, und wenn diese systemtheoretische Fundierung mit weiteren Wissenselementen aus anschlussfähigen Teiltheorien ergänzt wird. Das Wissen über Eigenschaften und Funktionsweisen von Systemen ermöglicht im konkreten sozialarbeiterischen Unterstützungsprozess Probleme und Handlungen von Systemen, Systemmitgliedern und deren relevanter Umwelt zu deuten, Hypothesen zu bilden, Handlungsschritte zu überlegen. Eine systemtheoretisch fundierte Handlungstheorie Sozialer Arbeit dient als Begründungs- und Reflexionsbasis, um professionelles Handeln zu ermöglichen.

Wenn zu Beginn der Arbeit die Frage gestellt wurde, ob Menschen vorwiegend durch ihre soziale Umwelt bestimmt werden oder ob sie sich relativ frei davon entwickeln können, so erhalten wir Antwort durch das Konzept des Konstruktivismus. Sie lautet: Menschen konstruieren Wirklichkeit und gestalten konstruierend Wirklichkeit und damit auch soziale Systeme. Sie gestalten Systeme, füllen sie mit Kommunikation und Prozessabläufen, die gleichzeitig wieder auf sie zurückwirken, mit einer Dynamik, die weder gänzlich geplant oder vorhersehbar noch steuerbar ist. Menschen agieren im Kontext von Systemen und werden von ihnen beeinflusst, können sich aber von Systemen distanzieren und vor allem, sie nehmen Systemwirklichkeit nach eigenen, das heißt individuellen Bearbeitungsmodi wahr. Fremd- und nen, das heißt individuellen Bearbeitungsmodi wahr. Fremd- und Selbstbestimmung sind aus systemtheoretischer Sicht aufeinander bezogene Akte, die es in der Praxis immer wieder zu thematisieren und neu auszubalancieren gilt.

Gegenstand Sozialer Arbeit sind Individuen und soziale Systeme auf der Mikro-, Meso-, Exo- und Makroebene. Bezugspunkt Sozialer Arbeit ist die soziale Wohlfahrt. Darauf bezogen beschäftigt sich Soziale Arbeit mit materiellen, sozialen und kulturellen Teilhabeproblemen unter Inklusions- und Exklusionsbedingungen. Teilhabeprobleme sind nicht allein im Individuum oder im System zu lokalisieren, sondern rekurrieren aus dem Beziehungsgefüge System-Umwelt. Teilhabeprobleme sind dann gegeben, wenn die Befriedigung grundlegender Bedürfnisse und die dazu notwendigen Ressourcen nicht mehr gewährleistet oder für die Zukunft gefährdet sind. Soziale Arbeit ist Ressourcenarbeit im Sinne der Pflege und Mobilisierung von Ressourcen im Kontext System-Umwelt.

Soziale Arbeit hat lebensbegleitende, problemmindernde und problemlösende Aufgaben, die durch Prävention, Intervention und spezifische methodische Vorgehensweisen zusammen mit den AdressatInnen und deren relevanter Umwelt bewältigt werden.

Systemfunktional ist Soziale Arbeit auf Gesellschaft hin angelegt im Sinne einer gesellschaftsstabilisierenden Funktion. Soziale Arbeit ist gegenüber dem Gesellschaftssystem autonom (nicht autark) und hat selbstreferentielle Leistungen zu erbringen, indem sie nicht nur ihre gesellschaftliche Aufgabenstellung reflektiert, sondern ebenso die Indikatoren feststellt, durch die soziale Wohlfahrt wächst oder beeinträchtigt wird. Darin besteht ihre kritische und politische Funktion.

Soziale Arbeit wird dann tätig, wenn die Betroffenen nicht aus eigener Kraft Bewältigungsstrategien entwickeln können oder wenn anzunehmen ist, dass die vorhandenen Bewältigungsstrategien für zukünftige Problembündel nicht ausreichen (Prävention).

Voraussetzung für eine professionelle Soziale Arbeit ist, dass sie ihre eigenen systemspezifischen strukturellen Bedingungen reflektiert und auf neue Umweltanforderungen ausrichtet und dass Energie für die eigene Ressourcenbasis aufgewendet wird.

Die vorgenommene Aufgabenbeschreibung Sozialer Arbeit geht weit über die traditionelle Randgruppen-Orientierung Sozialer Arbeit hinaus und nimmt Abstand von der Auffassung, Soziale Arbeit beschäftige sich ausschließlich mit kumulierenden Problematiken (Staub-Bernasconi). Der Weg für breite sozialarbeiterische Aufgabenfelder, beispielsweise im Bildungs- und Freizeitbereich, im familien- und berufsbegleitenden Bereich, im politischen und kulturellen Bereich und in der Organisation Sozialer Dienstleistungen ist geöffnet, ohne dass hier „Identitätsverluste" entstehen müssen. Sozialer Arbeit

in einem systemischen Verständnis obliegt eine lebensbegleitende Unterstützungsarbeit, die Menschen in der Bewältigung ihrer Lebenspraxis professionell unterstützt, und zwar mit Blick auf Ressourcen, Kommunikation, Beziehungen und Kontakte, Integration und Teilhabe.
Soziale Arbeit zieht hierfür nicht nur adressatInnenbezogene, methodenintegrative Arbeitsweisen heran, sondern arbeitet auf den verschiedenen System-Ebenen.

Soziale Arbeit ist aus einem systemischen Blickwinkel heraus Teil der Gesellschaft, als solche ist sie genauso auch *Mitproduzentin sozialer Probleme*. Dieser Aspekt ist bislang nur wenig diskutiert worden, obwohl es in der Praxis zahllose Beispiele für die Evidenz einer solchen Aussage gibt. Sozialarbeitspraxis produziert soziale Probleme dort, wo Entscheidungen getroffen werden, mit denen die Betroffenen nicht in Einklang stehen (z.B. Entzug der elterlichen Sorge, Fremdunterbringung); selbst wenn dadurch gravierende soziale Probleme gemindert erscheinen, treten mit der neuen Lösung häufig neue Probleme auf. Soziale Probleme werden mitproduziert, wenn ein Wohlfahrtsverband in einem Stadtteil bestimmte Dienstleistungsangebote zugunsten anderer einstellt. Die einen mögen davon profitieren, die anderen werden das Nachsehen haben. Wenn Dienstleistungsanbieter, Kostenträger und politisch Verantwortliche soziale Angebote realisieren, ist damit noch lange nicht gesagt, dass Probleme in dem vorgegebenen Rahmen optimal gelöst, gemindert oder verhindert werden. Destruktive Systemmuster des Anbietersystems Sozialer Dienstleistungen, z.B. in Form von Ausgrenzungsproblematiken oder hierarchischer Kommunikation, bestimmen häufig auch die Art und Weise, wie SozialarbeiterInnen mit AdressatInnen kommunizieren.
So fordert ein systemischer Zugang den kritischen „Binnenblick", um auch diejenigen Muster im System ausfindig zu machen, die Soziale Arbeit zur Problemproduzentin werden lassen.

Im vorliegenden Text ist von *AdressatInnen, Betroffenen, Beteiligten* die Rede. Bewusst wurde der KlientInnen-Begriff ausgeklammert. Damit wird ein Begriffs- und Perspektivenwechsel vollzogen, der hinführen soll zu systemischen Prinzipien der Selbstorganisation und Autopoiesis und weg vom Hierarchie- und Abhängigkeitsdenken.[1]

Jede Theorie, jeder theoretische Ansatz hat Auswirkungen auf das Beschreiben und Erklären sozialer Phänomene. Ein systemtheoretisch-konstruktivistischer Ansatz lenkt den Blick in Richtung System-Umwelt, auf das Erfassen eines Kontextes, das Lokalisieren von Problemen vor dem Hintergrund von Interaktionen, Beziehungsnetzen und Strukturen. Er beeinflusst das Fra-

---

[1] Mit der gleichen Motivation spricht Engelhardt (1991, 98) von „Betroffenen".

gesetting bei der Exploration, das Setting des Unterstützungsprozesses, die Haltung der Professionellen, die Interpretation der Unterstützungsdynamik und der Ergebnisse.

Im Zuge des systemtheoretischen Paradigmas sehe ich für die Soziale Arbeit zwei „Fallen", auf die es aufmerksam zu machen gilt: Die „Entpersonifizierungsfalle" und die „Egalisierungsfalle".

Bei der *„Entpersonifizierungsfalle"* werden Probleme ausschließlich vor dem Hintergrund von Interaktionen und Strukturbedingungen gesehen, die eine Grundhaltung prägt wie: „Die Menschen sind Opfer der Systeme." Die individuellen Anteile verwischen dabei oder werden regelrecht ausgeblendet. Diese Gefahr sehe ich nicht in erster Linie durch die Theorie als solche gegeben, sondern durch deren einseitige Interpretation. Persönlichkeitssysteme sind sehr wohl nach ihren individuellen Anteilen bezüglich Problemproduktion, -minderung oder -lösung zu befragen. Keinesfalls darf aus dem Blick geraten, dass Personen mitgestalten, ja, dass Persönlichkeitsstrukturen geradezu mitprägend sind für die Struktur der Systeme, die sie bilden und gestalten. Möglicherweise ist gerade durch das Luhmannsche Konzept die Gefahr gegeben, die Person als eigenständige Operationseinheit innerhalb der Systemdynamik zu marginalisieren. So gilt es theoretisch wie praktisch darauf zu achten, die Person wieder einzubinden und damit auch den Begriff der Verantwortung, des verantwortlichen Handelns bewusst an sie heranzutragen. Systeme mögen zwar ausschließlich aus Kommunikation bestehen (Luhmann), doch die TrägerInnen von Kommunikation sind Personen (durchaus als Umwelt von Systemen), die ihre je eigenen psychischen und physischen Komponenten in die Kommunikation einbringen und diese prägen.[2]

Die *„Egalisierungsfalle"* bezieht sich auf die Aussage, dass Problemdefinitionen und -vorgehensweisen zwischen AdressatInnen und UnterstützerInnen ausgehandelt werden. Vom Konstruktivismus her ist dies eine logische Folgerung und von einem liberalen Wertverständnis her ein zu unterstützender Zugang, der Abschied nimmt von Bevormundung. Da aber AdessatInnen und UnterstützerInnen ungleiche Rollen, Erfahrungen und Biographien haben und die Professionellen vor allem einen Wissensvorsprung mitbringen, geht es im Aushandeln nicht immer um Konsensbildung nach dem Motto: Worauf können wir uns jetzt verständigen? SozialarbeiterInnen haben auch die Aufgabe zu konfrontieren und „Wirklichkeiten" sowie Problemzusammenhänge aufzuzeigen, die nicht im Blickfeld der AdressatInnen liegen. Individuelle Biographien, milieuspezifische Herkunft und die darin gemachten Erfahrungen lassen häufig bestimmte Sichtweisen, Entwicklungs- und Handlungsmöglichkeiten nicht aufkommen. SozialarbeiterInnen zielen hier auf Kontexterweiterung.

---

[2] Vgl. dazu auch Kriz 1994, der die Person wieder in die Systemtheorie einführt.

Inweit die AdressatInnen Aspekte davon integrieren können, liegt in ihrem Ermessen. Kontexterweiterung ist keine Einbahnstraße, sondern erfolgt auch bei den Professionellen. Auch sie integrieren im Rahmen der gemeinsamen Arbeit neue Konstruktionen, Lebens- und Weltbilder, die durch die AdressatInnen an sie herangetragen werden.

Auch Empowerment-Ansätze werden meines Erachtens missverstanden, wenn SozialarbeiterInnen lediglich in die ModeratorInnen-Rolle schlüpfen. Das mag in gewissen Fällen angebracht, sinnvoll und wünschenswert sein, eignet sich aber nicht als obligatorisches Handlungsprinzip. Soziale Arbeit ist auch *Interventionsarbeit*, und zwar auf der Basis professioneller Konstruktionen. Je nach Aufgabengebiet und Problemlagen, die es zu bewältigen gilt – wie etwa Gewalt und Missbrauch –, hat Soziale Arbeit eben auch kontrollierende und schützende Funktion, in deren Kontext akuter Handlungsbedarf angesagt ist. Soziale Arbeit erhält dort konfrontierende und intervenierende Funktion, wo AdressatInnen mit dem gewohntem Denken, Fühlen und Handeln nicht nur nicht weiterkommen, sondern auch gefährdet sind.

Intervention ist ein zielgerichtetes Vorgehen und ist auf Veränderung angelegt. Systemische Sozialarbeit setzt nicht auf Wenn-Dann-Folgen, sondern:

- SozialarbeiterInnen respektieren die Autonomie der AdressatInnen und in dem Zusammenhang die Entscheidungsfreiheit von AdressatInnen, ob sie offen für Veränderungen sind oder am Gewohnen festhalten;

- sie stellen sich auf Kontingenzen ein, also darauf, dass unvermutete Interventionsfolgen auftreten können, die wiederum ihrerseits Anpassungsprozesse und neue Hypothesenbildungen erfordern;

- sie wissen, dass sie aus dem komplexen Gefüge AdressatInnen – Umwelt nur Bruchteile erfassen können und mit diesen „Versatzstücken" arbeiten müssen; und schließlich

- sie wissen, dass ihre Wirklichkeitskonstruktionen keine objektiven Wahrheiten sind.

- Sie setzen sich für das Werthafte ein, insbesondere für Menschenwürde und gelingende Struktur- und Austauschbedingungen.

Eine systemtheoretisch fundierte Handlungstheorie Sozialer Arbeit lässt sich nahtlos an die Tradition Sozialer Arbeit anknüpfen, nämlich dort, wo sie die Betroffenen immer auch in ihrem sozialen Kontext gesehen hat und wo soziale Probleme immer auch als Produkte gesellschaftlicher Wirklichkeit betrachtet worden sind. Dass es beim neuerlichen Ansatz um *konstruierte Wirklichkeiten* geht, mag das Bedürfnis nach Eindeutigkeit im ersten Moment erschüttern, doch dieser Zugang schafft Toleranz und die Notwendigkeit der Kom-

munikation. Er fordert Verständigungsarbeit dahingehend, wie die SozialarbeiterInnen, die Problembetroffenen und ProblemproduzentInnen die Problem- und Ressourcenwirklichkeit sehen. Im konstruktivistischen Zugang steckt die Demontage sozialarbeiterischer Omnipotenz, und das ist geradezu wohltuend. Das macht die Praxis möglicherweise nicht einfacher, aber vielleicht fairer, nachdenklicher, gelassener, relativer und: spannender!
So vermag eine systemtheoretisch fundierte Handlungstheorie Sozialer Arbeit sehr wohl die Grenzen von Handlungsmöglichkeiten aufzeigen, was meines Erachtens das Handeln in der Praxis erleichtert und den damit verbundenen Problemlösungsdruck reduziert.
In den 70er und Anfang der 80er Jahre wurden Kritische Theorieansätze[3] begeistert aufgenommen, weil sie Entwicklung, Humanität, Emanzipation favorisierten. In der praktischen Umsetzung wirkten sie eher frustrierend, zeigten AdressatInnen und das Gesellschaftssystem doch keinesfalls die emanzipative Durchlässigkeit. Der systemtheoretische Zugang ist von vornherein „nüchterner" angelegt, dämpft übersteigerte Machbarkeitsphantasien und wartet möglicherweise gerade deshalb mit nicht so viel Frustrationen in der Praxis auf. Er vermittelt „sichere Unsicherheit".

Die vorliegende Arbeit ist an geeigneten Stellen weiterzuentwickeln. Vieles musste notwendigerweise knapp gefasst, manches ausgelassen werden; die Schnittstellen zu den Bezugswissenschaften Sozialer Arbeit konnten nur angedeutet werden.

Auch wird Soziale Arbeit, einhergehend mit der notwendigen Weiterentwicklung *systemtheoretischer* Ansätze, für sich noch weitere Theoriehorizonte erschließen können. Zu viele Desiderate in Bezug auf die Bedeutung von Personen, das normative Verständnis sowie problemverursachende wie – mindernde Systemkonfigurationen sind derzeit bei den Systemtheorien noch gegeben und bedürfen der theoretischen Weiterentwicklung.

Schließlich ist sozialarbeitsorientierte Praxisforschung gefordert, Begleitstudien zu erstellen und Ergebnisse zu dokumentieren, welche Erfahrungen mit systemischer Sozialer Arbeit in der Praxis gemacht werden und wie sie mit Blick auf Erfolge zu bewerten sind.

Zum Schluss bleibt noch ein Aspekt festzuhalten: Als Theorieschule gelingt es den Systemtheorien, die *Subjekt-Objekt-Spaltung* in der Wissenschaft zu überwinden. Damit stehen sie in einer hermeneutischen Tradition. Die forschende Person beobachtet ein System nicht als ein von ihr unabhängiges

---

[3] Hier sind Ansätze gemeint, die sich auf die Frankfurter Schule beziehen. Ausgangspunkt ist hier, dass Gesellschaft aufgrund ihrer Kapitalverwertungsstrukturen alleinige Problemproduzentin ist und demzufolge das Gesellschaftssystem verändert werden muss.

Objekt, sondern setzt sich in Bezug dazu, weiß, dass ihre Beobachtungen lediglich Konstruktionen sind und dass sie Wirklichkeiten, die sie beobachtet, selbst mit herstellt.
Auch wenn in einer Theorie Luhmannscher Provenienz das Subjekt eher randständig betrachtet wird, so bleibt es im Gegensatz zum traditionellen Wissenschaftsbegriff (Positivismus) theorieimmanent als konstruierendes Wesen eingebunden. Die Brücke zum ökologischen Denken ist geschlagen, die Spaltung von Mensch und Umwelt überwunden. Ein ökologisches Mensch- und Weltverständnis ist vorgezeichnet.
Luhmanns Theorie gibt Aufschluss darüber, wie soziale Systeme funktionieren und durch welche Eigenschaften sie sich kennzeichnen. Anhand des angebotene Systemwissens lassen sich Systeme und deren Verhalten beschreiben und analysieren. Systemwissen lässt sich als Instrument der Beobachtung und Steuerung nutzen, mit dem Wissen, dass auf Menschen und Systeme nur bedingt Einfluss genommen werden kann, weil sie Informationen aus der Umwelt nach eigenen Logiken und Sinnorientierungen verarbeiten.
Eine Erklärungstheorie, wie sie Luhmann anbietet, zielt darauf, Praxis zu erklären. Sie zielt nicht darauf, große Weltanschauungssysteme zu liefern. Sie kann somit philosophische und religionsphilosophische Reflexionen nicht ersetzen.
Bei aller normativen und philosophischen Abstinenz kann uns aber die Systemwissenschaft zu weltanschaulichen Fragen hinführen, vor allem dann, wenn wir deren grundlegende Gedanken in ontologische[4] Kategorien zu fassen versuchen. *Wandel*, der eingebunden ist in Dynamik einerseits und Beharrlichkeit andererseits, als solcher aber stetig erfolgt, ist systemisch betrachtet das grundlegende Prinzip des Seienden. Es kennzeichnet das Wesen menschlichen, sozialen, kulturellen, ökologischen und bio-physikalischen Daseins. Menschsein bedeutet, ein Leben lang in vielschichtige Wandlungsprozesse eingebunden zu sein, die wir im Rahmen sozialen Eingebundenseins zu meistern haben. Kulturen entwickeln und verändern sich oder vergehen. Flora und Fauna sind in evolutionäre Prozesse eingebunden. Ganze Sonnensysteme verändern sich.
Über die systemtheoretische/systemische Zugangsweise stoßen wir auf eine *ganzheitliche Betrachtungsweise*. Wir sind aufgefordert, die Dinge in einen größeren Zusammenhang zu stellen. Ein systemischer Grundsatz lautet: Wenn du eine Vorstellung davon hast, wie das Ganze funktioniert, dann hast du auch eine Vorstellung davon, wie das Einzelne funktioniert, bzw. wenn du eine

---

[4] Ontologie, verstanden als Seinslehre, die nicht nur das, was ist (das Seiende) beschreibt, sondern die dahinter liegenden Prinzipien und Wesenskerne.

Vorstellung davon hast, wie das Einzelne funktioniert, hast du auch eine Vorstellung davon, wie das Ganze funktioniert.

Das Denken in Ganzheiten bindet transzendentale Dimensionen mit ein. Wenn wir Menschen uns als biologische, soziale, kognitive, psychische, spirituelle und handelnde Wesen verstehen, dann bedeutet Ganzheitlichkeit, diese Vielschichtigkeit im Rahmen von Wechselwirkungen miteinander verbunden zu sehen. Wir sind gefordert, in unsere Zustandsbeschreibung vielschichtige Wirkungszusammenhänge einzubinden, die wiederum nicht losgelöst sind, von äußeren sozialen, wirtschaftlichen, politischen, kulturellen und ökologischen Umweltfaktoren. Ganzheitliches Betrachten ist eine Haltung und ein Versuch, der immer nur bruchstückhaft bleiben kann. Und trotz des Bruchstückhaften sind wir in der Lage, Zustandsbeschreibungen abzugeben und Aussagen über das Ganze zu machen. Wir müssen nicht jedes Detail wissen, um das Ganze zu verstehen oder immer mehr zu verstehen. Es geht nicht um das Anhäufen von Daten, sondern um das Verstehen von Zusammenhängen.

Wenn wir all das wirklich ernst nehmen, dann sind wir mehr als Beobachter/innen von Systemen und deren Umwelt. Wir sind selbst ein komplexes System und sind Teil von Systemen, die wir mitgestalten und die auf uns wirken. Wir werden selbst unsere Beharrlichkeiten und Entwicklungsbereitschaften erkennen und verstehen müssen, ebenso unsere Muster, mit denen wir unser Leben zu bewältigen versuchen: taugliche und auch weniger taugliche Muster, die wir im Rahmen unserer Sozialisation gelernt und vielleicht sogar kritiklos übernommen oder die wir uns über Erfahrung angeeignet haben. Muster, die wir uns selbst und anderen zumuten, von denen wir und andere Gewinne und Verluste ziehen. Muster, die manchmal partout nicht mit anderen Mustern in uns und außerhalb von uns in Einklang zu bringen sind. Muster, die wandelbar sind, vorausgesetzt, wir arbeiten daran.

Glossar

Anpassung: Verhalten der Systeme, den Anforderungen der Umwelt gerecht zu werden beziehungsweise sich auf neue Umweltbedingungen einzustellen.

Ausdifferenzierung: Verzweigung von Systemen, um Umweltkomplexität zu verarbeiten.

Autopoiesis: Begriff stammt ursprünglich von Maturana und Varela. Psychische Systeme basieren auf einem Bewusstsein, das autopoietisch angelegt ist. Psychische Bewusstseinssysteme haben ihre je eigene Operationslogik, die eine Vielschichtigkeit hinsichtlich Wahrnehmung, Deutung und Kommunikation evoziert. Luhmann übertrug diesen Ansatz auf soziale Systeme. Siehe auch Selbstreferentialität.

Elemente: Elemente sind insbesondere Ereignisse, Handlungen, Funktionseinheiten, Akteure, Kommunikationen.

Doppelte Kontingenz: Bezeichnet die gegenseitige Ungewissheit von Akteuren. Jeder Akteur kann eine Kommunikationssituation anders interpretieren und es ist nicht von vornherein anzunehmen, dass Alter und Ego zu gemeinsamen Interpretationen kommen oder dass sich die Einzelnen in der vom Gegenüber erwarteten Weise verhalten.

Interpenetration: Strukturelle Koppelung zwischen Menschen und sozialen Systemen, wie auch die strukturelle Koppelung zwischen Systemen (siehe auch strukturelle Koppelung).

Komplexität: Summe der Handlungen und Ereignisse in der Welt.

Konstruktivismus: Personen und Systeme konstruieren ihre je eigene Wirklichkeit. Somit gibt es nicht die Wirklichkeit, sondern eine Vielzahl von Wirklichkeiten. Wahrnehmung wird in eine brauchbare „Passung" gebracht.

Kontingenz: Unbestimmtheit.

Muster: Denk- und Handlungsprogramme von Persönlichkeitssystemen und sozialen Systemen. Sie steuern Denken, Erleben, Kommunikation, Interaktion, Handeln, Wertüberzeugungen und Prioritätensetzungen, Deutungen, Konfliktverhalten und Formen der Problembewältigung.

Organisierte Komplexität: Binnenkomplexität eines Systems; dessen Elemente und Verknüpfungen können durch das System nur noch partiell erfasst werden.

Passung; Das, was wir wahrnehmen (Dinge, Zustände, Regeln, Ansichten etc.), bringen wir in eine Form, die „brauchbar" erscheint für Anschlusserlebnisse. Die Wahrnehmung wird in eine Passung gebracht und ist nicht eine Übereinstimmung mit dem Äußeren.

Prozess: Das Aufeinanderfolgen zeitlicher Ereignisse als Folge kommunikativer Selektion.

Selbstreferentialität: Begriff korrespondiert mit den Begriffen Autopoiesis und Selbstorganisation. Soziale Systeme verarbeiten Informationen aus der Umwelt nach ihren je eigenen System- und Operationslogiken. Sie reproduzieren sich selbst, indem sie fortlaufend kommunizieren.

Sinn: Hier funktional, bezogen auf die Systemlogik. Sinn als zentrale Kategorie zur Erfassung und Reduktion von Komplexität.

Soziales System: Strukturelle Ganzheit. Basale Elemente sind Kommunikation und Handlungen.

Stabilität und Selbsterhalt: Systeme richten ihre Operationen auf Stabilität und Selbsterhalt. Normabweichung erhält in diesem Zusammenhang einen funktionalen Sinn.

Struktur: Innere Ordnung eines Systems. Anordnung der einzelnen Elemente bzgl. Kommunikations-, Informationsabläufen, Regeln, Entscheidungen, Funktionen, Kompetenzen, Macht und Aufgabenverteilung.

Strukturelle Koppelung: Strukturelle Koppelung zwischen autopoietischen (Persönlichkeits-)Systemen, die zwar ihre Operationsweisen behalten, die jedoch von Systemen und Personen Operationsweisen aufnehmen und diese nach eigenen Logiken verarbeiten. Dies erfolgt über Kommunikation.

Symptom: Symptome verweisen auf ineffektive Lösungen eines Problems; auf Stabilitätsprobleme im System; sie lenken vom eigentlichen Problem ab; sie haben Vor- und Nachteile, beispielsweise erlauben sie Kontrolle von Seiten des Systemträgers; sie können Motor für Veränderungsprozesse sein.

Synergie: Das Zusammenwirken verschiedener Kräfte zu einer einheitlichen Leistung.

System: Dynamische Ganzheit, deren Teile beziehungsweise Elemente miteinander unterschiedlich verknüpft sind und die zusammenwirken.

Systemtypen: Persönlichkeitssystem als Bewusstseinssystem; Interaktionssysteme, formal organisierte Systeme, Gesellschaftssystem.

Umwelt: Summe von Systemen, Ereignissen, Kommunikationsinhalten, Handlungen, die für ein Referenzsystem relevant sind.

Zweck: Systeme haben einen Zweck, nach dem sie ihre Operationen ausrichten.

Literatur

Albert, Hans 1971: Ethik und Meta-Ethik. In: Albert, Hans & Topitsch, Ernst (Hrsg.): Werturteilsstreit. Darmstadt, S. 472–517.
Albrow, Martin 1998: Abschied vom Nationalstaat. Staat und Gesellschaft im Globalen Zeitalter. Frankfurt/M.
Andolfi, Maurizio ^{4}1992: Familientherapie. Das systemische Modell und seine Anwendung. Freiburg/Br..
Antons, Klaus ^{4}1976: Praxis der Gruppendynamik. Göttingen, Toronto, Zürich.
Ashby, William R. 1974: Einführung in die Kybernetik. Frankfurt/M.
Aus der Internationalen Vereinigung der Sozialarbeiter. Internationaler „Code of Ethics" für den Berufsstand der Sozialarbeiter/Sozialpädagogen 1977. In: Der Sozialarbeiter, Heft 3, S. 23–24.
Bach, Richard 1989: Die Möwe Jonathan. Berlin.
Baecker, Dirk u.a. (Hrsg.) 1987: Theorie als Passion. Niklas Luhmann zum 60. Geburtstag. Frankfurt/M.
Bandler, Richard & Grinder, John ^{6}1995: Reframing. Ein ökologischer Ansatz in der Psychoheraie (NLP). Paderborn.
Bateson, Gregory ^{4}1992: Ökologie des Geistes. Anthropologische, psychologische, biologische und epistemologische Perspektiven. Frankfurt/M.
Baumgartner, Alois & Korff, Wilhelm 1990: Das Prinzip Solidarität. Strukturgesetz einer verantworteten Welt. In: Stimmen der Zeit. 115.Jg., S. 237-250.
Baumgartner, Alois & Korff, Wilhelm 1998: Sozialprinzipien. In: Lexikon der Bioethik, Bd. 3, Gütersloh, S. 405-411.
Baynes, Kathleen u.a. 1998: Modular Organization of Cognitive Systems Masked by Inerhemispheric Integration. In: SCIENCE, Bd. 280, 8. Mai, S. 902–905.
Beaumont, John Graham 1987: Einführung in die Neuropsychologie. München, Weinheim.
Beck, Ulrich 1983: Jenseits von Stand und Klasse: Soziale Ungleichheit, gesellschaftliche Individualisierungstendenzen und Entstehung neuer Formationen und Identitäten. In: Kreckel, Reinhard (Hrsg.): Soziale Ungleichheiten. Göttingen, S. 35–74.
Beck, Ulrich 1986: Risikogesellschaft. Auf dem Weg in eine andere Moderne. Frankfurt/M.
Beck, Ulrich 1999: Schöne neue Arbeitswelt. Frankfurt/M., New York.

Benhabib, Seyla 1989: Der verallgemeinerte und der konkrete Andere. Ansätze zu einer feministischen Moraltheorie. In: List, E. / Studev, H. (Hrsg.): Denkverhältnisse. Feminismus und Kritik. Frankfurt/M. S. 454–497.

Berne, Eric 1986: Struktur und Dynamik von Organisationen und Gruppen. Frankfurt/M.

Bernstein, Saul & Lowy, Louis 1975: Neue Untersuchungen zur Sozialen Gruppenarbeit. Freiburg/Br.

Bernstein, Saul & Lowy, Louis [5]1976: Untersuchungen zur Sozialen Gruppenarbeit. Freiburg/Br.

Bertalanffy, Ludwig von 1957: Allgemeine Systemtheorie. Wege zu einer neuen Mathesis Universalis. In: Deutsche Universitätszeitung. Bd. 12, Heft 5/6, S. 8–12.

Bertalanffy, Ludwig von 1968a: General and Social System. New Brunswick/N.J.

Bertalanffy, Ludwig von 1968b: General System Theory. New York.

Bertalanffy, Ludwig von 1990: Das biologische Weltbild. Bd. 1: Die Stellung des Lebens in Natur und Wissenschaft. Bern. Nachdruck der 1. Aufl. 1949, Wien, Köln.

Bertalanffy, Ludwig von 1974: General System Theory – A Critical Review. In: Händle, Frank / Jensen, Stefan (Hrsg.).: Systemtheorie und Systemtechnik. München.

Birkigt, Klaus & Stadler Marinus M. & Funck, Hans Joachim [8]1995: Corporate Identity. Grundlagen, Funktionen, Fallbeispiele. Neuauflage der 7. aktualisierten Aufl. von 1994, Landsberg/Lech.

Blumer, Herbert 1975: Soziale Probleme als kollektives Verhalten. In: Hondrich, Karl Otto (Hrsg.): Menschliche Bedürfnisse und soziale Steuerung. Reinbek, S. 102–113.

Boeckhorst, Frans 1988: Strategische Familientherapie. Dortmund.

Bolte, Karl Martin 1983: Zur Entwicklung einer subjektorientierten Soziologie. In: Bolte, Karl Martin (Hrsg.): Subjektorientierte Arbeits- und Berufssoziologie. Frankfurt/M., New York, S. 12–37.

Bommes, Michael & Scherr, Albert 1996: Soziale Arbeit als Exklusionsvermeidung, Inklusionsvermittlung und/oder Exklusionsverwaltung. In: Merten, Roland & Sommerfeld, Peter & Koditek, Thomas (Hrsg.): Sozialarbeitswissenschaft – Kontroversen und Perspektiven. Neuwied, Kriftel, Berlin, S. 93–119.

Böse, Reimund & Schiepek, Günter [2]1994: Systemische Theorie und Therapie. Ein Handwörterbuch. Heidelberg.

Boszormenyi-Nagy, Ivan & Spark, Geraldine M. 1981: Unsichtbare Bindungen. Stuttgart.

Boulding, Kenneth E. 1956: General Systems Theory – The Selection of Science. In: Boulding, Kenneth E. & Rapoport, Anatol (Hrsg.): General Systems. Ann Arbor/Mich. (Jahrbuch der "Society for General Systems Research", Bd. 6, S. 1–7).

Boulding, Kenneth E. 1961: Political Implications of General Systems Research. In: Boulding, Kenneth E. & Rapoport, Anatol (Hrsg.): General Systems. Ann Arbor/Mich. (Jahrbuch der "Society for General Systems Research", Bd. 6, S. 1–7).

Brieskorn, Norbert S.J. 1998: Subsidiarität und Solidarität am Ende des 20.Jahrhunderts - Eine sozialethische Begriffsklärung. In: Caritasverband der Erzdiözese München und Freising e.V./Institut für Bildung und Entwicklung (Hrsg.): Subsidiaritätsprinzip. Neue Zugänge im Spiegel sozialpolitischer Herausforderungen. München, S. 9-24.

Bronfenbrenner, Urie 1981: Die Ökologie der menschlichen Entwicklung. Stuttgart.

Brunner, Ewald Johannes 1991: Schulische Lernstörungen systemisch betrachtet. In: Reiter, Ludwig / Ahlers, Corina (Hrsg.): Systemisches Denken und therapeutischer Prozeß. Berlin, Heidelberg, New York, London, Paris, Tokyo, Hongkong, Barcelona, Budapest, S. 230–239.

Bühl, Walter L. 1991: Politische Grenzen der Autopoiese sozialer Systeme. In: Fischer Hans Rudi (Hrsg.): Autopoiesis. Heidelberg, S. 201–225.

Bullinger, Hermann & Nowak, Jürgen 1998: Soziale Netzwerkarbeit. Eine Einführung. Freiburg/Br.

Capra, Fritjof 1982: Wendezeit. Bern, München, Wien.

Cavarero, A.: Ansätze zu einer Theorie der Geschlechterdifferenz. In: Diotima, Philosophinnengruppe aus Verona (Hrsg.): Der Mensch ist zwei. Das Denken der Geschlechterdifferenz. Wien 2/1993, S. 65–102.

Cohn, Ruth C. [4]1980: Von der Psychoanalyse zur themenzentrierten Interaktion. Stuttgart.

Coleman, James J: 1991-1993: Grundlagen der Sozialtheorie. 3 Bände. München.

Cube, Felix von 1971: Was ist Kybernetik? Grundbegriffe, Methoden, Anwendungen. München.

DBSH (o.j.): Professionel handeln auf ethischen Grundlangen. Berufsethische Prinzipien des DBSH. Essen.

de Shazer, Steve [4]1995: Der Dreh. Überraschende Wendungen und Lösungen in der Kurzzeittherapie. Heidelberg.

Deutsch, Karl W. 1969: Politische Kybernetik. Modelle und Perspektiven. Freiburg/Br.

Dewe, Bernd u.a. 1996: Sozialpädagogik, Sozialarbeitswissenschaft, Soziale Arbeit? Die Frage nach der disziplinären und professionellen Identität. In: Sozialmagazin, 21.Jg., H.6, S. 36–45.

Diezinger, Angelika & Mayr-Kleffel, Verena 1999: Soziale Ungleichheit. Eine Einführung für soziale Berufe. Freiburg/Br.
Dölling, Irene & Kraus, Beate (Hrsg.) 1997: Ein alltägliches Spiel – Geschlechterkonstruktion in der sozialen Praxis. Frankfurt/M.
Doricchi, Fabrizio & Incoccia, Chiara 1998: Seeing only the right half oft the forest but cutting down all the trees? In: NATURE, Bd. 394, 2. Juli, S. 75–78.
Easton, David 1965: A Framework vor Political Analysis. New York.
Emlein, Günther 1995: Die Balance von Geben und Nehmen. In: Familiendynamik. 20 Jg., Heft 1, S. 3-14.
Engelhardt, Hans Dietrich 1991: Innovation durch Organisation. München.
Engelhardt, Hans Dietrich 1995: Organisationsmodelle. Alling
Engelke, Ernst 1992: Soziale Arbeit als Wissenschaft. Eine Orientierung. Freiburg/Br.
Engelke, Ernst 1998: Theorien der Sozialen Arbeit. Eine Einführung. Freiburg/Br.
Exner, Hella & Reithmayr, Franz 1991: Anmerkungen zu Maturanas Versuch einer Ethik. In: Fischer, Hans Rudi (Hrsg.): Autopoiesis. Heidelberg, S. 137–153.
Ferber, Rafael [4]1998: Philosophische Grundbegriffe. Eine Einführung. Überarb. und erw. Aufl., limitierte Sonderauflage. München.
Fischer, Hans Rudi (Hrsg.) 1991: Autopoiesis. Heidelberg.
Fischer, Lorenz & Wiswede Günter 1997: Grundlagen der Sozialpsychologie. München.
Foerster, Heinz von 1992: Entdecken oder Erfinden. Wie läßt sich Verstehen verstehen? In: Gumin, Heinz / Meier, Heinrich (Hrsg.): Einführung in den Konstruktivismus. München, S. 41–88.
Foucault, Michel 1973: Die Archäologie des Wissens. Frankfurt/M.
Foucault, Michel 1978: Dispositive der Macht. Über Sexualität, Wissen und Wahrheit. Berlin.
Friedrich, Dieter 1984: Systemtheorie und ökonomische Modelle. Einführung in die systemtheoretischen Grundlagen. Konzeption und Methoden der Wirtschaftstheorie und Ökonomie. Freiburg/Br.
Fromm, Erich 1980: Haben oder Sein. München.
Fröschl, Monika 2000: Gesund-Sein. Integrative Gesund-Seins-Förderung als Ansatz für Pflege, Soziale Arbeit und Medizin. Stuttgart.
Fröschl, Monika 2000: Gesund-Sein. Integrative Gesund-Seins-Förderung als Ansatz für Pflege, Soziale Arbeit und Medizin. Stuttgart.
Gängler, Hans 2000: Sozialpädagogik: beobachtet. In: Merten, Roland (Hrsg.): Systemtheorie Sozialer Arbeit. Opladen, S. 17–25.
Gehlen, Arnold 1986: Anthropologische und sozialpsychologische Untersuchungen. Reinbeck bei Hamburg.

Gehrmann, Gerd & Müller, Klaus D. 1993: Management in Sozialen Organisationen. Handbuch für die Praxis Sozialer Arbeit. Berlin, Bonn, Regensburg.

Gerard, Ralph Waldo 1958: Units and Concepts of Biology. In: Behavioral Science. Bd. 3, S. 197–206.

Germain, Carel B. & Gitterman, Alex ³1999: Praktische Sozialarbeit. Das „Life Model" der Sozialen Arbeit. Völlig neu bearbeitete Aufl. Stuttgart.

Giarinni, Orie & Liedtke, Patrick M. 1999: Wie wir arbeiten werden. Der neue Bericht an den Club of Rome. München.

Glasersfeld, Ernst von 1992: Konstruktion der Wirklichkeit und des Begriffs der Objektivität. In: Gumin, Heinz & Meier, Heinrich (Hrsg.): Einführung in den Konstruktivismus. München, S. 9–39.

Glasl, Friedrich ⁵1997: Konfliktmanagement. Bern, Stuttgart.

Glasl, Friedrich 2000: Wie geht Organisationsentwicklung mit Macht in Organisationen um? In: TRIGON Entwicklungsberatung. Salzburg.

Gomez, Peter 1981: Modelle und Methoden des systemorientierten Managements. Bern.

Gomez, Peter & Probst, Gilbert 1995: Die Praxis des ganzheitlichen Problemlösens. Bern, Stuttgart, Wien.

Graf, Pedro 1997: Soziale Organisationen als soziale Systeme. In: Hauser, Albert & Neubarth, Rolf & Obermeier, Wolfgang: Handbuch Soziale Dienstleistungen. Neuwied, Kriftel, Berlin, S. 82–99.

Greven, Michael T. 1974: Systemtheorie und Gesellschaftsanalyse. Darmstadt, Neuwied.

Gumin, Heinz & Meier, Heinrich (Hrsg.) 1992: Einführung in den Konstruktivismus. München.

Habermas, Jürgen 1971: Theorie der Gesellschaft oder Sozialtechnologie? Eine Auseinandersetzung mit Niklas Luhmann. In: Habermas, Jürgen & Luhmann, Niklas.: Theorie der Gesellschaft oder Sozialtechnologie. Frankfurt/M., S. 142–284.

Habermas, Jürgen 1985: Die Neue Unübersichtlichkeit. Frankfurt/M.

Habermas, Jürgen 1988: Theorie des kommunikativen Handelns. 2 Bände. Frankfurt/M.

Habermas, Jürgen 1992: Faktizität und Geltung. Frankfurt/M.

Haferkamp, Hans u.a. (Hrsg.) 1987: Sinn, Kommunikation und soziale Differenzierung. Frankfurt/M.

Haltmayer, Stephan & Riedler-Singer, Renate 1991: Systemische Therapie auf radikalkonstruktivistischer Grundlage. In: Reiter, Ludwig & Ahlers, Corina (Hrsg.): Systemisches Denken und therapeutischer Prozeß. Berlin, Heidelberg, New York, London, Paris, Tokyo, Hongkong, Barcelona, Budapest.

Händle, Frank & Jensen, Stefan (Hrsg.) 1974: Systemtheorie und Systemtechnik. München.

Hasegawa, Isao u.a. 1998: Callosal Window Between Prefrontal Cortices: Cognitive Ineraction to Retrieve Long-Term Memory. In: SCIENCE, Bd. 281, 7. Aug., S. 814–817.

Haupert, Bernhard 1995: Vom Interventionismus zur Professionalität. Überlegungen zur Gegenstandsbestimmung der Sozialen Arbeit als Wissenschaft, Praxis und Profession. In: Neue Praxis 1, 25. Jg., S. 32–55.

Hauser, Albert 1998: Wohlfahrtsverbände und Subsidiarität: Überlegungen zur Selbstanwendung. In: Caritasverband der Erzdiözese München und Freising e.V./Institut für Bildung und Entwicklung (Hrsg.): Subsidiaritätsprinzip. Neue Zugänge im Spiegel sozialpolitischer Herausforderungen. München, S.

Hauser, Richard & Hauser, Hephzibah 1971: Die kommende Gesellschaft. Freiburg/Br.

Hausmanninger, Thomas 1999: Bedarf die Bewältigung der ökologischen Krise einer Neuen Ethik? In: Gruber, Hans-Günter & Hintersberger, Benedikta: Das Wagnis der Freiheit. Würzburg, S. 354-372.

Heckmann, Friedrich 1982: Ethische Minderheit, Volk und Nation. Stuttgart.

Heiner, Maja 1988a: Selbstevaluation in der sozialen Arbeit. Freiburg/Br.

Heiner, Maja (Hrsg.) 1988b: Praxisforschung in der sozialen Arbeit. Freiburg/Br.

Heiner, Maja 1994a (Hrsg.): Selbstevaluation als Qualifizierung in der Sozialen Arbeit. Fallstudien aus der Praxis. Freiburg/Br.

Heiner, Maja 1994b: Reflexion und Evaluation methodischen Handelns in der Sozialen Arbeit. Basisregeln, Arbeitshilfen und Fallbeispiele. In: Heiner, Maja u.a. (Hrsg.): Methodisches Handeln in der Sozialen Arbeit. Freiburg/Br. S. 103–183.

Heiner, Maja 1995a: Nutzen und Grenzen systemtheoretischer Modelle für eine Theorie professionellen Handelns (Teil I). In: Neue Praxis, 5, 25. Jg., S. 427–441.

Heiner, Maja 1995b: Nutzen und Grenzen systemtheoretischer Modelle für eine Theorie professionellen Handelns (Teil II). In: Neue Praxis, 6, 25. Jg., S. 525–546.

Hejl, Peter M. 1994: Die Entwicklung der Organisation von Sozialsystemen und ihr Beitrag zum Systemverhalten. In: Rusch, Gebhard & Schmidt, Siegfried J. (Hrsg.): Konstruktivismus und Sozialtheorie. Frankfurt/M., S. 109–132.

Hennen, Manfred 1994: Motivation als Konstrukt einer Sozialtheorie. In: Rusch, Gebhard & Schmidt, Siegfried J. (Hrsg.): Konstruktivismus und Sozialtheorie. Frankfurt/M., 133–172.

Herriger, Norbert 1995: Empowerment – oder: Wie Menschen Regie über ihr Leben gewinnen. Sozialmagazin, Heft 3, März, 20.Jg. S. 34–40.
Herriger, Norbert 1997: Empowerment in der Sozialen Arbeit. Eine Einführung. Stuttgart, Berlin, Köln.
Hesse, Konrad [20]1999: Grundzüge des Verfassungsrechts der Bundesrepublik Deutschland. Neudruck. Heidelberg.
Hettlage, Robert 1987: Der Fremde - Kulturmittler, Kulturbringer, Herausforderer von Kultur. In: Lipp, Wolfgang (Hrsg.) 1987: Kulturtypen, Kulturcharaktere. Berlin.
Hilpert, Konrad 1997: Caritas und Sozialethik. Elemente einer theologischen Ethik des Helfens. Paderborn u.a.
Hinte, Wolfgang 1980: Non-direktive Pädagogik. Eine Einführung in Grundlagen und Praxis des selbstbestimmten Lernens. Opladen.
Hinte, Wolfgang 1989: Studienbuch Gruppen- und Gemeinwesenarbeit. Neuwied, Frankfurt/M.
Hofstede, Geert 1993: Interkulturelle Zusammenarbeit: Kulturen – Organisationen – Management. Wiesbaden.
Hohm, Hans-Jürgen 2000: Soziale Systeme, Kommunikaton, Mensch. Eine Einführung in soziologische Systemtheorie. Weinheim, München.
Höhn, Hans-Joachim 1995: Die Moderne, der Markt und die Moral. In: Aus Politik und Zeitgeschichte. Beilage zur Wochenzeitung DAS PARLAMENT, B 51/95, 15. Dezember, S. 3–14.
Hollis, Martin 1995: Soziales Handeln. Eine Einführung in die Philosophie der Sozialwissenschaft. (Übers. von J. Schulte). Berlin.
Hollstein-Brinkmann, Heino 1993: Soziale Arbeit und Systemtheorien. Freiburg/Br.
Horak, Christian 1996: Stakeholder-Management für Nonprofit-Organisationen. In: Strunk, Andreas (Hrsg.): Dienstleistungscontrolling, Baden-Baden, S. 87–103.
Huschke-Rhein, Rolf [2]1988: Systemische Pädagogik. Bd. 1: Systempädagogische Wissenschaftslehre als Bildungslehre im Atomzeitalter. Erw. und verbesserte Aufl., Köln.
Imber-Black, Evan [2]1992: Familien und größere Systeme. Korrigierte Auflage, Heidelberg.
Irmler, Brigitte & Miller, Tilly 1996: Der prozessual-systemische Ansatz von Silvia Staub-Bernasconi als Handlungsinstrument für die Praxis Sozialer Arbeit. In: Miller, Tilly & Tatschmurat Carmen (Hrsg.): Soziale Arbeit mit Frauen und Mädchen. Positionsbestimmungen und Handlungsperspektiven. Stuttgart, S. 58–83.
Irmler, Brigitte & Miller, Tilly 2000: Empowerment im Studium. Fähigkeitsorientierte Familienrekonstruktionen zur Erweiterung der beruflichen Handlungskompetenz von Sozialpädagoginnen und Sozialpädagogen. In:

Miller, Tilly & Pankofer, Sabine: Empowerment konkret. Stuttgart, S. 231–248.
Jensen, Stefan 1983: Systemtheorie. Stuttgart, Berlin, Köln, Mainz.
Jensen, Stefan 1994: Im Kerngehäuse. In: Rusch, Gebhard & Schmidt, Siegfried J. (Hrsg.): Konstruktivismus und Sozialtheorie. Frankfurt/M., S. 47–108.
Jonas, Hans 1979: Das Prinzip der Verantwortung. Frankfurt/M.
Kaiser, Arnim 1985: Sinn und Situation. Bad Heilbrunn.
Kerber, Walter & Westermann, Claus & Sörlein, Bernhard 1981: Gerechtigkeit. In: Christlicher Glaube in moderner Gesellschaft. Teilband 17, Freiburg/Br. S. 30-59.
Keupp, Heiner & Bilden, Helga 1989: Verunsicherungen. Das Subjekt im gesellschaftlichen Wandel. Göttingen, Toronto, Zürich.
Keupp, Heiner & Röhrle, Bernd (Hrsg.) 1987: Soziale Netzwerke. Frankfurt/M.
Keupp, Heiner 1989a: Einleitung. Subjekt und Gesellschaft: Sozialpsychologische Verknüpfungen. In: Keupp, Heiner & Bilden, Helga (Hrsg.): Verunsicherungen. Das Subjekt im gesellschaftlichen Wandel. Göttingen, Toronto, Zürich, S. 9–18.
Keupp, Heiner 1989b: Auf der Suche nach der verlorenen Identität. In: Keupp, Heiner & Bilden, Helga (Hrsg.): Verunsicherungen. Das Subjekt im gesellschaftlichen Wandel. Göttingen, Toronto, Zürich, S. 47–69.
Kiessling, Waldemar F. & Spannagl, Peter 1996: Corporate Identity. München.
Klaus, Georg 1979: Wörterbuch der Kybernetik. Überarb. Neuauflage, Frankfurt/M.
Kleve, Heiko 1996: Konstruktivismus und Soziale Arbeit. Kersting.
Kleve, Heiko 2000: Paradigmawechsel in der Systemtheorie und postmoderne Sozialarbeit. In: Merten, Roland (Hrsg.): Systemtheorie Sozialer Arbeit. Opladen, S. 47 – 66.
Kneer, Georg & Nassehi, Armin 1993: Niklas Luhmanns Theorie sozialer Systeme. München.
Krappmann, Lothar [7]1988: Soziologische Dimension der Identität. Stuttgart.
Kohout, Pavel 182: Die Henkerin. Roman. Fischer Verlag.
König, Eckard & Volmer, Gerda [2]1994: Systemische Organisationsberatung. Grundlagen und Methoden. Weinheim.
Krause, Detlef 1996: Luhmann-Lexikon. Eine Einführung in das Gesamtwerk von Niklas Luhmann. Stuttgart.
Krawietz, Werner & Welker, Michael [2]1992: Kritik der Theorie sozialer Systeme. Auseinandersetzungen mit Luhmanns Hauptwerk. Frankfurt/M.
Kriz, Jürgen 1994: Personenzentrierter Ansatz und Systemtheorie. In: Personzentriert 1, S. 17–70.

Krüll, Marianne 1991: Ethische und politische Dimensionen systemischer Theorie und Praxis. In: Reiter, Ludwig & Ahlers, Corina (Hrsg.): Systemisches Denken und therapeutischer Prozeß. Berlin u. a. S. 75–87.
Krüll, Marianne 1992: Drei Jahre Später. In: Rücker-Embden-Jonasch, Ingeborg & Ebbecke-Nohlen, Andrea (Hrsg.): Balanceakte. Heidelberg, S. 34–41.
Kübler, Christopher J. 1994: Soziales Controlling. Overath.
Kuhn, Thomas S. ^{9}1988: Die Struktur wissenschaftlicher Revolutionen. Frankfurt/M.
Kühnhardt, Ludger 1988: Die Allgemeine Erklärung der Menschenrechte vom 10. Dezember 1948. In: Aus Politik und Zeitgeschichte. Beilage zur Wochenzeitung DAS PARLAMENT, B 49, 2. Dezember, S. 3–13.
Küng, Hans 1992: Projekt Weltethos. München, Zürich.
Laireiter, Anton & Lettner, Karin 1993: Belastende Aspekte Sozialer Netzwerke und Sozialer Unterstützung. Ein Überblick über den Phänomenbereich und die Methodik. In: Laireiter, Anton (Hrsg.) 1993: Soziales Netzwerk und soziale Unterstützung. Konzepte, Methoden und Befunde. Bern, Göttingen, Toronto, Seattle, S. 101–111.
Laireiter, Anton (Hrsg.) 1993a: Soziales Netzwerk und soziale Unterstützung. Konzepte, Methoden und Befunde. Bern, Göttingen, Toronto, Seattle.
Laireiter, Anton 1993b: Begriffe und Methoden der Netzwerk- und Unterstützungsforschung. In: Laireiter, Anton (Hrsg.): Soziales Netzwerk und soziale Unterstützung. Konzepte, Methoden und Befunde. Bern, Göttingen, Toronto, Seattle, S. 15–44.
Lanfranchi, Andrea 1996: Unterwegs zur multikulturellen Gesellschaft. In: Zeitschrift für Migration und Soziale Arbeit 3 – 4
Lenk, Kurt 1987: Wirkungsforschung in vernetzten Systemen. In: Universitas, Juni, 42. Jg., Nr. 493, S. 551–557.
Linton, Ralph 1973: Rolle und Status. In: Hartmann, Heinz (Hrsg.): Moderne amerikanische Soziologie. Neuere Beiträge zur soziologischen Theorie. Stuttgart, S. 310–315.
Lipp, Wolfgang (Hrsg.) 1987: Kulturtypen, Kulturcharaktere. Träger, Mittler und Stifter von Kultur. Berlin.
Ludewig, Kurt ^{4}1997: Systemische Therapie. Grundlagen klinischer Theorie und Praxis. In der Ausstattung veränd. Aufl., Stuttgart.
Luhmann, Niklas & Schorr, Karl-Eberhard 1979: Reflexionsprobleme im Erziehungssystem. Stuttgart.
Luhmann, Niklas 1971a: Politische Planung. Opladen.
Luhmann, Niklas 1971b: Sinn als Grundbegriff der Soziologie. In: Habermas, Jürgen & Luhmann, Niklas: Theorie der Gesellschaft und Sozialtechnologie - Was leistet die Systemforschung? Frankfurt/M., S. 25–100.

Luhmann, Niklas 1980: Gesellschaftsstruktur und Semantik. Studien zur Wissenssoziologie der modernen Gesellschaft. Bd. 1, Frankfurt/M.
Luhmann, Niklas 1981a: Gesellschaftsstruktur und Semantik. Studien zur Wissenssoziologie der modernen Gesellschaft. Bd. 2, Frankfurt/M.
Luhmann, Niklas 1981b: Politische Theorie im Wohlfahrtsstaat. München.
Luhmann, Niklas 1982: Autopoiesis, Handlung und kommunikative Verständigung. In: Zeitschrift für Soziologie, 4, 11.Jg., S. 366–379.
Luhmann, Niklas 1985: Die Autopoiesis des Bewußtseins. In: Soziale Welt, 36 Jg., S. 402–446.
Luhmann, Niklas 1987: Rechtssoziologie. Opladen.
Luhmann, Niklas ²1988a: Soziale Systeme. Grundriß einer allgmeinen Theorie. Frankfurt/M.
Luhmann, Niklas ²1988b: Ökologische Kommunikation. Opladen.
Luhmann, Niklas ²1988c: Macht. Durchgesehene Aufl., Stuttgart.
Luhmann, Niklas 1989: Gesellschaftsstruktur und Semantik. Studien zur Wissenssoziologie der modernen Gesellschaft. Bd. 3, Frankfurt/M.
Luhmann, Niklas 1990: Die Wissenschaft der Gesellschaft. Frankfurt/M.
Luhmann, Niklas ⁵1991: Zweckbegriff und Systemrationalität. Frankfurt/M.
Luhmann, Niklas ⁶1991a: Soziologische Aufklärung 1. Aufsätze zur Theorie sozialer Systeme. Opladen.
Luhmann, Niklas ⁴1991b: Soziologische Aufkärung 2. Aufsätze zur Theorie der Gesellschaft. Opladen.
Luhmann, Niklas ²1991c: Soziologische Aufkärung 3. Soziales System, Gesellschaft, Organisation. Opladen.
Luhmann, Niklas ²1993: Soziologische Aufklärung 5. Konstruktivistische Perspektiven. Opladen.
Luhmann, Niklas ⁴1995a: Funktionen und Folgen formaler Organisation. Berlin.
Luhmann, Niklas 1995b: Die Autopoiesis des Bewußtseins. In: Luhmann, Niklas: Soziologische Aufklärung 6. Die Soziologie und der Mensch, Opladen, S. 55–112.
Luhmann, Niklas 1995c: Die Soziologie und der Mensch. Soziologische Aufklärung 6. Opladen.
Luhmann, Niklas 1997: Die Gesellschaft der Gesellschaft. 2 Bd., Frankfurt/M.
Lüssi, Peter 1991: Systemische Sozialarbeit. Praktisches Lehrbuch der Sozialberatung. Bern, Stuttgart.
Maciejewski, Franz (Hrsg.) 1973: Theorie der Gesellschaft oder Sozialtechnologie. Beiträge zur Habermas-Luhmann-Diskussion. Supp.I und II. Frankfurt/M.

Malik, Fredmund ⁵1992: Strategie des Managements komplexer Systeme. Ein Beitrag zur Management-Kybernetik evolutionärer Systeme. Erweiterte und ergänzte Aufl., Bern, Stuttgart, Wien.
Marx, Karl 1960-1971: Studienausgabe. Hrsg. von Hans-Joachim Lieber. 6 Bd., Stuttgart, Darmstadt.
Maslow, Abraham H. 1973: Psychologie des Seins. München
Maslow, Abraham H. 1977: Motivation und Persönlichkeit. Olten und Freiburg/Br.
Maturana, Humberto 1982: Erkennen: Die Verkörperung und Organisation von Wirklichkeit. Braunschweig.
Maturana, Humberto R. & Varela, Francisco J. ²1991: Der Baum der Erkenntnis. Bern, München.
Maturana, Humberto R. ⁶1994: Kognition: In: Schmidt, Siegfried J. (Hrsg.): Der Diskurs des Radikalen Konstruktivismus. Frankfurt/M. S. 89–118.
Merten, Roland & Sommerfeld, Peter & Koditek, Thomas (Hrsg.) 1996: Sozialarbeitswissenschaft - Kontroversen und Perspektiven. Neuwied, Kriftel, Berlin.
Merton, Robert K. ²1973: Der Rollen-Set. Probleme der soziologischen Theorie. In: Hartmann, Heinz (Hrsg.): Moderne amerikanische Soziologie. Neuere Beiträge zur soziologischen Theorie. Umgearbeitete Aufl. Stuttgart, S. 316–333.
Merten, Roland (Hrsg.) 2000: Systemtheorie Sozialer Arbeit. Neue Ansätze und veränderte Perspektiven. Opladen.
Miebach, Bernhard 1991: Soziologische Handlungstheorien. Eine Einführung. Opladen.
Mill, John Stuart 1988: Über die Freiheit. (Übersetzung von B. Lemke) Stuttgart.
Miller, Tilly & Pankofer, Sabine (Hrsg.) 2000: Empowerment konkret. Handlungsentwürfe und Reflexionen aus der psychosozialen Praxis. Stuttgart.
Miller, Tilly & Tatschmurat, Carmen (Hrsg.) 1996: Soziale Arbeit mit Frauen und Mädchen. Positionsbestimmungen und Handlungsperspektiven. Stuttgart.
Miller, Tilly 1993: Komplexität und politische Erwachsenenbildung. Unveröff. Dissertation. Päd. Fakultät der Universität der Bundeswehr. Neubiberg.
Miller, Tilly 1995a: Handeln in systemischen Bezügen. In: e&l (erleben und lernen),1, 3. Jg., S. 11–14.
Miller, Tilly 1995b: Systemisch Denken - zielgerichtet Handeln und Problemlösen. Ein Trainingsseminar im Rahmen beruflicher Fort- und Weiterbildung. In: Grundlagen der Weiterbildung, 4, 6.Jg., S. 199–202.
Miller, Tilly 1996: Der prozessual-systemische Ansatz von Silvia Staub-Bernasconi. In: Miller, Tilly & Tatschmurat Carmen (Hrsg.): Soziale Arbeit

mit Frauen und Mädchen. Positionsbestimmungen und Handlungsperspektiven. Stuttgart. S. 29–57.
Miller, Tilly 1997: Netzwerke: Begriff und ausgewählte Forschungslinien. In: Grundlagen der Weiterbildung, 1, 8. Jg. S. 38–40.
Miller, Tilly 2000: Kompetenzen – Fähigkeiten – Ressourcen: Eine Begriffsbestimmung: In: Miller, Tilly & Pankofer, Sabine (Hrsg.) 2000: Empowerment konkret. Handlungsentwürfe und Reflexionen aus der psychosozialen Praxis. Stuttgart. S. 23–32.
Miller, Tilly 2001: Ressourcenmanagement in der Kita. Kräfte mobilisieren durch Teamarbeit, Öffentlichkeitsarbeit und Netzwerkarbeit. München.
Mills, Charles Wright 1963: Kritik der soziologischen Sichtweise. Darmstadt, Neuwied.
Minuchin, Salvador & Fishman, Charles H. 1983: Praxis der strukturellen Familientherapie. Freiburg.
Minuchin, Salvador & Rosemann, Bernice L. & Baker, Lester 1981: Psychosomatische Krankheiten in der Familie. Stuttgart.
Mühlum, Albert 1995: Sozialarbeitswissenschaft - neue Chancen für theoriegeleitete Soziale Arbeit? In: Sozialmagazin, H. 11, 20. Jg., S. 28–37.
Müller, Klaus 1996: Allgemeine Systemtheorie. Opladen.
Müller, Max & Halder, Alois 1988: Philosophisches Wörterbuch
Müller-Christ, Georg 1995: Wirtschaft und Naturschutz. Von der technologischen zur humanorientierten Problemsicht. Bayreuth.
Naleppa, Matthias 1992: Berufsverbände der Sozialarbeit. Grafing.
Northen, Helen [2]1977: Soziale Arbeit mit Gruppen. Der Verlauf des helfenden Prozesses. Freiburg/Br.
Obrecht, Werner 1994: Kulturelle Codes und soziale Systeme. Eine naturalistische systemische Metatheorie für die Sozialwissenschaften. Unter besonderer Berücksichtigung der Soziologie. Typoskript. Zürich.
Oelkers, Jürgen & Tenorth, Heinz-Elmar (Hrsg.) 1987: Pädagogik, Erziehungswissenschaft und Systemtheorie. Weinheim, Basel.
Oestreich, Gerhard [2]1982: Die Geschichte der Menschenrechte und Grundfreiheiten im Umriß. Berlin.
Opp, Karl-Dieter 1970: Kybernetik und Soziologie. Neuwied.
Oswald, Gerhard 1988: Systemansatz und soziale Familienarbeit. Methodische Grundlagen und Arbeitsformen. Freiburg/Br.
Pankoke, Eckart 1985: Entwicklung selbstaktiver Felder - gesellschaftlicher Wandel und neue soziale Bewegung. In: Selbsthilfe. Frankfurt/M.
Pankoke, Eckart 1986: Sozialarbeit im Schatten von Modernisierungskrisen. Zur Problem-, Programm- und Organisationsentwicklung sozialer Dienste. In: Oppl, Hubert & Tomaschek, Arnold (Hrsg.): Soziale Arbeit 2000. Bd. 2, Freiburg/Br., S. 31–42.
Parsons, Talcot [4]1968: The Social System. New York.

Parsons, Talcot ²1973: Einige Grundzüge der allgemeinen Theorie des Handelns. In: Hartmann, Heinz (Hrsg.): Moderne amerikanische Soziologie. Neuere Beiträge zur soziologischen Theorie. Umgearbeitete Aufl, Stuttgart, S. 216–244.

Parsons, Talcot 1976: Zur Theorie sozialer Systeme. Hrsg. von Stefan Jensen. Opladen.

Pfaffenberger, Hans 1993: Entwicklung der Sozialarbeit/Sozialpädagogik zur Profession und zur wissenschaftlichen und hochschulischen Disziplin. In: Archiv für Wissenschaft und Praxis der sozialen Arbeit 3, 24. Jg., 196–208.

Pfeifer-Schaupp, Hans-Ulrich 1995: Jenseits der Familientherapie. Systemische Konzepte in der Sozialen Arbeit. Freiburg/Br.

Pieper, Annemarie (Hrsg.) 1998: Angewandte Ethik. Leipzig.

Pongs, Armin 1999 und 2000: In welcher Gesellschaft leben wir eigentlich? 2 Bd., München.

Popper, Karl 1970: Die offene Gesellschaft und ihre Feinde. Bern, München.

Probst, Gilbert J.B. 1987: Selbstorganisation. Ordnungsprozesse in sozialen Systemen aus ganzheitlicher Sicht. Berlin, Hamburg.

Pusch, Luise F. (1984): Das Deutsche als Männersprache. Frankfurt/M.

Rapoport, Anatol 1988: Allgemeine Systemtheorie. Darmstadt

Rawls, John 1992: Die Idee des politischen Liberalismus. Frankfurt/M.

Reich, Robert 1999: Goodbye, Mr. President. Aus dem Tagebuch eines Clinton-Ministers. München.

Reinicke, Peter ³1988: Berufsverbände. In: Kreft, Dieter & Mielenz, Ingrid (Hrsg.): Wörterbuch Soziale Arbeit. Vollständig überarbeitete u. erweiterte Aufl., Weinheim, Basel, S. 106–107.

Reiter, Ludwig & Ahlers, Corina (Hrsg.) 1991: Systemisches Denken und therapeutischer Prozeß. Berlin u. a.

Remer, Andreas 1993: Vom Zweckmanagement zum ökologischen Management. Paradigmawechsel in der Betriebswirtschaftslehre. In: Universitas, Mai, Nr. 563, 48.Jg., S. 454–464.

Richelshagen, Kordula (Hrsg.) 1992: Süchte und Systeme. Freiburg/Br.

Richter, Christoph 1995: Schlüsselqualifikationen. Alling.

Rifkin, Jeremy ⁵1999: Das Ende der Arbeit und ihre Zukunft. Frankfurt/M.

Röhrle, Bernd & Stark, Wolfgang (Hrsg.) 1985: Soziale Netzwerke und Stützsysteme - Perspektiven für die klinisch-psychologische und gemeindepsychologische Praxis. Tübingen.

Rotthaus, Wilhelm (Hrsg.) 1987: Erziehung und Therapie in systemischer Sicht. Dortmund.

Rücker-Embden-Jonasch, Ingeborg & Ebbecke-Nohlen, Andrea (Hrsg.) 1992: Balanceakte. Heidelberg.

Rusch, Gebhard & Schmidt, Siegfried J. 1992: Konstruktivismus: Geschichte und Anwendung. Frankfurt/M.

Rusch, Gebhard & Schmidt, Siegfried J. (Hrsg.) 1994: Konstruktivismus und Sozialtheorie. Frankfurt/M.
Salomon, Alice 1927: Die Ausbildung zum sozialen Beruf. Berlin.
Salustowicz, Piotr 1995: Soziale Arbeit zwischen Disziplin und Profession. Weinheim.
Sandner, Karl ²1993: Prozesse der Macht. Heidelberg.
Satir, Virginia ¹²1996: Selbstwert und Kommunikation. Familientherapie für Berater und zur Selbsthilfe. München.
Scherpner, Hans 1974: Theorie der Fürsorge. Hrsg. von Hans Scherpner. Göttingen.
Scherr, Albert 1998: Die Konstruktion von Fremdheit in sozialen Prozessen. In: Neue Praxis, 1, S. 49–58.
Schiepek, Günter (Hrsg.) 1987: Systeme erkennen Systeme. Individuelle, soziale und methodische Bedingungen systemischer Diagnostik. München, Weinheim.
Schlippe, Arist von & Schweitzer, Jochen ²1996: Lehrbuch der systemischen Therapie und Beratung. Durchgesehene Auflage, Göttingen, Zürich.
Schlüter, Wolfgang ³1995: Sozialphilosophie für helfende Berufe. Aktualisierte Auflage, München, Basel.
Schmidt, Siegfried J. (Hrsg.) ⁶1994: Der Diskurs des Radikalen Konstruktivismus. Frankfurt/M.
Schöll, Illona 1992: Es wechseln die Zeiten ... Zum Stand der systemischen Familientherapie. Gedanken aus weiblicher Sicht. In: Zeitschrift für systemische Therapie 10, 10. Jg., S. 46–56.
Schulz von Thun, Friedemann 1990: Miteinander Reden. Störungen und Klärungen. Reinbek bei Hamburg.
Schulze, Gerhard ⁴1993: Die Erlebnis-Gesellschaft. Frankfurt/M., New York.
Schütz, Alfred & Luckmann, Thomas 1979: Strukturen der Lebenswelt. Neuwied.
Seiffert, Helmut 1983: Einführung in die Wissenschaftstheorie. Band 1, (10. überarb. u. erw. Aufl.) und Band 2 (8. überarb. u. erw. Aufl.), München.
Selvini Palazzoli, Maria u.a. 1981: Hypothetisieren – Zirkularität – Neutralität: Drei Richtlinien für den Leiter der Sitzung. Familiendynamik. 2, 6. Jg., S. 123–139.
Sidler, Nikolaus 1989: Am Rande leben – abweichen – arm sein. Konzepte und Theorien zu sozialen Problemen. Freiburg/Br.
Simmel, Georg (1908) ⁵1968: Soziologie. Untersuchungen über die Formen der Vergesellschaftung. Berlin.
Simon, Fritz B. & Stierlin, Helm 1984: Die Sprache der Familientherapie. Ein Vokabular. Stuttgart.

Spiegel, Hiltrud von 1994: Selbstevaluation als Mittel beruflicher Qualifizierung. In: Heiner, Maja (Hrsg.): Selbstevaluation als Qualifizierung in der Sozialen Arbeit. Fallstudien aus der Praxis. Freiburg/Br., S. 11–55.
Stark, Wolfgang 1996: Empowerment. Neue Handlungskompetenzen in der psychosozialen Praxis. Freiburg/Br.
Staub-Bernasconi, Silvia 1983: Soziale Probleme – Dimensionen ihrer Artikulation. Diessenhofen.
Staub-Bernasconi, Silvia 1986: Soziale Arbeit als eine besondere Art des Umganges mit Menschen, Dingen und Ideen. In: Sozialarbeit, 10, 18. Jg., S. 2–71.
Staub-Bernasconi, Silvia 1994: Soziale Probleme – Soziale Berufe – Soziale Praxis. In: Heiner, Maja u.a. (Hrsg.): Methodisches Handeln in der Sozialen Arbeit. Freiburg/Br., S. 11–101.
Staub-Bernasconi, Silvia 1995: Systemtheorie, soziale Probleme und Soziale Arbeit: lokal, national, international. Bern, Stuttgart Wien.
Steiner, Egbert 1991: Zur praktischen Evaluation systemischer Therapie. In: Reiter, Ludwig & Ahlers, Corina (Hrsg.): Systemisches Denken und therapeutischer Prozeß. Berlin u. a., S. 243–262.
Steinforth, Thomas 1998: Subsidiarität und Selbstachtung. In: Caritasverband der Erzdiözese München und Freising e.V./Institut für Bildung und Entwicklung (Hrsg.): Subsidiaritätsprinzip. Neue Zugänge im Spiegel sozialpolitischer Herausforderungen. München, S. 79-86.
Stierlin, Helm u.a. 1977: Das erste Familiengespräch. Stuttgart.
Stierlin, Helm [2]1980: Von der Psychoanalyse zur Familientherapie. Stuttgart.
Stierlin, Helm 1994: Ich und die anderen. Stuttgart.
Stierlin, Helm 1996: Der systemische Ansatz in Therapie und Beratung – illustriert am Beispiel der Alkoholabhängigkeit. In: Themenzentrierte Interaktion. Heft 2, 10. Jg., S. 6–21.
Stokman, Frans N. & Ziegler, Rolf & Scott, John 1985: Networks of Corporate Power. Cambridge.
Tatschmurat, Carmen 1996: Feministisch orientierte Soziale Arbeit: Parteilich handeln, dekonstruktivistisch denken? In: Miller, Tilly & Tatschmurat, Carmen (Hrsg.): Soziale Arbeit mit Frauen und Mädchen. Positionsbestimmungen und Handlungsperspektiven. Stuttgart, S. 9–28.
Thole, Werner 1995: Stichworte zu einigen Fragen und Problemen Sozialer Arbeit. In: Sozialmagazin, H.2, 20.Jg., S. 35–43.
Timmermann, Manfred (Hrsg.) 1978: Sozialwissenschaften. Konstanz.
Topitsch, Ernst (Hrsg.) 1984: Logik der Sozialwissenschaften. Königstein/Ts.
Touraine, Alain 1974: Soziologie als Handlungswissenschaft. Darmstadt, Neuwied.
Trömel-Plötz, Senta 1990: Gewalt durch Sprache. Frankfurt/M.

Ulrich, Hans & Probst, Gilbert J.B. ³1991: Anleitung zum ganzheitlichen Denken und Handeln. Ein Brevier für Führungskräfte. Erweiterte Auflage, Bern, Stuttgart.
Varela, Francisco J. ⁶1994: Autonomie und Autopoiese. In: Schmidt, Siegfried J. (Hrsg.): Der Diskurs des Radikalen Konstruktivismus. Frankfurt/M.
Vester, Frederic 1980: Neuland des Denkens. Stuttgart.
Vester, Frederic 1993: Denken, Lernen, Vergessen. München.
Waschkuhn, Arno 1987: Politische Systemtheorie. Entwicklung, Modelle, Kritik. Opladen.
Watzlawick, Paul & Weakland, John H. & Fisch, Richard ³1974.: Lösungen. Bern, Stuttgart, Wien.
Watzlawick, Paul (Hrsg.) 1984: Die erfundene Wirklichkeit. Neuausgabe. München.
Watzlawick, Paul 1992: Wirklichkeitsanpassung oder angepaßte „Wirklichkeit"? Konstruktivismus und Psychotherapie. In: Gumin, Heinz / Meier, Heinrich (Hrsg.): Einführung in den Konstruktivismus. München, S. 89–107.
Watzlawick, Paul & Beavin, Janet H. & Jackson, Don D. ¹⁰2000: Menschliche Kommunikation. Formen, Störungen, Paradoxien. Bern, Stuttgart, Wien.
Weber, Gunthard & Stierlin, Helm 1989: In Liebe entzweit. Reinbek bei Hamburg.
Weber, Max ⁵1980: Wirtschaft und Gesellschaft. Rev. Aufl. Studienausgabe Tübingen.
Wehrspaun, Michael 1994: Kommunikation und (soziale) Wirklichkeit. Weber, Elias, Goffman. In: Rusch, Gebhard & Schmidt, Siegfried J.: Konstruktivismus und Sozialtheorie. Frankfurt/M., S. 11–46.
Weiler, Rudolf 1991: Einführung in die katholische Soziallehre. Graz, Wien, Köln.
Wendt, Wolf Rainer 1988: Case Management – Netzwerke im Einzelfall. Unterstützungsmanagement als Aufgabe sozialer Arbeit. In: Blätter der Wohlfahrtspflege, 11, 135.Jg., S. 267–269.
Wendt, Wolf Rainer 1989: Eignung. Ethische Erwägungen. Frankfurt/M.
Wendt, Wolf Rainer 1990: Ökosozial denken und handeln. Grundlagen und Anwendungen in der Sozialarbeit. Freiburg/Br.
Wendt, Wolf Rainer (Hrsg.) 1994: Sozial und wissenschaftlich arbeiten. Status und Positionen der Sozialarbeitswissenschaft. Freiburg/Br.
Wendt, Wolf Rainer 1995: Wissen ordnen für die soziale Arbeit. Elemente der Sozialarbeitswissenschaft. In: Blätter der Wohlfahrtspflege, Heft 1+2, 142. Jg., S. 5–7.
Wiener, Norbert 1963: Kybernetik - Regelung und Nachrichtenübertragung im Lebewesen und in der Maschine. Düsseldorf, Wien.

Willke, Helmut 1987: Strategien der Intervention in autonome Systeme. In: Baecker, Dirk u.a. (Hrsg.): Theorie als Passion. Niklas Luhmann zum 60. Geburtstag. Frankfurt/M., S. 333-361.
Willke, Helmut 1995: Systemtheorie III. Steuerungstheorie. Stuttgart, Jena.
Willke, Helmut [2]1993: Systemtheorie entwickelter Gesellschaften. Dynamik und Riskanz moderner gesellschaftlicher Selbstorganisation. Weinheim, München.
Willke, Helmut [3]1991: Systemtheorie. Überarb. Aufl., Stuttgart, New York.
Ziegler, Rolf 1984: Norm, Sanktion, Rolle. In: Kölner Zeitschrift für Soziologie und Sozialpsychologie. H.3, S. 433-463
Zink, Dionys 1988: Personalität und Solidarität: Grundlagen einer sozialpädagogischen Berufsethik. In: SOZIAL, 2, 39. Jg., S. 3-8.
Zink, Dionys 1994: Impulse zur Weiterentwicklung einer sozialpädagogischen Berufsethik. In: DBSH 3, S. 87-90.

Autorin

Miller, Tilly, geb. 1957, Dr. phil.; Studium der Politikwissenschaft (Dipl.sc.pol.Univ.); Studium der Sozialpädagogik (Dipl.Sozialpäd. FH.); Studium der und Weiterbildung in Literaturwissenschaft.

Seit 1990 Professorin für Sozialarbeit/Sozialpädagogik und Politikwissenschaft an der Katholischen Stiftungsfachhochschule München. Davor knapp 10-jährige Tätigkeit als Organisationsreferentin und wissenschaftliche Assistentin in der Akademie für Politische Bildung, Tutzing.

Derzeitige Arbeits- und Forschungsschwerpunkte: Systemische Sozialarbeitstheorien; Team- und Netzwerkarbeit; Organisationsentwicklung und Sozialarbeitsmanagment; Soziale Arbeit und Gesellschaft. Leitung des Studienschwerpunktes Erwachsenenbildung. Verschiedene Veröffentlichungen zu einzelnen Themenbereichen.

Dimensionen Sozialer Arbeit und der Pflege

Herausgegeben von der Katholischen Stiftungsfachhochschule München

Bd. 1 Soziale Arbeit mit Frauen und Mädchen
Herausgegeben von Prof. Dr. Tilly Miller und Prof. Dr. Carmen Tatschmurat, München
1996.VI, 247 S. DM 34,-/sFr 31,50. (ISBN 3-8282-4555-2)

Ziel der Sozialen Arbeit mit Frauen ist es, dort zu helfen, wo Frauen und Mädchen aufgrund ihres Geschlechts diskriminiert, verfolgt, geschlagen und ausgegrenzt werden. Sozialarbeiterische Handlungsansätze aus dem Bereich der Arbeit mit Frauen und Mädchen werden mit Sozialarbeitstheorien und feministischen Theoriepositionen verknüpft.

Bd. 3 Gesund-Sein
Von Prof. Dr. Monika Fröschl, München.
2000. VIII/165 S., 20 Abb., kt. DM 34,80/sFr 32,50. ISBN 3-8282-0132-6

Die integrative Gesund-Seins-Förderung bietet eine neue Perspektive für die interdisziplinäre Zusammenarbeit von Pflege, Sozialer Arbeit und Medizin. Frauen, Männer und Kinder werden im Mittelpunkt des Hilfeprozesses als autonome, handlungsfähige Subjekte gesehen, die an einer partizipativen Gestaltung der Gesund-Seins-Förderung teilhaben. Die Autorin zeigt Ärzten und Ärztinnen, Sozialarbeiterinnen und Pflegekräften eine hoffnungsvolle Zukunftsvision für einen gemeinsamen Weg zum Gesund-Sein.

Bd. 4 Empowerment konkret
Herausgegeben von Prof. Dr. Tilly Miller und Prof. Dr. Sabine Pankofer, München.
2000. XII/260 S., kt. DM 48,-/sFr. 44,50. (ISBN 3-8282-0131-8)

Empowerment! Modell, Haltung, Arbeitsansatz oder nur Worthülse? Im vorliegenden Band soll exemplarisch dargelegt werden, wie die psychosoziale Praxis mit diesem Begriff, den dahinter stehenden Modellen, Arbeitsansätzen und Haltungen verfährt. Deshalb stellen in diesem Band Praktikerinnen und Praktiker, die sich diesem (Begriffs-) Paradigma anschließen und damit arbeiten, die verschiedenen Zugänge dar.

als nächster Band erscheint:
Bd. 5 Strategisches Management in Gesundheitsbetrieben
Von Prof. Dr. Rosmarie Reinspach, München
2001. ca. 200 S. kt. ca. DM 38,-/sFr 35,-.

  *Stuttgart*

Gruppendynamik und soziales Lernen
Theorie und Praxis der Arbeit mit Gruppen
von Prof. Dr. Peter Wellhöfer, Nürnberg

2000. 2., überarb. Auflage. XII/189 Seiten, 37 Abb.
DM 29,80/sFr 27,50.
UTB 2192 S. ISBN 3-8252-2192-X

Gruppendynamik, Gruppenarbeit, lebendiges Lernen, Interaktions- und Kommunikationstraining werden neben anderen modernen Begriffen heute im Zusammenhang mit den verschiedensten Aktivitäten im Bildungsbereich ausgiebig diskutiert und angewendet. Das vorliegende Buch bietet ein Konzept, bei dem konkrete, praktische Anweisungen und sozialpsychologische Theorien integriert sind.

Soziologie für soziale Berufe
Grundbegriffe und Grundzüge
Von Prof. Dr. Jenö Bango, Aachen

1994. X/179 S., kt. DM 19,80/sFr 19,-. ISBN 3-8282-4500-5

Neben der Darstellung der klassischen Begrifferklärungen werden sozialberufliche Problembereiche in bezug auf Jugend, Familie, Alter und abweichendes Verhalten als "spezielle Soziologie" erörtert. Die Exkurse umfassen die problematische Beziehung der Soziologie zur Sozialarbeit, den Paradigmawechsel von der Klassengesellschaft zur funktional differenzierten und ökologische Problemstellung und die Arbeit mit Randgruppen. Als roter Faden führt die systemtheoretische Sichtweise nach der Lehre von Niklas Luhmann durch das Buch.

  *Stuttgart*

Sozialarbeitswissenschaft heute

Wissen, Bezugswissenschaften und Grundbegriffe

Von Prof. Dr. Jenö Bango, Aachen

2001. XII/251 S. kt. DM 29,80/sFr 27,50.
UTB 2203. ISBN 3-8252-2203-9

Die Entwicklung der Gesellschaft zur Wisssensgesellschaft, d. h. das Eindringen wissenschaftlicher Erkenntnis in alle Lebensbereiche und deren Zugänglichkeit für jedermann hat auch Konsequenzen für die Sozialarbeit. Deren Themenvielfalt und theoretische Fundierung haben sich sehr vertieft.

Der Autor stellt entsprechend dieser Entwicklung in den Curricula folgende Themenschwerpunkte dar: Wissen und Wissensarbeit, Lebenswelt, Ökologische Sozialarbeit sowie Ethik, Philosophie und Soziologie in der Sozialarbeit. Im zweiten Hauptteil werden Zentralbegriffe der Sozialarbeit wie Hilfe, Macht und Politik, Liebe und Solidarität erörtert.

Praktische Sozialarbeit

Das "Life Model" der Sozialen Arbeit, Fortschritte in Theorie und Praxis

Von Prof. C. B. Germain, Connecticut, u. Prof. A. Gitterman, New York.

3., völlig neu bearb. A.
1999. XX/292 S., kt. DM 29,80/sFr 27,50
ISBN 3-8282-4530-7

Die seit dem Erscheinen der 1. Auflage vergangenen 20 Jahre sind gekennzeichnet von durchgreifenden Veränderungen: während die sozialen Probleme immer unlenkbarer werden, nehmen die zur Verfügung stehenden Ressourcen kontinuierlich ab. Diesen Veränderungen trägt die Neubearbeitung Rechnung. Der ökologische Ansatz des "Life Models" der sozialen Arbeit wurde beibehalten, aber erweitert und vertieft. Auch die jetzt vorliegende 3. Auflage soll Sozialarbeitern und Sozialarbeiterinnen die notwendigen Wissenschlagen und Hilfen zum Umgang mit den täglichen Praxisprobleme vermitteln.

  Stuttgart

www.ingramcontent.com/pod-product-compliance
Lightning Source LLC
Chambersburg PA
CBHW082104250426
43661CB00079B/2628